निर्देशात्मक अर्थशास्त्र

निर्देशात्मक अर्थशास्त्र

(Directive Economics)

डॉ० मनोज कुमार

अर्जुन पब्लिशिंग हाउस

निर्देशात्मक अर्थशास्त्र

प्रथम संस्करण : 2011

ISBN 978-81-8330-290-6

प्रकाशक :

अर्जुन पब्लिशिंग हाऊस

4831/24, प्रह्लाद गली

अंसारी रोड, दरियागंज

नंई दिल्ली—110002

फोन : 23272541, 23257835

फैक्स : 91-011-23257835

e-mail : arjunbooks2001@gmail.com

टाइपसेटिंग :

डिम्पल कम्प्यूटर्स

दिल्ली

प्रिन्टर्स :

रोशन आफसेट प्रिंटर्स

दिल्ली - 53

प्रस्तावना

अर्थशास्त्र की निर्देशात्मक भूमिका अपेक्षाकृत नवीन है जिसके अन्तर्गत किसी कार्य को निर्बाधपूर्वक सम्पन्न करने के सम्बन्ध में महत्त्वपूर्ण निर्देशों को प्रदान किये जाने की भूमिका का निर्वाह किया जाता है। अर्थशास्त्र के अध्ययन में निर्देशात्मक भूमिका का विशेष महत्त्व है। निर्देशात्मक अर्थशास्त्र अपेक्षाकृत नवीन, किन्तु अध्ययन का महत्त्वपूर्ण क्षेत्र है।

निर्देशात्मक अर्थशास्त्र विषय पर प्रस्तुत इस पुस्तक की विषय-सामग्री में आर्थिक विश्लेषण की विधियाँ, नियोजित अर्थशास्त्र, विनियोग का मापदण्ड, विनियोग फलन, प्रतिफल की दर, पूर्वानुमान अर्थशास्त्र, सम-विच्छेद अर्थशास्त्र, गुणक-त्वरक अर्थशास्त्र, रेखीय प्रतीपगमन, कोष प्रवाह विश्लेषण के विभिन्न आयामों का विस्तृत विवेचन प्रस्तुत किया गया है। इस पुस्तक के विभिन्न अध्यायों में प्रमाणिक शोध प्रकाशनों एवं सरकारी प्रतिवेदनों का विस्तृत उल्लेख किया गया है।

इस पुस्तक के अध्यायों का चयन विभिन्न विश्वविद्यालयों के पाठ्यक्रमों को ध्यान में रखकर किया गया है। आशा है यह पुस्तक विषय के विद्यार्थियों के लिए अत्यन्त उपयोगी सिद्ध होगी।

लेखक

विषय-सूची

1

आर्थिक विश्लेषण की विधियाँ
[Methods of Economic Analysis]

आर्थिक विश्लेषण की विधियों का अर्थ

विश्लेषण की विधि[1] का सामान्यत: अर्थ प्रयोग करने व उसे व्यक्त करने की प्रणाली से लगाया जाता है। **ल्यूजीकोसा** (Luigi Cossa) के अनुसार, "विधि शब्द का अर्थ उस तर्कपूर्ण प्रणाली से होता है जिसका प्रयोग सच्चाई को खोजने अथवा उसे व्यक्त करने के लिए किया जाता है।[2]

अर्थशास्त्र विज्ञान व कला दोनों है। अर्थशास्त्र के अपने नियम हैं, जिन्हें आर्थिक नियम अथवा आर्थिक सिद्धान्त कहा जाता है। आर्थिक नियमों के लिए कारण व परिणाम में सम्बन्ध स्थापित करना पडता है। इसके लिए कुछ विधियों का सहारा लेना पड़ता है। इन विधियों को ही आर्थिक विश्लेषण की विधियाँ कहा जाता है। अर्थशास्त्र में आर्थिक समस्याओं के हल के लिए भी विधियों का सहारा लेना पड़ता है। **बेजहॉट** (Begehot) के अनुसार, "यदि आप ऐसी समस्याओं का बिना किसी विधि के हल करना चाहते हैं तो आप ठीक उसी प्रकार असफल रहेंगे जिस प्रकार एक साधारण आक्रमण के द्वारा किसी आधुनिक सैनिक दुर्ग को जीतने में।"

आर्थिक विश्लेषण के लिए निम्न **दो विधियों** का प्रयोग किया जाता है–

1. निगमन विधि
2. आगमन विध

---

1 आर्थिक विश्लेषण की विधियों को अर्थशास्त्र के अध्ययन अथवा आर्थिक विश्लेषण की रीतियाँ पद्धतियाँ, तरीके अथवा प्रणालियाँ भी कहा जाता है।

2 "Methods means the logical process used in discovering or demonstrating the truth." - Luigi Cossa

निगमन विधि[3] (Deductive Method)

आर्थिक विश्लेषण की सबसे प्राचीन विधि निगमन विधि ही है। आज भी इस विधि का व्यापक प्रयोग होता है। इस विधि में आर्थिक जगत की आधारभूत, स्वंय सिद्ध, सामान्य व निर्विवाद बातों का आधार मान कर विनिष्ट समस्या के सम्बन्ध में निष्कर्ष निकालते हैं। इस प्रकार खोज अथवा तर्क का क्रम सामान्य से विशिष्ट की ओर चलता है। एक स्वयंसिद्ध नियम के आधार पर दूसरे नियम का निर्माण किया जाता है। जे. के. मेहता के अनुसार, "निगमन तर्क वह तर्क है जिसमें हम दो तथ्यों के बीच कारण व परिणाम जानने का प्रयत्न करते हैं। जबकि यह कारण अपना परिणाम व्यक्त करने में अन्य बहुत से कारणों से मिला रहता है। इस विधि को सामान्य व आर्थिक जगत के उदाहरण दोनों से ही स्पष्ट किया जा सकता है। मनुष्य एक मरणशील प्राणी है। यह एक निर्विवाद तथ्य है। इस निर्विावाद तथ्य के आधार पर हम किसी भी विशिष्ट व्यक्ति के बारे में यह निष्कर्ष निकाल सकते हैं कि क्योंकि वह मनुष्य है अत: वह भी मरणशील है क्योंकि प्रत्येक मनुष्य मरणशील हैं। इस अर्थशास्त्र के उदाहरण द्वारा भी स्पष्ट किया जा सकता है। प्रत्येक व्यवसायी फर्म का उद्देश्य लाभ को अधिकतम करना है। इस सामान्य मान्यता के आधार पर किसी भी विशिष्ट फर्म के सम्बन्ध में यह निष्कर्ष निकाला जा सकता है कि वह भी अपने लाभ को अधिकतम करेगी। इसके लिए वह उस बिन्दु तक उत्पादन करती रहेगी जब तक उसका लाभ अधिकतम न हो जाए।

निगमन विधि को बोल्डिंग (Boulding) ने मानसिक प्रयोग की विधि कहा। बोल्डिंग के अनुसार, "चूँकि वास्तविक संसार बहुत जटिल हैं, अत: उसका वास्तविक रूप में अध्ययन नहीं किया जा सकता। अत: पहले सरल और कम वास्तविक दशाओं तथा मान्यताओं का समावेश करते जाते हैं ताकि वास्तविकता तक पहुँच जायें। जेवन्स (Jevons) ने इस विधि को ज्ञान से ज्ञान प्राप्त करना कहा है।

19वीं शताब्दी के प्रतिष्ठावादी ऑग्ल अर्थशास्त्रियों यथा रिकार्डो, मिल, सीनीयर आदि ने इस विधि का प्रयोग कर अनेक नियम प्रतिपादित किये। इनमें रिकार्डो का लगान सिद्धान्त, मांग को नियम आयु प्रमुख हैं। जेवन्स, मार्शल, फिशर आदि ने भी इस विधि का प्रयोग किया है।

निगमन विधि का प्रकार

निगमन विधि दो प्रकार की होती है। अगणितीय विधि। अगणितीय विधि में गणित का प्रयोग नहीं किया जाता। गणितीय विधि में गणित, रेखाचित्र आदि का प्रयोग किया जाता है। प्रतिष्ठीत अर्थशास्त्रियों ने अगणितीय विधि का प्रयोग किया जबकि एजवर्थ, मिल तथा अन्य आधुनिक अर्थशास्त्री गणितीय विधि को अधिक महत्व देते हैं। वर्तमान समय में गणितीय विधि का महत्व बढ़ता जा रहा है।

निगमन विधि के गुण (Merits of Deductive Method)

---

3 इस विधि को काल्पनिक विधि, विश्लेषणात्मक विधि अथवा अमूर्त या निराकार विधि भी कहा जाता है।

निगमन विधि के गुण निम्न प्रकार है:

1. सरलता – निगमन विधि आर्थिक विश्लेषण की एक सरल विधि है। इसमें सर्वमान्य सत्य को आधार मानकर निर्णय लिये जाते हैं। अत: आंकड़े आदि एकत्र किये जाने का कार्य नहीं करना पड़ता। सामान्य व्यक्ति भी इसे आसानी से समझ सकता है। सरलता के कारण ही अर्थशास्त्र के विकास की प्रारम्भिक अवस्था में इस विधि का प्रयोग किया गया।

2. सर्वव्यापकता – इस विधि में सर्वव्यापक का गुण भी पाया जाता है। सर्वव्यापकता को तात्पर्य यह है कि हम इस विधि के आधार पर निकाले गये निष्कर्ष प्रत्येक समय, स्थान व देश में सत्य उतरते हैं। सीमान्त उपयोगिता ह्रास नियम, सम-सीमान्त उपयोगिता नियम आदि इसके उदाहरण हैं।

3. निश्चितता व स्पष्टता – इस विधि में सर्वस्वीकृत सत्य के आधार पर निष्कर्ष निकाले जाते हैं। अत: इस विधि के आधार पर निकाले गये निष्कर्ष निश्चित व स्पष्ट होते हैं। गणितीय विधि के प्रयोग में निष्कर्ष और निश्चित, स्पष्ट व विश्वसनीय होते हैं।

4. निष्पक्षता – इस विधि के आधार पर निकाले गये निष्पक्षता होते हैं क्योंकि विश्लेषणकर्त्ता अपने विचारों से निष्कर्ष को प्रभावित नहीं कर सकता। जहाँ अत: इस में पक्षपात का भय नहीं है।

5. मितव्ययी – इस विधि में आंकड़े एकत्रित करने की आवश्यकता नहीं होती तथा सर्वेक्षण आदि पर व्यय नहीं करना पड़ता है। अत: यह विधि मितव्ययी है।

6. पूर्वानुमान – इस विधि के आधार पर पूर्वानुमान लगाकर भविष्यवाणी करना भी सम्भव होता है। क्योंकि इसमें सर्वमान्य सत्य के आधार पर निष्कर्ष निकाले जाते हैं।

7. उपर्युक्तता – अर्थशास्त्र एक सामाजिक विज्ञान है। निगमन विधि सामाजिक विज्ञान के लिए अधिक उपयुक्त रहती है। इसका कारण यह है कि अर्थशास्त्र में मानव व्यवहार का अध्ययन किया जाता है। मानव व्यवहार के सम्बन्ध में नियन्त्रित प्रयोग करना तथा बड़े पैमाने पर आंकड़े एकल करना अत्यन्त कठिन होता है। अत: आर्थिक विश्लेषण के लिए यह विधि अधिक उपयुक्त है।

8. आगमन प्रणाली की पूरक – निगमन विधि आगमन विधि की पूरक है। आगमन विधि द्वारा निकाले गये निष्कर्षों की जांच निगमन विधि द्वारा की जा सकती है। इस विधि निगमन विधि का प्रयोग उन जगहों पर भी हो कता है जहाँ आगमन विधि का प्रयोग नहीं हो सकता।

इस प्रकार निगमन विधि के अनेक गुण है। निगमन विधि की प्रशंसा करते हुए केयरनेस (Cairnes) ने लिखा है, "यदि पर्याप्त सावधानी काम में ली जाए तो निगमन प्रणाली अतुल्य है और मानव बुद्धि द्वारा अन्वेषण करने वाले यन्त्रों में अत्यन्त शक्तिशाली यन्त्र है।

निगमन विधि के दोष (Demerits of Deductive Method)

निगमन विधि के निम्न दोष हैं–

1. निष्कर्ष काल्पनिक व अवास्तविक होते हैं – इस विधि में तथ्यों की जाँच करने के स्थान पर स्वयं सिद्ध बातों को आधार मानकर निष्कर्ष निकाले जाते हैं। अत: इस विधि के आधार पर निकाले गये निष्कर्ष काल्पनिक व अवास्तविक होते हैं। **जीड** (Gide) के अनुसार, "प्रतिष्ठित अर्थशास्त्रियों का मूख्य दोष सार प्रणाली (Absstract Method or Deductive Method) के अत्यधिक प्रयोग में नही था वरन् सार की वासतविकता समझ लेने में था।

2. निष्कर्षो की जाँच सम्भव नहीं – इस विधि में आँकड़ों व सूचनाओं के अभाव में तथ्यों की जांच करना सम्भव नहीं होता। **निकोलसन** (Nicholson) के अनुसार, "निगमन प्रणाली का सबसे बड़ा खतरा इसके निष्कर्षों की जांच करने के श्रम से स्वाभाविक अरूचि होना है। **मिल्टन फ्रीडमैन** के अनुसार, "मान्यताओं की वास्तविकता की जांच करने की अपेक्षा प्राप्त निष्कर्षों की जांच करना आवश्यक है क्योंकि वास्तविक जगत में सिद्धान्तों, नियमों एवं निष्कर्षों का ही विशेष महत्व है।"

3. सर्वव्यापकता का अभाव – इस विधि में सर्वव्यापकता का अभाव है। आर्थिक परिस्थितियाँ स्थान व समय के अनुसार बदलती रहती है। अत: एक ही निष्कर्ष को प्रत्येक समय व स्थान पर लागू नहीं किया जा सकता। **लर्नर** (Lerner) के अनुसार, "निगमन आराम कुर्सी विश्लेषण की सार्वभौमिकता माना जा सकता।

4. सभी आर्थिक समस्याओं का अध्ययन सम्भव नहीं – निगमन विधि द्वारा सभी आर्थिक समस्याओं का अध्ययन सम्भव नहीं है। इस विधि में स्वयं सिद्ध या सर्वमान्य बातों के आधार पर निष्कर्ष निकाले जाते हैं। अत: इस विधि से उन समस्याओं का अध्ययन किया जा सकता है। जो विश्व में प्रथम बार उत्पन्न हुई हैं अथवा जिनके बारे में कोई सर्वस्वीकृत निष्कर्ष नहीं है। आर्थिक नियोजन, रोजगार, आर्थिक विकास, आर्थिक विशमता आदि समस्याओं का अध्ययन इस विधि से सम्भव नहीं होता।

5. स्थिर दृष्टिकोण – निगमन प्रणाली स्थिर दृष्टिकोण पर आधारित है। वर्तमान युग प्रावैगिक युग है। अत: वर्तमान समस्याओं का विश्लेषण प्रावैगिक दृष्टिकोण से ही सम्भव है। इस विधि में प्रावैगिक दृष्टिकोण का अभाव है।

इस प्रकार निगमन विधि में अनेक गुण व दोष है। गुण व दोषों का विश्लेषण करने पर यह निष्कर्ष निकलता है कि केवल निगमन प्रणाली द्वारा ही सभी समस्याओं का अध्ययन सम्भव नहीं है। आगमन प्रणाली के साथ मिलाकर इस विधि का प्रयोग अधिक उपयुक्त है।

आगमन प्रणाली (Inductive Method)

आगमन प्रणाली निगमन प्रणाली के बिल्कुल विपरीत है। इसमें विश्लेषण का क्रम विभिष्ट से सामान्य की ओर होता है। इस विधि में अनेक विशिष्ट घटनाओं व तथ्यों का विश्लेषण किया जाता है तथा उसके आधार पर सामान्य निष्कर्ष निकाले जाते हैं।

जे. के. मेहता के अनुसार, "निगमन विधि तर्क की वह विधि है जिसमें हम बहुत सी व्यक्तिगत आर्थिक घटनाओं के आधार पर कारणों और परिणामों के सामान्य सम्बन्ध स्थापित करते हैं।"

इस विधि को सामान्य व आर्थिक जगत दोनों के उदाहरण से स्पष्ट किया जा सकता है। यदि हम अनेक व्यक्तियों का अध्ययन करें तो ज्ञात होता है कि प्रत्येक व्यक्ति की अन्त में मृत्यु हुई। अतः इन व्यक्तियों के अध्ययन के आधार पर एक सामान्य निष्कर्ष निकाला जा सकता है कि प्रत्येक व्यक्ति मरणशील है। इसे आर्थिक उदाहरण से भी स्पष्ट किया जा सकता है। यदि इस मूल्य में कमी का अलग अलग व्यक्तियों पर प्रभाव देखें तो पता चलता है कि मूल्य कम होने पर प्रत्येक व्यक्ति अधिक वस्तु क्रय करता हैं अर्थात् प्रत्येक व्यक्ति की मांग में वृद्धि होती है। इसके आधार पर सर्वमान्य निष्कर्ष निकाला जा सकता है कि मूल्य में कमी होने पर मांग में वृद्धि होती है।

आगमन विधि को भी अनेक नामों से पुकारा जाता है। इस विधि को ऐतिहासिक प्रणाली, वास्तविक प्रणाली, सांख्यिकीय प्रणाली, प्रायोगिक प्रणाली, समन्वय मूलक प्रणाली आदि भी कहा जाता है।

इस विधि का प्रयोग सर्वप्रथम निगम विधि का खण्डन करने वाले जर्मनी के पुराने अर्थशास्त्रियों रोशर (Rosher), लिस्ट (List), हिल्डेब्रैंड (Hilde Brand) आदि ने किया बाद में रोसरनीज, श्मोलर, फ्रेड्रिक आदि ने भी इसका प्रयोग किया। एडम स्मिथ, जे. एस. मिल आदि ने निगमन विधि के साथ-साथ इस विधि का प्रयोग किया।

अर्थशास्त्र के अनेक नियम इसी विधि पर आधारित है। माल्थस का जनसंख्या सिद्धान्त, एन्जिल के उपभोग नियम, मांग का नियम आदि इनमें प्रमुख हैं।

आगमन विधि के प्रकार

आगमन विधि के **दो** प्रकार है:

प्रायोगिक आगमन विधि व सांख्यिकीय आगमन विधि। प्रायोगिक आगमन विधि में कुछ नियन्त्रित प्रयोग किये जाते हैं व उनके आधार पर निष्कर्ष निकाले जाते हैं। अर्थशास्त्र में मानव व्यवहार का अध्ययन होने के कारण नियन्त्रित प्रयोग बहुत सीमित क्षेत्र में ही सम्भव है। अतः अर्थशास्त्र में इस विधि का प्रयोग भी सीमित रूप में ही होता है। सांख्यिकीय आगमन विधि में आर्थिक घटनाओं के बारे में आँकड़े एकत्रित किये जाते हैं। आँकड़ों के वर्गीकरण व विश्लेषण के आधार पर निष्कर्ष निकाले जाते हैं तथा सिद्धान्तों का प्रतिपादन किया जाता है। धीरे धीरे अर्थशास्त्र में सांख्यिकीय विधि का प्रयोग बढ़ता जा रहा है।

आगमनि विधि के गुण (Merits of Inductive Method)

आगमन विधि के गुण निम्न प्रकार है:

1. वास्तविक व विश्वसनीय निष्कर्ष – इस विधि में आँकडों के आधार पर निष्कर्ष निकाले जाते हैं। अतः इस विधि से निकाले गये निष्कर्ष अधिक वास्तविक व विश्वसनीय होते हैं।

2. निष्कर्षों की जाँच सम्भव : इस विधि के आधार पर जो निष्कर्ष निकाले जाते हैं उनकी जाँच भी सम्भव हैं। इस विधि के निष्कर्षों को वास्तविक प्रयोगों, आँकड़ों व तथ्यों के आधार पर जाँचा जा सकता है। यदि निष्कर्षों पर सन्देह हो तो पुनः आँकड़े एकत्र कर निष्कर्षों की सत्यता ज्ञान की जा सकती है।

3. समष्टि आर्थिक विश्लेषण में अधिक उपयोगी – समष्टिगत आर्थिक विश्लेषण के लिए आगमन प्रणाली अधिक उपयुक्त है। राष्ट्रीय आय, बचत, विनियोग, उपभोग आदि के सम्बन्ध में आँकड़े एकत्रित कर उनकी सहायता से विभिन्न आर्थिक सम्बन्ध ज्ञात कर सकते हैं तथा आर्थिक नीतियों के निर्धारण के लिए सुझाव दिये जा सकते हैं।

4. प्रावैगिक दृष्टिकोण – आगमन विधि प्रावैगिक दृष्टिकोण पर आधारित है। एक बार निकाले गये निष्कर्षों को इस विधि में सदैव सत्य नहीं माना जाता है। परिस्थितियों के बदलने पर नये आँकड़े एकत्रित कर उनका विश्लेषण किया जाता है व नये निष्कर्ष निकाले जाते हैं। इस प्रकार पुराने निष्कर्षों की जाँच हो जाती है तथा उनमें आवश्यक संशोधन किया जा सकता है।

5. निगमन विधि की पूरक – आगमन विधि निगमन विधि की पूरक है। निगमन विधि के आधार पर निकाले गये निष्कर्षों की जाँच आगमन विधि द्वारा की जा सकती है।

आगमन विधि के दोष (Demerits of Inductive Method)

आगमन विधि के दोष निम्न प्रकार हैं–

1. खर्चीली – यह विधि अधिक खर्चीली है। इस विधि में निष्कर्षों पर पहुँचने के लिए आंकड़े एकत्र करने पड़ते हैं व उनका विश्लेषण करना पड़ता है। आँकड़े एकत्र करने व उनके विश्लेषण पर काफी धन व समय व्यय होता है। अत: यह विधि अधिक खर्चीली है।

2. जटिलता – यह विधि अधिक जटिल है। इस विधि में आँकड़े एकत्रित करना, उनका वर्गीकरण व विश्लेषण करना, नियन्त्रित प्रयोग करना आदि कार्य जटिल हैं। सामान्य व्यक्ति इस विधि का प्रयोग नहीं कर सकता।

3. पक्षपात की सम्भावना – आँकड़ों व सांख्यिकीय विधियों के प्रयोग के कारण इस विधि में पक्षपात की सम्भावना रहती है। अन्वेषक अपनी विचारधारा से निष्कर्षों को प्रभावित कर सकता है। अन्वेषक अपनी इच्छा व सुविधा के अनुसार इकाईयों का चयन कर सकता है। आँकड़ों व तथ्यों की इच्छानुसार व्याख्या की जा सकती है तथा उनसे मनमाने परिणाम निकाले जा सकते हैं।

4. सीमित क्षेत्र पर आधारित निष्कर्ष दोषपूर्ण – आगमन विधि तभी सफल होती है जब निष्कर्ष विस्तृत क्षेत्र के आधार पर निकाले जाएँ। यदि सीमित क्षेत्र के अध्ययन व विश्लेषण के आधार पर निष्कर्ष निकाले जाएँ तो ये निष्कर्ष दोषपूर्ण होंगे।

5. अर्थशास्त्र जैसे सामाजिक विज्ञान के लिए अनुपयुक्त – अर्थशास्त्र एक सामाजिक विज्ञान है जो मानव व्यवार पर आधारित है। मानव व्यवहार पर आधारित होने के कारण इसमें नियन्त्रित प्रयोग सीमित होते हैं। अत: अर्थशास्त्र जैसे सामाजिक विज्ञान के लिए यह विधि अधिक उपयुक्त नहीं है।

6. अर्थशास्त्र के विकास के लिए अपर्याप्त – अनेक आर्थिक समस्याएँ ऐसी हैं जिन्हें इस विधि से हल नहीं किया जा सकता। अत: यदि इस विधि का ही प्रयोग किया जाएगा तो अर्थशास्त्र का विकास ही रूक जाएगा।

7. अपूर्ण विधि - यह विधि एक अपूर्ण विधि है। डर्बिन के अनुसार, "आँकड़े तथा तथ्य स्वयं नहीं बोलते।" आँकड़ों के उचित विश्लेषण से ही उपयुक्त निष्कर्ष निकाले जा सकते हैं। इसी प्रकार जेवन्स के अनुसार, "यद्यपि अवलोकन तथा आगमन प्रकृति के सम्बन्ध में निश्चित ज्ञान प्राप्त करने का आधार रहे हैं, किन्तु अन्य रीतियों की सहायता के बिना आधुनिक विज्ञान के निष्कर्ष उसके द्वारा नहीं निकाले जा सकते।"

विधियों के सम्बन्ध में विवाद (Controversy Over the Methods of Study)

उपर्युक्त विवरण से यह स्पष्ट है कि निगमन व आगमन दोनों ही विधियों में कुछ गुण हैं तो कुछ दोष। कोई भी एक विधि ऐसी नहीं है जिसे श्रेष्ठ कहा जा सके। प्राचीन प्रतिष्ठावादी अर्थशास्त्री यथा एडम स्मिथ, रिकार्डो, जे. एस. मिल, सीनीयर, केयरनेस आदि निगमन विधि के समर्थक थे। इसके निम्न कारण थे-

(1) वे आर्थिक नियमों में निश्चितता लाना चाहते थे।

(2) उस समय तक सांख्यिकी का अधिक विकास नहीं हुआ था।

(3) मानव व्यवहार के सम्बन्ध में प्रयोग सम्भव नहीं होते।

(4) वे अर्थशास्त्र व तर्कशास्त्र में गहरा सम्बन्ध मानते थे।

किन्तु स्थैतिक दृष्टिकोण पर आधारित निगमन प्रणाली पर आश्रित रहने के कारण अर्थशास्त्र के सिद्धान्त भ्रमात्मक, अस्पष्ट व अवास्तविक लगने लगे। अत: 19वीं शताब्दी में ऐतिहासिक सम्प्रदाय के अर्थशास्त्रियों यथा, रोशर, लिस्ट, हिल्डर ब्रैड़, श्मोलर आदि ने आगमन विधि का समर्थन किया। इससे पहले आगमन विधि का सीमित रूप में प्रयोग एड़म स्मिथ, मिल, माल्थस आदि ने भी किया था। आगमन विधि के समर्थन के मुख्य कारण निम्न थे-

किन्तु अब निगमपन व आगमन विधि का यह विवाद समाप्त प्राय: हो गया है। यह स्पष्ट है कि दोनों में से कोई भी विधि दोष मुक्त नहीं है। कोई भी एक विधि आर्थिक विश्लेषण के लिए पर्याप्त भी नहीं है। अत: आर्थिक विश्लेषण के लिए दोनों का ही प्रयोग आवश्यक है। दोनों विधियाँ एक दूसरे की पूरक है। एक विधि के द्वारा निकाले गये निष्कर्षों की जांच दूसरी विधि द्वारा की जा सकती है। इस प्रकार दोनों विधियां एक-दूसरे की पूरक हैं। एक विधि के द्वारा निकाले गये निष्कर्षों की जांच दूसरी विधि द्वारा की जा सकती हैं। इस प्रकार दोनों विधियां एक-दूसरे की प्रतिस्पर्धि नहीं वरन् पूरक हैं। मार्शल के अनुसार, "अन्वेषण की कोई भी एक ऐसी विधि नहीं है जिसे अर्थशास्त्र के अध्ययन की उचित विधि कहा जा सके, वरन् प्रत्येक का यथा स्थान अकेले या मिश्रित रूप में प्रयोग किया जाना चाहिए।[4]

---

4 "There is not anyone method of investigation which can properly be called the method of economics. But every method must be made serviceable at its proper place, either singly or in combination with others." - Marshall

सेम्यूलसन (Samuelson) के शब्दों में, "ठीक से समझने पर, सिद्धान्त व अवलोकन, निगमन व आगमन में विरोध नहीं हो सकता।"[5]

फ्रेजर (Freaser) के अनुसार, "निगमन आगमन के बिना रिक्त है तथा निगमन आगमन के बिना अन्धा है।"[6]

श्मोलर (Schmoller) के अनुसार, "अर्थशास्त्र के वैज्ञानिक अध्ययन के लिए निगमन व आगमन दोनों विधियों की उसी प्रकार आवश्यकता है जिस प्रकार चलने के लिए दाएं एवं बांए पैरों की आवश्यकता होती है।"[7]

वैगनर (Wagner) के अनुसार, "अर्थशास्त्र की विधियों के इस वाद-विवाद का वास्तविक हल निगमन अथवा आगमन के निर्वाचन में नहीं वरन् निगमन व आगमन दोनों की स्वीकृति में है।"[8]

इस प्रकार निगमन व आगमन दोनों प्रणालियों का अर्थशास्त्र में प्रयोग किया जाना उचित है क्योंकि कोई भी एक विधि पर्याप्त नहीं है। किन्स के अनुसार, "दोनों विधियों के निष्पक्ष मिश्रण से ही आर्थिक विज्ञान का पूणै विकास सम्भव है।"[9]

अर्थशास्त्र की प्रकृति

(Nature of Economics)

अर्थशास्त्र की परिभाषा की भांति ही अर्थशास्त्र की प्रकृति व क्षेत्र भी विवाद ग्रस्त विषय रहा है। अर्थशास्त्र की परिभाषा एंव उसका क्षेत्र परस्पर सम्बन्धित हैं। अर्थशास्त्र की परिभाषा उसके क्षेत्र पर प्रकाश डालती है तथा अर्थशास्त्र का क्षेत्र उसकी परिभाषा निर्धारित करता है। अर्थशास्त्र की परिभाषा के सम्बन्ध में अत्यन्त विवाद रहा है तथा इसी कारण अर्थशास्त्र के क्षेत्र के सम्बन्ध में भी विवाद रहा है। अर्थशास्त्र एक गतिशील व विकासात्मक विज्ञान है। आर्थिक क्रियाओं में निरन्तर परिवर्तन होने के कारण अर्थशास्त्र का क्षेत्र भी व्यापक होता जा रहा है।

---

5 "Properly understood - theory and observation, deduction and induction can not be in conflict." - Samuelson.

6 "Deduction without induction in empty and induction without deduction is blind." - Freaser

7 "Induction and deduction are both necessary for scientific thought just as the right and left foot, both are needed for walking." - Schmoller.

8 "The true solution of the conest about method is not to be found in the selection of deduction or induction but in acceptance of deduction and induction." - Wagner

9 "As a matter of fact it is only by the unprejudiced combination of the two methods that any complete development of economic science is possible." - J.M.Keynes

अर्थशास्त्र का क्षेत्र
(Scope of Economics)

अर्थशास्त्र का क्षेत्र से आश्य इस बात की जानकारी प्राप्त करना है कि अर्थशास्त्र के अन्तर्गत किन-किन बातों का अर्थात किस प्रकार की समस्याओं का अध्ययन किया जाता हे। प्रो. कीन्स के मतानुसार अर्थशास्त्र के क्षेत्र के अन्तर्गत निम्नलिखित तीन विषय सम्मिलित किये जाते है।

(I) अर्थशास्त्र की विषय सामग्री

(II) अर्थशास्त्र की प्रकृति इसके अन्तर्गत निम्न बातें सम्मिलित की जाती हैं।

(i) क्या अर्थशास्त्र विज्ञान हैं?

(ii) अर्थशास्त्र वास्तविक विज्ञान है अथवा आदर्श विज्ञान अथवा दोनों?

(iii) क्या अर्थशास्त्र कला भी हैं?

(3) अर्थशास्त्र की मान्यताएं तथा सीमाएँ

(I) **अर्थशास्त्र की विषय सामग्री** (Subject Matter of Economics): अर्थशास्त्र की विषय सामग्री उसकी परिभाषा के साथ साथ परिवर्तित होती हैं। अर्थशास्त्र की प्रकृति उसकी परिभाषा पर निर्भर करती है। किन्तु अर्थशास्त्र की परिभाषा के बारे में अनेक मत हैं। अभी तक अर्थशास्त्र की कोई भी परिभाषा ऐसी नहीं है जो सर्वस्वीकृत हो। अतः अर्थशास्त्र की विषय सामग्री के बारे में भी कोई सर्व सर्वकृति नहीं है। परिभाषा के वर्गों के मतभेद के अनुसार अर्थशास्त्र की विषय सामग्री के सम्बन्ध में निम्न मत हैं।

(i) **प्रतिष्ठित अर्थशास्त्रियों की विचारधारा :** प्रतिष्ठित अर्थशास्त्रियों में एडम स्मिथ प्रमुख हैं जिन्हें अर्थशास्त्र का जन्मदाता माना जाता है। एडम स्मिथ के अतिरिक्त सीनीयर, वाकर, जे.बी. से., एस. मिल आदि अर्थशास्त्री भी इसी वर्ग में सम्मिलित किए जाते है। एडम स्मिथ ने अर्थशास्त्र को धन का विज्ञान माना था। अत: एडम स्मिथ के अनुसार अर्थशास्त्र की विषय सामग्री धन है। धन की प्रकृति, धन का अर्जन, प्रयोग व धन की वृद्धि के उपायों का अर्थशास्त्र में अध्ययन किया जाता है। अर्थशास्त्र की विषय सामग्री के सम्बन्ध में एडम स्मिथ के विचारों की कटु आलोचना हुई क्योंकि उनके द्वारा मानव को गौण व धन को प्रधान माना गया। आज अर्थशास्त्र की विषय सामग्री के सम्बन्ध में इस मत से कोई भी सहमत नहीं है।

(ii) **कल्याणवादी अर्थशास्त्रियों की विचारधारा :** मार्शल व उसके समर्थकों पीगू, बेवरीज, फेयर चाइल्ड, केनन आदि अर्थशास्त्रियों को कल्याणवादी विचारधारा के वर्ग में सम्मिलित किया जाता है। एडम स्मिथ द्वारा व्यक्त विचारों के कारण अर्थशास्त्र की आलोचना हुई। मार्शल ने अर्थशास्त्र ने अर्थशास्त्र की इन आलोचनाओं से रखा कि तथा अपना मत प्रकट किया। कल्याणवादी अर्थशास्त्रियों के अनुसार अर्थशास्त्र की विषय सामग्री मानव का भौतिक कल्याण है। ये अर्थशास्त्री धन की अपेक्षा मानव को प्राथमिकता देते हैं तथा अर्थशास्त्र का उद्देश्य मानव क़े भौतिक कल्याण में वृद्धि मानते है। इन अर्थशास्त्रियों के

अनुसार अर्थशास्त्र में वास्तविक, सामाजिक व सामान्य व्यक्तियों का अध्ययन किया जाता है। इस प्रकार अर्थशास्त्र एक सामाजिक विज्ञान है।

कल्याणवादी अर्थशास्त्रियों की विचारधारा की भी आलोचना की गई क्योंकि उनकी विचारधारा में अर्थशास्त्र की विषय सामग्री सीमित हो गई। उन्होंनें मानव क्रियाओं को सामान्य-असामान्य, भौतिक-अभौतिक, कल्याणकारी-अकल्याणकारी, सामाजिक-व्यक्तिगत आदि अनेक भागों में बांट दिया तथा केवल सामाजिक व सामान्य व्यक्तियों की भौतिक कल्याण सम्बन्धि क्रियाओं को ही अर्थशास्त्र की विषय सामग्री में सम्मिलित किया।

(iii) **दर्लभता सम्बन्धि विचारधारा :** मार्शल व उसके अनुयायियों की कल्याणकारी विचारधारा की रोबिन्स ने आलोचना की व अपना नवीन दृष्टिकोण प्रस्तुत किया। रोबिन्स के अनुसार केवल धन से सम्बन्धित हो जाने से ही कोई क्रिया आर्थिक नहीं हो जाती। रोबिन्स के अनुसार अर्थशास्त्र दुर्लभता का विज्ञान है। मनुष्य की आवश्यकताएँ अनन्त है किन्तु उनको पूरा करने के लिए उपलब्ध साधन सीमित हैं। इन सीमित साधनों का भी वैकल्पिक प्रयोग हो सकता है। अत: रोबिन्स के अनुसार अर्थशास्त्र की विषय सामग्री में उन सभी मानवीय क्रियाओं का समावेश हो जाता है जिनका सम्बन्ध चुनाव करने या निर्णय करने से होता है। इन शब्दों के स्थान पर रोबिन्स ने आर्थिक पहलू या आर्थिक समस्या शब्दों का भी प्रयोग किया। इस प्रकार रोबिन्स के अनुसार अर्थशास्त्र को सीमित साधनों के आबंटन का अध्ययन कहा जा सकता है।

साधन सीमित होने के कारण इनका मितव्ययता के साथ प्रयोग करना आवश्यक है। अत: अर्थशास्त्र को मितव्ययता का विज्ञान (Science of Economic) भी कहा जाता है। साधनों की सीमितता से ही आर्थिक समस्या उत्पन्न होती है। अत: अर्थशास्त्र की विषय सामग्री का आधार साधनों की सीमितता है। अत: इस दृष्टिकोण को दुर्लभता सम्बन्धि दृष्टिकोण व इस दृष्टिकोण के अनुसार अर्थशास्त्र को दुर्लभता का विज्ञान (Science of Scareity) कहा जाता है।

रोबिन्स ने अर्थशास्त्र के अध्ययन में सभी प्रकार के मनुष्यों के चुनाव के पहलू के अध्ययन को सम्मिलित किया, चाहे वह सामाजिक हो अथवा नहीं। अत: रोबिन्स के अनुसार अर्थशास्त्र एक मानव विज्ञान है।

(iv) **आधुनिक विचारधारा या विकासवादी विचारधारा :** 1932 में रोबिन्स द्वारा प्रस्तुत विचारों के पश्चात् अर्थशास्त्र की विषय सामग्री में पर्याप्त विकास हो चुका है। आधुनिक विचारधारा प्रस्तुत करने वाले अर्थशास्त्रियों में सेम्यूलसन व मिल्टन फ्रीडमैन प्रमुख है। आधुनिक विकासवादी अर्थशास्त्रियों के अनुसार आर्थिक समस्या केवल दिये हुए सीमित साधनों के आबंटन की ही नहीं हैं। साधनों में वृद्धि करना भी आर्थिक समस्या है जिससे बढ़ती हुई आवश्यकताओं की पूर्ति की जा सकें। अत: आधुनिक विकासवादी अर्थशास्त्री अर्थशास्त्र की विषय सामग्री में आर्थिक विकास, रोजगार, आय आदि को भी सम्मिलित करते हैं। इस प्रकार आधुनिक विचारधारा के अनुसार समष्टि अर्थशास्त्र (Macro Economics) को अर्थशास्त्र की महत्वपूर्ण विषय सामग्री माना है।

आर्थिक क्रियाओं के विभाग
(Units of Economics Activities)

अर्थशास्त्र की विषय सामग्री के सम्बन्ध में प्रस्तुत विभिन्न विचारों के आधार पर अर्थशास्त्र की विषय सामग्री को पांच भागों में बांटा जाता है। आर्थिक क्रियाओं के इन विभागों से प्रायः सभी सहमत हैं। अर्थशास्त्रियों का कथन है कि मनुष्य की आवश्यकताओं, उनकी पूर्ति के साधन, आवश्यकताओं की पूर्ति के लिए प्रयत्न आदि सभी का निरन्तर प्रवाह चलता रहता है। इस प्रवाह से आर्थिक समस्याएँ उत्पन्न होती हैं, उनका अध्ययन अर्थशास्त्र के निम्न पाँच विभागों में किया जाता है:

(1) उपभोग (Consumption) : उपभोग सभी आर्थिक क्रियाओं का आधार हैं क्योंकि उपभोग की आवश्यकता के कारण ही अनेक समस्याएँ उत्पन्न होती है। **मेयर्स** के अनुसार, ''स्वतन्त्र मानव समाज की आवश्यकताओं की पूर्ति के लिए वस्तुओं तथा सेवाओं का प्रत्यक्ष तथा अन्तिम प्रयोग ही उपभोग होता है।'' इस प्रकार आवश्यकताओं की पूर्ति अर्थात सन्तुष्टि करने में जब वस्तुओं व सेवाओं की उपयोगिता कम या नष्ट हो जाती है तो उसे उपभोग कहा जाता है। अर्थाशास्त्र के इस विभाग में आवश्यकताएँ, उनकी प्रकृति, उपयोगिता, उपयोगिता सम्बन्धि नियम जैसे सीमान्त उपयोगिता ह्रास नियम, सम सीमान्त उपयोगिता नियम, उपभोक्ता की बचत, उपभोक्ता की सार्वभौमिकता, माँग, माँग का नियम, माँग की लोच आदि का अध्ययन किया जाता है।

(2) उत्पादन (Production) : उत्पादन अर्थशास्त्र का एक अन्य विभाग है। **पेन्सन** के अनुसार, ''उत्पादन का अर्थ किसी पदार्थ का निर्माण करना नहीं है वरन् इसका अर्थ किसी वस्तु में मानवीय आवश्यकताओं को सन्तुष्ट करने की योग्यता, क्षमता अथवा गुण में वृद्धि करना है।'' इस प्रकार अर्थशास्त्र के अन्तर्गत वस्तु में उपयोगिता का सृजन करना या वृद्धि करना ही उत्पादन कहलाता है। आवश्यकताओं का पूरा करने के लिए उत्पादन किया जाता है। अर्थशास्त्र के इस विभाग में उत्पादनों के साधनों–भूमि, श्रम, पूंजी, संगठन व साहस उनकी विशेषताओं, कार्य–क्षमता व समस्याओं, उत्पत्ति के नियमों, उत्पत्ति के पैमाने, श्रम–विभाजन आदि के बारे में अध्ययन किया जाता है।

(3) विनिमय (Exchange) : अर्थशास्त्र का तीसरा विभाग विनिमय है, जिसमें उन क्रियाओं का अध्ययन किया जाता है जिससे वस्तुएँ उत्पादक से उपभोक्ता तक पहुँचती है। **जेवन्स** के अनुसार, ''कम आवश्यक वस्तु के बदले अधिक आवश्यक वस्तुओं के आदान–प्रदान को विनिमय कहते हैं।'' प्राचिन समय में वस्तु विनिमय प्रचलन में था किन्तु वस्तु विनिमय की कठिनाइयों के कारण मुद्रा का जन्म हुआ तथा अब मुद्रा विनिमय ही प्रचलन में है। श्रम विभाजन व विशिष्टीकरण के कारण विनिमय की क्रियाएँ बढ़ी है। अर्थशास्त्र के इस विभाग में विभिन्न बाजार व उनके मूल्य निर्धारण तथा विनिमय सहायक क्रियाओं का अध्ययन किया जाता है।

(4) वितरण (Distribution) : उत्पादन का कार्य उत्पादन के विभिन्न साधनों के सहयोग से किया जाता है। विभिन्न साधनों के सहयोग से धन का जो उत्पादन होता है, उसे उन सभी साधनों में बांटना होता है। इसे ही वितरण कहा जाता है। वितरण में राष्ट्रीय आय अथवा प्रतिफल निर्धारण जैसे लगान, मजदूरी, ब्याज, लाभ आदि के निर्धारण का अध्ययन

किया जाता है। अधिकतम सामाजिक कल्याण के लिए यह आवश्यक है कि राष्ट्रीय आय का न्यायपूर्ण वितरण किया जाए। अत: आज के युग में वितरण की समस्या एक महत्वपूर्ण समस्या बन गई हैं।

(5) राजस्व (Public Finance) : अर्थशास्त्र के इस विभाग में सरकार (राष्ट्र व राज्य सरकारों) तथा स्थानीय निकायों की आय व व्यय के बारे में अध्ययन किया जाता है। सरकार की आय के स्रोत व व्यय की मदें, कराधान, सार्वजनिक ऋण, सार्वजनिक आय, व्यय, ऋण आदि के सिद्धान्तों का इस भाग में अध्ययन किया जाता हैं।

(II) **अर्थशास्त्र की प्रकृति** (Nature of Economics) : अर्थशास्त्र की प्रकृति का तात्पर्य इस बात की जानकारी करना है कि अर्थशास्त्र विज्ञान है अथवा कला अथवा दोनों। साथ ही यदि अर्थशास्त्र विज्ञान है तो यह वास्तविक विज्ञान है अथवा आदर्श विज्ञान अथवा दोनों। अर्थशास्त्र की प्रकृति के बारे में निर्णय लेने से पहले यह जानना आवश्यक है कि विज्ञान क्या है:

विज्ञान का अर्थ : किसी भी विषय के क्रमबद्ध ज्ञान को विज्ञान कहते है **कीन्स** के अनुसार, ''विज्ञान ज्ञान का वह क्रमबद्ध संग्रह है जो कारण और परिणाम के बीच सम्बन्ध स्थापित करता है।'' इस प्रकार केवल तथ्यों का संग्रह ही विज्ञान नहीं कहलाता वरन् उन तथ्यों को क्रमबद्ध करने तथा कारण व परिणाम के बीच सम्बन्ध स्थापित करने पर ही उसे विज्ञान कहा जा सकता है। **प्वानकेयर** (Poincare) के अनुसार, ''विज्ञान तथ्यों से इस प्रकार बना हुआ है जिस प्रकार पत्थरों से एक मकान बना होता है, परन्तु जिस प्रकार पत्थरों के ढेर को मकान नहीं कहा जा सकता, ठीक उसी प्रकार तथ्यों के संकलनमात्र से ही विज्ञान नहीं बन सकता हैं।'' इस प्रकार किसी भी विषय को विज्ञान तभी कहा जा सकता है जब उसमें विज्ञान की विशेषताएँ हों। विज्ञान में निम्न विशेषताएँ होती हैं :

1. क्रमबद्ध ज्ञान,
2. लक्ष्यों में कारण व परिणाम में पारस्पिरिक सम्बन्ध,
3. तथ्यों का क्रमबद्ध एकत्रीकरण व विश्लेषण,
4. वस्तुगत दृष्टिकोण,
5. वैज्ञानिक रीतियों का प्रयोग,
6. पूर्वानुमान लगाना सम्भव होना।

विज्ञान कई प्रकार के होते है जैसे : प्राकृतिक विज्ञान, जीव विज्ञान, सामाजिक विज्ञान, सांस्कृतिक विज्ञान, मानवीय व्यवहार विज्ञान आदि, विज्ञान के प्रमुख प्रकार हैं। एक अन्य दृष्टिकोण से विज्ञान दो प्रकार के होते है-वास्तविक विज्ञान व आदर्श विज्ञान।

क्या अर्थशास्त्र विज्ञान है ?
(Is Economics Science?)

अर्थशास्त्र विज्ञान है अथवा नहीं, इसका निर्णय करने के लिए इसके पक्ष व विपक्ष में दिए गए तर्कों का **विश्लेषण** आवश्यक है।

पक्ष में तर्क

(Arguments in Favour)

अर्थशास्त्र विज्ञान है, इसके पक्ष में निम्न तर्क दिए जा सकते हैं:

1. क्रमबद्ध ज्ञान : किसी भी विषय के क्रमबद्ध ज्ञान को विज्ञान कहा जाता है। इस आधार पर अर्थशास्त्र को भी विज्ञान कहा जा सकता है। अर्थशास्त्र में भी आर्थिक तथ्यों का क्रमबद्ध अध्ययन ही किया जाता है। आर्थिक तथ्यों को क्रमबद्ध ढंग से एकत्र कर उनका क्रमबद्ध ही वर्गीकरण व विश्लेषण किया जाता है। जैसा कि पहले वर्णित किया जा चुका है अर्थशास्त्र की विषय सामग्री को 5 भागों (उपभोग, उत्पादन, विनिमय, वितरण तथा राजस्व) में विभाजित किया गया है।

2. आर्थिक नियम : अर्थशास्त्र के भी उसी प्रकार से अपने नियम है जिस प्रकार अन्य नियम विज्ञानों में है। इन नियमों को आर्थिक नियम अथवा आर्थिक सिद्धान्त कहा जाता है। सीमान्त उपयोगिता ह्रास नियम, प्रतिस्थापन का नियम, माँग का नियम, उत्पादन के नियम, जनसंख्या सिद्धान्त आदि इनमें प्रमुख नियम है।

3. वैज्ञानिक रीति का प्रयोग : अर्थशास्त्र में भी वैज्ञानिक रीति का प्रयोग किया जाता है। वैज्ञानिक रीति के प्रयोग में कारण व परिणाम सम्बन्धी व्याख्या सम्मिलित की जाती है। माँग के नियम में मूल्य घटने या बढ़ने के कारण माँग में वृद्धि या कमी के परिणाम की व्याख्या की गई है। सीमान्त उपयोगिता ह्रास नियम में किसी भी वस्तु के लगातार उपभोग का परिणाम व उसकी सीमान्त उपयोगिता में कमी बताया गया है। अर्थशास्त्र में व्यक्तियों व समूह के व्यवहार का अवलोकन किया जाता है तथा तथ्यों के आधार पर परिकल्पानाएँ बनाई जाती है तथा तथ्यों के आधार पर परिकल्पानाओं की जांच की जाती है। इस प्रकार यह कहा जा सकता है कि अर्थशास्त्र में वैज्ञानिक रीति का प्रयोग किया जाता है।

4. भविष्यवाणी सम्भव : अर्थशास्त्र में भी आर्थिक घटनाओं की भविष्यवाणी व गणितीय रीतियों के प्रयोग व अर्थमिति के कारण अर्थशास्त्र की भविष्यवाणी करने की शक्ति बढ़ गई है।

5. अर्थशास्त्र में भी प्रयोग सम्भव हैं : अर्थशास्त्र में भी अन्य विज्ञानों की भांति प्रयोग करना सम्भव है। अर्थशास्त्र में तथ्यों का परिक्षण मुद्रा रूपी मापदण्ड के द्वारा किया जा सकता है तथा तथ्यों की सत्यता परखी जा सकती है।

6. अर्थशास्त्र को वस्तुपरक (Objective) **कहा जा सकता है :** अर्थशास्त्र के नियम व सिद्धान्त अन्य विज्ञानों की भांति तथ्यों पर आधारित होते है। अत: अर्थशास्त्र को वस्तुपरक कहा जा सकता है। वास्तविक अर्थशास्त्र में तो वस्तुपरकता और भी बढ़ गई हैं।

उपरोक्त तर्को के आधार पर यह कहा जा सकता है कि **अर्थशास्त्र एक विज्ञान है।**

विपक्ष में तर्क
(Arguments Against)

कुछ विद्वान अर्थशास्त्र को विज्ञान नहीं स्वीकार करते है वे अर्थशास्त्र को विज्ञान नहीं मानने के लिए निम्न तर्क प्रस्तुत करते हैं:

1. एक मत का अभाव : विभिन्न अर्थशास्त्रियों के मतों में एक मत का अभाव पाया जाता है। मतों में विभिन्नता के कारण अर्थशास्त्र को विज्ञान नहीं माना जा सकता।

किन्तु इस तर्क को उचित नहीं कहा जा सकता क्योंकि अर्थशास्त्र एक गतिशील व विकासात्मक विषय है। इस प्रकार के विषय में मतों में विभिन्नता होना स्वाभाविक हैं।

2. आँकड़ों व तथ्यों में निरन्तर परिवर्तन : अर्थशास्त्र में आँकड़ों व तथ्यों के आधार पर निष्कर्ष निकाले जाते है, किन्तु ये तथ्य व आँकड़े निरन्तर बदलते रहते हैँ। इसी प्रकार उत्पादन की पद्धतियों व संस्थाएँ भी परिवर्तित होती रहती है। अतः इनका केवल एतिहासिक महत्व ही रह जाता है।

किन्तु यह तर्क भी उचित नहीं कहा जा सकता क्योंकि व्यवहार में दीर्घकाल में भी स्थायित्व रहता है। इसी कारण उत्पादन व उपभोग के नियम आज भी सत्य है।

3. निश्चित भविष्यवाणी सम्भव नहीं : अर्थशास्त्र के आँकड़े व तथ्यों में निरन्तर परिवर्तन होता रहता है। इसके साथ ही अर्थशास्त्र मानव व्यवहार से सम्बन्धित है। मानव व्यवहार भी तीव्र गति से परिवर्तित होता रहता है। यही प्रमुख कारण है कि अर्थशास्त्र में निश्चित भविष्यवाणी करना सम्भव नहीं है। अतः आर्थिक नियम अन्य प्राकृतिक विज्ञानों की भांति निश्चित नहीं होते।

किन्तु इस तर्क का भी अधिक महत्व नहीं हैं। यह सही है कि अर्थशास्त्र मानव व्यवहार से सम्बन्धित है तथा मानव व्यवहार परिवर्तनीय है। अतः यद्यपि एक व्यक्ति के व्यवहार के सम्बन्ध में बारे में निश्चित भविष्यवाणी करना सम्भव नहीं है किन्तु मनुष्यों के समूह के व्यवहार की भविष्यवाणी करना सम्भव है जो सही भी सिद्ध होती है। यदि अर्थशास्त्र में कोई भविष्यवाणी सही सिद्ध न हो तो इसका प्रमुख कारण अर्थशास्त्र की सीमाएं है। अर्थशास्त्र में प्राकृतिक या भौतिक विज्ञान की भांति नियन्त्रित प्रयोग सम्भव नहीं हैं। आर्थिक वास्तविकता (Economic Reality) भी बहुत जटिल होती है। देश में करोड़ों मनुष्य, लाखों वस्तुएं, कीमतें आदि होती है। इस प्रकार अर्थशास्त्र में भविष्य वाणियों का सही न होने का कारण उसकी सीमाएं है। किन्तु यह भी सही नहीं है कि अन्य विज्ञानों में भविष्य वाणियां सही उतरती है। मौसम विज्ञान की भविष्य वाणियां सदैव सही सिद्ध नहीं होती।

4. मुद्रा रूपी मापदण्ड अनिश्चित व दोषपूर्ण : अर्थशास्त्र में आर्थिक घटनाओं को मापने के लिए मुद्रा रूपी मापदण्ड का प्रयोग किया जाता है। किन्तु मुद्रा रूपी यह मापदण्ड अनिश्चित व दोषपूर्ण है। अतः इसके आधार पर बनाए गये नियम व सिद्धान्त भी निश्चित नहीं होते।

इस तर्क के सम्बन्ध में यह कहा जा सकता है कि यह दोष अर्थशास्त्र की सीमाओं के कारण है जिनके अन्तर्गत अर्थशास्त्री को कार्य करना पड़ता है। अर्थशास्त्र का तो विषय ही ऐसा है कि उसे सही-सही मापा ही नहीं जा सकता।

अर्थशास्त्र विज्ञान है अथवा नहीं इसके पक्ष व विपक्ष में उपर्युक्त वर्णित प्रस्तुत किय गए तर्कों के विश्लेषण के आधार पर यह कहा जा सकता है कि अर्थशास्त्र एक विज्ञान है। अधिकांश विषय विशेषज्ञ भी अर्थशास्त्र को एक विज्ञान मानते है। यही कारण है कि 1969 से अर्थशास्त्र विज्ञान के लिए भी नोबेल पुरस्कार (Noble Prize) प्रारम्भ किया गया है। इसे अर्थशास्त्र के विज्ञान माने जाने के पक्ष में एक प्रमाण कहा जा सकता है।

वास्तविक विज्ञान बनाम आदर्श विज्ञान
(Positive Science V/s Normative Science)

जब अर्थशास्त्र को एक विज्ञान मान लिया गया है तो यहां एक अन्य प्रश्न भी उपस्थित होता है कि अर्थशास्त्र वास्तविक विज्ञान है अथवा आदर्श विज्ञान, अथवा दोनों इस बात का निर्णय करने के लिए पहले वास्तविक व आदर्श विज्ञान का अर्थ समझना आवश्यक है।

वास्तविक विज्ञान (Real Science): वास्तविक विज्ञान वह विज्ञान है जो वास्तविक स्थिति से सम्बन्धित होता है, यह तथ्यों को वास्तविक रूप में प्रस्तुत करता है यह केवल, क्या है से सम्बन्धित है, यह कारण व परिणाम में सम्बन्ध स्थापित करता है किन्तु यह किसी के उचित या अनुचित होने के बारे में कोई सुझाव नहीं देता। वास्तविक विज्ञान यह तो बताता है कि किसी भी कारण का क्या परिणाम होगा किन्तु यह परिणाम अच्छा है अथवा बुरा, इस बारे में बतलाना वास्तविक विज्ञान का कार्य नहीं है। यह कोई भी आदर्श स्थिति उत्पन्न नहीं करता। वास्तविक विज्ञान की तुलना उस द्वीप स्तम्भ से की जाती है। जो जहाजों को रोशनी दिखाकर उन्हें चट्टान का संकेत देता है किन्तु यह नहीं बताता कि जहाज को पूर्व में जाना चाहिये या पश्चिम में।

आदर्श विज्ञान (Ideal Science) : आदर्श विज्ञान 'क्या होना चाहिए' से सम्बन्ध रखता है। आदर्श विज्ञान यह बताता है कि आदर्श स्थिति क्या होनी चाहिए यह उस आदर्श स्थिति की ओर संकेत करता हैं जिस तक पहुँचना लक्ष्य होना चाहिए।

आदर्श स्थिति को प्राप्त करने के लिए सदैव प्रयत्नशील होना चाहिए। वास्तविक विज्ञान जहां केवल आदर्श स्थिति का संकेत करता है। वहां आदर्श विज्ञान आदर्श स्थिति का संकेत करता हैं। वास्तविक विज्ञान का कार्य वास्तविक स्थिति के अध्ययन व विश्लेषण के साथ समाप्त हो जाता है। इसके पश्चात आदर्श विज्ञान स्थिति की उपर्युक्ता या अनुपयुक्तता के बारे में निर्णय देता है तथा इनमें व्याप्त दोषों को दूर करने के उपाय बताता है।

आदर्शवादी पहलू पर विवाद
(Disputes on Idealism)

अर्थशास्त्र की उत्पत्ति के समय से ही यह विवाद रहा है कि अर्थशास्त्र आदर्श विज्ञान है अथवा नहीं? प्रतिष्ठित अर्थशास्त्रियों ने अर्थशास्त्र को एक वास्तविक विज्ञान माना।

जर्मनी के ऐतिहासिक स्कूल का मत था कि अर्थशास्त्र एक आदर्श विज्ञान है। मार्शल व उसके अनुयायियों ने भी अर्थशास्त्र के आदर्शवादी पहलू को स्वीकार किया। मार्शल के विचारों के पश्चात् इस पहलू पर वाद-विवाद समाप्त सा हो गया था। किन्तु 1932 में रोबिन्स के विचारों से पुनः इस सम्बन्ध में विवाद उठ खड़ा हुआ क्योंकि रोबिन्स अर्थशास्त्र को आदर्श विज्ञान नहीं मानते।

केवल वास्तविक विज्ञान होने के पक्ष में तर्क

(Arguments in Favour of Only Real Science)

सीनियर, केयरनेस, रोबिन्स आदि अर्थशास्त्री अर्थशास्त्र को वास्तविक विज्ञान मानते है। अर्थशास्त्र एक वास्तविक विज्ञान है। यह एक विवाद रहित धारणा है क्योंकि जो अर्थशास्त्री यह मानते है कि अर्थशास्त्र एक आदर्श विज्ञान है वे यह भी मानते हैं कि अर्थशास्त्र वास्तविक विज्ञान भी है। अर्थशास्त्र की प्रत्येक विचारधारा के अर्थशास्त्रियों ने इसे वास्तविक विज्ञान स्वीकार किया। किन्तु कुछ अर्थशास्त्री इसे केवल वास्तविक विज्ञान मानते है। सीनीयर के अनुसार, "राजनीतिक अर्थशास्त्री का कार्य किसी काम को करने या न करने का उपदेश देना नहीं वरन् केवल सामान्य तथ्यों की विवेचना करना है।"

केयरनेस के अनुसार, "जिस प्रकार रेल मैकेनिक योजनाओं के लिए तथा रसायन शास्त्री स्वास्थ्य सुधार की विभिन्न योजनाओं के बीच तटस्थ रहता है उसी प्रकार राजनीतिक अर्थशास्त्री विभिन्न प्रतियोगी सामाजिक योजनाओं के प्रति तटस्थ रहता है।"

जे. बी. सें. के अनुसार, "हम जनता को केवल यह बताने के लिए उत्तरदायी है कि अमुक तथ्य क्यों व कैसे किसी अन्य तथ्य का परिणाम है, चाहे यह परिणाम स्वीकृत हो या अस्वीकृत। इतना ही यथेष्ठ है कि अर्थशास्त्र वस्तु स्थिति को प्रस्तुत कर दे। उसके सम्बन्ध में परामर्श देना इसका कार्य नहीं हैं।"

रोबिन्स के अनुसार, "अर्थशास्त्र उद्देश्यों के प्रति तटस्थ हैं। अर्थशास्त्री का कार्य अन्वेषण व व्याख्या करना है न कि समर्थन या निन्दा करना।

रोबिन्स का यह मानना है कि अर्थशास्त्र का आदर्शवादी पहलू नहीं है क्योकि ऐसा होने के लिए हमें नीतिशास्त्र की सहायता लेनी होगी जबकि नीतिशास्त्र व अर्थशास्त्र को मिलाया नहीं जा सकता। रोबिन्स के शब्दों में, "दुर्भाग्यवश इन दोनों अध्ययनों को पास पास रखने के अलावा इनसे और कोई तार्किक सम्बन्ध स्थापित करने की सम्भावना नहीं दिखाई देती। अर्थशास्त्र जांचने योग्य तथ्यों का अध्ययन करता है, जबकि नीतिशास्त्र मूल्यांकनों तथा कर्त्तव्यों का। खोज के ये दोनों क्षेत्र वार्तालाप के एक ही स्तर पर नहीं हैं।"

इस प्रकार कुछ अर्थशास्त्री अर्थशास्त्र को केवल वास्तविक विज्ञान मानते हैं जिसका कार्य केवल वास्तविक स्थिति की व्याख्या करना है, आदर्श से इसका कोई सम्बन्ध नहीं है।

वास्तविक विज्ञान

(Real Science)

अर्थशास्त्र को वास्तविक विज्ञान मानने के पक्ष में निम्न तर्क प्रस्तुत किये जाते है :

1. पूर्व निर्धारित उद्देश्य : अर्थशास्त्र का सम्बन्ध उन क्रियाओं से होता है जिनका उद्देश्य पहले से ही निर्धारित होता है। समस्या विशेष के दौरान लाभ या उद्देश्य अपरिवर्तित रहते है। अत: सुझाव देना या आदर्श प्रस्तुत करना अर्थशास्त्र के क्षेत्र का उल्लंघन है।

2. आर्थिक विश्लेषण तर्क पर आधारित होता है : यह कहा जाता है कि आर्थिक विश्लेषण तर्क तर आधारित होता है जबकि आदर्श विज्ञान भावनाओं पर आधारित होने के कारण इसे वास्तविक विज्ञान ही माना जा सकता है, आदर्श विज्ञान नहीं।

3. श्रम विभाजन का तर्क : वर्तमान युग में अनेक कार्य श्रम विभाजन के सिद्धान्त के आधार पर किये जाते है, अर्थात् एक ही व्यक्ति सभी कार्य नहीं करता वरन् उस कार्य का एक भाग ही करता है। प्रत्येक व्यक्ति से यह भी आशा नहीं की जा सकती कि वह सभी कार्यों में निपुण हो। श्रम विभाजन का यह सिद्धान्त अर्थशास्त्र पर भी लागु होता है। अर्थशास्त्री केवल वास्तविक स्थिति का विश्लेषक होना चाहिए व आदर्शात्मक पहलू को अन्य लोगों पर छोड़ देना चाहिए। इससे अर्थशास्त्री अपने कार्य में भी दक्ष हो सकेगा। यदि अर्थशास्त्री सभी कार्य स्वयं करेगा तो वह किसी भी कार्य में दक्ष नहीं हो सकेगा।

4. यथार्थ व आदर्श के अन्तराल को पाटना कठिन : प्रत्येक क्षेत्र में यथार्थ व आदर्श की स्थिति अलग अलग है। इन दोनों स्थितियों में बहुत अन्तर है। इन दोनों के अन्तराल को पाटना बहुत कठिन है। उदाहरण के लिए वास्तविक स्थिति यह है कि भारत में करोड़ों लोग बेरोजगार है। आदर्श यह है कि प्रत्येक व्यक्ति को रोजगार प्राप्त होना चाहिए। किन्तु आदर्श व वास्तविकता इन दोनों में यह जो अन्तर है इसे दूर करना कठिन है।

5. अर्थशास्त्र को आदर्श विज्ञान मानने पर इसकी प्रगति रूक जाएगी : वास्तविक स्थिति का वश्लेषण करने पर प्रत्येक व्यक्ति का एक ही निष्कर्ष होगा। किन्तु आदर्श स्थिति क्या होनी चाहिए, इस सम्बन्ध में अनेक मत हो सकते है। अत: यदि अर्थशास्त्र को आदर्श विज्ञान माना जाए तो अर्थशास्त्र में वाद-विवाद व मतभेद बढ़ जाएगें। इससे अर्थशास्त्र की प्रगति में रूकावट आएगी।

6. साम्य केवल साम्य हैं : अर्थशास्त्र में साम्य की विचारधारा बहुत महत्वपूर्ण है। साम्य वह स्थिति बताता है जिस पर अधिकतम सन्तुष्टि प्राप्त होती है। रोबिन्स का मत है कि साम्य साधनों की मांग व पूर्ति की पारस्परिक शक्तियों का परिणाम होता है। किन्तु साम्य सदैव आदर्श स्थिति को नहीं बताता, यदि स्वयं साम्य की स्थिति आदर्श नहीं है। साम्य केवल साम्य है। साम्य में अनुमोदन का बल नहीं है, साम्य अधिकतम सन्तुष्टि का भी प्रतीक नहीं है। अत: साम्य केवल साम्य है। साम्य में अनुमोदन का बल नहीं है। साम्य अधिकतम सन्तुष्टि का भी प्रतीक नहीं है। अत: साम्य केवल साम्य है, के तर्क के आधार पर भी अर्थशास्त्र वास्तविक विज्ञान है।

7. आदर्श विज्ञान मानने पर भ्रम उत्पन्न होने का भय : यदि अर्थशास्त्र का आदर्श विज्ञान भी मान लिया जाए तो भ्रम होने की सम्भावना उत्पन्न हो जाएगी। अर्थशास्त्र के वास्तविक व आदर्श, दोनों पहलुओं को मिलाने पर अर्थशास्त्री अपने प्रत्येक कार्य व अध्ययन के सम्बन्ध में वास्तविक स्थिति बताने के साथ साथ आदर्श भी बताना होगा। इससे उसका कार्य भी बढ़ जाएगा। यदि वह आदर्श के बारे में चुप रहता है तो यह समझा जाएगा कि वह

वर्तमान स्थिति को ही आदर्श मानता है। इससे अर्थशास्त्र के सम्बन्ध में भ्रम उत्पन्न हो सकता है।

इसी प्रकार अर्थशास्त्र तर्क पर आधारित है तथा आदर्श विज्ञान भावुकता पर आधारित है। दोनों के इस अनमेल मिश्रण से भी भ्रम उत्पन्न होने का भय रहता है।

अर्थशास्त्र आदर्श विज्ञान के रूप में

(Economics as Ideal Science)

प्राय: सभी अर्थशास्त्री इस बात को स्वीकार करते हैं कि अर्थशास्त्र वास्तविक विज्ञान है। किन्तु कुछ अर्थशास्त्रियों का मत है कि अर्थशास्त्र वास्तविक विज्ञान के साथ-साथ आदर्श विज्ञान भी है। मार्शल, पीगू, फेयर चाइल्ड, कैनन, बेवरिज, पेंसन, हाट्रे, फ्रेजर, श्रीमति वूटन आदि अर्थशास्त्र को एक आदर्श विज्ञान भी मानते हैं। पीगू के अनुसार, ''अर्थशास्त्र का अध्ययन करते समय हमारा दृष्टिकोण एक दार्शनिक की भांति केवल ज्ञान के लिए ज्ञान प्राप्त करना नहीं होना चाहिए बल्कि एक डाक्टर के समान होना चाहिए जो रोगियों की सेवा करने के लिए ज्ञान प्राप्त करने का इच्छुक होता है।'' **हाट्रे** के शब्दों में, ''अर्थशास्त्र को नीतिशास्त्र से पृथक नहीं किया जा सकता है।'' **श्रीमती वूटन** के शब्दों में, ''अर्थशास्त्रियों के लिए यह बड़ा कठिन कार्य है कि वे अपनी विवेचना को सभी नीति प्रधान विषयों से मुक्त रखें।'' इस प्रकार अनेक अर्थशास्त्रियों ने अर्थशास्त्र को आदर्श विज्ञान भी माना है।

अर्थशास्त्र आदर्श विज्ञान

(Economics as Ideal Science)

अर्थशास्त्र को आदर्श विज्ञान मानने के पक्ष में निम्न तर्क दिए जाते हैं:

1. मनुष्य केवल तार्किक ही नहीं भावुक भी होता है : अर्थशास्त्र मानव विज्ञान है। इसमें मनुष्य के बारे में अध्ययन किया जाता है। अत: मनुष्य जैसा भी है उसका वैसा ही अध्ययन किया जाना चाहिए। मनुष्य न केवल तार्किक वरन् भावुक भी होता है। अत: अर्थशास्त्र में मानव व्यवहार के दोनों पहलुओं का अध्ययन किया जाता है। अत: अर्थशास्त्र वास्तविक विज्ञान के साथ विज्ञान भी है।

2. श्रम विभाजन का गलत तर्क : अर्थशास्त्र को केवल वास्तविक विज्ञान मानने के पक्ष में श्रम विभाजन का तर्क दिया जाता है। किन्तु इस प्रकार का श्रम विभाजन त्रुटि पूर्ण है। यह श्रम विभाजन उचित नहीं कहा जा सकता कि किसी विषय का अध्ययन कोई और करे तथा जब निर्णय देने का समय आए तो यह कार्य अन्य व्यक्ति पर छोड़ दिया जाए। प्रो. पी. सी. जैन के अनुसार, ''गलत श्रम विभाजन विचित्र तथा असंगत होगा जिसमें एक व्यक्ति केवल खाना खाए तथा दूसरा केवल पानी पीये।'' गलत श्रम विभाजन से समय व शक्ति की बर्बादी होगी। अत: अर्थशास्त्र में वास्तविक स्थिति के अध्ययन के साथ यह निर्णय देने कि क्या करना चाहिए क्या नहीं इसका भी अध्ययन किया जाना चाहिए।

3. वास्तविक अर्थशास्त्र भी पूर्णतया वस्तुगत (Objective) **नही रह सकता :** अर्थशास्त्र में मनुष्य का अध्ययन किया जा सकता है। अत: अर्थशास्त्री उतना वस्तुगत नहीं रह सकता जितना कि एक भौतिक शास्त्री अथवा रसायन शास्त्री। मनुष्य से सम्बन्धित होने के

कारण तथ्यों के अध्ययन व आंकड़ों के एक रूप में पक्षपात किया जा सकता है। नीति सम्बन्धि सुझाव भी विभिन्न विचारधाराओं के अनुसार अलग अलग हो सकते है।

4. साम्य संबंधी तर्क गलत : रोबिन्स का कहना है कि साम्य केवल साम्य है इसमें अनुमोदन का कोई बल नहीं है। किन्तु साम्य संबंधी यह तर्क गलत है। यदि कोई तथ्य साम्य की स्थिति में है तो अर्थशास्त्र को वास्तविक विज्ञान माने पर उसमें सुधार की कोई आवश्यकता अनुभव नहीं की जा सकती। उदाहरण के लिए भारत में मजदूरी की निम्न दर श्रम की मांग व पूर्ति के साम्य के कारण है। किन्तु यह कहना उचित न होगा कि भारत में मजदूरी की दर में वृद्धि करने की आवश्यकता नहीं है।

5. आदर्श अर्थशास्त्र समाज के उत्थान के लिए एक यन्त्र है : यदि अर्थशास्त्र को समाज के उत्थान के लिए एक यन्त्र बनाना है तो उसे आदर्श विज्ञान मानना ही होगा। यदि अर्थशास्त्र को केवल वास्तविक विज्ञान माना जाए तथा वह सामाजिक कल्याण की वृद्धि के लिए कोई सुझाव न दे तो अर्थशास्त्र का कोई महत्व नहीं रह जाएगा। आर्थिक समस्याओं के हल प्रस्तुत कर आदर्शात्मक अर्थशास्त्र समाज के लिए इन्जन का कार्य करता है।

6. आदर्शात्मक पहलू अर्थशास्त्र को रूचिकर व उपयोगी बनाता है : यदि अर्थशास्त्र को केवल वास्तविक अर्थशास्त्र ही माना जाए तो यह फीका व अरूचिकर प्रतीत होगा। किन्तु यदि अर्थशास्त्र को आदर्श विज्ञान भी माना जाए तो यह अध्ययन कर्त्ताओं व अन्वेषकों के लिए रूचिकर व उपयोगी विषय बन जाता है।

7. आर्थिक नियोजन का आधार : आज विश्व की प्रत्येक अर्थव्यवस्था नियोजित अर्थव्यवस्था है। अधिकतम भौतिक कल्याण की प्राप्ति के लिए प्रत्येक अर्थव्यवस्था में किसी न किसी प्रकार का नियोजन अपनाया जाता है। यह इस बात की स्वीकृति है कि अर्थशास्त्र आदर्श विज्ञान है क्योंकि आर्थिक नियोजन में आदर्श स्थिति तक पहुँचने का प्रयत्न किया जाता है। इसी कारण **वुल्फ** (Wolf) ने कहा है कि बिना आदर्शवादी पहलू के अर्थशास्त्र की स्थिति हेमलेट नाटक में से उसके नायक हेलमेट को निकाल देने पर के सद्रान हो जाएगी।

8. मानव प्रकृति आदर्श मुलक है - बेबलन के अनुसार, "मानव प्रकृति सदैव प्रभावी कार्य करने तथा बेकार प्रयत्नों से बचने की होती है। वह योग्यता बर्बादी व निरर्थकता का विरोधी व कार्य-कुशलता, सफलता व उत्पादकता का प्रशंसक है।" अर्थशास्त्र मानव विज्ञान है। मानव की प्रकृति ही आदर्श मूलक होने के कारण अर्थशास्त्र भी एक आदर्श विज्ञान है।

9. सीमित साधनों का सर्वोत्तम प्रयोग : मनुष्य की आवश्यकतायें उन्नत है किन्तु उनको पूरा करने के लिए उसके साधन सीमित है। अतः सीमित साधनों का सर्वोत्तम प्रयोग करने के लिए आवश्यक है कि अर्थशास्त्र को आदर्श विज्ञान माना जाए। अर्थशास्त्र को आदर्श विज्ञान मानने पर ही अर्थशास्त्री उचित अनुचित का विश्लेषण कर देश के साधनों का सर्वोत्तम प्रयोग करने में सहयोग दे सकता है।

10. यथार्थवादी भी अर्थशास्त्र के आदर्शात्मक पहलू को अप्रत्यक्ष रूप से स्वीकार करते है : यथार्थवादी अर्थशास्त्री भी अप्रत्यक्ष रूप से अर्थशास्त्र के आदर्शात्मक पहलू को स्वीकार करते है। रोबिन्स ने जो अर्थशास्त्र को वास्तविक विज्ञान मानने वाले अर्थशास्त्रियों में प्रमुख हैं, एक जगह लिखा है, ''इस सब का यह अर्थ नहीं है कि अर्थशास्त्री को नीति सम्बन्धी प्रश्नों पर कुछ नहीं कहना चाहिए। यद्यपि वनस्पति शास्त्र, सौन्दर्य शास्त्र नहीं है फिर भी इसका अर्थ यह नहीं है कि वनस्पति शास्त्री को बगीचों के डिजाइनों पर अपने विचार व्यक्त नहीं करने चाहिए। अर्थशास्त्री से यह अपेक्षा की जाती है कि वे सम्बन्धित विषयों पर सोच विचार करें, क्योंकि ऐसा करने पर ही वे समाधान के लिए दी जाने वाले समस्याओं के दिए हुए आशयों को भली भांति जानने की स्थिति में होंगें। अतः स्पष्ट है कि रोबिन्स भी अप्रत्यक्ष रूप से अर्थशास्त्र को आदर्श विज्ञान मानते हैँ।

निष्कर्ष

(Conclusion)

उपरोक्त तर्कों के आधार पर यह निष्कर्ष निकाला जा सकता है कि अर्थशास्त्र वास्तविक विज्ञान भी है तथा आदर्श विज्ञान भी। विज्ञान के ये दोनों पक्ष अलग अलग नहीं किये जा सकते। अतः अर्थशास्त्र भी दोनों ही प्रकार का विज्ञान है। धीरे धीरे अर्थशास्त्र के आदर्शात्मक रूप का महत्व बढ़ता जा रहा है। अतः प्रबन्ध के क्षेत्र में अर्थशास्त्र का महत्व बढ़ गया है । इसी कारण प्रबन्धकीय अर्थशास्त्र का विकास हुआ है।

अर्थशास्त्र कला के रूप में

(Economics as an Art)

अर्थशास्त्र की प्रकृति में अर्थशास्त्र वास्तविक व आदर्श विज्ञान है, यह जानने के पश्चात् यह जानना आवश्यक है कि क्या अर्थशास्त्र कला भी है? विज्ञान की भांति अर्थशास्त्र को कला मानने के सम्बन्ध में भी अर्थशास्त्रियों में मतभेद है। एडम स्मिथ रिकार्डो, पीगू, मिल, मार्शल आदि अर्थशास्त्र को कला मानते है किन्तु शुम्पीटर, रोबिन्स, वालारस, सीनियर कुर्नों आदि अर्थशास्त्र को कला नहीं मानते।

कला का अर्थ

(Meaning of Art)

कला शब्द 'कृत' धातु से बना है। इसका अर्थ किसी कार्य को सर्वोत्तम विधि से करना होता है। **कींस** के शब्दों में, ''कला एक दिए हुए उद्देश्य की प्राप्ति के लिए नियमों की एक प्रणाली है।'' दूसरे शब्दों में कला एक व्यावहारिक ज्ञान है। कला ज्ञान की वह शाखा है जो निश्चित उद्देश्यों की प्राप्ति के लिए सर्वोत्तम विधि बताती है। किसी विषय के बारे में जानकारी प्राप्त करना विज्ञान है तो उसे व्यवहार में कार्य रूप में लाना कला है। कला आदर्श की प्राप्ति के लिए उपाय बतलाती है। दूसरे शब्दों में वास्तविक विज्ञान व आदर्श विज्ञान को जोड़ने वाली कड़ी कला है।

अर्थशास्त्र को कला मानने के पक्ष में तर्क

(Arguments in Favour)

एडम स्मिथ, रिकार्डो, मार्शल, पीगू आदि अर्थशास्त्री अर्थशास्त्र को कला मानते हैं। अर्थशास्त्र को कला मानने के पक्ष में निम्न तर्क प्रस्तुत किए जाते हैं:

(1) अनेक समस्यायें विशुद्ध आर्थिक होती हैं : अनेक समस्याएँ इस प्रकार की होती हैं जिनकी प्रकृति विशुद्ध आर्थिक होती है। मुद्रा, साख, बैंक दर, विनिमय दर आदि की समस्याएँ विशुद्ध आर्थिक होती है। अर्थशास्त्री का यह उत्तरदायित्व है कि वह ऐसी समस्याओं का हल प्रस्तुत करे। मिश्रित प्रकृति की समस्याओं को भी हल करने में अर्थशास्त्री का सहयोग आवश्यक है। अतः अर्थशास्त्र को कला मानना आवश्यक है।

(2) अर्थशास्त्र सैद्धान्तिक दृष्टिकोण से विज्ञान व व्यावहारिक दृष्टिकोण से कला है : अर्थशास्त्र में सैद्धान्तिक व व्यावहारिक दोनों पक्ष सम्मिलित किए जाते हैं। अर्थशास्त्र की कुछ शाखाएँ सैद्धान्तिक प्रकृति की हैं तो कुछ व्यावहारिक पक्ष की। अर्थशास्त्र का सैद्धान्तिक पक्ष विज्ञान है तथा व्यावहारिक पक्ष कला है।

(3) अर्थशास्त्र को कला मानने पर उसके विकास में बाधा नहीं : अर्थशास्त्र को तभी महत्वपूर्ण माना जा सकता है जब वह समस्याओं को हल करने में सहायक हो। उसका विकास भी उसी दशा में सम्भव है जब उसका व्यावहारिक महत्व हो। अतः अर्थशास्त्र को कला मानने से अर्थशास्त्र का विकास होगा।

पीगू के अनुसार, "(अर्थशास्त्र के अध्ययन में) हमारी मनोदशा एक दार्शनिक की सी नहीं होती अर्थात् इस ज्ञान की खोज, केवल ज्ञान के लिए नहीं करते वरन् हमारी मनोवृत्ति एक डाक्टर की सी होती है जो कि ज्ञान को स्वस्थ करने के लिए प्रयोग करता है।" इस प्रकार अर्थशास्त्र का कार्य केवल आर्थिक समस्याओं का विश्लेषण करना ही नहीं वरन् उनका हल भी प्रस्तुत करना है। अर्थशास्त्र का काम बेरोजगारी, निर्धनता आदि का विश्लेषण करना ही नहीं है वरन् इन समस्याओं का समाधान प्रस्तुत करना भी है।

(4) व्यावहारिक अर्थशास्त्र का बढ़ता महत्व : वर्तमान समय में व्यावहारिक अर्थशास्त्र का महत्व बढ़ता ही जा रहा है। आज मुद्रा, बैंकिंग, राजस्व आदि के क्षेत्र में व्यावहारिक अर्थशास्त्र का महत्व बढ़ता ही जा रहा है। आज अधिकांश अर्थशास्त्री अपना समय अर्थशास्त्र के व्यावहारिक रूप में अध्ययन व समस्याओं के हल के लिए लगाते हैं। व्यावहारिक अर्थशास्त्र कला का ही प्रतीक है।

(5) आर्थिक नियोजन में अर्थशास्त्र कला का रूप है : वर्तमान समय में सभी देशों में आर्थिक नियोजन अपनाया जाता है। आर्थिक नियोजन अनेक आर्थिक समस्याओं का हल प्रस्तुत करने व देश के विकास करने की एक विधि है। नियोजन में आर्थिक समस्याओं का विश्लेषण किया जाता है तथा उनका हल प्रस्तुत किया जाता है। अतः आर्थिक नियोजन में अर्थशास्त्र कला का रूप धारण करता है।

अर्थशास्त्र कला नहीं है

(Economics is Not on Art):

रोबिन्स, सीनियर, शुम्पीटर आदि अर्थशास्त्री अर्थशास्त्र को कला नहीं मानते। अर्थशास्त्र को कला न मानने के पक्ष में निम्न तर्क प्रस्तुत किए जाते हैं :

(1) समस्याएँ विशुद्ध आर्थिक नहीं होती : अर्थशास्त्रीयों द्वारा अर्थशास्त्र को कला न मानने के पक्ष में यह तर्क प्रस्तुत किया जाता है कि समस्याएँ विशुद्ध आर्थिक नहीं होती। अधिकांश समस्याओं में सामाजिक, राजनैतिक, धार्मिक आदि तत्वों का प्रभाव पड़ता है। अत: अर्थशास्त्री के लिए यह सम्भव नहीं है कि वह विशुद्ध आर्थिक आधार पर समस्याओं का हल प्रस्तुत कर सके।

इस तर्क के विरूद्ध यह कहा जा सकता है कि अनेक समस्याएँ विशुद्ध आर्थिक होती है। मुद्रा, साख, बैंक दर, विनिमय दर आदि अनेक समस्याएँ विशुद्ध आर्थिक होती हैं। अत: इन समस्याओं का हल विशुद्ध आर्थिक दृष्टिकोण के आधार पर किया जाएगा। मिश्रित स्वभाव की समस्याओं के आर्थिक पहलू के सम्बन्ध में भी आर्थिक दृष्टिकोण की आवश्यकता पड़ती है।

(2) अर्थशास्त्र विशुद्ध वास्तविक विज्ञान है : अर्थशास्त्र एक विशुद्ध वास्तविक विज्ञान है। यदि अर्थशास्त्र को विशुद्ध वास्तविक विज्ञान माना जाए तो यह आवश्यक है कि इसे कला न माना जाए क्योंकि कला उद्देश्य प्राप्ति का मार्ग बताती है। अत: अर्थशास्त्र कला नहीं है।

किन्तु यह तर्क भी सही नहीं कहा जा सकता है क्योंकि हम विभिन्न तर्कों के आधार पर पहले ही यह निष्कर्ष निकाल चुके हैं कि अर्थशास्त्र केवल वास्तविक विज्ञान नहीं है वरन् यह आदर्श विज्ञान भी है।

(3) विज्ञान व कला की भिन्न प्रकृति : विज्ञान व कला की प्रकृति अलग अलग है। विज्ञान किसी विषय की खोज व व्याख्या करता है। कला कार्य करने की विधि है। यह विषय की व्यावहारिक जानकारी देती है। अर्थशास्त्र को कला मानने पर उसका विज्ञान रूपी पक्ष कमजोर हो जाता है। अत: अर्थशास्त्र के वैज्ञानिक रूप को बनाए रखने के लिए यह आवश्यक है कि इसे कला न माना जाए।

इस तर्क में भी अधिक वजन नहीं है। यह सही अवश्य है कि विज्ञान व कला की प्रकृति अलग अलग है किन्तु एक विषय विज्ञान व कला दोनों ही हो सकता है। अत: अर्थशास्त्र को विज्ञान माने जाने के साथ साथ कला भी माने जाने में किसी प्रकार की कठिनाई नहीं है।

(4) अर्थशास्त्र अपूर्ण कला है : अर्थशास्त्र को कला न मानने वाले यह तर्क भी देते हैं कि अर्थशास्त्र निष्कर्ष निकालने में तो सहायक होता है किन्तु जो निष्कर्ष निकाले जाते हैं वे स्पष्ट व सुनिश्चित नहीं होते। **कीन्स** के शब्दों में, ''अर्थशास्त्र के सिद्धान्त हमें ऐसे कोई सुनिश्चित निष्कर्ष प्रदान नहीं करते जिन्हें तत्काल नीति निर्धारण में प्रयोग किया जा सके। यह सिद्धान्त नही वरन् विश्लेषण का एक ढंग है, विचार करने की विधि तथा मस्तिष्क का एक

यंत्र है जो इसके अपनाने वाले को सही निष्कर्ष निकालने में सहायता देता है।'' इस आधार पर अर्थशास्त्र को केवल अपूर्ण कला ही कहा जा सकता हैं।

इस तर्क के विरोध में यह कहा जा सकता है कि कुछ उद्देश्य ऐसे भी होते है जिन्हें सामान्यत: सभी स्वीकार करते है। पूर्ण रोजगार, आर्थिक विकास आदि इसी प्रकार के उद्देश्य है। ऐसे उद्देश्यों के लिए सामान्य स्वीकृत उद्देश्यों के आधार पर अर्थशास्त्री नीति सम्बन्धी सिफारिशें करते है। अन्य क्षेत्रों में वह अपने स्वयं के मूल्याकंनों के आधार पर नीति सम्बन्धी सिफारिश करता है। अत: अर्थशास्त्र के सिद्धान्तों के आधार पर सुनिश्चित निष्कर्ष भी प्राप्त किये जा सकते हैं।

मार्शल अर्थशास्त्र को कला नहीं वरन् कला का आधार मानते हैं। मार्शल के शब्दों में, ''अर्थशास्त्री जिस प्रकार के विज्ञान का विकास करने का प्रयत्न करेंगें, वह ऐसा होना चाहिए जो कला के आधार के रूप में प्रयोग में किया जा सके। वह एक विज्ञान व कला होने के स्थान पर केवल एक विज्ञान है। वह शुद्ध तथा व्यावहारिक दोनों प्रकार का विज्ञान है।''

निष्कर्ष : अर्थशास्त्र कला है अथवा नहीं – दोनों मतों के पक्ष व विपक्ष में दिए गए तर्कों के आधार पर यह कहा जा सकता है कि अर्थशास्त्र कला भी है। अर्थशास्त्र आर्थिक समस्याओं का विश्लेषण भी करता है तथा उन्हें हल करने के उपाय भी बताता है। अत: इसे कला मानना आवश्यक है। पीगू के अनुसार, ''यदि अर्थशास्त्री व्यवहार पक्ष को ध्यान में नहीं रखता तो वह उस डॉक्टर की भाँति होगा जो रोगी की बीमारी का निदान तो करे किन्तु उसके इलाज के लिए दवा न बताए।''

अर्थशास्त्र की वास्तविक प्रकृति : अर्थशास्त्र की प्रकृति के सम्बन्ध में किए गए उपरोक्त वर्णन व विश्लेषण से यह निष्कर्ष निकाला जा सकता है कि अर्थशास्त्र विज्ञान व कला दोनों ही है। विज्ञान के रूप में अर्थशास्त्र वास्तविक विज्ञान भी है तथा आदर्श विज्ञान भी । अर्थशास्त्र के सिद्धान्तों का व्यावहारिक महत्व होने के कारण अर्थशास्त्र कला भी है। इस प्रकार अर्थशास्त्र वास्तविक विज्ञान, आदर्श विज्ञान व कला तीनों है।

अर्थशास्त्र की सीमाएँ
(Limitations of Economics)

अर्थशास्त्र की प्रकृति व क्षेत्र के सम्बन्ध में किए गए उपरोक्त वर्णन से अर्थशास्त्र एक व्यापक विषय प्रतित होता है किन्तु अर्थशास्त्र की कुछ सीमाएँ भी है। अर्थशास्त्र की अर्थशास्त्र की सीमाओं के अध्ययन से अर्थशास्त्र को अन्य विषयों से अलग करने में सहायता मिलती है। सीमाओं के अध्ययन से ही यह ज्ञात किया जा सकता है कि किन तथ्यों का अर्थशास्त्र में अध्ययन किया जाएगा व किनका नहीं। अर्थशास्त्र की प्रमुख सीमाएँ निम्न प्रकार है:

(1) मानवीय क्रियाओं का अध्ययन : अर्थशास्त्र एक मानव विज्ञान है। इसमें केवल मानवीय क्रियाओं का अध्ययन किया जाता है। मानव के अतिरिक्त अन्य किसी जीव के बारे में अध्ययन अर्थशास्त्र के क्षेत्र के बाहर है।

(2) वास्तविक, सामाजिक व सामान्य मनुष्यों की क्रियाओं का अध्ययन : अर्थशास्त्र में केवल वास्तविक मनुष्यों की क्रियाओं का अध्ययन किया जाता है। एडम स्मिथ

के आर्थिक मानव जैसे काल्पनिक मनुष्यों का अध्ययन अर्थशास्त्र में नहीं किया जाता। इसी प्रकार अर्थशास्त्र में प्राय: सामाजिक मनुष्यों की क्रियाओं का अध्ययन किया जाता है। यद्यपि रोबिन्स समाज से अलग रहने वाले व्यक्तियों की क्रियाओं का भी अध्ययन अर्थशास्त्र में सम्मिलित करते है क्योंकि सभी को चुनाव सम्बन्धी निर्णय करने पड़ते है। इसी प्रकार अर्थशास्त्र सामान्य मनुष्यों का अध्ययन है। असामान्य मनुष्य जैसे पागल आदि का अध्ययन अर्थशास्त्र की सीमा से बाहर है।

(3) आर्थिक क्रियाओं का अध्ययन : अर्थशास्त्र में मानव की सभी प्रकार की क्रियाओं को सम्मिलित नहीं किया जाता। अर्थशास्त्र में केवल आर्थिक क्रियाओं का अध्ययन किया जाता है। मार्शल ने अर्थशास्त्र को मानव की धन सम्बन्धी क्रियाओं का अध्ययन कहा। पीगू के अनुसार अर्थशास्त्र में केवल उन्हीं क्रियाओं का अध्ययन किया जाता है जिनको मुद्रा के मापदण्ड से नापा जा सकता है।

इस सम्बन्ध में रोबिन्स के विचार अन्य अर्थशास्त्रियों के विचारों से अलग हैं। रोबिन्स के अनुसार अर्थशास्त्र में मानव की उन सभी क्रियाओं का अध्ययन किया जाता है जिनका सम्बन्ध सीमित साधनों व असीमित साध्यों के बीच चयन करने व निर्णय लेने से सम्बन्धित है।

(4) अर्थशास्त्र विज्ञान व कला दोनों है : अर्थशास्त्र विज्ञान व कला दोनों है। विज्ञान के रूप में अर्थशास्त्र वास्तविक विज्ञान भी है तथा आदर्श विज्ञान भी। व्यावहारिक प्रयोग व महत्व के कारण इसे कला भी माना जाता है।

(5) अर्थशास्त्र के नियम कम निश्चित है : अर्थशास्त्र के नियम अन्य भौतिक विज्ञानों की तुलना में कम निश्चित है। इसका कारण यह है कि अर्थशास्त्र में मानव व्यवहार का अध्ययन किया जाता है। मानवीय प्रकृति निश्चित नहीं होती। हाँ अन्य सामाजिक विज्ञानों की तुलना में अर्थशास्त्र के नियम अधिक निश्चित होते है।

अर्थशास्त्र का महत्व
(Importance of Economics)

अर्थशास्त्र की परिभाषा, प्रकृति व क्षेत्र की भाँति अर्थशास्त्र के महत्व के सम्बन्ध में भी विभिन्न अर्थशास्त्रियों में काफी मतभेद है।

पीगू के अनुसार किसी भी विषय के अध्ययन के दो उद्देश्य हो सकते है: ज्ञान के लिए ज्ञान प्राप्त करना तथा फलदायक बातों को प्राप्त करना जो इस विषय से प्राप्त हो सकती है। जो अर्थशास्त्री अर्थशास्त्र को विशुद्ध विज्ञान ही मानते हैं वे उसके सैद्धान्तिक महत्व को मान्यता देते है। किन्तु जो अर्थशास्त्री अर्थशास्त्र को विज्ञान के साथ साथ कला भी मानते है वे इसके व्यावरिक महत्व को भी मान्यता देते है।

मार्शल के अनुसार अर्थशास्त्र के अध्ययन के दो उद्देश्य हैं – ज्ञान के लिए ज्ञान प्राप्त करना तथा व्यावहारिक जीवन विशेषत: सामाजिक जीवन में मार्गदर्शन प्राप्त करना।

इस प्रकार अर्थशास्त्र के अध्ययन के महत्व को दो भागों में बाँटा जा सकता है:

(1) अर्थशास्त्र का सैद्धान्तिक महत्व।

(2) अर्थशास्त्र का व्यावहारिक महत्व।

अर्थशास्त्र का सैद्धान्तिक महत्व

(Theoretical Importance of Economics)

सैद्धान्तिक महत्व का तात्पर्य ज्ञान प्राप्ति के लाभ से है। अर्थशास्त्र में आर्थिक समस्याओं का अध्ययन किया जाता है। अर्थशास्त्र में मनुष्य की आर्थिक क्रियाओं का अध्ययन किया जाता है। कारण व परिणाम के पारस्परिक सम्बन्धों को अर्थशास्त्र स्पष्ट करता है। अर्थशास्त्र में वैकल्पिक प्रयोग सीमित साधनों को असीमित साध्यों के लिए प्रयोग करने के लिए चयन व निर्णय प्रक्रिया का अध्ययन किया जाता है। अर्थशास्त्र में इस प्रकार के अध्ययन से मनुष्य में विवेकशीलता बढ़ती है। उसकी विचार शक्ति व तार्किक शक्ति का विकास होता है। स्कॉट के अनुसार, "अर्थशास्त्र मानव में सर्वाधिक महत्व का वह गुण पैदा करती है जिससे उसमें प्रमाण प्राप्त करने की बुद्धि पैदा होती है अर्थात बिना यांत्रिक सहायता के विभिन्न तथ्यों के महत्व तथा औचित्य के बारे में निष्कर्ष निकालने की बुद्धि मनुष्य में विकसित होती है।"

अर्थशास्त्र के अध्ययन से ज्ञात होता है कि मनुष्य किस प्रकार आवश्यकताओं से प्रेरित होकर उनकी पूर्ति के लिए प्रयत्न करता है। सीमित साधनों से अधिकतम सन्तुष्टि कैसे प्राप्त की जा सकती है। उत्पादन किस प्रकार होता है, उत्पादन में वृद्धि किस प्रकार की जा सकती है, लागत में किस प्रकार कमी की जा सकती है, मूल्य व मांग में क्या सम्बन्ध है, मूल्य का निर्धारण किस प्रकार होता है, समाज का उपभोग का स्तर कैसा हे, उत्पादन के साधनों का पारिश्रमिक किस प्रकार निर्धारित होता है, करदाता के क्या क्या अधिकार व उत्तरदायित्व हैं। आदि अनेक बातों का इससे ज्ञान प्राप्त होता है। इस प्रकार अर्थशास्त्र के अध्ययन से अनेक बातों का ज्ञान होता है। समस्याओं का विश्लेषण करने की शक्ति का भी विकास होता है। अर्थशास्त्र मानसिक शक्ति के विकास में भी सहयोग देता है। इससे मनुष्य आर्थिक समस्याओं का हल भी आसानी से ढूँढ़ सकता है।

रोबिन्स, वालरस, शुम्पीटर, कुर्नो आदि अर्थशास्त्री अर्थशास्त्र को केवल सैद्धान्तिक दृष्टि से ही महत्वपूर्ण मानते है। रोबिन्स के अनुसार, "अर्थशास्त्र विवेकपूर्ण कार्य करने की विधि प्रदान करता है तथा हमारे साधनों तथा उद्देश्यों के बीच चुनाव क्रिया का संगत ढंग से सम्पादन सम्भव होता है।" इस प्रकार अर्थशास्त्र विभिन्न विकल्पों के परिणामों के बारे में जानकारी प्रदान करता है। इससे चुनाव की प्रक्रिया सरल हो जाती है तथा मनुष्य विवेकपूर्ण निर्णय लेने में सफल होता है। रोबिन्स अर्थशास्त्र को केवल वास्तविक विज्ञान मानते हैं अत: उनके अनुसार अर्थशास्त्र का महत्व भी केवल सैद्धान्तिक है।

अर्थशास्त्र का व्यावहारिक महत्व

(Practical Importance of Economics)

अर्थशास्त्र के सैद्धान्तिक महत्व के साथ इसका व्यावहारिक महत्व भी है। एडम स्मिथ, मार्शल, पीगू, रिकार्डो, मिल आदि अर्थशास्त्री अर्थशास्त्र को व्यावहारिक दृष्टि से भी महत्वपूर्ण मानते हैं। अर्थशास्त्री केवल ज्ञान के लिए ज्ञान प्राप्त नहीं करता वरन् उस ज्ञान को व्यवहार में आर्थिक समस्याओं के हल के लिए भी प्रयोग में लाता है। अर्थशास्त्री केवल समस्याओं का विश्लेषण ही नहीं करता वरन् उनका समाधान भी करता है। पीगू (Pigou) के

अनुसार, ''अर्थशास्त्र का महत्व मुख्यत: न तो बोद्धिक व्यायाम के रूप में और न सत्य साधन के रूप है, वरन् नीति शास्त्र की दासी एवं व्यवहार का दास बनने में हैं।''

फ्रेजर ने भी इसी प्रकार का मत व्यक्त किया है। फ्रेजर के अनुसार, ''एक अर्थशास्त्री जो केवल अर्थशास्त्री है एक सुन्दर किन्तु मूक मछली की भाँति है।''

अत: अर्थशास्त्र व्यावहारिक समस्याओं के समाधान के लिए भी महत्वपूर्ण है। समाज के विभिन्न वर्गों को व्यक्तिगत रूप में तथा सामूहिक रूप में अर्थशास्त्र के अध्ययन से लाभ पहुचाता है। उपभोक्ता, उत्पादक, श्रमिक, व्यापारी, समाज़ सुधारक, राजनीतिज्ञ आदि सभी को अर्थशास्त्र के अध्ययन से लाभ पहुँचाता है। समाज के विभिन्न वर्गों के लिए अर्थशास्त्र का महत्व निम्न प्रकार है।

(1) उपभोक्ता को लाभ : समाज का प्रत्येक व्यक्ति उपभोक्ता है। प्रत्येक उपभोक्ता अपने सीमित साधनों से अधिकतम संतुष्टि प्राप्त करना चाहता है। अर्थशास्त्र उसे इस कार्य में सहयोग प्रदान करता है। समसीमान्त उपयोगिता नियम को ध्यान में रखकर उपभोग करने पर उसे अधिकतम सन्तुष्टि प्राप्त होती है। उपयोगिता ह्रास नियम, ऐंजिल का उपयोग का नियम, पारिवारिक बजट, माँग व पूर्ति के नियम मूल्य निर्धारण के सिद्धान्त आदि की सहायता में वह अपने साधनों का सर्वोत्तम प्रयोग कर सकता है।

(2) उत्पादक को लाभ : उत्पादक का लक्ष्य अधिकाधिक लाभ कमाना होता है। अर्थशास्त्र उसे इस उद्धेश्य की पूर्ति में सहायता प्रदान करता है। श्रम विभाजन, उत्पाद के नियम, बड़े पैमाने की बचतों, उत्पादन के साधनों के अनुकूलतम संयोग प्रतिस्थापन नियम आदि के ज्ञान की सहायता से वह कम लागत पर अधिक वस्तुओं का उत्पादन करने में सफल होता है। बाजार का अध्ययन कर वह उन्हीं वस्तुओं का उत्पादन करता है जिनकी बाजार में मांग होती है। सरकारी नीतियों का भी वह अपने हित में प्रयोग कर सकता है। विनिमय, बीमा, बैंक, परिवहन आदि सुविधाओं का भी उसे अर्थशास्त्र के अध्ययन से ज्ञान हो जाता है।

(3) श्रमिकों को लाभ : अर्थशास्त्र का अध्ययन श्रमिकों के लिए भी लाभकारी होता है। श्रमिक अधिक से अधिक मजदूरी कमाना चाहता है। अर्थशास्त्र के अध्ययन से उसे यह ज्ञान हो जाता है कि कार्यक्षमता व मजदूरी का प्रत्यक्ष सम्बन्ध होता है। अत: वह अपनी कार्यक्षमता बढ़ाने का प्रयत्न करता है। अर्थशास्त्र के अध्ययन से श्रमिक को मजदूरी के निर्धारण, मजदूरी के अतिरिक्त अन्य लाभ, बोनस, स्वामित्व में भागीदारी, श्रम संगठन, श्रम कल्याण, श्रम कानून आदि का भी ज्ञान हो जाता है जिनका वह अपने हितों की रक्षा के लिए प्रयोग कर सकता है।

(4) व्यापारी को लाभ : अर्थशास्त्र के अध्ययन से व्यापारी को अपना लाभ अधिकतम करने में सहायता मिलती है। अर्थशास्त्र के अध्ययन से व्यापारी को वस्तु के मूल्यों को प्रभावित करने वाले कारकों का ज्ञान हो जाता है। माँग व पूर्ति के आधार पर भावी मूल्यों के सम्बन्ध पूर्वानुमान लगाकर वह अपने लाभ को अधिकतम कर सकता है। विभिन्न बाजारों के ज्ञान से वह सस्ते बाजारों से वस्तुएँ क्रय कर महंगे बाजारों में बेचकर लाभ कमा सकता है। सरकारी नीतियों के वस्तुओं के मूल्यों पर पड़ने वाले प्रभावों का पूर्वानुमान लगाकर वह अपने लाभ में वृद्धि करने का प्रयास कर सकता है।

(5) समाज सुधारक को लाभ : समाज सुधारक का कार्य समाज में व्याप्त बुराइयों को दूर करना है। अर्थशास्त्र के अध्ययन से उसे समाज में व्याप्त अनेक बुराइयों व उनके कारणों का ज्ञान प्राप्त हो जाता है। उपभोक्ताओं का शोषण, श्रमिकों का शोषण, वर्ग संघर्ष, शराब व अन्य हानिकारक वस्तुओं का प्रयोग, विलासिता की वस्तुओं का उत्पादन व उपयोग, जनसंख्या की समस्या, वेश्यावृत्ति आदि अनेक समस्याओं का ज्ञान प्राप्त कर समाज सुधारक इन समस्याओं को हल करने का प्रयत्न कर सकता है।

(6) राजनीतिज्ञ को लाभ : वर्तमान युग में प्रत्येक क्षेत्र में राज्य का हस्तक्षेप बढ़ रहा है। अब सरकार का कार्य रक्षा व प्रशासन ही नहीं है वरन् राज्य की आर्थिक गतिविधियों में प्रत्यक्ष या अप्रत्यक्ष रूप में हस्तक्षेप करके आर्थिक जीवन को प्रभावित करती है। सरकारी नीतियो की उपयुक्तता, एवं सफलता बहुत कुछ राजनीतिज्ञों के अर्थशास्त्र के ज्ञान पर निर्भर करती है। बेरोजगारी, जनाधिक्य, मूल्य, वृद्धि, मुद्रा प्रसार, श्रम का शोषण, चोर बाजारी, भ्रष्टाचार, औद्योगिक, अशांति, आय का असमान वितरण आदि अनेक समस्याओं व उनके हल का ज्ञान राजनीतिज्ञ अर्थशास्त्र के अध्ययन की सहायता से ही प्राप्त कर सकता है। सामाजिक सेवओं का विस्तार, कर नीति, उद्योगों को संरक्षण, परिवहन व संचार के साधनों का विकास आदि के लिए भी वह सुझाव प्रस्तुत कर सकता है। यदि सरकार की नीतियाँ उपयुक्त नहीं है तो वह सरकार का ध्यान इस ओर आकर्षित कर सकता है। सरकारों का सत्ता में बने रहना अथवा सत्तच्यूत होना भी बहुत कुछ उनकी आर्थिक क्षेत्र में सफलता या असफलता पर निर्भर करता है। अर्थशास्त्र राजनीतिज्ञों को उचित सरकारी नीतियों के निर्धारण व क्रियान्वयन के लिए आवश्यक ज्ञान प्रदान करता है।

(7) समाज को लाभ : समाज के विभिन्न वर्गो को तो अर्थशास्त्र के अध्ययन से लाभ पहुँचता ही है साथ ही समाज को सामुहिक रूप से भी लाभ पहुँचता है। समाज में रहने वाले सभी व्यक्तियों के हित आपस में जुड़े हुए हैं। अत: अर्थशास्त्र का अध्ययन पूरे समाज के लिए लाभकारी है। कुछ समस्याएँ ऐसी है जो पूरे समाज से जुड़ी हुई है। हानिकारक व विलासिता की वस्तुओं पर रोक, राष्ट्रीय आय में वृद्धि, बेरोजगारी का निराकरण, औद्योगिक व व्यापारिक नीति, सार्वजनिक क्षेत्र सम्बन्धी नीति, मूल्य नियन्त्रण, मुद्रा प्रसार पर रोक, वस्तुओं का उचित वितरण, परिवहन, बीमा, बैंकिंग आदि का विस्तार आदि अनेक क्षेत्र समष्टीमूलक हैं। अर्थशास्त्र इन सभी क्षेत्रों में उचित निर्णय लेने में सहायता देता है।

इस प्रकार अर्थशास्त्र के अध्ययन का सैद्धान्तिक व व्यावहारिक दोनों दृष्टि से महत्व है। मार्शल के अनुसार, "अर्थशास्त्र का प्रमुख उद्देश्य सामाजिक समस्याओं के समाधान में सहायता देना है।" पीगू ने अर्थशास्त्र के महत्व को स्वीकार करते हुए लिखा है। "हमारी (अर्थशास्त्री की) मनोदशा एक दार्शनिक की सी नहीं होती जो केवल ज्ञान के लिए ज्ञान की खोज करे वरन् एक चिकित्सक की भाँति होती है जो अपने ज्ञान का उपयोग रोग दूर करने के लिए करता है।"

मूल्य निर्धारण के सामान्य सिद्धान्त का प्रतिपादन प्रो. मार्शल द्वारा किया गया है। मार्शल से पूर्व मूल्य निर्धारण विचारों में काफी मतभेद था। एडम स्मिथ तथा डेविड़ रिकार्डो आदि प्रारम्भिक अर्थशास्त्रियों ने यह विचार व्यक्त किये कि — वस्तु का मूल्य वस्तु के उत्पादन व्यय द्वारा निर्धारित होता है। इसे उत्पादन व्यय सम्बन्धी सिद्धान्त कहा जाता है, परन्तु यह सिद्धान्त एक पक्षीय था क्योंकि इसमें केवल वस्तु की पूर्ति पक्ष की ओर ही ध्यान दिया गया तथा वस्तु की मांग की उपेक्षा की गई। इस सिद्धान्त के विपरीत प्रसिद्ध अर्थशास्त्री जयेन्स ने कहा कोई भी व्यक्ति किसी वस्तु के लिए उसकी सीमान्त उपयोगिता से अधिक मूल्य नहीं दे सकता है। इसे मूल्य निर्धारण का उपयोगिता सिद्धान्त कहते हैँ। यह भी एक पक्षीय है क्योंकि इस सिद्धान्त में मांग पक्ष को ही महत्व दिया गया तथा पूर्ति पक्ष की उपेक्षा की गई।

मार्शल ने अपने से पूर्व प्रचलित मूल्य निर्धारण के दोनोप्रकार के विचारों को ही अपूर्ण एवं एक पक्षीय माना और कहा कि पूर्ण प्रतियोगिता में किसी वस्तु का मूल्य एक और उसकी मांग (जो वस्तु की उपयोगिता पर आधारित होती है) और दूसरी और उसकी पूर्ति (जो वस्तु की उत्पादन लागत पर निर्भर करती है) की सापेक्षिक शक्तियों द्वारा निर्धारित होता है।

प्रश्न

1.आर्थिक विश्लेषण की निगमन एवं आगमन विधियों के गुणों एवं परिसीमाओं की विवेचना कीजिए।

2.''जिस प्रकार चलने के लिए दायें व बायें दोनों पैरों की आवश्यकता पड़ती हैं, ठीक उसी प्रकार वैज्ञानिक चिन्तन के लिए आगमन एवं निगमन दोनों विधियों की जरूरत होती हैं।'' (श्मौलर)। विवेचना कीजिए।

3.स्थैतिकी एवं प्रावैगिकी विश्लेषणों की परिभाषाएँ कीजिए। इनके गुण-दोषों की भी विवेचना कीजिए।

4.अर्थशास्त्र की प्रकृति एवं क्षेत्र की विवेचना कीजिए।

Discuss the nature and scope of Economics.

5.अर्थशास्त्र के विज्ञान होने के दावे की जाँच कीजिए।

Examine the claim of Economics to be a science.

6.अर्थशास्त्र के उद्देश्यों के बीच तटस्थ है। व्याख्या कीजिए।

"Economics is neutral between ends as such." Discuss

7.अर्थशास्त्र विज्ञान है अथवा कला? यदि आप इसे विज्ञान मानते हैं तो क्या यह वास्तविक विज्ञान है अथवा आदर्श विज्ञान?

Is Economics a science or an art? If you call it a science, is it a Positive or a Normative science?

8. अर्थशास्त्र का सम्बन्ध चाहे जिससे हो परन्तु इसका सम्बन्ध भौतिक कल्याण के कारणों से नहीं है। रोबिन्स के इस कथन की विवेचना कीजिए।

"Whatever economics is concerned with. It is not concerned with the causes of material welfare." (Robbins.) Discuss.

□□□

2

नियोजित अर्थशास्त्र
[Planned Economics]

परिचय

यह विचार कि नियोजित अर्थव्यवस्था विशुद्ध अच्छाइयों से ही परिपूर्ण हैं, शायद गलत होगा। प्रत्येक सिद्धान्त अथवा विचार में चाहे वह कितना ही उत्तम हो, कुछ न कुछ दुर्गुण निकाले ही जा सकते हैं। अत: आर्थिक नियोजन के प्रति भी समय-समय पर कुछ आशंकाएँ व्यक्त की गयी हैं जो इसके सम्भावित खतरों पर आधारित हैं। प्रथम, राजकीय अधिकेन्द्रित सत्ता इसका सबसे बड़ा दुगुर्ण है जो प्रजातान्त्रिक तत्वों को कुचलकर अधिनायकवादी रूप ग्रहण कर सकता है। किन्तु यदि जनतान्त्रिक नियोजन अपनाया जाय तो यह खतरा बहुत कुछ कम हो जाता है। दूसरी आशंका नौकरशाही के बढ़ते हुए प्रभुत्व के बारे में हैं कि सरकारी कर्मचारी अपने को समाज में विशिष्ट एवं प्रमुख समझने लगते हैं और इस प्रकार उनमें निहित स्वार्थों का जन्म होता है जो समाज में भ्रष्टाचार को जन्म देता है। तीसरी आशंका व्यक्तिगत स्वतन्त्रता के हनन के विषय में व्यक्त की जाती है। व्यक्ति का आर्थिक एवं सामाजिक जीवन बहुत हद तक राज्य द्वारा निर्देशित एवं नियन्त्रित होता है। न उसे इच्छानुसार उत्पादन करने की ओर न ही इच्छानुसार उपभोग करने की स्वतन्त्रता होती है। अपने व्यक्तिगत एवं साहस को दबाकर उसे राज्य अथवा समाज का एक वेतनभोगी कर्मचारी बनने के लिए मजबूर होना पड़ता है भले ही वह औरों से कितना ही अधिक चतुर क्यों न हो। रूस में इस समस्या को विकेन्द्रीकरण के द्वारा तथा कुशल एवं योग्य व्यक्तियों के लिए अधिक उत्प्रेरणाओं की व्यवस्था करके हल करने का प्रयत्न किया गया है। अन्तिम आशंका नीतियों और उद्देश्यों के सही निर्धारण एवं सरकारी मशीनरी की क्षमता से सम्बन्ध रखती है जिसके प्रभाव में समस्त नियोजन निरर्थक सिद्ध होकर समाज में अस्त व्यस्तता और विश्रृंखलता उत्पन्न कर सकता है जैसा कि कुछ विकासशील देशों में इधर कुछ वर्षों से देखने में आता है।

उपलब्ध साधनों की तुलना में यदि निर्धारित लक्ष्य बहुत अधिक महत्वाकांक्षी है और योजना को क्रियान्वित करने में यदि प्रशासन अकुशल हैं तो ऐसा समाज भयंकर आन्तरिक संकटों से घिर सकता है, जैसे मुद्रा-स्फीति, मूल्य-वृद्धि, निम्न उत्पादकता, विदेशी मुद्रा संकट, अवमूल्यन, भुखमरी इत्यादि। साधारण व्यक्ति ऐसी परिस्थितियों में सवभावत: यह सोचने के लिए बाध्य होगा कि इससे तो बिना आर्थिक नियोजन के ही भले थे। क्या यह आर्थिक नियोजन के लिए एक भयंकर चुनौती न होगी?

नीचे आर्थिक नियोजन की सफलता के लिए आवश्यक विभिन्न शर्तों या पूर्व अपेक्षाओं का विस्तार से वर्णन किया गया है:

(1) उद्देश्यों की स्पष्टता - नियोजन के उद्देश्य व्यापक एवं सुस्पष्ट होने चाहिए ताकि यह स्पष्ट हो सके कि नियोजन किसलिए किया जा रहा है। आर्थिक नियोजन के उद्देश्य क्या हों, यह प्रत्येक देश की अपनी आर्थिक आवश्यकताओं के आधार पर निर्धारित किया जायेगा, किन्तु प्राय: सभी देशों में आर्थिक नियोजन के कुछ सामान्य एवं सर्वमान्य उद्देश्य तो होते ही हैं, जैसे - जनता के जीवन स्तर में वृद्धि करके उसे अधिक सुखी और सम्पन्न बनाना, राष्ट्रीय आय में और प्रति व्यक्ति आय में वृद्धि करना, आर्थिक असमानताओं में कमी करना और सबके लिए समान सामाजिक एवं आर्थिक नयाय की व्यवस्था करना, आदि।

(2) लक्ष्यों का निर्धारण — उत्पादन के लक्ष्यों का निर्धारण नियोजित अर्थव्यवस्था का अत्यन्त महत्त्वपूर्ण अंग है। उत्पादन के वर्तमान स्तर एवं जनता की बढ़ती हुई आवश्यकताओं के अन्तर को पाटने के लिए भावी उत्पादन के लक्ष्य निर्धारित किये जाने चाहिए। निर्धारित लक्ष्य महत्त्वाकांक्षी न हो जायँ इसके लिए उपलब्ध साधनों का घ्यान रखते हुए निर्णय करने होते हैं। एक व्यावहारिक कठिनाई नियोजकों के समक्ष आती है कि आवश्यकताओं को दृष्टिगत रखते हुए पहले लक्ष्य निर्धारित किये जायँ और तब उसके लिए आवश्यक साधनों की व्यवस्था की जाय अथवा पहले उपलब्ध साधनों को मूल्यांकन कर लिया जाय और तब यथानुसार लक्ष्य निर्धारित किये जायें। वस्तुत: इन दोनों के मध्य का मार्ग अपनाया जाना चाहिए क्योंकि एक ओर तो साधन सीमित होते हैं और विकासशील अर्थव्यवस्था में लक्ष्यों को बहुत अधिक गिराया भी नहीं जा सकता।

(3) साधनों का उचित मूल्यांकन — योजना को पूरा करने के लिए सभी प्रकार के साधनों की आवश्यकता होती है, जैसे भौतिक या प्राकृतिक साधन, और मानवीय साधन। साधनों की व्यवस्था आन्तरिक रूप से तथा यदि सम्भव हो तो विदेशी ऋण और सहायता लेकर की जाती है। वित्तीय साधनों की समुचित व्यवस्था करना प्राय: अत्यन्त कठिन होता है और इसकी सफलता अनेक तत्वों पर निर्भर होती है, जैसे पूँजी उत्पादन का अनुपात, आन्तरिक बचत और विनियोग की दर, आयात एवं निर्यात की प्रकृति एवं मात्रा, विदेशी सहयोग एवं सहायता, घाटे की व्यवस्था या हीनार्थ अर्थप्रबन्धन की सीमा, आदि।

(4) प्राथमिकताओं का निर्धारण — विकासशील देश में सब प्रकार की वस्तुओं की माँग इतनी तेजी से बढ़ती जाती है कि यदि उपलब्ध साधनों का उपयोग उन सबके उत्पादन में किया जाय तो विकास हो ही नहीं सकता। आराम और विलासिता की वस्तुओं के उत्पादन में ही उपलब्ध साधन समाप्त किये जा सकते हैं अथवा समस्त पूँजी उपभोक्ता उद्योगों पर ही लगायी जा सकती है और इस प्रकार आधारभूत उद्योग पिछड़ जाते हैं।

ऐसे देशों में समस्याओं और आवश्यकताओं का कोई अन्त ही नहीं होता। विवेकपूर्ण निर्णय के द्वारा ही यह निश्चित किया जा सकता है कि कौनसी आवश्यकता अधिक तीव्र या अनिवार्य अथवा कौन-सी मात्र वांछनीय है। इसके लिए सम-सीमान्त उपयोगिता के सिद्धान्त का सहारा लेना होता है, अर्थात् विभिन्न आवश्यकताओं पर साधनों का उपयोग इस प्रकार किया जाना चाहिए जिससे प्रत्येक से प्राप्त होने वाला लाभ अधिकतम हो। प्राथमिकताएँ क्षेत्रीय आधार पर, उद्योग व कृषि के आधार पर, विनियोजन अथवा उपभोग के आधार पर और उत्पादन तथा वितरण के आधार पर निर्धारित की जा सकती है।

(5) आँकड़ों का उचित व सही संकलन — साधनों का मूल्यांकन, लक्ष्यों एवं प्राथमिकताओं का निर्धारण तथा साधनों का आबंटन सांख्यिकीय आँकड़ों के आधार पर किया जाता है। अतः उत्पादन, उपभोग, निर्यात, आयात, जनसंख्या आदि के विषय में सही आँकडों का संकलन अनिवार्य है। यदि ये आँकड़े ही गलत हैं अथवा काल्पनिक या अनुमानित हैं तो भविष्य के लिए किया गया समस्त नियोजन निरर्थक हो जायेगा। योजना की उपलब्धि से सम्बन्धित आँकड़े भी सही होने चाहिए। समस्त आर्थिक नियोजन वास्तव में सांख्यिकीय संगठन आँर संचालन की कुशलता पर निर्भर होता है। अतः राष्ट्रीय एवं क्षेत्रीय स्तर पर इसके लिए निष्पक्ष एवं कुशल व्यवस्था की जानी चाहिए।

(6) क्रियान्वयन की व्यवस्था — केवल योजना का निर्माण करना ही पर्याप्त नहीं है बल्कि उसे कार्य रूप में परिणित करना भी उतना ही महत्त्वपूर्ण है। प्रायः यह देखा जाता है कि योजना को तैयार करने में जितनी रूचि ली जाती है उतनी ही रूचि उसे लागू करने में नहीं दिखायी जाती। वास्तव में योजना का निर्माण एवं क्रियान्वयन दोनो समान रूप से महत्त्वपूर्ण हैं। सफल क्रियान्वयन के बिना योजना केवल कागजी योजना ही रह जायेगी। योजना को सफलतापूर्वक लागू करने के लिए सरकारी एवं निजी दोनों ही क्षेत्रों में कुशल संगठन की आवश्यकता होती है ऐसा संगठन जिसके कर्मचारी योजना के उद्देश्यों को समझते हों, उनमें विश्वास करते हों, उन्हें सम्पन्न करने के लिए समुचित ज्ञान, योग्यता, अनुभव, लगन ईमानदारी आदि से पूर्ण हों।

(7) दीर्घकालीन एवं अल्पकालीन नियोजन— योजना की अवधि प्रायः कई वर्षों की ली जाती है जैसे पाँच वर्ष या सात वर्ष किन्तु उद्देश्यों एवं लक्ष्यों को निर्धारित करते समय अगले पन्द्रह बीस वर्षों बाद आने वाली प्रवृत्तियों को ध्यान में रखना आवश्यक होता है ताकि निश्चित आर्थिक विकास की दर के आधार पर वर्तमान एवं भविष्य में सामंजस्य रखा जा सके। इसके साथ ही योजना की अवधि के विभिन्न वर्षों में होने वाले परिवर्तनों पर भी पूर्ण विचार किया जाना चाहिए। इसके लिए दीर्घकालीन योजना के साथ साथ वार्षिक परियोजनाएँ बनायी जाती हैं ताकि योजना के विभिनन वर्षों में साधनों का समान उपयोग हो सके तथा समान रूप से प्रगति की जा सके।

योजना की उपलब्धियों का मध्यावधि मूल्यांकन भी किया जाना आवश्यक है ताकि उसका विश्लेषण करके योजना की शेष अवधि में कमियों को दूर किया जा सके।

(8) विकेन्द्रित नियोजन — जनसहयोग एवं जनता का विश्वास प्राप्त करने के लिए आवश्यक है कि योजनाएँ स्थानीय स्तर पर बनायी जायें और फिर राज्य स्तर तथा केन्द्रिय स्तर पर उनका समन्वय किया जाय। प्रत्येक ग्रामीण पंचायत, सरकारी एवं

अर्द्धसरकारी संगठन तथा प्रत्येक कारखाने द्वारा अपने विकास की योजना बनायी जानी चाहिए। प्रत्येक बस्ती के निवासियों का, चाहे वे किसी भी व्यवसाय एवं वर्ग के हों, उनके सामाजिक विकास के कार्यक्रमों में सक्रिय सहयोग लिया जाना चाहिए। मनोवैज्ञानिक प्रतिक्रिया उत्पनन करने के लिए यह अत्यन्त आवश्यक है। दूसरे, स्थानीय परिस्थितियों का सही ज्ञान केन्द्रीय योजना अधिकारी को नहीं हो सकता और उनके द्वारा बनायी गयी स्थानीय योजनाएँ व्यावहारिक नहीं हा सकती।

(9) योजना का प्रचार एवं विज्ञापन — योजना को अन्तिम रूप देने के पश्चात नियोजकों एवं सरकार का यह कर्त्तव्य हो जाता है कि जनता में योजना के उद्देश्यों, लक्ष्यों, प्राथमिकताओं एवं उसके साधनों के विषय में पर्याप्त प्रचार किया जाय, योजना के प्रति उनमें चेतना, जागृति एवं रूचि उत्पन्न की जाय। योजना के विषय में उत्पनन शंकाओं एवं भ्रान्तियों का प्रचार द्वारा निवारण किया जाना अति आवश्यक है। यह भी आवश्यक है कि नियोजन को राजनीतिक स्वार्थों की पूर्ति का साधन नहीं बनाया जाना चाहिए, विशेषकर जनतान्त्रिक नियोजन में इस खतरे की सम्भावनाएँ अधिक हो सकती है। नियोजन समस्त राष्ट्र के लिए होना चाहिए न कि किसी वर्ग विशेष के लिए।

(10) प्राकृतिक अनुकूलता एवं राजनीतिक अनुकूलता — ये ऐसी दशाएँ हैं जिन पर मानव का नियन्त्रण नहीं होता। प्राकृतिक संकट अच्छे से अच्छे नियोजन को निष्फल बना सकते हैं जैसा कि भारत में सुखा के कारण प्राय: होता है। इसी प्रकार युद्ध अथवा युद्ध की आशंका से भी योजनाओं में आवश्यक परिवर्तन करने के लिए राष्ट्र को बाध्य होना पड़ता है। भारत की तृतीय योजना इसकी साक्षी है। सन् 1962 के चीनी आक्रमण तथा 1965 एवं 1971 के पाकिस्तानी आक्रमण के कारण प्राथमिकताओं के क्रम को बदलना आवश्यक हो गया और उपलब्ध साधनों के एक बड़े भाग को राष्ट्रीय प्रतिरक्षा के लिए गतिशील बनाया गया जिससे अन्य औद्योगिक अथवा सामाजिक विकास के कार्यक्रमों में कुछ शिथिलता आना स्वाभाविक ही था।

(11) जन सहयोग — नियोजन की सफलता के लिए यह आवश्यक हे कि जनता का नियोजन में पूर्ण विश्वास हो और वे नियोजन के द्वारा विकास की प्रक्रिया की सफलता के प्रति आश्वस्त हों। इसके लिए यह आवश्यक होगा कि योकजना का निर्माण प्रत्येक स्तर पर जनता के सहयोग और उनकी आवश्यकताओं के अनुरूप ही किया जाना चाहिए। योजना के अन्तर्गत निर्धारित कार्यक्रम एवं उत्पादन के लक्ष्य वास्तव में सर्वसाधारण के जीवन स्तर को उन्नत करने के उद्देश्य से सम्पन्न किये जाते हैं। जनता का सहयोग प्रशासन की अनेक समस्याओं को हल कर सकता है। जन सहयोग के अभाव में उत्तम योजनाएँ भी असफल हो जाती है अथवा पूरी तरह से सफल नहीं हो पाती हैं। यही कारण हैं कि योजनाओं का निर्माण निचले स्तर से आरम्भ किया जाना चाहिए जैसा कि पहले ही विकेन्द्रित नियोजन के अन्तर्गत स्पष्ट ि्या जा चुका है।

(12) सार्वजनिक क्षेत्र का विस्तार — विशेषत: मिश्रित अर्थव्यवस्थाओं में जहाँ पूर्ण समाजवादी व्यवस्था स्थापित करना सम्भव न हो, अर्थव्यवस्था के महत्त्वपूर्ण क्षेत्रों में सार्वजनिक क्षेत्र का पर्याप्त एवं शीघ्रता से विस्तार किया जाना नियोजन की सफलता के लिए आवश्यक है। इसमें समस्त आधारभूत क्षेत्र सम्मिलित होने चाहिए जैसे धातु उद्योग, भारी

रासायनिक उद्योग, खान उद्योग, खनिज तेल, विद्युत, यातायात, वित्तीय संस्थाएँ आदि। सरकारी क्षेत्र में त्वरित विकास करके भारी औद्योगीकरण एवं उन्नत कृषि के विकास की गति को बढ़ाया जा सकता है।

(13) जनसंख्या नियन्त्रण — प्राय: सभी विकासशील देशों में जनसंख्या वृद्धि का खतरा अधिक है। इन देशों में पहले ही आबादी अधिक है। अत: नियोजन की सफलता के लिए यह आवश्यक है कि जनसंख्या वृद्धि की दर को बढ़ने से रोका जाय। यही नहीं इस दर एक या डेढ़ प्रतिशत है जबकि विकासशील देशों में यह हर दो प्रतिशत से लगाकर तीन प्रतिशत तक है। जब तक इस दर को कम नहीं किया जायगा, नियोजन की सफलता संदिग्ध बनी रहेगी क्योंकि अधिक जनसंख्या बढ़ने से अनेक समस्याएँ उत्पन्न होती रहेंगी जैसे बेरोजगारी, न्यून प्रति व्यक्ति आय, मूल्य वृद्धि, वस्तुओं का अभाव आदि।

(14) योजनाओं का उचित मूल्यांकन — योजनाओं की प्रगति का निष्पक्ष मूल्यांकन किया जाना अत्यन्त आवश्यक है। सरकारी सूत्रों के द्वारा किये गये मूल्यांकन में यह खतरा बना रहता है कि वे ऐसा मूल्यांकन एक पक्षीय दृष्टिकोण से ही करते हैं। वस्तुत: मूल्यांकन में योजना के क्रियान्वयन एवं उसकी प्रगति के विषय में अच्छाइयों के साथ साथ समस्त दोषों को भी स्पष्ट किया जाना चाहिए। पिछली योजनाओं के दोषों एवं उसकी कमियों का ज्ञान होने पर आगे की योजनाओं में उन्हें दूर किया जा सकता है। इसके लिए प्राय: एक निष्पक्ष योजना मूल्यांकन संगठन के गठन का सुझाव दिया जाता रहा है। भारत में अभी योजना आयोग के अन्तर्गत एक पृथक् विभाग को योजनाओं के मूल्यांकन की जिम्मेदारी सौंपी गयी है।

(15) विदेशों से आर्थिक एवं तकनीकी सहयोग — आर्थिक नियोजन के अन्तर्गत भारी औद्योगीकरण के कार्यक्रमों को लागू करना आवश्यक होता है। इसके लिए आवश्यक संयन्त्रों एवं तकनीकी ज्ञान का विकासशील देशों में प्राय अभाव रहता है जिसकी पूर्ति विदेशों से ही हो सकती हैं। प्राय: सभी देशों ने विदेशी सहयोग के आधार पर अपना आर्थिक विकास किया है। सोवियत रूस भी इसका अपवाद नहीं है। इसके अतिरिक्त विकासशील देशों का विदेशी व्यापार उनके प्रतिकूल होने के कारण उनके पास विदेशी मुद्रा कोष बहुत थोड़े होते हैं। विकास के साथ साथ आयातों में तीव्र वृद्धि होती है किन्तु निर्यातों में उसी अनुपात में वृद्धि नहीं हो पाती है। इससे विदेशी मुद्रा संकट और बढ़ जाता है। विदेशी मुद्रा साधनों के अभाव में अनेक उद्योगों की प्रगति रूक जाती है। आयातित खनिज तेल पदार्थों के मूल्यों में अप्रत्याशित वृद्धि हो जाने के कारण इधर कुछ वर्षों से भारत को प्रतिकूल भुगतान सन्तुलन का सामना करना पड़ रहा है। इस स्थिति ने विदेशी सहायता की आवश्यकता को और अधिक बढ़ा दिया है।

नियोजन की सफलता के लिए यह आवश्यक है कि देश में ही ऊर्जा के विभिन्न साधनों का पर्याप्त विकास किया जाय। हमारी छठी योजना में सार्वजनिक क्षेत्र के योजना व्यय का 28 प्रतिशत भाग ऊर्जा विकास के लिए निर्धारित किया गया है जो अत्यन्त समयानुकूल है। इसके एक ओर विदेशों से तेल के आयात पर निर्भरता में कमी होगी तथा दूसरी ओर देश में औद्योगिक उत्पादन तथा यातायात के लिए निर्धारित लक्ष्यों को पूरा किया जा सकेगा।

उपर्युक्त पंक्तियों में नियोजन की सफलता के लिए आवश्यक शर्तों अथवा पूर्व अपेक्षाओं की जो सूची दी गयी है वह स्वयं में पूर्ण नहीं कही जा सकती है। इन शर्तों के

अतिरिक्त अन्य अनेक ऐसी शर्तें और हो सकती हैं जो किसी देश की विशिष्ट परिस्थितियों को देखते हुए आवश्यक समझी जायें। उदाहरण के लिए, भारत के सन्दर्भ में यह आवश्यक है कि शिक्षा एवं चिकित्सा की समुचित व्यवस्था की जाय और आवश्यक वस्तुओं (विशेषकर खाद्यान्नों) की न्यूनतम पूर्ति की व्यवस्था सरकार द्वारा की जाय अन्यथा नियोजन के कार्यक्रम को सफलतापूर्वक लागू करना सम्भव नहीं होगा। इसके लिए कृषि को आत्मनिर्भर बनाना आवश्यक है। इसी प्रकार नियोजन के लिए अनुकूल वातावरण उत्पन्न करने के उद्देश्य से सामाजिक संगठनों में उचित परिवर्तन करना तथा सम्पत्ति एवं आय के समान वितरण की दिशा में प्रयास करना भी जरूरी होगा। विकासशील देशों में एक सम्भावना प्राय: यह रहती है कि विकास के कारण यदि व्यक्तियों की आय में किंचित वृद्धि होती है, तो उस बढ़ी हुई आय के अधिकांश भाग का उपयोग बचत करने के बजाय दिखावटी उपभोग में कर लिया जाता है। इससे विनियोग दर में पर्याप्त वृद्धि नहीं हो पाती है। अत: नियोजन की सफलता के लिए बचत के साधनों को गति प्रदान करना अनिवार्य हो जाता है।

यही नहीं यदि नियोजन के द्वारा किये गये विकास का लाभ समाज के केवल कुछ वर्गों को ही प्राप्त होता है और सामान्य वर्ग या कमजोर एवं पिछड़े वर्ग इसके लाभ से वंचित रह जाते हैं तो ऐसी दशा में नियोजन का मूल उद्देश्य ही निष्फल हो जाता है। इससे आर्थिक असमानताएँ और बढ़ती हैं और नियोजन के प्रति जनसाधारण का विश्वास कम जो जाता है। वे नियोजन के प्रति उदासीन दृष्टिको्ण अपना लेते हैं । इससे असन्तोष बढ़ता है और प्रशासन की आलोचना होने लगती है। अत: जनतान्त्रिक नियोजन में यह और भी आवश्यक हो जाता है कि नियोजित आर्थिक विकास का लाभ समाज के सब वर्गों को प्राप्त हो। यही कारण है कि भारत की छठी योजना में ऐसे अनेक कार्यक्रमों का समावेश करने का प्रयत्न किया गया है जिससे समाज के निर्बल एवं कमजोर या पिछड़े हुए लोगों को अधिक लाभ प्राप्त हो सकेगा। श्री डब्ल्यू. ए. लेविस का कथन है कि यदि ऐसा नहीं किया गया तो इसका परिणाम यह होगा कि एक ओर तो देश में उत्पादन बढ़ेगा किन्तु दूसरी ओर देश के अधिकांश व्यक्ति पहले की अपेक्षा अधिक निर्धन होते चले जायेंगे। इस कथन के सन्दर्भ में यह और भी आवश्यक हो जाता है कि नियोजित विकास का लाभ जनसाधारण एवं निर्बल वर्गों को अधिक प्राप्त हो। भारत में यह धारणा जोर पकड़ती रही है कि नियोजन के फलस्वरूप धनिक और धनी एवं निर्धन और निर्धन हो गये हैं। लोगों की मौद्रिक आय अवश्य बढ़ी है किन्तु अत्यधिक मूल्य वृद्धि के कारण लोगों की वास्तविक आय में अनुपातत: बहुत कम वृद्धि हुई है। दूसरी ओर सम्पन्न वर्गों की आय में तेजी से वृद्धि हुई है। अत: किसी भी नियोजन की सफलता के लिए यह अनिवार्य शर्त मानी जानी चाहिए कि नियोजन के कार्यक्रमों को इस प्रकार लागू किया जाय कि जिससे कि विकास लाभ समाज के सभी वर्गों को समान रूप से प्राप्त हो सके। वस्तुत: मुद्रा स्फीति पर नियन्त्रण हमारी योजनाओं की सफलता के लिए आज एक अनिवार्य शर्त बन चुकी है। काले धन के आधार पर देश में एक समानान्तर अर्थव्यवस्था सक्रिय है। सन् 1981-82 के बजट सत्र में इसीलिए विशेष वाहक बॉण्डों को जारी करने का निर्णय लिया गया जिसमें यह आशा की गयी कि लगभग 1,000 करोड़ रुपये का छिपा हुआ धन प्राप्त हो सकेगा। किन्तु वस्तुत: केवल 338 करोड़ रुपयों के ही बॉण्डों की बिक्री हो सकी। अत: अब मुद्रा स्फीति के नियन्त्रण के लिए और कठोर उपायों को अपनाये जाने का निर्णय सरकार द्वारा किया गया है।

यह पहले ही कहा जा चुका है कि आर्थिक विकास एक निरन्तर होने वाली प्रक्रिया है और आर्थिक नियोजन उसे प्राप्त करने का एक साधन है। एक योजना की सफलता दूसरी योजना के लिए तथा दूसरी योजना की सफलता तीसरी योजना के लिए मार्ग प्रशस्त करती है और इस प्रकार यह क्रम अनन्त रूप से चलता जाता है, क्योंकि आर्थिक विकास की कोई अन्तिम सीमा वहीं होती। प्रचुर उपभोग की अवस्था प्राप्त कर लेने के बाद भी अर्थव्यवस्था का आगे विकास रूकता नहीं है।

आर्थिक नियोजन की तकनीक एवं विधि
(Techniques and Methodology of Economic Planning)

परिचय
(Introduction)

नियोजन को तीव्र आर्थिक विकास का एक साधन माना गया है। इस साधन की चुनौतियों ने नियोजन की प्रक्रिया को जटिल एवं तकनीकी बना दिया है। आर्थिक नियोजन की सफलता हेतु आर्थिक योजनाओं के प्रभावपूर्ण कार्यान्वयन तथा उचित मूल्यांकन की आवश्यकता होती है। अत: देश की आवश्यकतानुसार योजना बनाने के लिए निर्धारित प्रविधियों का प्रयोग किया जाता है। आर्थिक नियोजन को प्रारम्भिक निर्माण, कुशल संचालन एवं अन्तिम मूल्याकंन तक पहुँचने से पूर्व अनेक अवस्थाओं से गुजरना पड़ता है। प्रारम्भिक निर्माण से चलकर अन्तिम मूल्याकंन तक पहुँचने के मध्य की अवस्थाओं को नियोजन की तकनीक कहा जाता है। नियोजन की तकनीक एवं विधि की अवस्थाओं को निम्न भागों में बाँटा जा सकता है :

(I) नियोजन के लिए संगठन
(Organisation for Planning)

आर्थिक नियोजन एक अनवरत प्रक्रिया है। इसकी कठिन एवं जटिल प्रक्रिया को देखते हुए यह आवश्यक है कि नियोजन के निर्माण में सभी उपलब्ध प्राकृतिक एवं मानवीय साधनों का सर्वेक्षण किया जाय तथा भविष्य में उनकी सम्भावित उपलब्धि का मूल्यांकन किया जाय। इन सब प्रयासों के पश्चात् निर्मित नियोजन की कार्यान्वित, उसके लिए अनुकूल आर्थिक नीतियाँ निर्धारित करने तथा प्रभावशाली मूल्यांकन करने के लिए किसी स्थायी केन्द्रिय नियोजन संगठन की आवश्यता होती है। इस संगठन का कार्यक्षेत्र व्यापक तथा अस्तित्व वैधानिक होना चाहिए जिससे वह अर्थव्यवस्था के सभी भागों के लिए निष्पक्ष नियोजन की व्यवस्था कर सके। पिछला नियोजन आगामी नियोजन का मार्गदर्शक होता है। अत: नियोजन का कार्य इतना विस्तृत एवं स्पष्ट है कि प्रत्येक क्षेत्र के लिए अलग अलग संगठन की आवश्यकता होती है। जैसे, कृषि संगठन, उद्योग एवं व्यापार संगठन, परिवहन एवं संचार, सामाजिक सेवाओं के लिए संगठन, प्रशासनिक संगठन, सांख्यिकीय एवं अनुसंधान संगठन, सूचना एवं प्रसारण संगठन, जन सहयोग संगठन आदि। भारत में योजना आयोग एवं उससे सम्बद्ध विभागों के अतिरिक्त केन्द्र तथा राज्यों के मंत्रालयों एवं विभिन्न विभागों के द्वारा इस प्रकार के संगठनों का कार्य सम्पन्न किया जाता है।

(II) योजना का निर्माण
(Formulation of Plans)

नियोजन के कार्य में योगदान देने वाले विभिन्न संगठनों अथवा विभागों का कार्यं एवं दायित्व निर्धारण कर देने के पश्चात् योजना के निर्माण का कार्य प्रारम्भ किया जाता है। नियोजन का निर्माण योजना मन्त्रालय अथवा नियोजन संगठन (भारत में योजना आयोग) के द्वारा किया जाता है। यह संगठन देश की वर्तमान राजनैतिक, सामाजिक एवं आर्थिक परिस्थितियों के परिप्रेक्ष्य तथा देश के नागरिकों की आशाओं तथा आकांक्षाओं के अनुसार योजनाएँ बनाता है। नियोजन के निर्माण में नियोजन संगठन को निम्न क्रमों से गुजरना पड़ता है।

(1) उद्देश्यों का निर्धारण (Determination of Objectives)- किसी भी कार्य को प्रारम्भ करने से पूर्व स्पष्ट उद्देश्यों का निर्धारित होना सफलता की प्रथम शर्तं है। इसीलिए देश की आर्थिक, सामाजिक एवं राजनैतिक परिस्थितियों एवं देश के नागरिकों की आशाओं एवं आकांक्षाओं के अनुरूप सर्वप्रथम नियोजन के उद्देश्यों का निर्धारण किया जाता है। इस प्रकार निर्धारित किये गये उद्देश्य ही नियोजन का आधार होता है। अतः उद्देश्यों का निर्धारण अधिक महत्वाकांक्षी न होकर व्यावहारिक, स्पष्ट एवं समयानुकूल होने चाहिए। विकासशील अर्थ-व्यवस्था में आर्थिक, सामाजिक एवं राजनैतिक दशाएँ एक दूसरे से पृथक न होकर परस्पर आत्मनिर्भर होती है। अतः ऐसी अर्थ-व्यवस्था में नियोजन के उद्देश्य अनेक प्रकार के होते है। उद्देश्यों के निर्धारण में इस बात का प्रयास किया जाना चाहिए कि वे दीर्घकालीन दृष्टिकोण पर आधारित होने के साथ साथ अल्पकालीन दृष्टिकोण पर भी आधारित हो।

(2) अवधि का निर्धारण (Determination of Period)- योजना के उद्देश्यों का निर्धारण हो जाने के पश्चात उसी के अनुरूप योजना की अवधि का निर्धारण भी होगा। यदि उद्देश्यों की संख्या अधिक तथा योजना अवधि कम है तो नियोजन की सफलता के लिए सम्भावना कम होगी। अवधि निर्धारण में उचित नीति तो यह होगी कि लम्बी अवधि की योजना बनाकर उसे छोटी छोटी योजनाओं में विभाजित कर दिया जाय तथा पिछली योजनाओं के अनुभवों के आधार पर आगामी वर्षो के लिए योजना बनायी जाय।

(3) प्राथमिकताओं का निर्धारण (Determination of Priorities)- अर्द्ध-विकसित देशों में प्रायः साधनों की कमी, सुरक्षा की आवश्यकता, कार्यक्रमों की परस्पर निर्भरता, वित्तीय व्यवस्था, आर्थिक वातावरण एवं असन्तुलित आर्थिक विकास इत्यादि कारणों से योजनाकरण के लिए कुछ प्राथमिकताओं का निर्धारण करना पड़ता है। जिस क्षेत्र के विकास की अधिक आवश्यकता होती है नियोजन में उसे अधिक तथा शेष को कम प्राथमिकताओं प्रदान की जाती है। इस प्रकार नियोजन में सीमित साधनों से अधिकाधिक सामाजिक एवं आर्थिक लाभ प्राप्त करने के प्रयास किये जाते है। प्राथमिकताओं के निर्धारण हेतु कोई ठोस आधार अथवा नियम नहीं होते। इनका निर्धारण तो योजना के उद्देश्यों, देश में आर्थिक, सामाजिक एवं राजनैतिक परिस्थितियों तथा जनता की आवश्यकताओं व आकांक्षाओं के अनुरूप किया जाता है। अतः इस प्रकार निर्धारित किये गये उद्देश्यों में समय, स्थान व परिस्थितियों के अनुसार भिन्नता होना स्वाभाविक है। प्राथमिकताओं के निर्धारण में प्रायः निम्न समस्याओं पर विचार करना पड़ता है :

(i) **कृषि बनाम उद्योग** (Agriculture Vs. Industry): अर्द्ध-विकसित एवं पिछड़ी अर्थ व्यवस्था वाले राष्ट्रों में कृषि की प्रधानता होती है तथा औद्योगिक विकास का अभाव पाया जाता है। राष्ट्रीय आय एवं प्रति व्यक्ति आय में वृद्धि औद्योगिक विकास से ही सम्भव होने के कारण इन राष्ट्रों में उद्योगों के विकास को प्राथमिकता देने की प्रवृत्ति पायी जाती है। इसके अतिरिक्त दोनों की एक दूसरे पर निर्भरता के कारण कृषि विकास के साथ ही औद्योगिक विकास भी आवश्यक है। विकसित राष्ट्रों में, जिनकी सम्पन्नता का रहस्य ही औद्योगिक विकास है, सन्तुलित विकास के लिए कृषि को पर्याप्त प्राथमिकता प्रदान की जाती है।

(ii) **पूँजी प्रधान बनाम श्रम प्रधान उद्योग** (Capital Intensive vs. Labour Intensive Industries)- औद्योगीकरण को नियोजन में प्राथमिकता देने के पश्चात पूँजी प्रधान अथवा श्रम प्रधान उद्योगों के सम्बन्ध में प्राथमिकताओं का निर्धारण किया जाता है। जिन राष्ट्रों में पूँजी की अपेक्षा जनसख्या की अधिकता है वहाँ अधिक रोजगार के साधन उपलब्ध करवाने के दृष्टिकोण से श्रम प्रधान उद्योगों को प्राथमिकता प्रदान की जाती है। ऐसा प्राय: अविकसित राष्ट्रों में होता है। इसके विपरीत विकसित राष्ट्रों में पूँजी की अधिक सुलभता तथा जन अभाव के कारण पूँजी प्रधान उद्योगों को प्राथमिकता दी जाती है।

(iii) **आधारभूत बनाम उपभोग उद्योग** (Basic Vs. Consumers Industries)- औद्योगीकरण को नियोजन में प्राथमिकता देने के पश्चात द्वितीय समस्या आधारभुत अथवा उपभोक्ता उद्योगों को प्राथमिकता देने की आती है। अल्प विकसित एवं पिछड़ी अर्थ व्यवस्था वाले देश जहाँ तीव्र आर्थिक विकास के लिए औद्योगिकरण अनिवार्य है वहाँ आधारभूत उद्योगों के विकास को प्राथमिकता मिलेगी। इसके विपरीत विकसित राष्ट्रों में जहाँ उत्पादन की नहीं वरन् उपभोग वृद्धि की समस्या है वहाँ उपभोक्ता उद्योगों को प्राथमिकता प्रदान की जावेगी। वास्तव में इस सम्बन्ध में उचित नीति तो आधारभूत एवं उपभोक्ता दोनों उद्योगों का विकास करके सुदृढ़ औद्योगिक आधार तैयार करके आथिक विकास करने की होगी।

(iv) **उत्पादन बनाम वितरण** (Production Vs. Distribution)- जैसा कि ऊपर स्पष्ट किया गया है विकसित देशों की प्रमुख समस्या उपभोग में वृद्धि करके विवरण में वृद्धि करने की हैं जबकि अर्द्ध-विकसित देशों की समस्या उत्पादन में वृद्धि तथा उसका न्यायपूर्ण वितरण आर्थिक विकास की प्रक्रिया का महत्वपूर्ण भाग है। अर्द्ध-विकसित राष्ट्रों में उत्पादन के साथ-साथ उसके न्यायपूर्ण वितरण की भी समस्या है। वास्तव में स्वस्थ आर्थिक विकास के लिए अधिकतम उत्पादन के साथ ही उसका न्यायोचित वितरण भी अनिवार्य है।

(v) **विनियोग बनाम उपभोग** (Investment Vs. Consumption)- अर्द्ध-विकसित राष्ट्रों में विनियोग में वृद्धि की; जबकि विकसित राष्ट्रों में उपभोग में वृद्धि की समस्या होती है। अत: आर्थिक नियोजन की प्राथमिकताओं के निर्धारण में प्रमुख समस्या विनियोग अथवा उपभोग को प्राथमिकता देने के सम्बन्ध में आती है। विकसित राष्ट्रों में उपभोग को तथा अर्द्ध विकसित राष्ट्रों में विनियोग को प्राथमिकता दी जाती है। वैसे तो आर्थिक विकास के लिए उपभोग तथा बचत दोनों ही अनिवार्य है क्योंकि देश के नागरिकों का वर्तमान

जीवन-स्तर ऊँचा करने के लिए उपभोग तथा भविष्य में और अधिक विकास के लिए बचत का ही प्राय: लोग विनियोग करते हैं। लेकिन इसके बावजूद भी नियोजन में किसे प्राथमिकता देना है यह सम्बन्धित देश की परिस्थितियों पर निर्भर करता है।

(vi) **आर्थिक विकास बनाम प्रतिरक्षा** (Economic Development Vs. Defence)- नियोजन में आर्थिक विकास को प्राथमिकता देना देश की सीमाओं पर सुरक्षा की परिस्थितियों पर निर्भर करता है। यदि देश के अन्तर्राष्ट्रीय सम्बन्ध सौहार्दपूर्ण तथा प्राकृतिक स्थिति विदेशी आक्रमणों से सुरक्षित है तो आर्थिक विकास को प्राथमिकता दी जावेगी। वास्तव में दोनों प्राथमिकताएं एक दूसरे की पूरक हैं। यदि देश को सदैव बाहरी आक्रमणों से खतरा है तो आर्थिक विकास सुरक्षित नहीं रह सकता। इसके विपरीत यदि आर्थिक विकास का अभाव है तो युद्ध के लिए आवश्यक सामग्री उपलब्ध न होने पर प्रतिरक्षा नहीं की जा सकेगी। अत: दोनों ही को समान प्राथमिकता दिया जाना आवश्यक है।

(vii) **क्षेत्रीय प्राथमिकताएँ** (Regional Priorities)- क्षेत्रीय समानता को महत्व देना भी आर्थिक नियोजन का लक्ष्य है। नियोजन में सन्तुलित विकास को महत्व तथा क्षेत्रीय विषमताओं को समाप्त करने का प्रयास किये जाते है। अर्द्ध-विकसित देशों में सन्तुलित विकास की नीति के बावजूद भी सन्तुलित आर्थिक विकास की प्राप्ति नहीं होती। अत: क्षेत्रीय विषमातओं के निराकरण एवं सन्तुलित आर्थिक विकास के लिए क्षेत्रीय प्राथमिकताओं को पर्याप्त महत्व देना आवश्यक है। लेकिन ऐसी प्राथमिकताओं का निर्धारण आर्थिक दृष्टिकोण से किया जाना चाहिए न कि राजनैतिक दृष्टिकोण से।

(4) विनियोग का निर्धारण (Determination of Investment)- विनियोग का आर्थिक क्रिया में महत्वपूर्ण योगदान होता है। योजना के लक्ष्यों को प्राप्त करने के लिए प्रत्येक क्षेत्र के लिए उचित मात्रा में विनियोग का प्रबन्ध करना पड़ता है। नियोजन में लक्ष्यों की प्राप्ति हेतु वित्तीय साधन दो प्रकार से प्राप्त हो सकते है। प्रथम, आन्तरिक साधन जो बचत से प्राप्त होते हैं। द्वितीय, बाहरी साधन जो विदेशी सहायता अथवा ऋणों आदि के रूप में प्राप्त होते हैं। पूँजी उत्पाद अनुपात (Capital Output Ratio) की सहायता से नियोजन में विनियोग की राशि का निर्धारण किया जा सकता है। वास्तव में इस अनुपात का सही अनुमान लगाना कठिन है। इसका अनुमान लगाने में देश की आर्थिक स्थिति तथा पिछले वर्षो की इसी अनुपात की राशि सहायक होती है।

(5) आर्थिक नीतियों का निर्धारण (Determination of Economic Policies)- किसी भी योजना की सफलता अथवा असफलता में नीतियों का विशिष्ट स्थान होता है। आर्थिक नियोजन में अपनायी गयी आर्थिक नीतियों का प्रभाव देश के आर्थिक विकास पर पड़ता है। अत: यह आवश्यक है कि इन आर्थिक नीतियों की रचना सोच-समझकर की जावे। इन नीतियों का निर्धारण इस प्रकार से होना चाहिए कि जिससे नियोजन के उद्देश्यों को पूरा किया जा सके। आर्थिक नीतियों में प्राय: बजट, कर, साख, विदेशी व्यापार, प्रशुल्क, मुल्य मजदूरी एवं राष्ट्रीयकरण की नीतियों को सम्मिलित किया जाता है। इन नीतियों में आवश्यकता पड़ने पर परिवर्तन किये जा सकते है। वास्तव में स्वस्थ्य परम्परा तो यह होगी कि नियोजन अधिकारी निर्णय लेने से पूर्व नीति के सभी पहलूओं पर विचार करके निर्णय ले तथा निर्णय की प्रभावित करने वाले व्यक्तियों की प्रतिक्रिया प्राप्त करे।

(6) नियोजन में सन्तुलन (Balances in Planning)- नियोजन की सफलता के लिए उसमें सन्तुलन का गुण होना अनिवार्य है। अर्थ व्यवस्था के विभिन्न क्षेत्रों में सामन्जस्य स्थापित करने के लिए योजना को अन्तिम रूप प्रदान करने से पूर्व सन्तुलन की समस्या को पर्याप्त महत्व दिया जाना चाहिए। सन्तुलन मुख्यत: दो प्रकार के होते हैं। प्रथम, अधोगामी सन्तुलन (Backward Balances) जिसका सम्बन्ध निर्मित वस्तु तथा उसके विभिन्न अंगो से होता है। उदाहरण के लिए, औद्योगिक उत्पादन की समस्या पर विचार के साथ ही उत्पादन के कार्य में आने वाले कच्चे माल तथा उत्पादित करने वाले उद्योग की आवश्यकताओं पर भी विचार करना। द्वितीय संगमगी सन्तुलन (Crosswise Balances) है जिसमें निर्धारित लक्ष्यों एवं कुल उपलब्ध साधनों के बीच सामंजस्य स्थापित करने के प्रयास किये जाते है। इससे उत्पादन के साधनों तथा लक्ष्यों के बीच सन्तुलन स्थापित करके योजना की सफलता के लिए मार्ग प्रशस्त किया जा सकता है।

(7) विविध (Miscellaneous)- नियोजन प्रक्रिया में निम्न तथ्यों पर भी ध्यान देना आवश्यक है :

(i) **भौतिक साधन बनाम वित्तीय नियोजन** (Planning of Physical Vs. Financial Resources)- भौतिक साधनों से अभिप्राय लक्ष्यों को प्राप्त करने हेतु आवश्यक भौतिक साधनों की मात्रा, स्त्रोत एवं उनके वैकल्पिक प्रयोगों में वितरण से हैं। जैसे लक्ष्य पूरा करने के लिए कितना लोहा, पत्थर, सीमेण्ट, विशेषज्ञ, अध्यापक अथवा डाक्टर चाहिए। वित्तीय नियोजन में इन लक्ष्यों को प्राप्त करने के लिए मौद्रिक साधनों की मात्रा निर्धारित की जाती है, जैसे लोहा, सीमेण्ट आदि की लागतें तथा अध्यापक, डाक्टर आदि विशेषज्ञों का वेतन निधारित करना।

(ii) **स्तर सामंजस्य** (Level Co-ordination)- ऊपर से नियोजन (Planning from above) तथा नीचे से नियोजन (Planning from below) में सामंजस्य होना चाहिए। यदि राष्ट्रीय, राज्य, जिला व स्थानीय स्तर पर नियोजन में सामंजस्य नहीं होगा तो जन सहयोग प्राप्त करने में कठिनाई आवेगी। नियोजन में सामंजस्य आ जाने के फलस्वरूप व्यावहारिकता स्वत: ही उत्पन्न होगी। ऐसा व्यावहारिक नियोजन ही वास्तविकता के अधिक निकट होगा।

(iii) **अवधि समन्वय** (Period Co-ordination) - नियोजन एक सतत् प्रक्रिया (Continuous Process) है। अवधि के दृष्टिकोण से नियोजन प्राय: तीन प्रकार के होते हैं - वार्षिक, अल्पकालीन एवं दीर्घकालीन । नियोजन की अवधि निर्धारित करते समय इस बात का विशेष ध्यान रखना चाहिए कि सम्बन्धित लक्ष्य निर्धारित अवधि में पूरे हो जावेंगें अथवा नहीं। सामान्यत: नियोजन की अवधि को दीर्घकालीन आधार पर निर्धारित करके उसे सुविधा, उद्देश्यों एवं लक्ष्यों के अनुसार अल्पकालीन तथा वार्षिक योजना में बाँट दिया जाता है।

(iv) **अनुपूरक नियोजन** (Supplementary Planning)- नियोजन को पर्याप्त वित्तीय साधनों के अभाव में दो भागों में विभाजित कर दिया जाता है। प्रथम, आवश्यक या अनिवार्य भाग (Essential or Core Project) जिसके लिए साधन जुटाने हेतु हर सम्भव

प्रयास किये जाते हैं। द्वितीय, सम्भाव्य भाग (Contingent Projects) जिसके अन्तर्गत उन योजनाओं का समावेश होता है जिनको कार्यान्वित करना पर्याप्त वित्तीय साधनो की उपलब्धि पर निर्भर होता है।

(v) **नियोजन में लोच** (Flexibility in Planning)- नियोजन में लोच का गुण होना चाहिए जिससे भविष्य में परिवर्तित परिस्थितियों के अनुसार संशोधन किया जा सके। नियोजन में भविष्य के बारे में निश्चित कल्पना करना कठिन है। अतः बदलती हुई परिस्थितियों के अनुसार पर्याप्त लोच होना जरूरी है। लेकिन लोच का अभिप्राय यह कदापि नहीं है कि लोच के नाम पर योजना की मुख्य संरचना को ही परिवर्तित कर दिया जाय। अतः नियोजन में लोच के गुण को सही अर्थ में प्रयोग किया जाना चाहिए।

(III) योजना का परीक्षण एवं अनुमोदन

(Testing and Adoption of Plan)

योजना का निर्माण हो जाने के पश्चात उसकी जाँच एवं स्वीकृति की प्रक्रिया प्रारम्भ होती है। योजना को अन्तिम स्वीकृति प्रदान करने से पूर्व उसकी जाँच उच्च अधिकारियों द्वारा की जाती है। इस जाँच में ये अधिकारी इस बात का पता लगाते हैं कि योजना के उद्देश्यों, विनियोग की मात्रा, प्राथमिकताओं तथा साधनों की व्यवस्था परिस्थितियों के अनुकूल हैं तथा उसमें परस्पर सन्तुलन एवं सामंजस्य है। इस जाँच के दौरान प्राप्त कमियों एवं असन्तुलनों को दूर करने के प्रयास किये जाते हैं। यदि आवश्यकता हो तो आवश्यक संशोधनों के पश्चात् पुनः योजना बनायी जाती है। योजना बन जाने के पश्चात् उसके प्राररूप की जनसाधारण की सूचना के लिए प्रसारित किया जाता है। इस प्रसारण पर जनता के रचनात्मक सुझाव भी आमन्त्रित होते है। सरकारी स्तर पर राष्ट्रीय विकास परिषद भी योजना पर विचार विमर्श करती है।

राष्ट्रीय विकास परिषद के इस विचार विमर्श के पश्चात योजना का अन्तिम प्रारूप तैयार होता है। इस प्रारूप को प्रधानमन्त्री द्वारा संसद के समक्ष अन्तिम स्वीकृति के लिए प्रस्तुत किया जाता है। संसद में इस प्रारूप को वैधानिक स्वरूप प्रदान किया जाता है। संसद के समक्ष प्रस्तुत इस प्रारूप पर सदस्यों द्वारा बहस की जाती है। इस बहस के आधार पर योजना में आवश्यक परिवर्तन भी किये जा सकते है। ये परिवर्तन इतने अधिक नहीं होते कि योजना के पुनर्निर्माण की आवश्यकता पड़े क्योंकि इसके निर्माण में राजनीतिज्ञों का सहयोग तो पहले ही रहता है। इस प्रक्रिया के बाद संसद की छाप योजना के प्रारूप पर लगती है। इस स्वीकृति के पश्चात् योजना को क्रियान्वयन के लिए प्रकाशित किया जाता है।

योजनाओं का क्रियान्वयन

(Implementation of Plans)

भारतीय योजना आयोग एक सलाहकार संस्था है। सलाह देने के इस कार्य से पूर्व योजना आयोग उन सभी सम्बन्धित वर्गों से विचार-विमर्श करता है। परामर्शदायी संस्था होने के बावजूद सलाह देने के पश्चात् योजना आयोग अपने दायित्व से मुक्त हो जाता है। सलाह देने के पश्चात् योजना आयोग द्वारा समस्त दायित्व सम्बन्धित वर्गों पर डाल दिया जाता है। इस प्रकार योजना को कार्यान्वित करने का दायित्व योजना आयोग का नहीं है। जिस प्रकार नियोजन के निर्माण में सक्रिय भूमिका राज्य तथा केन्द्र की होती है उसी प्रकार नियोजन के क्रियान्वयन एवं मूल्यांकन में भी राज्य तथा केन्द्र का प्रमुख योगदान होता है।

केन्द्र की भूमिका
(Role of Centre)

केन्द्र सरकार द्वारा योजना में विकास कार्यक्रम सम्मिलित करने अथवा संविधान एवं औद्योगिक नीति प्रस्ताव के अनुसार प्रदत्त दायित्व को पूरा करने का कार्य केन्द्रीय सरकार का होता है। उसमें केन्द्र सरकार को सक्रिय भूमिका निभानी पड़ती है। इस प्रकार योजना के क्रियान्वयन का भार केन्द्रीय सरकार पर भी होता है।

राज्यों की भूमिका
(Role of States)

राज्य सरकारें अपने राज्य की योजना बनाकर योजना आयोग को भेजती है। इस प्रकार राज्य सरकारें योजना आयोग को योजना बनाने में सहायता करती हैं। योजना आयोग इन योजनाओं को अन्तिम रूप देकर उनको क्रियान्वित करने के लिए राज्य सरकारों को भेज देता है। राज्य सरकार उन योजनाओं को लागू करता है तथा उनसे सम्बन्धित दायित्वों को वहन करता है। इस प्रकार योजना के सफल होने का श्रेय राज्य सरकारों को प्राप्त होता है तथा असफल होने पर उसका दायित्व भी राज्य सरकारों पर ही होता है। इस प्रकार केन्द्र के विकास कार्यक्रमों को केन्द्र द्वारा, तथा राज्य के विकास कार्यक्रमों को पूरा करने का दायित्व सम्बन्धित राज्य सरकार का ही होता है; योजना आयोग का नहीं।

मन्त्रिमण्डल के सदस्यों की भूमिका
(Role of Cabinet Members)

देश का प्रधानमन्त्री भारत में नियोजन के प्रारम्भ से अब तक योजना आयोग का अध्यक्ष होता रहा है। प्रधानमन्त्री के अतिरिक्त वित्त मन्त्री, योजना मन्त्री तथा कई अन्य मन्त्री भी योजना आयोग के सदस्य होते है। इस प्रकार केन्द्रीय मन्त्रिमण्डल के सदस्यों का योजना आयोग में बाहुल्य होने के फलस्वरूप योजना सम्बन्धित नीतियों के निर्धारण में एवं उसे अन्तिम स्वरूप प्रदान करने में केन्द्रीय मन्त्रालयों की महत्वपूर्ण भूमिका होती है। इसी प्रकार राज्यों के लिए बनायी जाने वाली योजनाओं में राज्यों के मन्त्रिमण्डल की महत्वपूर्ण भुमिका होती है। योजना को अन्तिम स्वरूप प्रदान करने से पूर्व राष्ट्रीय विकास परषिद (National Development Council) की स्वीकृति आवश्यक है। अत: स्वत: ही देश की पूरी योजना का निर्माण केन्द्रीय मन्त्रिमण्डल तथा राज्यों के मुख्य मन्त्रियों तथा अन्य मन्त्रियों की सहमति से होता है।

योजनाओं के क्रियान्वयन में कठिनाइयाँ
(Constraints in Plan-Implementation)

भारतीय योजनाओं की प्रमुख समस्या उन्हें सफलतापूर्वक संचालित एवं क्रियान्वित करने की है। पंचवर्षीय योजनाओं के निर्माण से पहले अनेक सम्बन्धित वर्गों के विशेषज्ञो वे विचार विमर्श करना पड़ता है। केन्द्र तथा राज्य सरकारों के प्रतिनिधियों से भी सलाह ली जाती है। भारतीय प्रशासन में लालफीताशाही, भ्रष्टाचार तथा पक्षपात तथा नौकरशाही का प्रभुत्व होने के कारण नियोजन के क्रियान्वयन में काफी कठिनाइयों का सामना करना पड़ता है। योजनाओं के क्रियान्वयन में प्रमुख कठिनाइयाँ निम्न प्रकार है:

1. उद्योगों का आकार तथा स्थान निर्धारण (Determination of Size and Location of Industry)- प्रत्येक उद्योग के आकार का स्थान का उसके विकास में महत्वपूर्ण योगदान होता है। मुख्य: रूप से आकार का सम्बन्ध उपलब्ध साधनों तथा स्थान का सम्बन्ध वातावरण से होता है। लेकिन कई बार इन दोनों तथ्यों की पूर्णरूप से अवहेलना की जाती है। आर्थिक कारणों की बजाय उद्योगों के स्थानीयकरण में राजनीतिक कारणों को अधिक महत्व दिया जाता है। जब राजनीतिक हस्तक्षेप उद्योगों का आकार तथा स्थान निश्चित करने में सक्रिय हो जाते हैं, तब योजना के लक्ष्यों को पूरा करना अत्यन्त कठिन हो जाता है।

2. सार्वजनिक क्षेत्र का सहयोग (Co-operation of Public Sector)- भारत में द्वितीय योजना के प्रारम्भ में समाजवाद प्राप्ति के उद्देश्य से सार्वजनिक क्षेत्र को महत्वपूर्ण भूमिका प्रदान की गयी है। लेकिन सरकारी नियन्त्रण होने के कारण इसमें लालफीताशाही इत्यादि दोषों का बाहुल्य है। सार्वजनिक उपक्रम किन उद्योगों के लिए तथा कहाँ कहाँ स्थापित किये जायें इस सम्बन्ध में उचित निर्णय करना अत्यन्त कठिन होता है। सार्वजनिक क्षेत्र के विस्तार से समाजवाद एवं विकास के अन्य कार्यक्रमों को प्राप्त करना स्वयं में कोई अनुचित नीति नहीं है; किन्तु यह कार्य इस प्रकार किया जाना चाहिए कि जिससे ये उपक्रम लाभोपार्जन करके नियोजन एवं विकास में पूर्ण सहयोग दें।

3. निजी क्षेत्र पर नियन्त्रण (Control over Private Sector)- मिश्रित अर्थ-व्यवस्था में निजी तथा सार्वजनिक दोनों ही क्षेत्रों का महत्व होता है। अत: सरकार को सार्वजनिक क्षेत्र से सम्बन्धित नीतियाँ बनाने से पूर्व निजी क्षेत्र के विकास की नीतियों का प्रतिपादन करना होता है। पूरे देश में निजी क्षेत्र के लिए योजना बनाना तथा यह निश्चित करना कि निजी क्षेत्र को किन-किन क्षेत्रों में विकास के अवसर दिये जायेंगे, उनमें कितनी पूँजी लगायी जायेगी तथा कितना उत्पादन होगा इत्यादि प्रश्नों के सम्बनध में निर्णय लेने का अधिकार तो सरकार का होता है। लेकिन उस उत्पादन लक्ष्य की पूर्ति में सरकार का कोई हस्तक्षेप नहीं होता। इस प्रकार अनेक बार उन लक्ष्यों की पूर्ति करना भी कठिन होता है।

4. कृषि एवं सिंचाई (Agriculture and Irrigation Facilities)- जिन देशों में मानसून के आने में कोई निश्चित समय नहीं होता वहाँ की कृषि देश में उपलब्ध सिंचाई साधनों पर निर्भर होती है। इसलिए मानसून के अभाव एवं अपर्याप्तता के कारण अनेक बार कृषि कार्यक्रम प्रभावित हो जाते हैं। कभी-कभी पर्याप्त एवं अच्छे बीज एवं खाद की कमी के कारण उपलब्ध सिचांई की सुविधाएँ बेकार हो जाती है। इस प्रकार नियोजन के कार्यक्रमों में बाधा उत्पन्न उत्पन्न होती है।

5. भूमि सुधार और कृषि साख में समन्वय का अभाव (Lack of Co-ordination between Land Reforms and Agriculture Credit)- भारत में भूमि सुधार और कृषि साख से सम्बन्धित समस्त कार्यक्रमों का प्रशासन अलग अलग संस्थाओं या संगठनों के माध्यम से होता है। माध्यम की इस भिन्नता के कारण भारत में कृषि विकास के समस्त कार्यक्रम जैसे कृषि पदार्थों का उत्पादन, उनकी बिक्री तथा उपभोग आदि प्राय: उचित समन्वय के अभाव में भटकते रहते हैं।

6. उद्योग, परिवहन तथा बिजली में समन्वय का अभाव (Lack of Co-ordination between Industry, Transport and Electricity)- इन तीनों का संचालन

तथा विकास एक दूसरे पर निर्भर करता है। बिना बिजली के उद्योग का विकास कठिन है तथा परिवहन की सुविधाओं की अपर्याप्तता के कारण माल मँगवाने तथा भेजने में कठिनाई आती है। इसी प्रकार बिजली के उत्पादन का एक बड़ा भाग उद्योगों द्वारा ही प्रयोग किया जाता है तथा बिजली से ही परिवहन के सस्ते साधन सुलभ होते है लेकिन इन तीनों में समन्वय बैठाने में प्रशासन को बहुत सी कठिनाइयों का सामना करना पड़ता है।

7. निर्यातों के लक्ष्यों की पूर्ति (Fullfilment of Export Targets)- आयातों के भुगतान के लिए निर्यात करना भी आवश्यक होता है। लेकिन नियोजन में निर्धारित किये जाने वाले लक्ष्यों की पूर्ति कई तत्वों जैसे अच्छे मानसून, मूल्य स्तर तथा औद्योगिक शान्ति पर बहुत कुछ निर्भर करती है। ये तीनों ऐसे घटक है जिन पर किसी प्रकार का नियन्त्रण करना सहज कार्य नहीं है। अनेक बार मानूसन के समय पर न आने पर अथवा अपर्याप्त रहने पर मजदूरों द्वारा हड़ताल कर उत्पादन को प्रभावित करने पर अथवा मूल्य स्तर में काफी उतार चढ़ाव होने के कारण लक्ष्यों की पूर्ति नहीं हो पाती तथा नियोजन के लक्ष्यों की प्राप्ति में कठिनाई आती है।

8. शिक्षा तथा सामाजिक सेवाएँ (Education and Social Services)- नियोजन में प्राय: सामाजिक क्षेत्र को आर्थिक क्षेत्र से कम महत्व प्रदान किया जाता है। जब भी किसी खेत्र में धन के अभाव का अनुभव होता है तो कटौती के क्षेत्र शिक्षा तथा सामाजिक सेवाओं के लिए निर्धारित रकम में से काटकर आर्थिक कार्यक्रमों की कमी को पूरा किया जाता है। इस प्रकार नियोजन सामाजिक क्षेत्र में प्राय: असफल रहता है तथा नागरिकों का जीवन स्तर शिक्षा के रूढ़िवादी होने के फलस्वरूप आर्थिक प्रगति भी लक्ष्यों के अनुसार नहीं होती।

नियोजन को कार्यान्वित करने के मार्ग में आने वाली उपर्युक्त वर्णित कठिनाइयों के विवेचन से यह स्पष्ट होता है कि भारतीय नियोजन की मूल समस्या इनका सफल संचालन अथवा क्रियान्वयन है। नियोजन में विकास के लिए कृषि, उद्योग, परिवहन, बिजली एवं विदेशी व्यापार में समन्वय की आवश्यकता है। लेकिन इस समन्वय से भी अधिक आवश्यक है आर्थिक प्रशासन का कुशल एवं सुदृढ़ होना। अत: आवश्यकता इस बात की है कि प्रशासन में व्याप्त लालफीताशाही, भ्रष्टाचार एवं पक्षपात को समाप्त करने के प्रयास करते हुए विकास करने एवं आर्थिक नियोजन को सफल बनाने की ओर अधिक ध्यान केन्द्रित किया जाय।

योजनाओं का मूल्यांकन
(Plan Evaluation)

अर्थ (Meaning)- किसी भी कार्य एवं योजना का कुछ न कुछ उद्देश्य या लक्ष्य होता है। किसी भी कार्य की समाप्ति पर उस कार्य की सफलता का मूल्यांकन करना स्वाभाविक है। यह मूल्यांकन ही भविष्य में बनाये जाने वाले कार्यक्रमों का आधार होता है। मूल्यांकन के इन परिणामों के आधार पर ही उद्देश्य या लक्ष्य में प्राप्त असफलता का कारण जानने तथा भविष्य में अधिक अच्छे ढंग से काम करने का प्रयास किया जाता है। इस प्रकार सफलता एवं असफलता की जानकारी ही मूल्यांकन कहलाती है।

महत्व (Importance)- नियोजन के मूल्यांकन का महत्व निम्नलिखित कारणों से स्पष्ट होता है:

1. समस्याओं की जानकारी (Knowledge of the Problems)- नियोजन में मूल्यांकन के माध्यम से ही पता चलता है कि अमुक कार्य में कहाँ कहाँ कितनी सफलता और असफलता मिली है। इस मूल्यांकन के पश्चात ही यह पता लग पाता है कि विभिन्न योजनाओं को पूरा करने में किन-किन कठिनाइयों का सामना करना पड़ा। यह अनुभव ही भविष्य में इन कठिनाइयों का पुन: न घटने के लिए समाधान खोजने में सहायक होता है।

2. साधनों का उपयोग (Utilisation of Resources)- नियोजन में मुल्यांकन के फलस्वरूप स्वत: ही आर्थिक साधनों के श्रेष्ठतम उपयोग होने अथवा न होने का भी मूल्यांकन हो जाता है। यदि नियोजन में मूल्यांकन का कार्य नहीं किया जाय तो, यह सम्भव है कि देश में उपलब्ध कुछ साधनों का उपयोग बिल्कुल नहीं हो रहा हो, या कुछ साधनों का दुरूपयोग हो रहा हो। मूल्यांकन के इन साधनों का भविष्य में दुरूपयोग रोकना सम्भव नहीं हो सकेगा।

3. समन्वय की व्यवस्था (Arrangement for Co-ordination)- समन्वय का अभाव नियोजन की बड़ी कमजोरी है। भारत में पिछली योजनाओं द्वारा लक्ष्य प्राप्ति के मार्ग में समन्वय का अभाव प्रमुख समस्या रही है। नियोजन में मूल्यांकन से प्राप्त इन जानकारी के आधार पर ही भविष्य में नियोजन के लिए उचित समन्वय की व्यवस्था की जाती है।

4. विभिन्न क्षेत्रों की तुलना (Comparison of Various Sectors)- वर्तमान प्रतिस्पर्द्धा के इस युग में विभिन्न क्षेत्रों में होने वाले कार्यों की तुलना करना अत्यन्त आवश्यक हैं। नियोजन में मूल्यांकन से ही पता लग सकता है कि किन क्षेत्रों में अधिक पूँजी लगाने पर परिणाम सन्तोषप्रद नहीं था। मूल्यांकन से ही पूँजी की लागत का अनुमान भी लगाया जा सकता है। इस अनुमान के आधार पर ही उन क्षेत्रों में पूँजी लगाने सम्बन्धी निर्णय लिये जा सकते हैं।

5. विभिन्न देशों की तुलना (Country-wise Comparisons)- नियोजन में मूल्यांकन का महत्व केवल अर्थ-व्यवस्था के विभिन्न क्षेत्रों तक ही सीमित नहीं है। नियोजन में मूल्यांकन से अनेक देशों में, विभिन्न क्षेत्रों में विकास की तुलना किया जाना भी सम्भव है। नियोजन में मूल्यांकन करके ही तीव्र गति से आर्थिक विकास करने वाले देश अपने अनुभव अल्प विकसित राष्ट्रों को बतलाते है। इस प्रकार प्राप्त जानकारी के आधार पर तुलना करके अन्य राष्ट्र अपने विकास की तुलना करते है। अत: नियोजन के मूल्यांकन तुलनात्मक आर्थिक विकास का आधार बनता है।

6. भविष्य (Future)- आर्थिक नियोजन में मूल्यांकन के माध्यम से आर्थिक नीतियों की कमियों तथा संचालन में शिथिलता का पता लग सकता है। भावी आर्थिक नियोजन के लिए मूल्यांकन मार्गदर्शन प्रदान करता है। इस मूल्यांकन के माध्यम से प्रशासन की अपनी शिथिलता का पता लगता है जिसे भविष्य में सुधारने का प्रयास किया जाता है।

3

विनियोग का मापदण्ड
[Investment Criterion]

अल्पविकसित देशों का प्रमुख उद्देश्य आर्थिक विकास की वांछित दर को प्राप्त करना होता है। एक नियोजित अर्थव्यवस्था में विशाल धनराशि का विनियोग करके इस लक्ष्य की पूर्ति के लिए प्रयास किये जाते हैं। विकास की दर तथा विनियोग की दर में एक प्रत्यक्ष सह सम्बन्ध पाया जाता है तथापि विनियोग की मात्रा के साथ उसका उचित आबंटन भी होना आवश्यक है। किसी भी देश का आर्थिक विकास इस बात पर निर्भर नहीं करता कि विनियोग कितनी मात्रा में किया गया है बल्कि यह इस बात पर निर्भर करता है कि विनियोग का आबंटन किस प्रकार हुआ है।

प्रो. आस्कर लैंज के शब्दों में, "अल्पविकसित देशों की मुख्य समस्या पर्याप्त मात्रा में उत्पादक विनियोगों के करने की नहीं होती बल्कि इन उत्पादक विनियोगों को किन्हीं उपयुक्त क्षेत्रों की ओर प्रवाहित करने की होती है ताकि राष्ट्रीय अर्थव्यवस्था की उत्पादन क्षमता में तेजी से वृद्धि हो सके।" प्रो. लेविस के शब्दों में, "विनियोगों के आबंटन का प्रश्न विनियोग की दर से कहीं अधिक महत्त्वपुर्ण है। इसलिए नियोजन सत्ता को इस दिशा में पूर्णतया सतर्क रहना चाहिये।"

संक्षेप में साधनों के आबंटन की आवश्यकता निम्न कारणों से होती है-

(1) अल्पविकसित देशों की समस्यायें असीमित होती हैं जबकि साधन सीमित। अतः साधनों का चुनाव इस प्रकार किया जाना चाहिए कि साधनों का प्रभावपूर्ण उपयोग सम्भव हो सके।

(2) साधनों का उपयोग प्रतिस्थापन के नियम के अनुसार किया जाना चाहिये। इसके लिए विवेकपूर्ण निर्णय लिये जाने आवश्यक हैं।

(3) सामान्य आर्थिक कल्याण में वृद्धि करने के उद्देश्य से साधनों का विवेकपूर्ण आबंटन आवश्यक है।

(4) सन्तुलित विकास की दृष्टि से साधनों का प्रभावपूर्ण वितरण व उपयोग आवश्यक है।

(5) भावी पीढ़ी के हित में साधनों का विवेकपूर्ण आबंटन आवश्यक है।

(6) देश के तीव्र एवं सर्वांगीण आर्थिक विकास हेतु साधनों का प्रभावपूर्ण व विवेकशील ढंग से आबंटन करना आवश्यक है।

(7) अल्पविकसित देशों में विभिन्न समस्याओं की गहनता, तीव्रता, आवश्यकता व महत्त्व भिन्न भिन्न होता है। अतः प्राथमिकताओं के आधार पर किये जाने वाले आर्थिक विकास के निमित्त साधनों का आबंटन करना आवश्यक हो जाता है।

गत वर्षों में अर्थशास्त्रियों ने त्वरित आर्थिक विकास की प्राप्ति हेतु विनियोग के विभिन्न माप-दण्डों का आविष्कार किया है। यद्यपि इन सभी मापदण्डों का सामान्य उद्देश्य राष्ट्रीय आय को बढ़ाना ही है, फिर भी इस उद्देश्य को प्राप्त करने के प्रसाधनों पर दिये गये महत्त्व के आधार पर इनमें अन्तर हैं। इसी आधार पर इन माप दण्डों को निम्न भागों में विभक्त कर सकते हैं:

(1) विनियोग के ऐसे सिद्धान्त जो वर्तमान संसाधन निधि को मूल स्वरूप में स्वीकार करते हैं और उसके अनुसार विनियोग नीति बनाने का सुझाव देते हैं।

(2) विनियोग का ऐसा मापदण्ड जो ऐसी पद्धतियों द्वारा भी विकास की दर को बढ़ाने का उद्देश्य रखते हैं जो संसाधन पूर्ति स्थिति के विरुद्ध भी हों।

(3) विनियोग की ऐसी नीतियाँ जिनका उद्देश्य आर्थिक विकास के अन्तर्गत उत्पन्न समस्याओं पर नियंत्रण करना होता है अथवा जिनका निर्माण इन्हीं उद्देश्यों के लिये होता है।

(4) विनियोग का ऐसा मापदण्ड जो आर्थिक विकास में लगे हुए समय संसाधन पर अधिक जोर देता है।

1. संसाधन निधि माप दण्ड - इस पद्धति का तात्पर्य यह है कि उत्पादन की पद्धति उपस्थित संसाधनों की स्थिति पर ही आधारित हो। अर्थात्, यदि सम्बन्धित देश में श्रम शक्ति अधिक हो और पूँजी कम हो तो उत्पादन की ऐसी पद्धति अपनाई जानी चाहिए जिसमें पूंजी कम और श्रम अधिक लगता हो। इसका तात्पर्य यह हुआ कि विनियोग अथवा उत्पादन की तकनीक श्रम प्रधान होनी चाहिए। दूसरे शब्दों में, उस सिद्धान्त का यह भी तात्पर्य होता है कि पूँजी प्रधान पद्धति उन्ही देशों के लिए उपयुक्त है जिनकी स्थिति आज के बहुत से अर्द्धविकसित देशों से भिन्न हो।

अर्थशास्त्रियों द्वारा यह स्पष्ट कहा गया है कि यदि इस सिद्धान्त को सभी देशों द्वारा मान लिया जाय तो यह सिद्धान्त, 'ओहलिन' के ''तुलनात्मक लागत सिद्धान्त'' के समान

प्रतीत होगा। ऐसा विश्वास किया जाता है कि यदि अर्द्धविकसित देशों में पूँजी की उपलब्धि कम हो तो तुलनात्मक रूप में अधिक लाभ कम पूँजी श्रम अनुपात के द्वारा प्राप्त किया जा सकता है। अर्थात् कम-कम पूँजी और कम से कम श्रम उपयोग के फलस्वरूप बहुत से छोटे-छोटे उद्योग स्थापित किये जा सकते हैं और विकास की दर तथा राष्ट्रीय आय में वृद्धि लाई जा सकती है। इस सिद्धान्त का उद्देश्य उपलब्ध संसाधनों का अच्छा से अच्छा उपयोग करना है।

2. विकास को त्वरित करने के लिए विनियोग का मापदण्ड - हार्वें, लेइवेन्सटेइन ने उपर्युक्त प्रथम सिद्धान्त की कटु आलोचना की है और यह आरोप लगाया है कि यह सिद्धान्त अर्द्धविकसित देशों में आर्थिक विकास के साधनों में शक्ति लाने की आवश्यकता पर जोर नहीं देती। उनके कथनानुसार, आर्थिक विकास का उद्देश्य, अनिवार्यतः प्रति कर्मचारी पूँजी की मात्रा को बढ़ाना, श्रम शक्ति के गुणों में वृद्धि करना एवम् इसकी क्षमता, ज्ञान में शक्ति आदि सुधार लाना होना चाहिये।

सन् 1955 में प्रोफेसर गलेन्सन तथा प्रो. लेइवेन्सटेइन ने अर्द्धविकसित राष्ट्रों में, विनियोग के लिये, 'सीमान्त प्रति व्यक्ति पुनर्विनियोग भजनफल 'माप दण्ड' सुझाया। इस सिद्धान्त के अनुसार एक अर्थव्यवस्था से उत्पादन के पुनर्विनियोग की शक्ति बराबर होती है - एक ओर तो एक निश्चित प्रति श्रमिक पूँजी स्कन्ध से उपार्जित प्रति श्रमिक उत्पादन के तथा दूसरी तरफ जनसंख्या के उपभोग तथा पूँजीगत साज-सज्जा की बर्बादी और उसके पुर्नस्थापना के योग के अन्तर के। इस अतिरिक्त का भाग प्रति श्रमिक पूँजी के बराबर होता है जबकि विनियोग भाग देने से प्राप्त परिणाम के बराबर होता है।

किसी भी राष्ट्र की कुल आय मजदूरी एवं लाभ के रूप में विभक्त की जा सकती है। मजदूरी में से तो बचत कठिन है, किन्तु लाभ का एक बहुत बड़ा भाग बचत के रूप में विनियोग के लिए उपलब्ध हो जाता है। इस सन्दर्भ में यदि दो राष्ट्रों की आय एक ही बराबर मान ली जाय, पर एक की राष्ट्रीय आय में लाभ के रूप में आश्रित आय अधिक है और दूसरे में कम, तो स्वाभाविक रूप में, विनियोग के लिए पहले वाले राष्ट्र को अधिक मुद्रा उपलब्ध होगी, अपेक्षाकृत दूसरे वाले के।

जहाँ पर प्रति व्यक्ति पूँजी अधिक उपलब्ध होगी वहाँ उत्पादन भी प्रति व्यक्ति अधिक होगा। चूँकि, किसी भी निर्धारित समय पर प्रति श्रमिक उपलब्ध पूँजी स्कन्ध, उसके पूर्व के वर्ष में किये गये विनियोग पर निर्भर करता है, इसलिए आगे आने वाले समय में प्रति व्यक्ति उत्पाद, विनियोग को बढ़ाकर ही बढ़ाया जा सकता है।

विनियोग बढ़ाकर उत्पादन बढ़ाना तभी सम्भव है जब मजदूरी की तुलना में, लाभ से आय अधिक बढ़ाई जाय। बढ़े हुए विनियोग के फलस्वरूप, बढ़ा हुआ उत्पादन पूँजीगत माल की वृद्धि में सहायता देगा, उपभोग बढ़ेगा एवं मानवीय पूँजी पर भी विनियोग बढ़ेगा। अतः विनियोग की उपर्युक्त नीति वह होगी जो संसाधनों को पूँजी की ओर अधिक आकर्षित करे अपेक्षाकृत उपभोग की ओर के। इस प्रकार पूँजीगत माल और मानवीय पूँजी के रूप में

सम्पूर्ण पूँजी का निर्माण, प्रति वर्ष सर्वसाधारण पुनर्विनियोग और जनसंख्या में वृद्धि पर निर्भर करता है।

3. विनियोग का ऐसा माप दण्ड जिसका उद्देश्य विशिष्ट समस्याओं का समाधान होता है - विनियोग के कुछ ऐसे सिद्धान्तों के भी आविष्कार किये गये हैं जिनका उद्देश्य जितना अधिक आर्थिक विकास को बढ़ाना नहीं है उससे अधिक, आर्थिक विकास को स्थायित्व के साथ करता रहता है। विकास की प्रारम्भिक अवस्था में प्राय: भुगतान सन्तुलन की कमी और स्फीतिक दबाव सम्बन्धी अस्थिरतायें देखी जाती हैं। पूर्ण औद्योगिक राष्ट्रों में भुगतान सन्तुलन सम्बन्धी कठिनाई इसलिए उत्पन्न होती है क्योंकि उन्हें पूँजीगत सामग्रियों के लिए दूसरे राष्ट्रों पर निर्भर करना पड़ता है, उन सामग्रियों के उपभोग के समय भी आवश्यक सामग्रियों को मँगाने के लिए विदेशी विनिमय की आवश्यकता पड़ती है।

विनियोग में वृद्धि एवं औद्योगीकरण के फलस्वरूप लोगों की मौद्रिक आय बढ़ जाती है। अत: उपभोग की सामग्रियाँ भी विदेशों से मँगवानी पड़ती है। यह सम्भव है कि कुछ विशेष परिस्थितियों में, अर्थव्यवस्था के निर्माण की अवस्था में अधिक वेदशी विनिमय की आवश्यकता न पड़े बल्कि उसके संचालन अवस्था में पड़े अथवा इसके उलटा हो सकता है। अत: इस बात की आवश्यकता पड़ती है कि ठीक-ठीक अनुमान लगाया जाय कि किस समय कितनी विदेशी विनिमय की आवश्यकता होगी। दूसरी ओर यह भी सम्भव है कि कुछ उद्योगों में विनियोग और उनके विकास के फलस्वरूप विदेशी विनिमय की अत्यधिक बचत होती है। भुगतान सन्तुलन सम्बन्धी प्रभाव के सन्दर्भ में प्रो. जे. जै. पोलक ने कुछ विनियोगों के प्रभावों का वर्णन किया है। विनियोगों के भुगतान सन्तुलन के दृष्टिकोण से उन्हें तीन भागों में विभक्त किया गया हैं:

(1) ऐसे विनियोग जो ऐसी वस्तुओं का उत्पादन करते हैं जिनका निर्यात होता है या जिनके द्वारा आयात की जाने वाली वस्तुओं का प्रतिस्थापन होता है। इन दोनों का ही प्रभाव निर्यात में वृद्धि करने का निर्माण करना होता है।

(2) ऐसे विनियोग जिनके फलस्वरूप ऐसी वस्तुओं का उत्पादन होता है जो ऐसी वस्तुओं की प्रतिस्थापन करते हैं, जो आन्तरिक बाजार में ही पहले बेची जाती थीं अथवा जिनका निर्यात किया जाता था। इस प्रकार के विनियोग का विदेशी विनिमय पर प्रभाव तटस्थ रहता है।

(3) ऐसे विनियोग जिनके द्वारा आन्तरिक बाजार में ही बेचे जाने वाली वस्तुओं की मात्रा में वृद्धि होती है और जिनके फलस्वरूप प्रदाय माँग से बढ़ जाती है। इस परिस्थिति में भुगतान सन्तुलन पर नकारात्मक प्रभाव पड़ता है।

उपर्युक्त विवरण के आधार पर यह सिद्ध होता कि किसी भी विनियोग का भुगतान सन्तुलन पर उल्टा प्रभाव पड़ने से बचाने के लिये यह आवश्यक है कि प्रथम नीति को अपनाया जाय और तीसरे को बिल्कुल ही छोड़ दिया जाय। जहाँ तक विनियोग की उपर्युक्त दूसरी श्रेणी का प्रश्न है, इसका चयन बड़ी सावधानी से किया जाना चाहिये। जब इनका प्रभाव विदेशी विनिभय के विपक्ष में कम और अर्थव्यवस्था के विकास के पक्ष में अधिक हो तभी इसका चयन किया जाना चाहिए।

(4) समय घटक माप दण्ड - विनियोग के लिए तकनीक के चुनाव में समय सम्बन्धी घटक एक महत्त्वपूर्ण निर्धारक है। किसी भी क्षेत्र अथवा उद्योग में विनियोग करने पर यह भी देखना आवश्यक है कि उसके फल की प्राप्ति में कितना समय लगता है। आर्थिक, सामाजिक एवं राजनैतिक कारणों के फलस्वरूप बहुत से राष्ट्र एक निश्चित अवधि के बाद विनियोग के फलों के लिए प्रतीक्षा नहीं कर सकते। विनियोग के माप दण्ड के इस पहलू को प्रो. ए. के. सेन ने विद्वतापूर्वक प्रतिपादित किया है। उनके कथनानुसार एक विनियोग में लागत के अन्तर्गत हमें केवल कुल विनियोग व्यय को ही नहीं लेना चाहिए बल्कि यह भी देखना चाहिए कि उस विनियोग के फलस्वरूप जो उपलब्धि हुई उसमें कितना समय लगा। किन्तु यह भी ध्यान रखना होगा कि इस सन्दर्भ में विनियोग पर की गई केवल पूँजी उपलब्धि का प्रश्न नहीं है बल्कि प्रश्न कुल उपलब्धि का है जो दो प्रकार की प्रायोजनाओं में से एक प्रायोजना एक निर्धारित समय में देगी।

इस सिद्धान्त को स्पष्ट करने के लिए हमें यह कल्पना करनी होगी कि एक अर्थव्यवस्था के सामने दो विनियोग प्रायोजनयें है-एक पूँजी प्रधान ओर दूसरी श्रम प्रधान और उन देश के पास कुल दस वर्ष की अवधि है।

उक्त उदाहरण में प्रथम छः वर्षों में, पूँजी प्रधान प्रायोजना का उत्पादन, श्रम प्रधान प्रायोजना के उत्पादन से कम है। किन्तु छठवें वर्ष के उपरान्त पूँजी प्रधान प्रायोजना का उत्पादन बढ़ने लगता है और अवशेष चार वर्षों में प्रथम छः वर्षो की कमी को पूरा कर देता है। इस प्रकार दोनों का उत्पादन कुल दस वर्षों में बराबर होता है। जो राष्ट्र 10 वर्ष तक प्रतीक्षा कर सकता है, उसके लिए दोनों में से किसी भी प्रायोजना को अपनाने में कोई अन्तर नहीं पड़ेगा।

इस दस वर्ष की अवधि को पुनरुद्वार का समय कहा जा सकता है। क्योंकि पूँजी प्रधान प्रायोजना में प्रथम छः वर्षों की कमी की पूर्ति बाद वाले चार वर्षों में हो जाती है। यदि देश ऐसा है जिसके पास विकास का समय सीमित नहीं है तो वह पूँजी प्रधान तकनीक को अपनायेगा क्यों कि बाद वाले वर्षों में विकास की गति दूसरे की तुलना में अति तीव्र हो जाती है। किन्तु यदि मान लिया जाय कि उस देश के पास आठ वर्ष का ही समय है तो वह श्रम प्रधान तकनीक को चुनेगा क्योंकि इस तकनीक के अन्तर्गत प्रथम छः वर्षों का उत्पादनाधिक्य दूसरी तकनीक (पूँजी प्रधान) के सातवें व आठवें वर्ष के उत्पादनाधिक्य से अधिक है। अतः इसका तात्पर्य यह हुआ कि जब दो तकनीकों का तुलनात्मक उत्पादन दिया हुआ हो और समय की सीमा घटा दी गई हो या एक निश्चित समय के अन्तर्गत, श्रमप्रधान तकनीक का उत्पादन प्रारम्भिक समय में अधिक हो, अपेक्षाकृत दूसरे तकनीक अपनाई जायेगी। इन दोनों ही परिस्थितियों में उलटी स्थिति होने पर पूँजी प्रधान तकनीक अपनाई जायेगी।

इस सिद्धान्त पर लागत के दृष्टिकोण से भी विचार करना आवश्यक है। पूँजी प्रधान प्रायोजना में प्रारम्भिक पूँजी व्यय अधिक होता है अपेक्षाकृत श्रम प्रधान तकनीक के। पर उसका संचालन व्यय बाद में कम हो जाता है। अतः आगे के वर्षों में पूँजी प्रधान प्रायोजनाओं में, श्रम प्रधान प्रायोजनाओं की तुलना में बचत होती है। अतः एक ऐसे समय का अन्दाज लगाया जा सकता है जिसके अन्तर्गत प्रारम्भ में अधिक लगे हुए व्यय की बाद की बचत द्वारा

पूरा किया जा सकता है। इन दोनों प्रकार की प्रायोजनाओं के संचालन व्यय के बचत में अन्तर इंगित किया जाता है, विनियोग के पुनरुद्धार के लिये, लिए गये समय से। नि:सन्देह, यह समय कम पूँजी प्रधान प्रायोजना के लिए अधिक होता है और अधिक पूँजी-प्रधान के लिए कम। इस प्रकार यदि प्रारम्भिक व्यय का अन्तर संचालन व्यय में बचत, (जो कि विनियोग के पुनर्प्राप्ति के काल के आधार पर दर्शाया रहेगा। के अन्तर से कम है तो पूँजी प्रधान प्रायोजनायें ही अपनाई जायेंगी। अन्यथा, इसके उलटा होने पर श्रम प्रधान तकनीक को अपनाया जायेगा। यही कारण है कि रूस के विनियोग नियोजन में के लिए अधिकतम समय का निर्धारण पहले ही हो जाता है, और अन्य परिस्थितियों के समान रहने पर वही प्रायोजना विनियोग के लिये चुना जाता है जिसमें विनियोग के पुनरुद्धार में कम समय लगता है।

उपर्युक्त सिद्धान्त को आलोचनात्मक दृष्टि से देखने से यह तो स्वीकार करना ही पड़ेगा कि अर्द्धविकसित देशों में विकास कार्यक्रम में समय का महत्त्वपूर्ण स्थान है। किन्तु विनियोग के इस माप दण्ड में समय के निर्धारण में स्वेच्छाचारिता (स्वच्छन्दता) का तत्व उपस्थित है। किस प्रायोजना के लिए कितना समय पुररुत्थान के लिए निर्धारित किया जाय, इसके लिए कोई निश्चित समीकरण नहीं है। अत: इस सिद्धान्त का महत्त्व कम हो जाता है। दूसरे, एक निर्धारित समय में एक प्रायोजना से उसके संचालन व्यय में बचत केवल उसी योजना पर निर्भर नहीं करती है, बल्कि अर्थव्यवस्था की वाह्य मितव्ययता की उपलब्धि और विकास के दूसरे क्षेत्रों के विकास और स्थिरता पर भी निर्भर करती है। एक प्रायोजना को एकदम दूसरों से अलग करके उसक प्रभावों को नहीं आँका जा सकता है।

विभिन्न अर्थशास्त्रियों ने विनियोग साधनों के विवेकपूर्ण आबंटन के लिये विभिन्न मानदण्ड निश्चित किये हैं, जिनमें से प्रमुख निम्नलिखित हैं-

(1) सामाजिक सीमान्त उत्पादकता मानदण्ड (Social Marginal Productivity Criterion)- सामाजिक सीमान्त उत्पादकता मानदण्ड सीमान्त उत्पादकता सिद्धान्त पर आधारित है। यह इस मान्यता को स्वीकार करता है कि विभिन्न प्रयोगों में सीमान्त उत्पादकता को समान करके साधन के कुशल बंटवारे को प्राप्त किया जा सकता है। इस मानदण्ड का प्रतिपादन प्रो. कान्ह (Prof. K.E.Kahn) ने 1951 में किया था जिसे बाद में प्रो. एच. बी. चैनरी (Hollis B. Chenery) ने विकसित किया। इस मानदण्ड के अनुसार विभिन्न क्षेत्रों व उद्योगों के बीच विनियोग किये जाने वाले साधनों का आबंटन इस प्रकार किया जाना चाहिये कि प्रत्येक उपयोग में साधनों (पूँजी) की सीमान्त उत्पादकता बराबर हो जाये।

प्रो. कान्ह के ही शब्दों में, ''सीमित साधनों के अधिकतम प्रतिफल प्राप्त करने के लिये सही मानदण्ड सीमान्त उत्पादकता अथवा समस्त समाज के दृष्टिकोण से सामाजिक सीमान्त उत्पादकता है।'' अत: विनियोग व्यय उन परियोजनाओं पर किया जाना चाहिये जिनसे अधिकतम सामाजिक लाभ मिलने की आशा हो। इस दृष्टि से विनियोग सबसे अधिक उत्पादक परियोजनाओं में किया जाना चाहिये और विभिन्न प्रयोगों में साधनों का बंटवारा इस प्रकार किया जाना चाहिये कि सभी प्रयोगों में सीमान्त सामाजिक प्रतिफल बराबर हो, तभी सामाजिक प्रतिफल अधिकतम होगा।

सामाजिक सीमान्त उत्पादकता की गणना (Calculation of Social Marginal Productivity)- प्रो. चैनरी ने सामाजिक सीमान्त उत्पादकता की गणना के लिये निम्नांकित सूचीकरण तैयार किया है-

$$SMP = \frac{X + E - L - M - O}{K} \text{ or } \frac{(X + E) - (L + M + O)}{K}$$

जहाँ, SMP = सामाजिक सीमान्त उत्पादकता, X = उपज का बढ़ता हुआ बाजार मूल्य, E = बाह्य मितव्ययिताओं के कारण उपज के मूल्य में बढ़ोतरी, L = श्रम की लागत, M = कच्चे माल की लागत, O = उपरिव्यय लागत (Over-head Cost), K = विनियोजित पूँजी कोष

उपर्युक्त समीकरण का सरल रूप इस प्रकार होगा-

$$SMP = \frac{V - C}{K}$$

जहाँ V = उपज का वार्षिक मूल्य अर्थात X + E

C = उपज की कुल लागत अर्थात् L + M + O

K = विनियोग

चूँकि अल्पविकसित देशों में विदेशी मुद्रा का मूल्य घरेलू मुद्रा के मूल्य से अधिक होता है, इसलिए विदेशी मुद्रा के वास्तविक और वैधानिक मूल्य में काफी अन्तर पाया जाता है। चैनरी ने इस अन्तर को (r) द्वारा व्यक्त किया है। यदि

(1) शून्य के बराबर है तो भुगतान सन्तुलन साम्य में होगा,

(2) यदि (r) का मूल्य धनात्मक (Positive) है, तो भुगतान सन्तुलन घाटे की स्थिति में होगा तथा

(3) यदि (r) का मूल्य ऋणात्मक है, तो सन्तुलन अनुकूल होगा। भुगतान शेष के प्रभाव को सम्मिलित करते हुये चैनरी महोदय ने निम्नलिखित समीकरण प्रस्तुत किया है-

$$SMP = \frac{V - C}{K} + \frac{r(aB_1 + aB_2)}{K}$$

जहाँ r = विदेशी मुद्रा के मूल्यों में अन्तर,

aB_1 = प्रारम्भिक ऋणों की सेवाओं का भुगतान शेष पर वार्षिक प्रभाव,

aB_2 = भुगतान शेष पर वार्षिक परियोजनाओं के संचालन के वार्षिक प्रभाव

K = विनियोजित पूँजी कोष

यदि B का मूल्य ऋणात्मक है तो इसका अर्थ यह होगा कि देश में आयात आयात की अपेक्षा निर्यात अधिक हो रहे हैं। समीकरण को सरल करने के लिये भुगतान शेष के संयुक्त प्रभाव को Br द्वारा व्यक्त किया जाता है। नया समीकरण इस प्रकार होगा -

$$SMP = \frac{V - C}{K} + \frac{Br}{K}$$

मानदण्ड की सीमायें

(Limitations)

यह मानदण्ड व्यावहारिक दृष्टि से उपयुक्त है और देश की अर्थव्यवस्था पर किसी विनियोग के समग्र प्रभाव को दिखलाता है। किन्तु इसकी कुछ सीमायें भी हैं जिनमें से प्रमुख निम्नलिखित हैं-

(1) इस सिद्धान्त में प्रयुक्त सभी चर केवल एक ही समय से सम्बन्धित हैं जबकि जनसंख्या तकनीकी, रुचियाँ व संस्थायें सभी परिवर्तित प्राचल (Parameters) हैं जो आर्थिक विकास को प्रभावित करते हैं। इन परिवर्तनशील प्राचलों को स्थैतिक मान लेने के कारण यह सिद्धान्त अवास्तविक बन गया है।

(2) सामाजिक सीमान्त उत्पादकता मानदण्ड (SMP) निम्न बातों पर ध्यान नहीं देता-

(अ) विनियोग वितरण का भविष्य की उपभोग रचना पर प्रभाव।

(ब) विनियोग वितरण का भविष्य की बचत सम्बन्धी आदतों पर प्रभाव।

(स) विनियोग वितरण का उद्यम विस्तार व श्रमशक्ति के गुण में होने वाली वृद्धि पर परोक्ष प्रभाव।

(द) विनियोग वितरण का जनसंख्या वृद्धि की दर पर परोक्ष प्रभाव जो प्रति व्यक्ति आय की स्थिति को निर्धारित करेगा।

(3) यह मानदण्ड चालू विनियोग से प्राप्त उपज को अधिकतम करने पर बल देता है जबकि दीर्घकालीन विनियोग के लिए भविष्य में किया जाने वाला विनियोग अधिक महत्त्वपूर्ण होता है। इस प्रकार यह मानदण्ड विकास की वास्तविक समस्या का विश्लेषण नहीं करता।

(4) यह मानदण्ड अस्पष्ट तथा अनिश्चित हैं क्योंकि किसी भी परियोजना की लागत व लाभों की सही-सही गणना करना सम्भव नहीं है। इसके लिये चैनरी ने छायांकन कीमतों (Shadow Prices) के प्रयोगों का सुझाव दिया है।

(5) यह मानदण्ड भविष्य में आय की वृद्धि पर वर्तमान विनियोग के गुणक प्रभाव को ध्यान में नहीं रखता है। इसके अतिरिक्त यह मानदण्ड वर्तमान विनियोगों का जनसंख्या बचत तथा भावी उपभोग वृत्ति पर पड़ने वाले प्रभावों पर ध्यान नहीं देता है। प्रो. मायर एवं बाल्डविन के शब्दों में, ''यह मानदण्ड केवल एक मूल्य धारणा है, इससे अधिक कुछ नहीं।'' (This criterion is, at least a value cone pt and nothing else).

(6) यह मान्यता गलत है कि पूँजी की सीमान्त उत्पादकता सभी उपयोगों में एक समान होगी क्योंकि विभिन्न परियोजनाओं की तकनीक एवं अन्य प्राविधिक अवस्थाओं में अन्तर पाया जाता है।

(7) इस मानदण्ड की यह मान्यता भी दोषपूर्ण है कि जब किसी क्षेत्र विशेष के विनियोग ढाँचे में परिवर्तन किया जाता है तो अन्य क्षेत्रों में वार्षिक परिस्थितियाँ अपरिवर्तित बनी रहती है।

(2) पूँजी प्रतिस्थापित मानदण्ड

(Capital Turn-over Criterion)

इस मानदण्ड का प्रतिपादन जे. जे. पोलक (J.J.Polak) तथा एन. एस. बुकानन (N.S.Buchanan) द्वारा किया गया है। यह मानदण्ड पूँजी उत्पाद अनुपात (Capital Output Ratio) की धारणा पर आधारित है। इस मानदण्ड के अनुसार, ऐसी तकनीक का चयन किया जाना चाहिये जो पूँजी की प्रति इकाई पर अधिकतम प्रदा प्रदान करे। प्रदा को अधिकतम बनाने के लिये वे विनियोजन परियोजनायें चुनी जानी चाहिये जिनका पूँजी उत्पाद अनुपात (C.O.R.) कम हो।

अल्पविकसित देशों में, जहाँ पूँजी का अभाव होता है और पूँजी निर्माण की दर कम होती है, निम्न पूँजी उत्पाद अनुपात वाली परियोजनायें अर्थात् कम पूँजी गहनता वाली परियोजनायें शीघ्र फलदायी (Quick Yielding) होती हैं। ये परियोजनायें दुर्लभ साधनों को अन्य परियोजनाओं में विनियोग किये जाने के लिये जल्दी मुक्त कर देती है तथा अधिक रोजगार प्रदान करने वाली होती हैं। अत: अल्पविकसित देशों में परियोजनाओं का विशेष महत्त्व होता है।

सीमायें

(Limitations)

(1) अल्पविकसित देशों में शुद्ध, पर्याप्त एवं विश्वसनीय सांख्यिकीय आँकड़ों का अभाव पाया जाता है जिसके कारण इन देशों में पूँजी उत्पाद अनुपात का अनुमान लगाना कठिन है। अत: यह व्यावहारिक है और अल्पविकसित देशों के लिये अनुपयुक्त है।

(2) यह मानदण्ड समान तत्त्व (Time Element) की उपेक्षा करता है।

(3) यह मानदण्ड पूँजी प्रधान परियोजनाओं की अपेक्षा श्रम प्रधान परियोजनाओं पर अधिक बल देता है। श्रम प्रधान तकनीक को अपनाने पर अकुशल उत्पादन पद्धतियाँ विकसित होगी, श्रम की उत्पादकता घटेगी और आर्थिक विकास की गति धीमी पड़ जायेगी।

(4) यह मानदण्ड शीघ्र फलदायी परियोजनाओं (Quick Yielding Projects) को प्राथमिकता देता है किन्तु इन परियोजनाओं में पूँजी की घिसावट दर बहुत अधिक होती है जिससे विनियोगों के लोचहीन हो जाने की सम्भावना बढ़ जाती है।

(5) यह मानदण्ड इस मान्यता पर आधारित है कि परियोजनाओं में पूँजी के कम और कम श्रम के अधिक प्रयोग करने पर रोजगार के अवसरों में वृद्धि होती है। यह तर्क सही नहीं है। पूँजी गहन परियोजनायें भी दीर्घकाल में काफी अधिक रोजगार प्रदान कर सकती है।

(6) व्यवहार में पूँजी को सदैव श्रम से प्रतिस्थापित नहीं किया जा सकता।

(7) श्रम प्रधान परियोजनाओं उत्पादन पर प्रतिकूल प्रभाव डाल सकती है।

(8) यह मानदण्ड किसी परियोजना से उत्पन्न होने वाले अतिरिक्त लाभों को ध्यान में नहीं रखता है।

3. पुनर्विनियोग मानदण्ड
(Re-investment Criteria)

इस मानदण्ड के प्रतिपादक प्रो. गैलेन्सन (Galenson) तथा प्रो. लीबिन्स्टीन (Leibenstein) हैं। वे विभिन्न परियोजनाओं के बीच पूँजी के बँटवारे के लिये पूनर्विनियोग मानदण्ड को अपनाने का सुझाव देते हैं। इस मानदण्ड के अन्य नाम हैं - पुनर्विनियोग उपलब्धि मानदण्ड (Re-investment Quotient Crieterion), आधिक्य की दर का मानदण्ड (Rate of Surplus Criterion), सीमान्त प्रति व्यक्ति पुनर्विनियोग उपलब्धि मानदण्ड (Marginal Per Capita Re-investment Quotient) तथा त्वरित विकास मानदण्ड (Accelerated Growth Criterion).

इस मानदण्ड के अनुसार तीव्र आर्थिक विकास की दृष्टि से पुनर्विनियोजित किया जाने वाला पूँजी का भाग जितना अधिक होगा, विकास की दर भी उसी अनुपात में बढ़ती जायेगी। इस पुनर्विनियोग की जाने वाली पूँजी की प्राप्ति के लिये वे निम्न तर्क देते हैं - वर्तमान की अपेक्षा भविष्य अधिक हितकर है। राष्ट्रीय आय के मुख्यत: दो स्रोत होते हैं - मजदूरी तथा लाभ। अल्पविकसित देशों में मजदूरी की दरें इतनी कम होती हैं कि उसमें से कुछ भी नहीं बचाया जा सकता। इसके विपरीत, राष्ट्रीय आय का बड़ा भाग पुनर्विनियोग के लिए उपलब्ध हो सकता है। अत: लाभ जितने अधिक होंगे बचत की दर उतनी ही बढ़ती जायेगी। फलस्वरूप विनियोग के लिये उपलब्ध पूँजी की मात्रा बढ़ेगी जिससे विकास की दर में वृद्धि हो जायेगी। अत: विनियोग में वृद्धि के लिये आवश्यक है कि -

(अ) राष्ट्रीय आय में लाभ के अनुपात को बढ़ावा दिया जाये तथा

(ब) प्रति व्यक्ति उपभोग को कम किया जाये।

लाभ की मात्रा बढ़ाने के लिये पूँजी प्रधान परियोजनाओं में विनियोग को बढ़ाना आवश्यक है। श्रम की तुलना में पूँजी का अनुपात अधिक होने पर राष्ट्रीय आय में लाभ की मात्रा बढ़ जायेंगी और मजदूरी का अंश कम हो जायेगा। फलत: प्रति व्यक्ति उपभोग घटने लगेगा। बाद में विकास की दर अधिक होने पर दीर्घकाल में श्रम की खपत में वृद्धि हो जायेगी।

संक्षेप में, अल्पविकसित देशों में पूँजी प्रधान विनियोग नीति अपनाई जानी चाहिये। इससे देश में विकास बिन्दुओं (Growing Points) की रचना सम्भव होने लगेगी जिससे विकास का यह क्रम अर्थव्यवस्था के अन्य क्षेत्रों में भी फैलता जायेगा। अत: अल्पविकसित देशों में विकास की दृष्टि से पूँजी प्रधान तकनीक ही अधिक उपयुक्त है।

पुनर्विनियोग आधिक्य दर पर निर्धारण - श्रम शक्ति की श्रेणी व मात्रा के दिये रहने पर प्रति व्यक्ति उत्पादन की मात्रा को पूँजी श्रम अनुपात (Capital Labour Ratio) ही निर्धारित करता है। पुनर्विनियोग आधिक्य की दर को निकालने के लिये गैलेन्सन व लीबन्स्टीन (Galenson and Leibenstein) ने निम्न सूत्र का प्रयोग किया है -

$$r = \frac{p - l.w}{c}$$

जहाँ r = पुनर्विनियोग दर, p = प्रति मशीन उत्पादन, l = प्रति मशीन श्रमिक, w = वास्तविक मजदूरी दर, c = प्रति मशीन लागत।

उपर्युक्त सूत्र के अनुसार पुनर्विनियोग की दर (r) में वृद्धि करने के लिये प्रति मशीन उत्पादन (p) को बढ़ाना होगा और प्रति मशीन लागत (c) के अनुपात में से प्रति मशीन श्रमिकों (l) की संख्या और उनकी वास्तविक मजदूरी (w) को घटाना होगा। अत: जब तक (p) नहीं बढ़ेगा और (c) के अनुपात में l और w नहीं घटाये जायेंगे, तब तक (r) में वृद्धि नहीं की जा सकती है।

सीमायें

(Limitations)

(1) मानदण्ड की यह मान्यता गलत है कि उपभोग की मात्रा यथा स्थिर रहती है। वास्तव में रोजगार में वृद्धि होने पर उपभोग में वृद्धि होना आवश्यक है। इससे उत्पादन में वृद्धि होगी व पूनर्विनियोग हेतु आधिक्य भी अधिक उपलब्ध होगा। किन्तु यदि उपभोग स्तर में यह वृद्धि उत्पादन के स्तर में वृद्धि से अधिक है। तो विनियोग योग्य अतिरेक कम हो जायेगा, जिसका विकास दर पर प्रतिकूल प्रभाव पड़ेगा।

(2) मानदण्ड की यह मान्यता कि पूँजी प्रधान तकनीक के अन्तर्गत पुनर्विनियोजित साधनों की उत्पत्ति अधिक होती है, गलत है। उदाहरण के लिए भारत में लोहा एवं इस्पात उद्योग सूती वस्त्र उद्योग की अपेक्षा कम अतिरेक पैदा करते हैं।

(3) मानदण्ड की यह मान्यता भी गलत है कि मजदूरी के रूप में प्राप्त आय का पूर्णतया उपभोग कर लिया जाता है और लाभ के रूप में प्राप्त आय का पूर्णतया विनियोजित कर दिया जाता है। इसके दो कारण हैं – प्रथम, आय में वृद्धि होने पर उपभोगों में भी अवश्य वृद्धि होती है तथा द्वितीय प्रत्येक पूँजी पर कुछ न कुछ ह्रास अवश्य होता है।

(4) अल्पविकसित देशों में पूँजी प्रधान तकनीक को अपनाने में अनेक कठिनाइयाँ आती हैं। इसके अतिरिक्त इन देशों में पूँजी प्रधान तकनीक के अपनाये जाने पर रोजगार में कमी आयेगी, आय व धन के वितरण की विषमतायें बढ़ेगी और सामाजिक कल्याण के आदर्श की प्राप्ति नहीं हो सकेगी।

(5) अल्पविकसित देशों में पूँजी प्रधान परियोजनाओं में विनियोग को केन्द्रित करने से भुगतान सन्तुलन पर प्रतिकूल प्रभाव पड़ेगा।

(6) यह मानदण्ड पूँजी की 'सीमान्त उत्पादकता सिद्धान्त' के प्रतिकूल है। वास्तव में पूँजी की सीमान्त उत्पादकता धीरे धीरे बढ़ती है और एक निश्चित बिन्दु पर पहुँचने के पश्चात् धीरे धीरे गिरने लगती है जिससे पुनर्विनियोग हेतु पूँजी का अतिरेक कम होने लगता है।

(7) पूँजी प्रधान परियोजनाओं को अपनाने का यह अर्थ नहीं है कि इससे साधनों का अनुकूलतम आबंटन हो गया है। साधनों का यह आबंटन अत्यधिक दोषपूर्ण हो सकता है।

(8) पूँजीगत उद्योगों के अधिक विकास से अनेक दुष्परिणाम सामने आ सकते हैं, यथा – आवश्यक उपभोक्ता वस्तुओं की कमी, मुद्रा स्फीति, सामाजिक अशान्ति।

(9) यह मानदण्ड प्रजातान्त्रिक देशों के लिये अनुपयुक्त है क्योंकि यह वर्तमान की अपेक्षा भविष्य को अधिक महत्त्व देता है।

4. काल श्रेणी मापदण्ड

(Time Series Criterion)

'काल श्रेणी' अथवा 'समय तत्त्व' मानदण्ड के प्रतिपादक प्रो. ए. के. सेन (A.K.Sen) हैं। यह मानदण्ड किसी निश्चित समय के अन्दर उत्पादन को अधिकतम करने का प्रयत्न करता है। चूँकि आर्थिक विकास में समय तत्त्व का विशेष महत्त्व होता है, इसलिये किसी देश की आर्थिक प्रगति में प्रयुक्त समय तत्त्व को आधार मानकर साधनों के आबंटन तथा उत्पादन की तकनीक का चुनाव किया जाना चाहिये। उदाहरण के लिये, यदि किसी अर्थव्यवस्था में ऐसी दो विनियोग परियोजनाओं के बीच चुनाव करना हो जिनमें एक पूँजी प्रधान तथा दूसरी श्रम प्रधान हो तो उस परियोजना को चुना जाना चाहिये जो किसी एक समयावधि में अधिकतम उत्पादन देती है।

इस तथ्य के विश्लेषण हेतु प्रो. सेन ने काल्पनिक तालिका का प्रयोग किया है जो निम्न प्रकार है–

तालिका

काल वर्षों में	**परियोजना I (पूँजी गहन)** C Project **(प्रतिफल मिलियन में)**		**परियोजना II (श्रम गहन)** L Project **(प्रतिफल मिलियन में)**	
1	4.0		6.0	
2	5.0		7.0	
3	6.0	(-)	8.0	(+)
4	7.5		9.0	
5	9.0		10.0	
6	10.5	=42.0	11.0	=51
7	12.0		11.5	
8	13.5	(+)	12.0	(-)
9	15.0		12.5	
10	17.5	=58.0	13.0	=49.0
	100.0		100.0	

तालिका की व्याख्या - दी गई सारणी के आधार पर अग्रलिखित निष्कर्ष निकाले जा सकते हैं-

(1) प्रथम 6 वर्षों में पूँजी प्रधान परियोजनाओं का प्रतिफल श्रम प्रधान परियोजनाओं से कम है।

(2) अन्तिम 4 वर्षों में पूँजी प्रधान परियोजनाओं से मिलने वाला प्रतिफल तेजी के साथ बढ़ता है और यह वृद्धि प्रथम 6 वर्षों के कुल प्रतिफल से भी अधिक हो जाती है।

(3) 10 वर्षों के निर्धारित समय में दोनों परियोजनाओं से मिलने वाला प्रतिफल समान है।

इस प्रकार, बाद के 4 वर्षों में पूँजी प्रधान परियोजना प्रथम 5 वर्षों की हानि को पूरा कर लेती है। इस प्रकार, यदि समयावधि 19 वर्ष है, तो हम पूँजी प्रधान परियोजनाओं का चुनाव करेंगे, परन्तु यदि समयावधि 10 वर्ष से कम है तो हम श्रम गहन परियोजनाओं का चुनाव करेंगे। वैकल्पिक तकनीकों के बीच चुनाव की इस पद्धति को नीचे दिये गये चित्र द्वारा भी दिखलाया जा सकता है।

तकनीक के चुनाव में उत्थान काल को उचित स्थान दिया जाना चाहिये। यदि उत्थान काल अधिक लम्बा है तो श्रम प्रधान तकनीक को चुना जाना चाहिये और यदि उत्थान काल छोटा है तो पूँजी प्रधान तकनीक को चुना जाना चाहिये।

सीमायें (Limitations)- काल श्रेणी मानदण्ड की प्रमुख सीमायें निम्नलिखित हैं-

(1) इस मानदण्ड में समय सीमा का निर्धारण स्वेच्छा से किया गया है। इसे विवेकपूर्ण व गणितीय दृष्टि से तर्कसंगत नहीं कहा जा सकता।

(2) आने वाले सभी समयों के लिये काल श्रेणी का निर्माण करना कठिन कार्य है।

(3) तकनीकी परिवर्तन, मजदूरी की दरें तथा उपभोग प्रवृत्ति जैसे कारक, जिन पर काल श्रेणी निर्भर करती हैं, प्राय: समय-समय पर बदलती रहती है जिससे भविष्य में उत्पादन व विनियोग सम्बन्धी सभी गणनायें भ्रमात्मक हो सकती है।

(4) डॉ. के. एन. प्रसाद के अनुसार, इस मानदण्ड में कोई मौलिक नवीनता नहीं है। उसके अनुसार, यदि उत्थान काल बहुत ही कम है तो इसे साधन उपलब्धता मानदण्ड कहा जा सकता है और यदि उत्थान काल काफी लम्बा है तो इसे पुनर्विनियोजित मानदण्ड कहा जा सकता है।

विनियोग मापदण्डों की व्यावहारिकता पर विचार

(Practical Utility of Different Investment Criteria)

उपर्युक्त में से अधिकांश मानदण्ड परस्पर असंगत है। अत: अल्पविकसित देशों में विनियोग नीति का निर्धारण करते समय एक मानदण्ड को सर्वश्रेष्ठ कहना कठिन है। **डा. डी.**

ब्राइट सिंह (Dr. D. Bright Singh) के शब्दों में, "विनियोग अर्थशास्त्रियों द्वारा प्रतिपादित विनियोग मानदण्ड त्रुटिपूर्ण है। विनियोग मानदण्ड की समस्या इतनी अधिक जटिल है कि एक उपयुक्त मानदण्ड का चुनाव करना असम्भव है ..... जब विकास के लक्ष्यों में ही समन्वय व एकरूपता नहीं हो सकती तो विनियोग मानदण्डों में समन्वय किस प्रकार हो सकता है।"

विनियोग मानदण्डों के व्यावहारिक प्रयोग में निम्नलिखित कठिनाइयाँ आ सकती है -

(1) किसी भी विनियोग नीति के उद्देश्यों को ठीक-ठीक बताना मुश्किल है। कभी-कभी ये उद्देश्य परस्पर विरोधी हो जाते हैं।

(2) सभी विनियोग मानदण्ड दोषपूर्ण हैं।

(3) विनियोग परियोजना के अनेक पक्षों को मापा नहीं जा सकता।

इसके अतिरिक्त कोई एक विशेष प्रकार का मानदण्ड न तो सभी प्रकार की अर्थव्यवस्थाओं के लिये उपयुक्त हो सकता है औन न ही प्रत्येक समय उचित समझा जाता है। प्रो. मायर के शब्दों में, "No criterion is good for all time. No single criterion can be selected."

विनियोग के उपर्युक्त मापदण्डों का सम्बन्ध विनियोग की समस्याओं की विभिन्न पहलुओं से है। चूँकि अर्द्धविकसित देशों की विभिन्न समस्यायें होती हैं, अत: किसी भी एक मापदण्ड का अकेले व्यावहारिक महत्त्व बहुत ही कम है, इसके कारण निम्न है-

(1) विनियोग-नीति के उद्देश्यों को उपयुक्त शब्दों में परिभाषित नहीं किया जा सकता है। क्योंकि विनियोग के बहुत से उद्देश्य हो सकते हैं और किसी भी एक उद्देश्य से एक विनियोग का चयन किया जाय, यह सम्भव नहीं।

(2) विनियोग के मापदण्ड इसलिए भी दोषपूर्ण अथवा असफल होते हैं क्योंकि विनियोग के बहुत से ऐसे अंग है जिनको मापना कठिन है। उदाहरणार्थ, सामाजिक, सांस्कृतिक और संस्थागत तत्वों का किसी प्रायोजना पर प्रभाव।

(3) विनियोग के कुछ कार्यक्रमों के कार्यान्वियन के फलस्वरूप विभिन्न प्रभाव होते हैं और उनका अर्थव्यवस्था से विभिन्न विभागों पर विभिन्न प्रकार से प्रभाव पड़ता है। उन प्रभावों का अनुमान लगाना कठिन है।

उपर्युक्त वर्णित दोषों के बावजूद भी गत वर्षों में नियोजित विकास के उपयोग के फलस्वरूप विनियोग मापदण्डों का प्रयोग होने लगा है। क्योंकि नियोजित विकास तो बहुत ही तार्किक, दूरदर्षितापूर्ण, समन्वित और तारतम्यतापूर्ण होता है। इसके अन्तर्गत हम विभिन्न संसाधनों का संयोग इस प्रकार से करते हैं कि मांग और पूर्ति को सन्तुलित करते हुए राष्ट्रीय

आय में अधिकतम वृद्धि की जा सके। इसमें निर्धारित समय के अन्तर्गत प्राप्त की जाने वाले क्ष्यों का निर्धारण किया जाता है और सभी प्रकार के उद्योगों की अन्तनिर्भरता को ध्यान में रखते हुए कार्यक्रम निर्धारित किये जाते हैं। उद्योगों की अन्तनिर्भरता को ध्यान में रखते हुए कार्यक्रम निर्धारित किये जाते हैं। उद्योगों की अन्तनिर्भरता और उनकी संरचना विश्लेषण से यह निर्णय करने में सहायता मिलती है कि किस उद्योग का कितना विस्तार किया जाय और किसके लिए किन अन्य उद्योगों की सहायता की आवश्यकता है। छाया मूल्यों की भी सहायता ली जाती जिसके फलस्वरूप प्रायोजनाओं में लगने वाले सम्भावित व्ययों का अनुमान वास्तविक रूप में लगाया जा सकता है।

विदेशी पूंजी विनियोग

(Foreign Capital Investment)

विश्व अर्थव्यवस्था में संभवतः ऐसा कोई उदाहरण उपलब्ध नहीं है। जिससे यह आभास होता है कि किसी राष्ट्र द्वारा बिना विदेशी पूंजी सहायता से आर्थिक विकास की प्राप्ति की गई है। इंग्लैण्ड को छोड़कर विश्व के समस्त राष्ट्र किसी ना किसी रूप में तथा किसी न किसी सीमा तक आर्थिक विकास कार्यक्रमों में विदेशी सहायता पर निर्भर रहे है। यद्यपि राष्ट्र की नीति, तकनीकी प्रगति तथा अन्य कारणों से राष्ट्रों की विदेशी पूंजी पर निर्भरता की मात्रा में भिन्नता रही है। किन्तु इस सामान्य तथ्य से इन्कार नहीं किया जा सकता है कि विदेशी पूंजी ने विश्व के अनेक देशों के आर्थिक विकास और औद्योगिकरण में महत्वपूर्ण भूमिका निभायी है।

विदेशी पूँजी की आवश्यकता (Need of Foreign Investment)

विदेशी विनियोग की अर्थव्यवस्था में आवश्यकता अपरिहार्य है। इसी अर्थव्यवस्था में विदेशी विनियोग की आवश्यकता के औचित्य को निम्न बिन्दुओं के आधार पर सिद्ध किया जा सकता है।

1. निवेश का स्तर (Level of Investment) - अल्पविकसित राष्ट्र अल्प समय में आर्थिक विकास का सर्वोच्च स्तर प्राप्त करने हेतु उत्सुक रहते है। इसके लिए उनके द्वारा तीव्र औद्योगिकरण की योजनाएं बनाई जाती है। इन योजनाओं की सफलता निवेश स्तर में तीव्र गति से वृद्धि द्वारा ही संभव है। निवेश की ऊँची दर हेतु ऊँची बचत दर का होना आवश्यक है। किन्तु विकासशील राष्ट्रों की अन्य अनेक विवशता जैसे व्यापक गरीबी तथा बेरोजगारी की विद्यमानता के कारण बचत की ऊँची दर प्राप्त करना संभव नहीं होता। अतः निवेश की वांछित मात्रा और बचत की वास्तविक उपलब्धि के मध्य उत्पन्न हुये अन्तर को विदेशी पूंजी सहयोग द्वारा पूरा किया जाता है।

2. आधुनिक तकनीकी उपलब्धि (Availability of Modern Technology) - सामान्यतः सभी अल्प विकसित राष्ट्रों में तकनीकी ज्ञान का अत्यन्त ही निम्न स्तर पाया जाता है। अतः यदि इन राष्ट्रों को विदेशी पूंजी के साथ साथ पर्याप्त मात्रा में तकनीकी ज्ञान भी

उपलब्ध हो जाये तो औद्योगिकरण की उपयुक्त परिस्थितियां बन जाती है। भारत के विकास कार्यक्रमों में विदेशी तकनीक द्वारा तीन रूपों में सहायता पहुँचायी गई है–

(1) भारतीय कर्मचारियों को आवश्यक प्रशिक्षण प्रदान कर,

(2) विदेशी विशेषज्ञों की सेवाएँ उपलब्ध करवा कर, तथा

(3) शैक्षणिक, अनुसंधान एवं प्रशिक्षण संस्थाओं की भारत में स्थापना द्वारा।

3. प्राकृतिक साधनों का विदोहन (Exploitation of Natural Resources) – भारत तथा विश्व के अन्य अनेक अल्प विकसित राष्ट्र प्राकृतिक साधनों की दृष्टि से सम्पन्न होते हुए भी गरीब तथा पिछड़े हुए है। इसका प्रमुख कारण इन राष्ट्रों को उपलब्ध प्राकृति संसाधनों का पूंजी अभाव में पूर्ण विदोहन न हो पाना रहा है। यदि विदेशी पूंजी प्राप्त कर इन साधनों का पूर्ण विदोहन संभव हो सके। तो इन राष्ट्रों द्वारा औद्योगिक विकास की सर्वोच्च दर को प्राप्त करना संभव हो सकेगा।

4. प्रारम्भिक जोखिम (Initial Risk) – भारत तथा विश्व के अनेक अल्प विकसित देशों की विकास की प्रारम्भिक अवस्था में उद्यमि वर्ग का नितान्त अभाव रहा है। इस अभाव में राष्ट्रों के औद्योगिक विकास को विपरीत रूप से प्रभावित किया है। उद्यमि वर्ग के विकास न होने के अन्य अनेक उत्तरदायी कारणों में सबसे प्रमुख कारण यह रहा है कि इन देशों के नागरिक प्रारम्भिक जोखिम सहन करने की क्षमता विकसित करने में असफल रहे। विदेशी पूंजी के पक्ष में यह तर्क प्रस्तुत किया जाता है कि ऐसी स्थिति में इन राष्ट्रों में विदेशी पूंजी में पहल द्वारा प्रारम्भिक जोखिम को वहन करने में तत्परता दिखलाई है। इस प्रकार विदेशी पूंजी द्वारा औद्योगिकरण की प्रक्रिया प्रारम्भ करने के बावजूद आगामी वर्षों में देशी पूंजीपतियों ने उद्योग स्थापना में रूचि दर्शायी है।

5. आधारभूत आर्थिक ढाँचे का विकास (Development of Basic Industrial Structure) – आधारभूत आर्थिक ढाँचे के निर्माण में अधिक मात्रा में पूँजी तथा समय की आवश्यकता होती है। अल्पविकसित राष्ट्रों के लिए अधिक मात्रा में पूंजी विनियोग तथा प्रतिफल के लिए धैर्य रख पाना संभव नहीं होता। ऐसी स्थिति में विदेशी पूंजी की उपलब्धि वरदान सिद्ध होती है। यही कारण है कि अनतर्राष्ट्रीय वित्तीय संस्थाओं जैसे मुद्रा कोष, विश्व बैंक आदि ने अल्प विकसित राष्ट्रों को आधारभूत आर्थिक ढाँचे (परिवहन साधनों के निर्माण, विद्युत तथा सिंचाई साधनों की व्यवस्था आदि) का विकास किये जाने हेतु पर्याप्त मात्रा में ऋण स्वीकृत किये है।

6. भुगतान शेष की स्थिति में सुधार (Improvement in Balance of Payment Position) – अल्प विकसित राष्ट्रों द्वारा औद्योगिक विकास की प्रारम्भिक अवस्था में भारी मात्रा में मशीनों, संयन्त्रों, कच्चे माल आदि का अधिक मात्रा में आयात किया जाना स्वाभविक है। निससन्देह इससे उनके समक्ष बड़े आकार के प्रतिकुल भुगतान शेष की समस्या उत्पन्न हो जाती है। इस स्थिति का दीर्घकाल तक बने रहना अत्यन्त जोखिम पूर्ण होता है। विदेशी पूंजी प्राप्त कर इस समस्या का अल्पकालीन समाधान किया जा सकता है।

अल्प विकसित राष्ट्रों द्वारा विदेशी पूंजी की प्राप्ति द्वारा अल्प समय में तीव्र गति से औद्योगिक विकास की लालसा को पूरा किया जाना संभव होता है। अत: यदि पर्याप्त मात्रा मं विदेशी पूंजी बिना किसी झंझट तथा आसान शर्तों में प्राप्त हो जाये तो इसका स्वागत किया जाना चाहिए।

भारत में विदेशी पूंजी विनियोग (Foreign Capital Investment in India)

भारत जैसा विकासशील राष्ट्र भी स्वतन्त्र विकास की लालसा में पूंजी अभाव की समस्या से पीड़ित रहने के कारण विदेशी सहायता अथवा विदेशी पूंजी प्राप्त करने की दिशा में प्रयत्नशील रहा है। अन्य अल्प विकसित राष्ट्रों के समान ही भारत में भी स्वदेशी संसाधनों से एकत्रित पूंजी में कमी की पूर्ति विदेशी पूंजी को प्राप्त कर की गई है। प्रमुख रूप से भारत में विदेशी पूंजी का प्रवाह निम्न दो प्रकार से हुआ है:

(अ) विदेशी प्रत्यक्ष विनियोग, (Foreign Direct Investment] तथा

(ब) फोर्टफोलियों विनियोग (Foreign Direct Investment)

(अ) विदेशी प्रत्यक्ष विनियोग (Foreign Direct Investment) किसी विदेशी राष्ट्र में विदेशी प्रत्यक्ष विनियोग का आशय ऐसे विनियोग से है जिस पर विनियोजक का विनियोग पर पूर्ण नियन्त्रण रहता है। प्रत्यक्ष विनियोग तथा सम्बन्धित फर्म का प्रबन्ध सामान्यत: साथ साथ चलते हैं।

(ब) पोर्टफोलियों विनियोग (Portfolio Investment) -यदि विनियोक्ता सम्पत्ति निर्माण की दृष्टि से विदेश में इक्विटि, बॉण्ड तथा अन्य प्रतिभूतियों के क्रय में विनियोग करे तो इसे पोर्टफोलियों विनियोग कहा जाता है। इसका अभिप्राय यह है कि पोर्टफोलियों विनियोग की स्थिति में विनयोक्ता अपनी पूंजी पर प्रतिफल प्राप्त करने की दृष्टि से विनियोग करता है, किन्तु, पूंजी के प्रयोग पर उसका अधिक नियन्त्रण नहीं रहता है।

विदेशी विनियोग का महत्व (Significance of Foreign Investment)

विदेशी विनियोग ने अनेक राष्ट्रों के आर्थिक विकास में महत्वपूर्ण भूमिका निभायी हैं तथा यह क्रम अब भी जारी है। विश्व विकास प्रतिवदेन 1991 (World Development Report 1991) के अनुसार विकासशील राष्ट्रों के सम्बन्ध में सरकारी विकास सहायता की तुलना में विदेशी प्रत्यक्ष विनियोग अनेक दृष्टि से लाभकर है –

(1) विनियोग के जोखिम भार को स्वदेशी से विदेशी विनियोक्ता पर परिवर्तित करता है

(2) पुन: भुगतान सम्बन्धित विनियोग की लाभदायकता से जोड़ता है।

1991 में आर्थिक उदारीकरण की प्रक्रिया के प्रारम्भ होने के पश्चात् भारत में पोर्टफोलियों तथा विदेशी प्रत्यक्ष विनियोग में महत्वपूर्ण वृद्धि हुई है। भारत में पोर्टफोलियों विनियोग के प्रमुख दो मार्ग रहे हैं, अर्थात

(अ) विदेशी संस्थागत विनियोग (Foreign Institutional Investors (FIIs)) जैसे म्यूचल फण्ड तथा

(ब) ग्लोबल डिपोजिटरी प्राप्ति (Global Depository Receipts) तथा विदेशी मुद्रा परिवर्तनीय बॉण्ड (Foreign Currency Convertible Bonds) ग्लोबल डिपोजिटरी प्राप्ति तथा विदेशी मुद्रा परिवर्तनीय बॉण्ड भारतीय कम्पनियों द्वारा भारतीय प्रतिभूतियों में पोर्टफोलियों विनियोजन को सुविधाजनक बनाते हुए विदेशी बाजार से विदेशी मुद्रा प्राप्त करने की दृष्टि से निर्गमित किये गये है। 1992 के पश्चात् भारतीय कम्पनियों को कतिपय शर्तों को पूरा करने के पश्चात यूरों निर्गमन के माध्यम से विदेशी बाजार में प्रवेश की अनुमति प्रदान की गयी है।

भारत के संदर्भ में हुए विदेशी विनियोग को निम्न प्रकार वर्गीकृत किया जा सकता है-

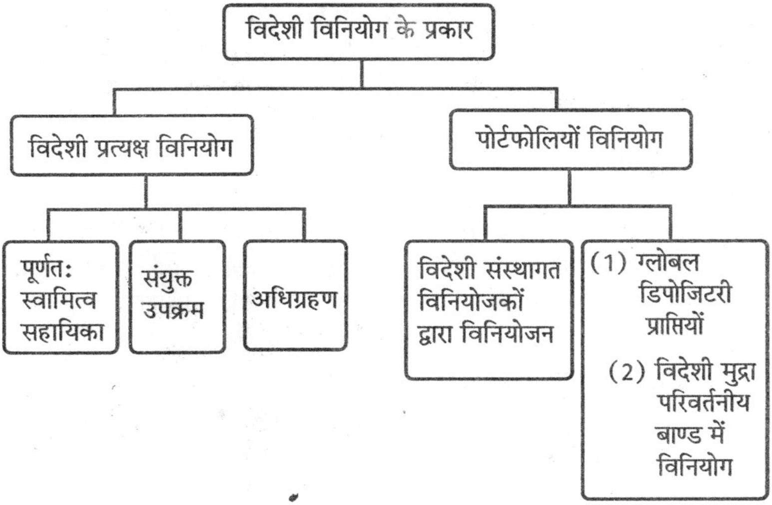

विदेशी पूंजी के प्रति भारत सरकार की नीति

स्वतन्त्रता प्राप्ति के समय भारत सरकार की विदेशी पूंजी प्राप्ति के प्रति विचारधारा अधिक उत्साह वर्धक नही थी। स्वतन्त्रता प्राप्ति के पश्चातॅ भी अनेक वर्षों तक भारत में विदेशी पूंजी प्राप्ति का इतिहास विशेष गौरव पूर्ण नहीं रहा है। भारत की 1948 में घोषित प्रथम औद्योगिक नीति में विदेशी विनियोग को आकिर्षित करने के लिए कोई बात नहीं थी। इसके पश्चात भी अनेक वर्षों तक ऐसी कोई योजना अथवा आकर्षण प्रस्तुत नहीं किये गये जिससे भारत में विदेशी पूँजी का पर्याप्त प्रवेश संभव हो सके । वास्तव में भारत में विदेशी पूंजी के प्रवाह की दिशा में सजग प्रयास आर्थिक उदारीकरण के युग प्रारम्भ होने के पश्चात ही संभव हुये। 1991 के पश्चात् भारत द्वारा विदेशी पूंजी को आकर्षित करने के सम्बन्ध में जो नीति घोषित की है। वह इस दृष्टि से अत्यन्त महत्वपूर्ण है। इस नीति के महत्वपूर्ण पक्ष निम्न प्रकार है:

(1) उच्च प्राथमिकता वाले उद्योगों की सूची (List of High Priority Industries) -सरकार द्वारा कतिपय उच्च प्राथमिकता वाले उद्योगों (जिनमें विशाल निवेश

और जटिल प्रोद्योगिकी की आवश्यकता होती है।) की एक सूची तैयार की गयी है। इस सूची में सम्मिलित उद्योगों को प्रत्यक्ष विदेशी निवेश के लिए 51 प्रतिशत विदेशी ईक्विटी की अनुमति प्रदान की गयी है। इन उद्योगों में प्रमुखत: पूंजीगत सामान निर्माण करने वाले उद्योग, अनेक इलेक्ट्रोनिक्स वस्तुएँ बनाने वाले उद्योग तथा निर्यात विन्मुख उद्योग सम्मिलित है।

(2) सेवा क्षेत्र में विनियोग (Investment in Service Sector) – 1991 से पूर्व विदेशी पूंजी को आकर्षित करने हेतु घोषित उपायों में सरकार द्वारा होटलों के अतिरिक्त अन्य सेवा क्षेत्रों में विदेशी विनियोग को हतोत्साहित करने की नीति का अनुशरण किया गया। 1991 की नीति में होटलों के साथ साथ अन्य सेवा क्षेत्र जैसे पर्यटन आदि में भी 51 प्रतिशत विदेशी ईक्विटी सहभागिता की घोषणा की गयी।

(3) विशेषाधिकार प्राप्त बोर्ड का गठन (Formation of Special Right Board) – भारत सरकार द्वारा विदेशी बड़े आकार की अन्तर्राष्ट्रीय फर्मों के साथ भारत में प्रत्यक्ष विदेशी निवेश करने के सम्बन्ध में एक विशेषाधिकार प्राप्ति बोर्ड का गठन किया है। यह बोर्ड इन कम्पनियों के साथ सभी पक्षों पर विचार कर विदेशी निवेश का मूल्यांकन तथा अनुमोदन करेगा।

(4) विदेशी तकनीकी विशेषज्ञों की सेवाएँ (Services of Technical Expert) –इससे पूर्व व्यवस्था के अनुरूप विदेशी तकनीकी विशेषज्ञों की सेवाएँ प्राप्त करने के पूर्व सरकार की अनुमति प्राप्त करना आवश्यक था। जिससे प्रक्रिया में अवांछित विलम्ब होता था। 1991 में घोषित उपयों के अन्तर्गत इस प्रकार के पूर्वा अनुमति लिये जाने के बन्धनों को समाप्त कर दिया गया है।

(5) विद्युत उत्पादन क्षेत्र में विदेशी विनियोग (Foreign Investment in Power Sector) – विदेशी विनियोग सम्बन्धि वर्तमान नीति के प्रावधानों में विद्युत उत्पादन के क्षेत्र में विदेशी विनियोग को प्रौत्साहित करने की दृष्टि से शत प्रतिशत विदेशी ईक्विटी की अनुमति प्रदान की गई है। अब विदेशों को सीधा हस्तान्तरण संभव होगा तथा विदेशी निवेशक बिना किसी विशेष झंझट अथवा लम्बी कार्यवाही किये विद्युत संयन्त्र की स्थापना भारत में कर सकेंगे।

(6) अनिवासी भारतियों को प्रोत्साहन (Encouragement to non-Resident Indians) – अनिवासी भारतियों तथा समुद्रपारिय निगमित निकायों को अब यह प्रोत्साहन प्रदान किया गया है कि वे अब भारत में उच्च प्राथमिकता वाले क्षेत्रों में शत प्रतिशत ईक्विटी का निवेश करने हेतु स्वतन्त्र होंगें। इस व्यवस्था के अनुरूप भारतीय मूल के विदेशी नागरिक रिजर्व बैंक की अनुमति लिये बिना भारत में ग्रह निर्माण तथा क्रय करने हेतु स्वतन्त्र होंगें।

(7) ट्रेड मार्क प्रयोग की अनुमति (Permission to Use Trade Mark) – 14 मई 1992 से भारत में अपनी बिक्री पर विदेशी कम्पनियों को अपना ट्रेड मार्क प्रयोग करने की अनुमति प्रदान की गयी है।

(8) विनिवेश की स्वतन्त्रता (Freedom of disinvestment) – संशोधित विदेशी पूंजी नीति के अन्तर्गत अब विदेशी निवेशकों के लिए यह अनिवार्य नहीं है कि वे

ईक्विटी का विनिवेश रिजर्व बैंक द्वारा निर्धारित कीमत पर ही करे। 15 सितम्बर 1992 को उन्हें यह छुट प्रदान की गयी है कि वे बाजार दरों पर विनिवेश कर सकते हैं और इससे प्राप्त राशि को विदेशों में भेजने हेतु स्वतन्त्र होंगे।

(9) विदेशी संस्थागत निवेश (Foreign Institutional Investment) - विदेशी संस्थागत निवेशक तथा अनिवासी भारतीय वर्तमान में स्टॉक एक्सचेंजों की सूचि में सम्मिलित किसी भी भारतीय कम्पनी में निवेश करने हेतु स्वतन्त्र होंगें। किन्तु उनका निवेश कम्पनी की 20 प्रतिशत ईक्विटी से अधिक नहीं होगा। इस सीमा को बढ़ा कर 2000-01 में 40 प्रतिशत कर दिया गया।

(10) विदेशी निवेशकों द्वारा विनियोग (Investment by Foreign Investors) - विदेशी निवेशकों को भारतीय कम्पनियों ने ग्लोबल डिपोजिटरी रसीदों के माध्यम से भारतीय कम्पनियों में निवेश करने की अनुमति प्रदान की गयी है। इस सम्बन्ध में उन पर कम से कम समय के लिए निवेश रखने की सीमा को भी समाप्त कर दिया गया है।

(11) अन्य घोषित उपाय (Other Measures) - अभी हाल ही में सरकार ने विदेशी निवेश को प्रोत्साहित करने हेतु अन्य अनेक उपायों की घोषणा की है। 1998-99 ने घोषित इन उपायों में प्रमुख है :

(1) कुछ कार्यों में स्वतः अनुमोदन नीति के अन्तर्गत 100 प्रतिशत ईक्विटी की भागीदारी की अनुमति प्रदान किये जाना बशर्ते विदेशी ईक्विटी 15 करोड़ रूपये से अधिक ना हो।

(2) निजी क्षेत्र के बैंकों में ईक्विटी सहभागिता की अनुमति प्रदान किया जाना,

(3) उपग्रह के माध्यम से सार्वभौमिक चलायमान वैयक्तिक संचार सेवाएँ (Global Mobile Personal Communication by Satellite Services) उपलब्ध करावाने की कम्पनियों को ईक्विटी के 49 प्रतिशत तक विदेशी विनियोग की अनुमति,

(4) अनिवासी भारतीयों तथा भारतीय मूल के व्यक्तियों आदि द्वारा निगमित निकायों में निवेश की सीमा को चुकता पूंजी के 1 प्रतिशत से बढ़ाकर 5 प्रतिशत किया जाना,

(5) अनिवासी भारतीयों तथा भारतीय मूल के व्यक्तियों को असूचिबद्ध (Unlisted)कम्पनियों में निवेश की स्वतन्त्रता,

(6) विदेशी संस्थागत निवेशकों को सरकारी प्रतिभूतियों और राजकोषिय हुण्डियों को क्रय विक्रय करने की अनुमति।

(12) म्यूचल फण्डों मे सुधार (Mutual Fund Reform) - म्यूचल फण्डों को इस बात की अनुमति प्रदान की गई है कि वे अनिवासी भारतीयों, भारतीय मूल के लोगों तथा समुन्द्रपारिया निगमित निकायों को यूनिट निर्गमित कर सकते है। इसके लिए उन्हें अब रिजर्व बैंक की पूर्व अनुमति लेने की आवश्यकता नहीं है।

(13) धारक कम्पनियों को स्वतन्त्रता (Liberty to Holding Companies) – विदेशी स्वामित्व वाली भारतीय धारक कम्पनियों को निवेश हेतु विदेशी निवेश संवर्द्धन बोर्ड से अनुमति लेना अब अनिवार्य नहीं है।

(14) विदेशी संस्थागत निवेश विस्तार (Expansion of Foreign Institutional Investment) – इस दृष्टि से विदेशी कम्पनियों तथा अधिक धनी व्यक्तियों के साथ पंजीकृज विदेशी संस्थागत निवेशकों के माध्यम से निवेश की अनुमति प्रदान की गयी है।

(15) निवेश कार्यान्वयन प्राधिकरण की स्थापना (Establisment of Foreign Investment Implementation Authority) – 15 अगस्त 1999 को इस प्राधिकरण की स्थापना विदेशी निवेश सम्बन्धि अनुमोदनों को शीघ्र निपटाने के उद्धेश्य से की गई है।

(16) सॉफ्टवेयर कम्पनियों के सम्बन्ध में प्रावधान (Provisions Regard to Software Companies) – भारतीय साफ्टवेयर कम्पनियों को अब यह अनुमति प्रदान की गयी है कि वे भारत सरकार अथवा रिजर्व बैंक से पूर्व अनुमति प्राप्त किये बिना भी विदेश साफटवेयर कम्पनी का अधिग्रहण कर सकती है।

(17) बीमा नियामक एवं विकास अधिनियम (Insuance Regulatory and Development Act,) – 17 सितम्बर 1999 को यह अधिनियम बीमा क्षेत्र में निजी भागीदारी को प्रोत्साहित करने के उद्देश्य से बनाया गया। इस अधिनियम के प्रावधानों के अन्तर्गत घरेलू निजी बीमा कम्पनियां अपनी कुल चुकता पूँजी के 26 प्रतिशत विदेशी ईक्विटी भागीदारी कर सकती है।

(18) स्वतः अनुमोदन की अवस्था (Automatic Approval Arrangement) – 18 फरवरी 2000 को लिये गए एक महत्वपूर्ण निर्यातों के अन्तर्गत नकारात्मक सूचि में सम्मिलित वस्तुओं के अतिरिक्त अन्य सभी वस्तुओं के लिए स्वतः अनुमोदन की व्यवस्था की गई है। इस व्यवस्था के अन्तर्गत सभी मदों का स्वतः अनुमोदन के अधिन विदेशी निवेश प्राप्त करने की अनुमति प्रदान की गई है।

(19) 2000-2001 में घोषित प्रोत्साहन (Intensive Announce in 2000-2001) – भारत में विदेशी निवेश को प्रोत्साहित करने के उद्देश्य से निम्न उपाय किये गये हैं:

(1) ई कॉमर्स के लिये 100 प्रतिशत विदेशी प्रत्यक्ष निवेश की अनुमति प्रदान की गयी है।

(2) विद्युत उत्पादन तथा वितरण आदि में विदेशी प्रत्यक्ष विनियोग की पूर्व में निर्धारित 1500 करोड़ की अधिकतम सीमा को समाप्त कर दिया गया है।

(3) तेल शोधक क्षेत्र में विदेशी निवेश पर स्वतः अनुमोदन के अन्तर्गत 49 प्रतिशत की अधिकतम सीमा को बड़ा कर 100 प्रतिशत कर दिया गया है।

(4) विदेशी आर्थिक क्षेत्रों में स्वतः अनुमोदन के अनतर्गत प्रत्यक्ष विदेशी निवेश की अनुमति प्रदान की गयी है।

(5) दूर संचार क्षेत्र में कुछ सीमाओं के अधिन 100 प्रतिशत प्रत्यक्ष विदेशी निवेश की छुट।

(6) सूचना प्रौद्योगिकी क्षेत्र में स्वत: अनुमोदन की अनुमति ।

(7) समन्दुपारिय उपक्रम पूंजी कम्पनियों को अन्य कम्पनियों में स्वत: अनुमोदित करने की अनुमति।

(20) 2001-2002 में घोषित प्रोत्साहन (Intensive Announce in 2001-2002) - इन प्रावधानों में प्रमुख :

(1) स्वत: अनुमोदित माध्यम से अब दवाईयों के क्षेत्र में पूर्व में निर्धारित 74 प्रतिशत की सीमा को अब 100 प्रतिशत तक बढ़ा दिया गया है।

(2) एयर पोर्ट सेक्टर में पूर्व में निर्धारित 74 प्रतिशत की प्रत्यक्ष विदेशी निवेश की सीमा को 100 प्रतिशत तक बड़ा दिया गया है।

(3) होटल तथा पर्यटक क्षेत्र में प्रत्यक्ष विदेशी निवेश की सीमा को 51 प्रतिशत से बढ़ाकर 100 प्रतिशत कर दिया है।

(4) कोरियर सेवा क्षेत्र में 100 प्रतिशत विदेशी प्रत्यक्ष निवेश की अनुमति प्रदान की गयी है। (अभी तक यह क्षेत्र विदेशी विनियोग के लिए खुला नहीं था।)

5) नगर क्षेत्र विकास में 100 प्रतिशत प्रत्यक्ष विदेशी निवेश की छुट दी गयी है।

(6) इन्टरनेट सेवा उपलब्ध करवाने वालो के लिये विदेशी निवेश की सीमा 49 प्रतिशत से बढ़ाकर 74 प्रतिशत तक कर दिया है।

(7) बैंकिंग क्षेत्र में, रिजर्व बैंक द्वारा निर्धारित शर्तों के अधिक प्रत्यक्ष विदेशी निवेश की सीमा को 20 प्रतिशत से बढ़ाकर 49 प्रतिशत कर दिया गया है। तथा

(8) सुरक्षा क्षेत्र में 26 प्रतिशत तक विदेशी निवेश की अनुमति दी गयी है।

विदेशी विनियोग स्वीकृतियां और वास्तविक अन्तप्रर्वाह

भारत में तूलनात्मक रूप से विदेशी प्रत्यक्ष विनियोग सीमित अशवा कम मात्रा में हुआ है। इसका प्रमुख कारण राष्ट्र द्वारा अपनायी गयी दोषपूर्ण औद्योगिक विकास व्यूह रचना तथा विदेशी विनियोग के सम्बन्ध में सरकार द्वारा अनुशरण की गयी सजगता की नीति रही है।

भारत (निजी) विदेशी विनियोग प्रमुखत: निम्नलिखित घटकों से प्रभावित रहा है:

1. भारतीय औद्योगिक क्षेत्र अधिकांश महत्वपूर्ण उद्योगों में लोक क्षेत्र को एकाधिकारी अथवा प्रमुख भूमिका प्रदान किये जाने के कारण, निजी विनियोग- स्वदेशी तथा विदेशी दोनों का ही क्षेत्र सीमित रहा है।

2. लोक क्षेत्र के उपक्रमों विदेशी तकनीक अथवा विनियोग की मांग किये जाने पर विदेशी सरकारों द्वारा प्राथमिकता की नीति अपनाया जाना।

3. भारत सरकार को विदेशी पूंजी के प्रति अत्यन्त ही चयनित नीति का अनुशरण किया गया। भारत में सामान्यत: विदेशी विनियोग अनुमति को केवल उच्च तकनीक चाहने वाले प्राथमिक क्षेत्रों अथवा निर्यात विन्मुख उद्योगों की स्थिति में ही प्रदान की गयी।

4. सामान्यत: विदेशी सहभागिता की उच्चतम सीमा 40 प्रतिशत निर्धारित रही। यद्यपि गुण-दोष के आधार पर इसके कतिपय अपवाद रहे हैं।

5. विदेशों में लाभांश का भुगतान, पूंजी का पुन: प्रेषण तथा ठीक उसी प्रकार आन्तरिक प्रेषण आदि कठोर अधिनियमों जैसे विदेशी विनिमय विनिमय अधिनियम 1973 के अधिन बाधित रहे है। इन प्रावधानों ने विदेशी विनियोग को हतोत्साहित किया है।

6. भारत में निगम कर की उच्च दर तथा जटिल कर अधिनियम तथा प्रक्रिया भी विदेशी पूंजी को प्रवेश को बाधित करने के प्रमुख उत्तरदायी कारण रहे हैं।

उपर्युक्त वर्णित कारणों से भारत में विदेशी पूंजी विनियोग या तो सीमित रहा है अथवा हतोत्साहित रहा है।

अर्द्ध-विकसित राष्ट्रों के आर्थिक विकास में विदेशी संसाधनों का महत्त्वपूर्ण स्थान होता है। विदेशी संसाधन पूँजी तथा तकनीक के माध्यम से आर्थिक विकास को गति प्रदान करते हैं। उत्पादन गतिविधियों में भी विदेशी संसाधनों को महत्त्वपूर्ण समझा जाता है। आन्तरिक साधनों से कम पूँजी का प्रबन्ध हो पाने के कारण विशाल उद्योगों के संचालन में उत्पत्ति के साधनों को जुटाने के लिए विदेशी पूँजी की आवश्यकता होती है। भारत के आर्थिक विकास में यद्यपि विदेशी संसाधनों ने अत्यन्त ही महत्त्वपूर्ण भूमिका निभाई है। इस महत्त्वपूर्ण भूमिका के परिणामस्वरूप एक तरफ जहाँ राष्ट्र के आर्थिक विकास को गति प्राप्त हुई है वहीं दूसरी तरफ अन्य समस्याओं का भी जन्म हुआ है। भविष्य में आर्थिक विकास तथा विदेशी संसाधनों में सामंजस्य स्थापित करने के लिए यह आवश्यक है कि विदेशी सहायता के सम्बन्ध में जानकारी प्राप्त करके उसका सही-सही मूल्यांकन किया जाय।

विदेशी संसाधनों के महत्त्व तथा समस्याओं के उपरोक्त वर्णित विवेचन के आधार पर यह उल्लेखनीय है कि अर्द्ध-विकसित राष्ट्रों के आर्थिक विकास में इन संसाधनों का विशिष्ट महत्व हैं। विदेशी संसाधनों की अनेक सम्भावित कठिनाइयाँ भी है जो सम्पूर्ण राष्ट्रीय व्यवस्था को झकझोर सकती है अत: विदेशी सहायता का प्रयोग तब ही किया जाना चाहिए जब ऐसा किया जाना अत्यावश्यक हो। साथ ही विदेशी संसाधनों के प्रयोग में पर्याप्त सतर्कता बरतने की भी आवश्यकता है। विकास के प्रारम्भिक चरणों में विदेशी संसाधनों का महत्त्व सर्वोपरि है लेकिन तीव्र गति से आर्थिक विकास करके इस निर्भरता को कम करना ही

खुशहाली का सूचक है। अतः विदेशी संसाधनों को प्राप्त करने, उपभोग करने तथा उनके समय पर पुन:भुगतान करने के लिए सुदृढ़ नीति की आवश्यकता है। इसके लिए वर्तमान नीति में समय-समय पर आवश्यक संशोधन किये जाने चाहिए।

प्रश्न

1. अर्द्धविकसित देशों में विनियोग की विशिष्ट समस्याएँ क्यों होती हैं? उनका समाधान कैसे किया जा सकता है?
2. अर्द्धविकसित देशों में आर्थिक विकास के लिए संसाधन प्राभूत मापदण्ड की आलोचनात्मक व्याख्या कीजिए।
3. 'अर्द्धविकसित देशों में विनियोग के लिए 'संसाधन प्राभुत मापदण्ड' सर्वोत्तम मापदण्ड है।' इस कथन की व्याख्या कीजिए।
4. अर्द्धविकसित देशों में आर्थिक विकास के लिए विनियोग से सम्बन्धित 'विकास को त्वरित करने के लिए विनियोग का मापदण्ड' की आलोचनात्मक व्याख्या कीजिए।

   या

   अर्द्धविकसित देशों में विनियोग की 'सीमान्त प्रति व्यक्ति पुनर्विविनियोग भजनफल मापदण्ड' पद्धति का सविस्तार वर्णन कीजिए।
5. विनियोग का वह मापदण्ड जो केवल विशिष्ट समस्याओं पर ही नियंत्रण रखना चाहता है, अधूरा और आंशिक है।' सविस्तार विवेचन कीजिए।
6. अर्द्धविकसित देशों में विनियोग के 'समय-घटक मापदण्ड का सविस्तार वर्णन कीजिए।
7. अन्तिम रूप में, विनियोग के मापदण्ड असफल होते हैं या दोषपूर्ण हैं क्योंकि उनसे बहुत से ऐसे पहलू हैं जिनको मापा नहीं जा सकता' विनियोग मापदण्डों की व्यावहारिकता की समस्या के सन्दर्भ में इस कथन की व्याख्या कीजिए।
8. विदेशी सहायता पर निर्भर रहने में किस प्रकार की समस्याएँ उत्पन्न होती हैं? इन समस्याओं का कैसे समाधान किया जा सकता है? उदाहरण देकर समझाइए।

   What sort of problems are created by dependence on foreign aid? How can these problems be resolved? Explain and illustrate.
9. बाहरी साधनों के प्रयोग से सम्बन्धित समस्याओं का विवेचन कीजिए। विदेशी सहायता के सम्बन्ध में आपके क्या विचार हैं?

   Discuss the problems connected with the use of external resources. What are your views with regards to foreign aid?

10. भारत की पंचवर्षीय योजनाओं में विदेशी पूँजी की भूमिका की आलोचनात्मक समीक्षा कीजिए।

Discuss critically the role of Foreign Capital under India's Five Year Plans.

11. "विदेशी पूँजी पर अत्यधिक निर्भरता अल्प-विकसित देशों में विकास के लिए अवरोध बन जाती है।" भारत के आर्थिक विकास के प्रसंग में इस कथन का विवेचन कीजिए।

"Excessive dependence on Foreign Capital becomes a barrier to development in under-developed countries." Discuss the statement in the context of India's economic development

12. विदेशी सहातया की आवश्यकता पर निबन्ध लिखिये।

Write an essay on need of financial assistant.

13. भारतवर्ष में विदेशी पूँजी की भूमिका का मूल्यांकन कीजिए।

Evaluate the role of foreign capital in India.

14. भारतवर्ष में बहुराष्ट्रीय कम्पनियों की भूमिका का आलोचनात्मक मूल्यांकन कीजिए।

Critically examine the role of Multinational Corporations in India.

□□□

4

विनियोग फलन
[Investment Function]

विनियोग या निवेश का तात्पर्य साधारण भाषा में कम्पनियों के अंशों ऋणपत्रों व प्रतिभूतियों से लगाया जाता है। किन्तु अर्थशास्त्र में विनियोग का तात्पर्य पूँजी सम्पत्तियों में वृद्धि करने से है। कीन्स के अनुसार, वास्तविक विनियोग का अभिप्राय नवस्थापित कम्पनियों के स्टाक, अंशों, प्रतिभूतियों व ऋण पत्र खरीदने से है। वास्तविक पूंजी कोष में वृद्धि को ही विनियोग कहते हैं। वास्तविक विनियोग का अभिप्राय वर्तमान पूंजी परिसम्पत्तियों या माल के वर्तमान स्टॉक में वृद्धि करने से है, नवीन पूंजी परिसम्पत्तियों के निर्माण में योगदान देना है जिससे रोजगार व आय में वृद्धि हो सके।

हेन्सन के अनुसार आर्थिक सिद्धान्त में विनियोग का तात्पर्य पूंजीगत सामान के वास्तविक निर्माण से है। इस प्रकार नवीन सड़क या नवीन कारखाना, भवनों आदि का निर्माण वास्तविक पूंजी त्रिनियोग के उदाहरण है।

जोन रोबिन्स के शब्दों में विनियोजन का तात्पर्य है पूंजी में वृद्धि, जो तब होती है जब कोई नया भवन बनाया जाय या कोई नई फैक्ट्री लगाई जाए। विनियोजना का अर्थ है वस्तुओं के वर्तमान स्कन्ध में वृद्धि करना।

इस प्रकार अर्थशास्त्र में विनियोग का अर्थ वास्तविक पूँजी सम्पत्तियों में वृद्धि करने से है। अतः नई रेलें, नये भवनों, कारखानों, मशीनों व नई कम्पनियों में विनियोग आदि को ही अर्थशास्त्र में विनियोग माना जाता है।

विनियोग के प्रकार

विनियोग निम्न प्रकार के होते हैं :

1. निजी व सार्वजनिक विनियोग : निजी विनियोग का तात्पर्य निजी व्यक्तियों अथवा संस्थाओं द्वारा किए गये विनियोग से है। निजी व्यक्ति ब्याज व लाभ की आशा में विनियोग करते है। सार्वजनिक विनियोग से तात्पर्य सरकार या सरकारी संस्थाओं के विनियोग से है। सरकार द्वारा कारखाने खोलना या रेल सडक नहर आदि बनाना सार्वजनिक विनियोग है।

2. ऐच्छिक एवं अनैच्छिक विनियोग : जब विनियोग स्वेच्छा से लाभ की आशा में किया जाए तो इसे ऐच्छिक विनियोग कहा जाता है। जब आर्थिक परिवर्तनों के कारण बिना इच्छा के पूँजीगत माल के संग्रह में वृद्धि करनी पड़े तो इसे अनैच्छिक विनियोग कहा जाता है।

3. सफल व शुद्ध विनियोग : किसी निश्चित समय में वास्तविक परिसम्पत्तियों की मात्रा में जो वृद्धि की जाती है इसे सकल विनियोग कहा जाता है। सकल विनियोग में से पूंजी परिसम्पत्तियों की घिसावट घटाने पर जो शेष बचत है उसे शुद्ध विनियोग कहते हैं।

4. प्रेरित विनियोग का स्वतन्त्र विनियोग : जो विनियोग आय व लाभ के उद्देश्य से किए जाते हैं, उन्हें प्रेरित विनियोग कहा जाता है जबकि मुद्रा क्रान्ति, जनसंख्या में परिवर्तन, नए आविष्कार, अनुसंधान आदि से उत्पन्न विनियोग स्वतन्त्र विनियोग कहे जाते है। प्रेरित विनियोग आय से प्रभावित होते हैं। आय बढ़ने पर ये विनियोग बढ़ते हैं। प्रेरित विनियोग निजी क्षेत्र में कहे जाते हैं। स्वतन्त्र विनियोग आय स्तर से स्वतन्त्र रहने के कारण ही स्वतन्त्र विनियोग कहलाते हैं। स्वतन्त्र विनियोग सरकार द्वारा अधिक किए जाते हैं।

विनियोग को प्रभावित करने वाले तत्व : विनियोग की अनेक तत्व प्रभावित करते हैं। कीन्स ने विनियोग को प्रभावित करने वाले दो तत्व बताए हैं : पूंजी की सीमान्त कुशलता एवं ब्याज की दर। किन्तु इनके अतिरिक्त भी विनियोग को अन्य तत्व भी प्रभावित करते है। विनियोग को प्रभावित करने वाले तत्व निम्न है:

1. पूंजी की सीमान्त कुशलता : कीन्स के अनुसार पूंजी की सीमान्त कुशलता बट्टे की वह दर है जो एक पूँजी सम्पत्ति के कार्यकाल में प्राप्त होने वाली कुछ वार्षिक पुरस्कार की मात्रा के वर्तमान मूल्य को उसकी पूर्ति मूल्य के बराबर कर दे। इस प्रकार यह दर वह है जिस किसी पूंजीगत सम्पत्ति की प्राप्ति में से बट्टा काट कर उसकी पूर्ति कीमत के समतुल्य बनाया जाता है। कुरीहारा के अनुसार, 'यह अतिरिक्त पूँजी वस्तुओं की भावी आय व उनकी पूर्ति के बीच अनुपात है।

पूंजी की सीमान्त कुशलता को ठीक से समझने के लिए पूंजी सम्पत्तियों की भावी आय व पूर्ति कीमत दोनों का विश्लेषण आवश्यक है।

पूँजी परिसम्पत्तियों की भावी आय : पूंजी सम्पत्तियों की भावी आय का तात्पर्य उस कुल शुद्ध आय से हे जिसे वह सम्पत्ति अपने जीवन काल में दे सकती है। कुल आय ऐसे लागत घटाने पर शुद्ध आय प्राप्त होती है। यहा सम्पत्ति की पूरे जीवन काी की आय का

अनुमान लगाया जाता है। उदाहरण के लिये एक मशीन का जीवन काल 10 वर्ष है। यदि उससे 3000 रू. की आय प्राप्त होती है। वह उस पर 1000 रू. प्रतिस्थापन लागत आनी है तो उस मशीन की शुद्ध आय 2000 रू. होगी।

पूँजी सम्पत्ति की पूर्ति की कीमत : पूंजी सम्पत्ति को खरीदते समय उनकी आय को ही नहीं वरन उसकी कीमत को भी देखा जाता है। किसी सम्पत्ति की पूर्ति कीमत का तात्पर्य उसकी लागत से है अर्थात् उस राशि से है जितनी उसे खरीदने के लिये देनी पड़ती है। किसी पूंजी सम्पत्ति की पूर्ति कीमत का तात्पर्य उस कीमत से नहीं होता है जिस पर एक उद्यमि पहले से मौजूद किसी सम्पत्ति को खरीदता है। वरन् उस तरह की एक दम नई सम्पत्ति की उत्पादन लागत से होता है।

पूँजी सम्पत्ति की आय व पूर्ति कीमत के आधार पर पूंजी की सीमान्त कुशलता निम्न सूत्र से ज्ञात की जा सकती है।

$$\text{पूँजी की सीमान्त कुशलता} = \frac{\text{पूंजी सम्पत्ति की भावी शुद्ध आय}}{\text{पूंजी सम्पत्ति की पूर्ति कीमत}}$$

कोई भी उत्पादक या साहसी पूंजी विनियोग से पहले उससे प्राप्त होने वाले लाभ की उसकी प्रतिस्थापना लागत से तुलना करता है। विनियोग तब तक किया जाता है जब तक पूंजीगत परिसम्पत्ति से प्रत्याशित शुद्ध भावी प्राप्ति उसकी पूर्ति कीमत से अधिक होगी। उदाहरण के लिए यदि किसी मशीन की लागत 10,000 रू. है। उससे फर्म को प्रतिवर्ष 3000 रू. की आय प्राप्ति की आशा है। मशीन की वार्षिक प्रतिस्थापन लागत 1000 रू. हैं तो इस सम्पत्ति की वार्षिक आय 2000 रू. होगी। अत: पूँजी की सीमा कुशलता $\frac{2000}{10000}$ x $100 = 20$ प्रतिशत सीमान्त कुशलता अधिक होने पर विनियोग अधिक व कम होने पर विनियोग अधिक व कम होने पर विनियोग कम होंगे।

पूंजी की सीमान्त कुशलता के सम्बन्ध में निम्न बातें महत्वपूर्ण है:

1. यदि पूंजी की परिसम्पत्तियों की पूर्ति कीमत स्थिर हो पूंजी सम्पत्ति से प्राप्त होने वाली आय प्राप्तियां अधिक होने पर बट्टा दर अथवा पूंजी की सीमान्त उत्पादकता अधिक होगी। इसके विपरीत पूंजी सम्पत्ति से आय प्राप्त होने वाली आय प्राप्तियां कम होने पर बट्टा दर अथवा सीमान्त उत्पादकता कम होगी।

2. यदि पूंजी सम्पत्ति से प्राप्त भावी आय स्थिर रहे तो पूर्ति कीमत बढ़ने पर सीमान्त उत्पादकता कम व पूर्ति कीमत घटने पर सीमान्त उत्पादकता अधिक होगी।

इस प्रकार पूंजी की सीमान्त कुशलता में दो कारणों से परिवर्तन होते हैं :

1. पूंजी सम्पत्ति की पूर्ति कीमत में परिवर्तन।

2. पूंजी सम्पत्ति से प्राप्त आय में परिवर्तन

पूँजी की सामान्य उत्पादकता : किसी विशेष पूंजी सम्पत्ति की सीमान्त उत्पादनकता उस पूंजी सम्पत्ति विशेष में विनियोग का निर्धारण करती है। किन्तु देश में कुल उत्पादन व रोजगार का निर्धारण देश में पूंजी की सामान्य सीमान्त उत्पादकता पर निर्भर करता है। किसी देश में किसी समय विशेष पर पूंजी की सामान्य सीमान्त उत्पादकता उस समय सभी प्रकार की पूंजी परिसम्पत्तियों में से अधिकतम लाभकारी विशिष्ट पूंजी परिसम्पत्तियों की सीमान्त उत्पादकता होगी। दूसरे शब्दों में विभिन्न पूंजी परिसम्पत्तियों में जिसकी सीमान्त उत्पादकता होगी।

विनियोग मांग अनुसुचित : जब किसी विशेष पूंजी सम्पत्ति में विनियोग बढ़ाया जाता है तो प्रत्येक विनियोग के साथ उसकी सीमान्त उत्पादकता घटती जाती है। यदि इसे अनुसुचित के रूप में दिखाया जाए तो इसे विनियोग मांग अनुसूचि कहा जाता है। विनियोग अनुसूचि विनियोग व उसकी सीमान्त उत्पादकता को प्रदर्शित करती है। एक काल्पनिक विनियोग अनुसूचि निम्न प्रकार हो सकती हैं :

विनियोग अनुसूचि

विनियोग (हजारो में)	पूंजी की सीमान्त कुशलता (प्रतिशत)
5	25
10	20
15	15
20	10
25	5

उपरोक्त अनुसूचि यह दर्शाती है कि जब 5 हजार का विनियोग किया जाता है तो पूंजी की सीमान्त उत्पादकता 25 प्रतिशत है। किन्तु विनियोग बढ़ने पर पूंजी की सीमान्त उत्पादकता कम होती जाती है व 25 हजार का विनियोग करने पर पूंजी की सीमान्त उत्पादकता 5 प्रतिशत ही रह जाती है। इस प्रकार विनियोग की मात्रा में वृद्धि करने पर पूंजी की सीमान्त कुशलता घटती जाती है। इसके दो कारण है:

1. जब किसी पूंजी परिसम्पत्ति में विनियोग बढ़ाया जाता है तो उसके द्वारा उत्पादित वस्तु की पूर्ति बाजार में बढ़ जाती व पूर्ति बढ़ने से मूल्य कम हो जाता है। अत: उस पूंजी सम्पत्ति से प्राप्त होने वाली आय कम हो जाती है।

2. जब किसी पूंजी सम्पत्ति में अधिक विनियोग किया जाता है तो उसकी मांग बढ़ जाती है तथा उस सम्पत्ति के मूल्य बढ़ जाते हैं।

इस प्रकार व्यय अधिक व आय कम होने के दोहरे प्रभाव के कारण पूंजी की सीमान्त उत्पादकता कम होती है।

विनियोग चक्र

जब विनियोग अनुसूचि को रेखा के रूप में प्रदर्शित किया जाए तो इसे विनियोग वक्र कहा जाता है। पूर्व में दी गई विनियोग अनुसूचि की सहायता से बना विनियोग वक्र निम्न प्रकार होगा।

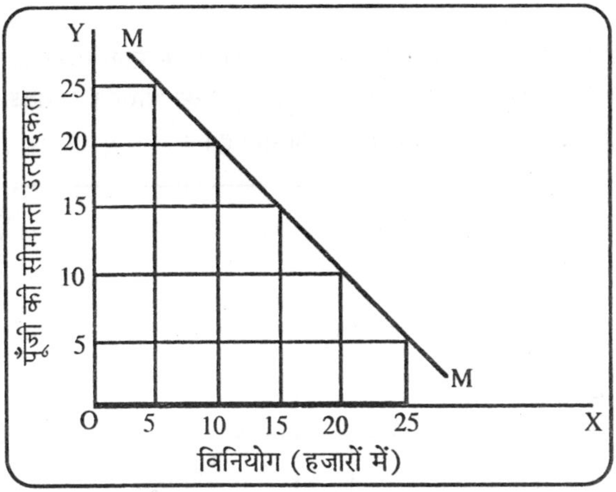

उपरोक्त रेखाचित्र में OY पर पूंजी की सीमान्त कुशलता व OX पर विनियोग दिखाया गया है MM विनियोग वक्र है जो विनियोग के विभिन्न स्तर पर पूंजी की सीमान्त कुशलता प्रदर्शित करता है। वक्र से यह स्पष्ट है कि विनियोग बढ़ने पर पूंजी की सीमान्त कुशलता कम हो जाती है।

2. ब्याज दर : कीन्स के अनुसार विनियोग को प्रभावित करने वाला दूसरा तत्व ब्याज दर है। कीन्स का कहना था कि ब्याज तरलता के त्याग का पुरस्कार है। ब्याज का निर्धारण तरलता की मांग व मुद्रा की पूर्ति के द्वारा होता है। तरलता की मांग सौदा, उद्देश्य, सतर्कता उद्देश्य व सट्टा उद्देश्य के लिए की जाती है। सौदा व सतर्कता उद्देश्य के लिए तरलता की मांग आय स्तर प निर्भर करती है। इस पर ब्याज दर का प्रभाव नहीं पड़ता है। किन्तु सट्टा उद्देश्य के लिए तरलता की मांग ब्याज दर से प्रभावित होती है। मुद्रा की पूर्ति अल्पकाल में स्थिर रहती है। मुद्रा की पूर्ति सरकार या मुद्रा निर्गमन अधिकारी द्वारा की जाती है। ब्याज दर वहाँ निर्धारित होती है जहाँ तरलता की माँग व मुद्रा की पूर्ति बराबर हो।

कम ब्याज दर पर अधिक विनियोग व अधिक ब्याज दर पर कम विनियोग होते हैं। अल्पकाल में ब्याज दर बेलोच होती है। अतः विनियोग को प्रभावित नहीं कर पाती । किन्तु दीर्घकाल के ब्याज दर का प्रभाव विनियोग पर पड़ता है। अल्पकाल में विनियोग की मात्रा पूंजी की सीमान्त कुशलता पर निर्भर करती है।

विनियोग की वास्तविक मात्रा पूंजी की सीमान्त कुशलता व ब्याजदर की पारस्परिक शक्तियों पर निर्भर करती है। अगर पूंजी की सीमान्त कुशलता ब्याजदर से अधिक

है तो विनियोग बढ़ेगे। और अगर ब्याजदर पूंजी की सीमान्त कुशलता दर से ऊंची हो तो विनियोग नहीं बढ़ेगा। अत: ब्याज दर में कमी करके विनियोग बढ़ाया जा सकता है व ब्याज दर बढ़ा कर विनियोग कम किया जा सकता है। विनियोग की मात्रा में परिवर्तन का आसान तरीका ब्याज दर में परिवर्तन हैं किन्तु उसका प्रभावी तरीका पूंजी की सीमान्त कुशलता ही है।

साम्य विनियोग स्तर का निर्धारण : पूंजी की सीमान्त कुशलता व ब्याज दर के साम्य से विनियोग स्तर का निर्धारण होता है। जहां पूंजी की सीमान्त उत्पादकता ब्याज दर के बराबर होती है। इसे निम्न रेखा चित्र में दिखाया गया है।

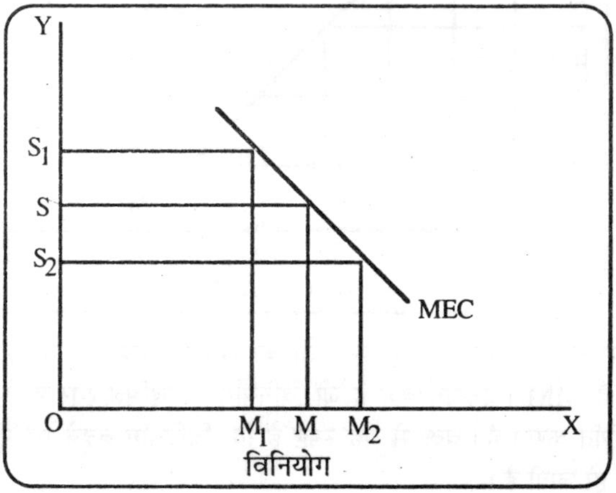

उक्त रेखाचित्र में OX पर विनियोग व OY पर पूंजी की सीमान्त कुशलता व ब्याज दर दिखाई गई है। MEC पूंजी की सीमान्त कुशलता का वक्र है। ब्याज दर OS होने पर साम्य विनियोग की मात्रा GM होगी जो साहसी करने के लिए तैयार होंगे। यदि ब्याज दर घटकर OS_2 हो जाए तो विनियोग की मात्रा बढ़कर OM_2 हो जाएगी। यदि ब्याज दर बढ़कर OS_1 हो जाए तो विनियोग कम होकर OM_1 हो जाएगें। इसे प्रकार पूंजी की सीमान्त कुशलता का वक्र ही ब्याज की विभिन्न दरों पर विनियोग की प्रेरणा को दिखाता है।

अन्य तत्व : पूंजी की सीमान्त कुशलता व ब्याज दर के अतिरिक्त भी कुछ अन्य तत्व भी हैं जो विनियोग को प्रभावित करते हैं। ये तत्व निम्न प्रकार है:

1. भावी आशाओं का रूख : जब साहसियों को अपना भविष्य आशावान लगता है तो वे विनियोग में वृद्धि करते हैं। इसके विपरीत भविष्य के प्रति निराशा होने पर विनियोग में वृद्धि करते हैँ। इसके विपरीत भविष्य के प्रति निराशा होने पर विनियोग में कमी आती है।

2. पूंजीगत वस्तुओं का विद्यमान स्टॉक : अर्थव्यवस्था में पूंजीगत वस्तुओं का स्टॉक भी विनियोग को प्रभावित करता है। यदि वर्तमान में पूंजीगत वस्तुओं का स्टॉक अर्थव्यवस्था में अधिक है तो वर्तमान में ही अतिरिक्त पूंजीगत वस्तुओं के होने के कारण और

विनियोग नहीं हो पाएगा। अत: विनियोग के लिए प्रेरणा समाप्त हो जाएगी। किन्तु यदि वर्तमान में जीगत स्वपूतुअें के स्टॉक कम है तो वस्तुओं की थोड़ी सी मांग में वृद्धि ही इन पूंजीगत वस्तुओं की मांग में वृद्धि कर देगी व विनियोग बढ़ जायेगी।

3. सम्पत्ति का स्वरूप : जब साहसियों के पास तरल सम्पत्ति अधिक मात्रा में होती हैं तो उनमें विनियोग करके लाभ प्राप्त करने की लालसा बढ़ती है। परिणाम स्वरूप विनियोग में भी वृद्धि होती है। साहसियों के पास तरल सम्पत्ति का अभाव होने पर विनियोग कम होंगे।

4. जनसंख्या का आकार व उपभोक्ता वस्तुओं की मांग : जनसंख्या का आकार उपभोक्ता वस्तुओं की माँग को प्रभावित करता है व इसका विनियोग पर प्रभाव पड़ता है। जनसंख्या में वृद्धि होने पर बाजार में उपभोक्ता वस्तुओं की माँग बढ़ेगी व विनियोग भी बढ़ेगा। इसके विपरीत जनसंख्या कम होने पर उपभोक्ता वस्तुओं की मांग घटेगी व विनियोग में भी कमी होगी।

5. आय व बचतों का स्तर : आय अधिक होने पर उपयोग व्यय भी बढ़ता है व उपभोग वस्तुओं की मांग भी अधिक होती है। परिणामस्वरूप विनियोग भी बढ़ता है। इसके विपरीत आय कम होने पर मांग कम व भाग कम होने पर पर विनियोग भी कम होते हैं।

6. आविष्कार व नवप्रवर्तन : आविष्कार व जनवप्रवर्तनों से उत्पादन में वृद्धि व लागत में कमी होती है। इससे पूंजी की सीमान्त कुशलता बढ़ती है जिससे विनियोग अधिक होते है।

7. सरकारी नीतियाँ : सरकार की मौद्रिक, राजकोषिय व आर्थिक नीतियाँ भी विनियोग को प्रभावित करती है। जब सरकार आर्थिक विकास की नीति अपनाती है तो विनियोग बढ़ता है। सस्ती साख नीति व करों में छूट से भी विनियोग बढ़ता है। अधिक कर लगाने व महंगी साख नीति अपनाने पर विनियोग कम होते है। इसी प्रकार अर्थव्यवस्था में अधिक सरकारी नियन्त्रण होने पर विनियोग कम होते है। निजी उद्योग की सहायता से विनियोग बढ़ते हैं व राष्ट्रीयकरण से विनियोग कम होते हैं।

8. नई वस्तुएँ : नई वस्तुएँ की सम्भावित विक्रय आगम लागतों की तुलना में अधिक होती है। इससे लाभ की सम्भावना बढ़ती है। अत: नई वस्तुओं के उत्पादन के लिए विनियोग अधिक तेजी से होता है।

9. राजनैतिक परिस्थितियाँ : यदि देश में राजनैतिक अस्थिरता हो तो विनियोग की मात्रा पर प्रतिकूल प्रभाव पड़ते हैं। किन्तु यदि देश में राजनैतिक स्थिरता हो तो साहसियों का विनियोग में विश्वास बढ़ता है और वे अधिक विनियोग करने को तैयार रहते हैं।

विनियोग में वृद्धि के उपाय : कीन्स के अनुसार विनियोग में वृद्धि से ही रोजगार में वृद्धि की जा सकती है। मन्दी काल में उपभोग फलन में अल्पकाल में परिवर्तन करना सम्भव नहीं होता जबकि रोजगार वृद्धि के लिए विनियोग में अल्पकाल में ही परिवर्तन करके

विनियोग फलन को अधिक रोजगार के अनुरूप बदला जा सकता है। अत: यह आवश्यक है कि विनियोग में वृद्धि की जाए। विनियोग में वृद्धि निम्न प्रकार की जा सकती है।

1. ब्याज दरों में कमी : कम ब्याज दर पर अधिक विनियोग होते हैं। अत: ब्याज दर में कमी करके विनियोग में वृद्धि की जा सकती है। सरकार सस्ती साख नीति अपना कर विनियोग में वृद्धि कर सकती है।

2. करों में कमी : करों में कमी करने से विनियोक्ताओं को प्रोत्साहन मिलता है। इससे पूंजी की सीमान्त कुशलता बढ़ती है व विनियोग में वृद्धि होती है।

3. सरकारी अनुदान : जब विनियोग नहीं बढ़ते हैं तो सरकार निजी क्षेत्र को प्रोत्साहन दे सकती है।

4. मूल्य समर्थन नीति : वस्तुओं के मूल्य कम होने पर विनियोक्ताओं को लाभ कम होता है। इसे प्राप्त करने में सरकार सहायता दे सकती है। इससे बाजार में मूल्य कर नहीं होंगें व विनियोग में वृद्धि होगी।

5. आर्थिक सत्ता का विकेन्द्रीकरण : आर्थिक सत्ता के विकेन्द्रीयकरण से छोटे छोटे विनियोक्ताओं को प्रोत्साहन दिया जा सकता है। एकाधिकार पर नियन्त्रण से नए उद्योगपतियों को प्रोत्साहन मिलता है।

6. नवीन तकनीक को बढ़ाना : सरकार अर्थव्यवस्था व अनुसन्धान से नवीन तकनीकी की खोज में भी विनियोग को प्रोत्साहन दे सकती हैं। नई तकनीक के प्रयोग से लागत कम होती है व पूंजी की सीमान्त कुशलता बढ़ती है। इससे अधिक विनियोग को प्रोत्साहन मिलता है।

7. मजदूरी दरों पर नियन्त्रण लाभों में छूट : यदि मजदूरी दर नियन्त्रित कर उन्हें कम रखा जाए व उद्योगपतियों के लाभों पर नियन्त्रण न हो तो उद्योगपतिरयों का लाभ बढ़ जाता है व विनियोग में वृद्धि होती है।

8. सरकारी विनियोजन : यदि उपरोक्त उपायों से भी विनियोग में वृद्धि नहीं होती तो सरकार को स्वयं ही विनियोग करना चाहिए। सरकार सार्वजनिक निर्माण कार्यों से जनता को क्रय शक्ति प्रदान कर सकती है। जिससे मांग में वृद्धि होगी व विनियोग को भी बढ़ावा मिलेगा।

प्रश्न

1. विनियोग से आप क्या समझते हैं? विनियोग किस प्रकार लिये जाते हैं? विवेचना कीजिये।

   What do you understand by Investment ? How Investment are taken? Discuss

□□□

5

प्रतिफल की दर
[Rate of Return]

पूँजी आधुनिक व्यावसायिक संरचना का मुख्य आधार है। इसका पूर्व नियोजन करना आवश्यक है। पूँजीगत बजटन के माध्यम से सही अनुमान लगाये जाते हैं। सामान्य शब्दों में, पूँजीगत व्ययों के सम्बन्ध में बजट बनाना ही पूँजीगत बजटन कहलाता है। पूँजीगत व्यय से तात्पर्य ऐसे व्यय से है जिसकी रोकड़ में वसूली में कई वर्ष लगने का अनुमान है। पूँजीगत बजटन ऐसी परियोजनाओं पर किये जाने वाले व्ययों का नियोजन है जिनका लाभ संस्था को भविष्य में कई वर्षों तक मिलता रहता है। पूँजीगत व्ययों के लाभदायक एवं सर्वाधिक लाभप्रद विनियोग के विकल्प का चुनाव भी इसी पर आधारित है।

पूँजी बजटिंग में प्रतिशत दर का अध्ययन किसी भी विनियोग की लाभदेयता के लिए आवश्यक होता है। यह दर यों तो माँग, पूर्ति, पूँजी बाजार सरकारी नीति आदि तत्वों के द्वारा प्रभावित होती है लेकिन यहाँ पर केवल पूँजी की माँग एवं पूर्ति पर आधारित दरों की ही चर्चा की जायेगी। इस स्थिति में, सामान्य मूल्य निर्धारण की तरह ही माँग तथा पूर्ति शक्तियों के द्वारा साम्य दर (Cut off Rate) निश्चित होती है। इसलिए यहाँ पर सबसे पहले इन शक्तियों के बारे में जानकारी प्राप्त करें तब साम्य की स्थिति का वर्णन किया जायगा।

पूँजी की माँग (Demand for Capital)

पूँजीगत व्यय बजट फर्म की प्रत्याशित आवश्यकताओं के सर्वेक्षण से प्रारम्भ होती है। आवश्यकताओं के आगणन का प्रारम्भ संगठन की छोटी से छोटी क्रियात्मक इकाइयों से निर्मित होता है और उसी के फलस्वरूप वार्षिक बजट या दीर्घकालीन सामान्य विकास योजनाएँ निर्मित होती हैं। पूँजी आवश्यकताओं की सूची को मौद्रिक मूल्य देकर सम्पत्तियो के रूप में निर्मित किया जा सकता है। इसके प्रबन्ध के सभी स्तरों से सूचना ली जा सकती है। यह सर्वेक्षण कभी कभी या तो कोषों की पर्ति की सामान्य स्थिति की अग्रिम दृष्टि द्वारा होता

है या न्यूनतम लाभ दर के विशिष्ट सुझावों द्वारा अथवा सम्भावित कोषों की कुल रकम के द्वारा होता है। इसे एक उदाहरण द्वारा समझा जा सकता है। एक कम्पनी है जिसका अध्यक्ष कम्पनी के विभिन्न विभागों के प्रबन्धों को प्रत्येक वर्ष इस बात के बारे में पत्र देता है कि वे एक निश्चित तिथि तक अपनी अनुमानित पूँजीगत व्यय के लिए पृष्ठ भूमि बनाता है कि स्रोतों से सम्बन्धित स्थिति भविष्य में क्या रहेगी। इस सम्बन्ध में वह कभी कभी ऐसा भी सोच सकता है कि भवन योजनाएँ स्थगित हों क्योंकि भवन निर्माण लागतें कम हो रही है अथवा उस वर्ष में पैूजी की कमी हो गयी है। इसी प्रकार अन्य मद भी जिन्हें स्थगित किया जा सकता हैं, वह स्थगित कर सकता है।

विनियोगों के लाभदेयता प्रस्तावों के पीछे पूँजी व्यय हेतु अनुसन्धान तथा अवसर होते हैं। इसलिए कहा जाता है कि "एक अच्छे पूँजी बजट की नींव अच्छी परियोजनाएँ होती है।" इसका मतलब यह हुआ कि मुद्रा विनियोग के अवसर प्राप्त कोषों से ज्यादा है। कई अवसरों में से सबसे खराब यही हो सकता है कि अवसरों को बिना बाहरी पूँजी लिये आन्तरिक स्रोतों का ही लाभदायक विनियोग किया जाय। आन्तरिक विनियोग के अवसर के अभाव में ऐसा भी हो सकता है कि लाभ को दृष्टि में रखे बिना ही आर्थिक स्रोतों का दुरूपयोग हो जाय और बचतें आन्तरिक विनियोग में ही लग जाएँ। ऐसी स्थिति में बचतों को दूसरी कम्पनियों में भी विनियोग करना श्रेयस्कर है।

अच्छे विनियोग प्रस्ताव के अनुसन्धान तथा विकास के लिए काफी प्रयास की जरूरत होती है। अतएव कल्पनात्मक खोज (Imaginative Search) को प्रेरणा मिलनी चाहिए। चूँकि ये अवसर अच्छे काम करने के बेहतर तरीकों की निरन्तर खोज से मिलते हैं इसीलिए वे स्वत: ही अच्छे प्रबन्ध के परिणाम होते हैं। विशेषकर शोध विभाग के कार्य की क्रियाएँ नयी वस्तुएँ, सुधरी हुई वस्तुओं तथा उच्च तान्त्रिकी के अवसर प्रदान करती है। इसी प्रकार औद्योगिक अभियन्त्रणा समूह की लागत को कम करने के प्रयास लाभदायक विनियोगों के लिए अवसर पैदा करते हैं जैसे कि एक बड़ी बिजली कम्पनी के प्रत्येक संयन्त्र में निर्माणी कार्यो (Manufacturing Operations) का सर्वेक्षण औद्योगिक अभियन्ताओं तथा अन्य विशेषज्ञों के समूह द्वारा किया जाय। इसके फलस्वरूप योजनाएँ यन्त्रीकरण के लिए तथा बदले हुए उस सयन्त्र व्यय के लिए विकसित की जायें जो कि पूँजी की ऊँची उत्पादकता का आश्वासन देती हैं। अच्छी योजनाएँ उन उपकरणीय उद्योगों (Equipment obsolescence) में शोध तथा प्रतियोगिता का परिणाम भी होती .हैं जिसका व्यवसाय जीर्णता (obsolescence) पैदा करके अपने विक्रय को बढ़ाना होता है।

यद्यपि किसी फर्म के विकास की दीर्घकालीन योजनाएँ वांछनीय होती हैं फिर भी पूँजी आवश्यकताओं का सर्वेक्षण प्राय: 1 वर्ष अथवा 2 वर्ष आगे तक के बारे में होता है। स्वयं पूँजी भी दूर भविष्य तक नहीं देखी जा सकती हैं क्योंकि वे अनजानी तान्त्रिकी प्रगतियों तथा फर्म की वस्तु की माँग दीर्घकालीन विकास पर निर्भर करती हैं यदि भविष्यकालीन योजनाओं को पहले से देखा भी जा सके तो इसमें काफी अनिश्चितता रहती हैं क्योंकि वे

अनजानी तान्त्रिकी प्रगतियों, बाजार विकास तथा मूल्यों में सापेक्षिक परिवर्तन पर आधारित होती है।

पूँजी आवश्यकता का अनुमान जरूरत के रूप में व्यक्त किया जाता है। किसी सयन्त्र में या बाजार की क्रिया में किसी दिये समय में एक विशेष लक्ष्य की प्राप्ति करने में कितनी नयी पूँजी लगेगी इसका अध्ययन किया जाता है। यहाँ पर जरूरत आर्थिक विश्लेषण के लिए कोई अर्थ नहीं रखती क्योंकि इसमें तीव्रता की माप को जानना कठिन है। पुन: पूँजी की माँग को अर्थपूर्ण बनाया जा सकता है क्योंकि यह लाभ के द्वारा पूँजी की आवश्यकता की तीव्रता को माप सकती है। अधिकांश परिस्थितियों में पूँजी की माँग का स्रोत सम्भावित लाभदेयता होती है या होनी चाहिए। यह विचारधारा इस मान्यता पर आधारित है कि अधिकंाश फर्म ज्यादा से ज्यादा लाभ अर्जित करना चाहते हैं और यही उनका एकमात्र उद्धेश्य होता। इसी आधार पर किसी फर्म के विनियोग प्रस्तावों को लाभदेयता की कसौटी पर रखा जाता है और इसका औचित्य जानने की कोशिश की जाती है। इसके लिए एक पूँजी की माँग तालिका बनायी जाती है। यह तालिका बतलाती है कि कितनी कुल रकम दी हुई लाभदर पर माँग की जा सकती है। माँग के अनुमान में पहला कदम यह होता है कि फर्म के प्रतियोगी तथा प्रगतिशील बने रहने के लिए आवश्यक विनियोगों का सर्वेक्षण किया जाय। दूसरा कदम यह है कि इन योजनाओं को लाभ दर के अनुमान के द्वारा जाँचा जाय कि ये लाभदायक हैं या नहीं। तब, पूँजी की माँग तालिका (Demand Schedule) इस तरह से बनायी जाय कि मुद्रा की कुल रकम के विनियोग से विशिष्ट दरों की तुलना में विनियोगों से ज्यादा रकम प्राप्त हो सके।

पूँजी की माँग तालिका (Demand Schedule for Capital)

किसी फर्म की पूँजी माँग तालिका एक समय विशेष में बनाने के लिए यह आवश्यक है कि –

(क) समग्र फर्म में होने वाले पूँजी व्ययों की आवश्यकताओं को सजाकर जाना जाय (Marshall all needs for capital)।

(ख) प्रत्येक प्रस्ताव के वृद्धिगत विनियोग पर होने वाले लाभ दर के रूप में सम्भावित उत्पादक का अनुमान कीजिए।

(ग) सभी योजनाओं को लाभ दर की सीढ़ी में सजाइए।

इसे तालिका (1) में समझाया गया है।

(घ) फिर इस सीढ़ी को उस तालिका के रूप व्यक्त कीजिए जो कि विनियोग की जाने वाली संचित मुद्रा की रकम को अन्य लाभ दरों की श्रृंखला के बराबर या उससे अच्छा कर दें।

तालिका रूप में कम्पनी की माँग तालिका प्रस्तावों के कुल योगों तथा आय के बीच सम्बन्ध को दिखलाती है। फलत: यह बतलाती है कि विद्यमान लाभ दरों में कौन सी दर वाले फर्म में मुद्रा का विनियोग होना चाहिए?

Table-1

Demand Schedule For Capital

(a) Prospective Rate of Return	(b) Volume of Proposed Investment (Rs. in lakhs)	(e) Cumulative Demand (Rs. in lakhs)
Over-100%	1	1
50-100%	19	20
25-50%	100	120
15-25%	600	720
5-15%	1700	2420

समय तत्व (Time Element)

अधोलिखित तालिका बनाने में काल नि.यि अवश्य होना चाहिए जो साधारणतया 1 या 2 वर्ष हो सकता है। प्राय: फर्म की माँग तालिका बजट वर्ष में ही प्रारम्भ हो जाती है अर्थात् इसमें केवल वे ही विनियोग आते हैं जिनकी उत्पादकता इस वर्ष से अधिक नहीं होगी। वे प्रस्ताव जो कि ज्यादा लाभ देगें लेकिन तत्काल स्थगित कर दिये जाते हैं तो वे भविष्यकालीन बजटो में चले जाते हैं। वे जो कि स्थगित करने से क्षय करेंगे उन्हें इस वर्ष की माँग में रखा जाना चाहिए। यह सरल धारणा इस वर्ष में होने वाले वैकल्पिक विनियोगों के साथ प्रतियोगिता पर केन्द्रित होती है। यह प्रतियोगिता के दूसरे पहलू को बिल्कुल छोड़ देती है। यह पहलू उन वैकल्पिक विनियोगों का होता है जो कि यदि बाद वाले वर्षो में किये जायें तो ज्यादा लाभदायक होंगे। इस वर्ष की माँग में भविष्य के विनियोगो को सम्मिलित करने के लिए यह भी जरूरी है कि बाद में होने वाले प्रयोगों के लिए पूँजी को सुरक्षित रखा जाय। यह सुरक्षा नगद, सरकारी ऋण पत्र तथा अन्य प्रकार के कम लाभदायक किन्तु तरल विनियोगों में हो सकती है। तरलता बनाये रखने की लागत वर्तमान वर्ष के विनियोगों की अपेक्षा बाद वाले वर्ष की लाभदेयता की आशा में होने वाली तात्कालिक हानि के रूप में किसी न किसी सीमा तक होती है। उदाहरण के लिए, आज के 15 प्रतिशत ब्याज के बदले अगर हम 31 प्रतिशत के लिए 20 वर्ष तक अपनी मुद्रा को रख दें तो इसमें मुद्रा की कुछ ढुलाई लागतें (Carrying Costs) होती है। इस समय तत्व को ध्यान में रखते हुए विनियोगों के समय संरचना की खोज जरूरी हो जाती है जिससे कि आवश्यक तरलता प्राप्त की जा सके। यह पूँजी बजट को दीर्घकालीन नगद बाजार बजट के साथ जोड़ देता है जिसमें कि उत्पादकता तथा नगद भुगतान वाले दोनों ही तत्व विद्यमान होते है।

आय मापने के सिद्धान्त (Principles of Measuring Earnings)

पूँजी की माँग के विश्लेषण में महत्वपूर्ण आगणन प्रस्तावित पूँजी की उत्पादकता अर्थात् लाभ दर होती है। चूँकि पूँजी उत्पादकता सुदृढ़ आन्तरिक विनियोग बजट के लिए एक महत्वपूर्ण तत्व होती है इसलिए इसमें जिस सावधानी तथा शद्धता की जरूरत पड़ती हैं

उससे अच्छे विनियोग निर्णय तथा बुरे विनियोग निर्णय के बीच के अन्तर को जाना जा सकता है। पूँजी उत्पादकता मापने के सिद्धान्तों की चर्चा संक्षेप में यहाँ की जाती है।

(i) **पूँजी की उत्पादकता के स्त्रोत की पहचान** (Recognition of the Source of productivity of capital)- पूँजी पर होने वाली आय के सही सही अनुमान के लिए पूँजी को उत्पादकता के स्त्रोत को पहचानना जरूरी होता है। आय का स्त्रोत विनियोग की प्रकृति पर निर्भर करता है। सर्वाधिक महत्वपूर्ण स्त्रोत लागत बचत तथा विक्रय विस्तार है। विनियोग में लागत बचत का स्त्रोत संयन्त्र का विस्थापन अथवा आधुनिकीकरण होता है। अतिरिक्त विक्रय उन विनियोगों का स्त्रोत होता है जो कि पुराने विनियोगों की क्षमता का विस्तार करता है अथवा नयी वस्तुओं को पैदा करता है। कई योजनाओं की आय के स्त्रोत एक से ज्यादा हो सकते है।

(ii) **आय की गणना योजना विशेष पर आधारित हो** (Earnings must be estimated on an individual Project basis)- वृद्धिगत पूँजी विनियोग की इकाई विशेष की सम्भावित लाभदेयता ही पूँजी कोषों के आबंटन में मदद करती है। पुराने तथा डुबे हुए विनियोगों पर होने वाला प्रतिफल केवल ऐतिहासिक महत्व ही रखता है। नये विनियोग सम्बन्धि निर्णयों में इसका कोई तादात्मय नहीं होता। इसके अतिरिक्त पुराने तथा नये विनियोगों पर औसत प्रतिफल बहुत ही भ्रामक होता है।

(iii) **भविष्यकालीन लाभ ही उपयुक्त होता है** (Future profit is relevant)- इसलिए लाभ को अनुमानित भविष्यकालीन कीमतो, लागतों, तथा अन्य बातों के आधार पर करना होता है। भूतकालीन बातें भविष्य के अनुमान के लिए एक निर्देशक का काम ही करती हैं। पूँजी उत्पादकता अनुमान प्राय: भविष्यकालीन लागत तथा उपर्युक्त विकल्प में होने वाले लाभ की तुलना करता है। उचित विकल्प जानने का तरीका यह है कि यदि कोई विनियोग न किया जाय तो क्या होगा? इसे बिना अतिरिक्त पूँजी के न्यूनतम लागत की विधि (Least cost method without added capital) कहा जाता है।

(iv) **पूँजी उत्पादकता की माँग सम्पत्ति के सारे जीवनकाल में होने वाली आय के द्वारा मापी जानी चाहिए** (Capital productivity should be measured by earnings over the whole life of the asset)- फिर भी व्यवहार में सुदूरवर्ती भविष्य का दृश्य धुँधला पड़ जाता है। आर्थिक जीवन का अनुमान हमेशा गलत होता है लेकिन तो भी यह पूँजी क्षय लागत की माप के लिए आवश्यक होता है। आय की अभिव्यक्ति यावत् जीवन कुल आय (Life time gross earnings) के रूप में हो सकती है जिसमें से विनियोग की लागत को घटाया जाता है अथवा पूँजी क्षय के वार्षिक भत्तों के पश्चात् जो लाभ बचता है उस रूप में दर्शाया जा सकता है। किसी भी अवस्था में परिणाम विनियोग पर प्रतिफल की दर आधारित होती है। तुलना के लिए फर्म एक ही तरीके को प्रमाणिक बना दे - उदाहरण के लिए, पुनर्भुगतान काल (Payout period) अर्थात् पूँजी विनियोग की कुल आय से उसके पुन: भुगतान होने में लगने वाले वर्षो की संख्या। यह तरीका पूँजी उत्पादकता माप के लिए भ्रामक है। यह केवल नगद बजट के लिए उपयुक्त है।

(v) **पूँजी आय के स्त्रोत का अवमूल्यन करना** (Discounting the stream of capital earnings) - भविष्यकालीन आय का गिरता हआ मूल्य जो कि पूँजी आय के

प्रवाह के अवमूल्यन के कारण होता है, पूँजी-मुल्य सिद्धान्त का एक अभिन्न अंश है। फिर भी इसमें माप की जटिलताएँ आती हैं। जब सम्पत्तियों का आर्थिक जीवन छोटा हो, आय आगणन अन्दाज मात्र ही हो तथा जब सुदूरवर्ती भविष्य में अनिश्चितताएँ बढ़ती हों तों इस सुधार में जटिलता लागत से कम लाभ देती हैं।

दूसरी ओर, जबकि विभिन्न सम्पत्तियों के अलग अलग आय प्रवाह के समय पर और जब अवमूल्यन की दर अधिक हो तो अवमूल्यन क्रिया का व्यावहारिक महत्व होता है।

(vi) **औसत पूँजी द्वारा तुलना** (Comparison by average capital)- प्रयोग की जाने वाली विनियोग की तुलना आय के साथ करने के लिए किसी दिये हुए समय में सम्पत्ति के साथ औसत पूँजी को सम्बद्ध किया जाना चाहिए। यह काल सम्पत्ति के कुल आर्थिक जीवन से कम हो सकता है। वह सम्पत्ति जिसका बाजार मूल्य अथवा अन्यत्र उपयोगिता में अन्तिम मूल्य प्रारम्भिक लागत के कम हो जाय तो उसे खरीदा जाना चाहिए - इसका निर्धारण करना कठिन है। अनेक अनिश्चिताओं के पूर्वाभास को देखते हुए घिसाई की सीधी रेखा वाला तरीका ही अन्य पूँजी वापसी के आगणनों की तरह अच्छा होता है। इस स्थिति में जो पूँजी कुल आयों द्वारा विघटित (Liquidated) कर दी गयी है उसे अन्यत्र विनियोजित किया जा सकता है और यह आय के लिए किसी खास सम्पत्ति पर निर्भर नहीं करती है। अतएव प्रारम्भिक पूँजी व्यय की अपेक्षा औसत रकम विनियोग का आगणन श्रेयस्कर है।

(vii) **अप्रत्यक्ष प्रभावों को शामिल करना** (Take account of the indirect effects)- आय के अनुमान में चाहे वे लागत बचत से अथवा वृद्धिगत लाभों से हो, विद्यमान सुविधाओं की क्रिया से होने वाले प्रस्तावित पूँजी व्ययो के अप्रत्यक्ष परिणामों को ध्यान में रखा जाना चाहिए। प्रस्तावित विनियोग में कम्पनी की कुल आय तथा लागत से तुलना की जानी चाहिए जो कि बिना विनियोग के हो सकती थी। लेकिन इन अप्रत्यक्ष आयो में काफी विवेक की जरूरत होती है और त्रुटी का क्षेत्र अधिक होता है। स्वयं समायोजित होने वाली प्रतिद्वन्द्वी अर्थव्यवस्था में पूँजी व्ययों की यह प्रवृत्ति होती है कि ये उनकी लाभदेयता का निर्माण करने वाले आर्थिक अवसर का नाश कर देते हैं। असाधारण लाभ अधिक विनियोगो के सूचक होते हैं तथा वे अपनी दिशा में तब तक प्रभावित होते रहेंगे जब तक कि बढ़ती हुई लागतें अथवा उत्पत्ति फर्म को आदर्शतम व्यय स्तर के ऊपर तक नहीं ले जाते हैं। इस क्रिया में वे असाधारण लाभों को समाप्त कर देते हैं। नष्ट करने की इस जोखिम को प्रत्येक लाभदायकता अनुमान के सन्दर्भ में जाँचा जाना चाहिए।

(viii) **त्रुटि सीमा तथा आन्तरिक जोखिमों में अन्तर** (Differences in inherent risks and errors)- पूँजी व्ययों की उत्पादकता के अनुमान, त्रुटि सीमाओं तथा आन्तरिक जोखिमों के अनुसार अलग अलग होते हैं। इसीलिए इन अन्तरों को जानने का एक सिलसिलेवार तरीका होना चाहिए।

(ix) **अनुमानों के अव्यावहारिक तत्व** (Irrelevant factors in estimates)- कुछ विनियोगों के लिए लाभ की दर जानना अव्यावहारिक हो जाता है क्योंकि इनके लाभ इतने बिखरे हुए रहते हैं कि उनको मापना किसी भी साधन से सम्भव नहीं है। कुछ फर्मो की आय इतनी अधिक तथा स्पष्ट होती है कि प्रतिफल को जानना मात्र एक सैद्धान्तिक कार्य हो

जाता है । कुछ योजनाएँ ऐसी हो सकती हैं कि उन पर प्राप्त होने वाली आय कम होने के कारण प्रतिफल का अनुमान करना आवश्यक नही रह जाता है। पूँजी की कुल उत्पादकता को तभी मापा जाना चाहिए जबकि अनुमानों के लिए एक वास्तविक आधार हो तथा योजनाओं की सीमान्त उत्पादकता का अन्दाज किया जा सके।

इसके बाद पूँजी की आवश्यकता को जानने के लिए विवादास्पद पहलुओ को जानना चाहिए। ये बातें भुगतान काल बनाम लाभदेयता (Payout period vs. profitability), विनियोग कसौटी के रूप में लाभदेयता (Profitability as an investment criterion) तथा जोखिम और अनिश्चितता के लिए प्रावधान (allowances for risk and uncertainty) है। अब इन तीनों की चर्चा यहाँ विस्तृत रूप से की जायगी:

भुगतान काल बनाम लाभदेयता - भुगतान काल वह समय होता है जो कि कुल आय से पूँजी क्षय के प्रावधान के पहले विनियोग का वापस भुगतान करने में लगता है। यह कसौटी प्राय: विनियोग अवसरों के निर्धारण के लिए पूँजी बजटिंग में अपर्याप्तता हो जाती है। यह उस तीव्रता को मापती है जिस पर कि विनियोग पूँजी कोषों को फिर से भरता है। भुगतान काल मुख्यत: एक नगद का ही आशय है जो कि केवल नगद बजट (Cash Budget) से सम्बन्ध रखता है और इस विशिष्ट प्रश्न का जवाब देता है कि यह नगद व्यय कब तक फिर फर्म के कोषागार में आ जायगा। स्वयं भुगतानकाल विनियोग में पूर्ण प्रतियोगिता के अर्थ में लाभदेयता को नहीं मापता। अत: यह नगद बजटिंग में उपयुक्त है परन्तु पूँजी बजटिंग में बहुत मदद नहीं करता। सीमित काल में विनियोग में भुगतान काल तथा लाभदेयता के बीच कोई स्थिर सम्बन्ध भी नहीं होता है। अब एक उदाहरण पर भी विचार करें जो किसी मशीन में दो वैकल्पिक विनियोग अवसरों के बारे में हैं। मशीन की लागत 20,000 रूपये है जो कि 5,000 रूपये प्रतिवर्ष की दर से 6 वर्ष तक आय देती है। मशीन की भी लागत 20,000 रूपये ही है। लेकिन 5,000 रूपये प्रतिवर्ष की दर से यह 10 वर्ष तक आय देती है। अत: तथा दोनों ही मशीनों के लिए भुगतान काल 4 वर्ष है जो कि इस प्रकार निकाला गया है:

$$\text{Payout period} = \frac{\text{Amount of investment}}{\text{Earnings per year}}$$

इस सुत्र के अनुसार -

$$\text{Payout period} = \frac{\text{20000Rs.}}{5000} = 4 \text{ Years}$$

लेकिन भुगतान काल के अन्त में मशीन A के जीवन में 2 वर्ष ही शेष बचते हैं जबकि B 5,000 रूपये प्रतिवर्ष की दर से 6 वर्ष तक भविष्य में भी आय देती रहेगी। यद्यपि उनके भुगतान काल समान हैं फिर भी ये दोनों ही विनियोग समान रूप से वांछनीय नहीं है। इसे अगर प्रतिफल दर के रूप में देखा जाय तो यह 13 प्रतिशत होती है और मशीन पर 21प्रतिशत होती है। चूँकि यहाँ B मशीन पर विनियो A की अपेक्षा ज्यादा आय दे रहा है। इसलिए इसे ही अधिमान दिया जायेगा। लाभदेयता आय अर्थात् विनियोग पर शुद्ध प्रतिफल पूर्ति की माँग तालिका के विकास एवं परियोजनाओं के चयन के लिए उपयुक्त तरीका है। लेकिन कुछ परिस्थितियों में भुगतान काल श्रेणीकरण (Ranking) का आधार हो सकता है।

जब फर्म का नकद के लिए अधिक झुकाव रहता है और वह अल्पकाल के लिए भी ऋण लेने की अनिच्छा रखता है। जो तरल विनियोग है वह विशेष लाभदायक है और परियोजना के क्रम में पहले जायेगा। लेकिन इसका समाधान यह है कि वापसी भुगतान के लिए नगद तथा पूँजी की उत्पादकता की गति दोनों पर ही विचार अवश्य होना चाहिए।

भुगतान काल सरल, वास्तविक तथा सुरक्षापूर्ण तो होता है लेकिन इसमें कुछ कमियाँ भी होती हैं। क्योंकि इसमें निकट वाले वर्ष को तो बहुत भार के साथ मापा जाता है और दीर्घकालीन लाभों को छोड़ दिया जाता है। अतः अनिश्चिततापूर्ण व्यवसाय में प्रतिफल दर ही अधिक उपयुक्त होती है।

स्थगन बनाम उत्पादकता – विनियोग प्रस्तावों के चयन में अर्थात् कितने समय तक परियोजना को स्थगित किया जा सकता है इसका भी महत्व होता है। यदि उपलब्ध कोषों की तुलना में आवश्यकता का आधिक्य होता है तो कई कम्पनियाँ स्थगन के द्वारा अभी रोके जाने वाली परियोजनाओं को छाँट देती है चाहें इससे लाभ भी क्यों नहीं हो रहे हों। विनियोग चयन की यह विधि बहुत युक्तिसंगत नहीं है और अधिकतम लाभ के विनियोग के आवंटन में भी सहायक नहीं है। विनियोगों का वह बड़ा अनुपात जो काफी बचतें और ऊँचे लाभ देता है – वह भी यदि स्थगित किया जा सकता है तो छाँट दिया जायेगा। किसी तेल कम्पनी ने एक सेवा केन्द्र (Service Station) अथवा पाइप लाइन परियोज़ना (Pipe line project) में विनियोग के बीच चुनाव करते समय पाया कि पहले में केवल 6 प्रतिशत का लाभ है, दूसरे में 30 प्रतिशत का लाभ है। पहले में अगर विनियोग नहीं किया जाता है तो प्रतिद्वन्द्वी आ जाते है। इन परिस्थितियों में कम्पनी पहले को चुनेगी क्योंकि दूसरे परियोजना को कुछ समय तक स्थगित किया जा सकता है।

स्थगन प्रयोग से कुछ क्रियाओं में शिथिलता आ जाती है। स्थगन के स्तर से विस्तार विनियोग तथा तकनीकी प्रयोग का अनुपात किया जा सकता है। निश्चितता में ऊँची लाभदेयता वाले मद स्थगित नहीं करने योग्य श्रेणी में आ जाते हैं। लेकिन ऐसी परियोजनाएँ लाभदेयता की तुलना के द्वारा स्वीकृति के लिए आश्वस्त कर दी जाती है क्योंकि जो बहुत आवश्यक मद हैं, वे ऊँचे लाभ वाले हैं। जैसे कि तेल कम्पनी की स्थिति में पाइप लाइन के बदले पम्पिंग स्टेशन का पुनर्स्थापन बहुत अधिक लाभदायक है। क्योंकि यह यदि ऐसा नहीं करती है तो सारी लाइन की आय ही बन्द हो जायेगी।

अनिश्चितता के लिए प्रावधान – आज के एक रूपये के व्यय का जो मूल्य है वह कई वर्ष बाद में होने वाली अनुमानित आय से अधिक होता है। ऐसा केवल इसलिए ही नहीं होता कि इसमें पूँजी की ब्याज लागत होती है – बल्कि अनुमान की शुद्धता के बारे में अनिश्चितता के कारण भी होती है। भविष्य की परिस्थितियाँ समूची आय को नष्ट कर सकती है। तकनीकी परिवर्तन, सम्पत्ति को जीर्ण बना सकते हैं। तकनीकी परिवर्तन मूल्य, लागत मूल्य एवं कार्य का आकार भविष्य के वर्षो में अनुमानित आयों को समाप्त कर सकते हैं।

अनश्चितता के लिए प्रावधान के सम्बन्ध में जो व्यवस्था होती है वह एक अनुमान है। लेकिन फिर भी उनको प्रत्यक्ष या परोक्ष रूप से करना पड़ता है। लाभदेयता समायोजन को नहीं अपनाने से प्रबन्ध समस्या से बचता नहीं अपितु यह अनुमान तत्व निर्णय बनाने की क्रिया की एक स्थिति से दूसरी स्थिति में चला जाता है। इस प्रकार की विभेदपूर्ण अनिश्चितता सम्बन्धी प्रत्यक्ष चार विभिन्न प्रणालियाँ हो सकती है:

1. अनौपचारिक विवेक द्वारा (By informal judgement)।
2. प्रारम्भिक प्रतिफल अनुमानों में विभेद द्वारा (Differential applied to unmodified return estimates)।
3. अनिश्चितता के लिए प्रत्याशित जीवन काल के अनुमान समायोजन द्वारा प्रतिफल के लिए प्रतिफल अनुमान में ही सुधार करना ।
4. वर्ष विशेष में लागू होने वाले सम्भाव्यता गुणकों द्वारा अनुमान में सुधार करना।

इन चारों तरीकों का चयन, अनिश्चितता की प्रकृति पर निर्भर करता है और विनियोग के विभिन्न प्रकारों के लिए उपयुक्त हो सकता है। उदाहरणार्थ, अनुमानित भविष्यकालीन रकम की अपेक्षा अस्तित्व ज्यादा अनिश्चित है तो उचित प्रावधान, सम्भाह्यता गुणक ही होता है जो कि किसी वर्ष विशेष की आय होगी। यह अच्छा नहीं लग सकता है कि आय का स्तर भी अनिश्चित हो परन्तु तरीकों, स्टाइल, नाशवानता, क्रेताओं की अभिरूचि के पूर्वाभास में अवरोध इत्यादि में महत्वपूर्ण होती है।

लेकिन इन तरीकों को शुद्धतापूर्वक काम में लाने के लिए उच्चस्तरीय प्रबन्ध हमेशा तत्क्षण लाभदेयता की जगह पूँजी परियोजना की दीर्घकालीन लाभदेयता को ध्यान में रखे। ऐसा वह तीन अवस्थाओं में कर सकता है। एक तो, सामान्य योजना के पुनरीक्षण (Review of the general plan) को देखे कि सामान्य विकास योजना के अनुकूल है। पुनः दीर्घकालीन योजना में इस बात का आश्वासन नहीं रहता । दूसरी, निश्चित परियोजनाओं की स्वीकृति (Approval of definite projects) है जो कि एक वर्ष के पूँजी बजट का ही अंग होती है। किन्तु बजट-स्वीकृति मुद्रा व्यय करने का अधिकार नहीं हैं। अन्त में, प्रत्येक परियोजनाओं के लिए अलग अलग कोषों का अधिकार दिया जाना चाहिए। ज्योंही परियोजनाएँ विकास की इन अनिश्चित अवस्थाओं से गुजरती हैं तो प्रतिफल की माप में कुछ सुधारों की आवश्यकता है। ये सुधार भी स्वीकृति की अवस्था के समानान्तर तीन तरह के हो सकते हैं:

(क) **पुनरीक्षण अनुमान** (Back of envelope estimates) - इनके द्वारा इसमें एक बहुत ही कठोर पूँजी उत्पादकता मापदण्ड के द्वारा परियोजना की आर्थिक सम्भाव्यता तथा इसके बचाव के अवसर का अनुमान मात्र होता है।

(ख) **प्रारम्भिक अभियन्त्रणा अनुमान** - ये अभियन्त्रणा विश्लेषण पर आधारित होते हैं तथा विक्रय मूल्य एवं अन्य तत्वों का पूर्वाभास मात्र होते हैं। अनुमान पूँजी पर शुद्ध प्रतिफल के रूप में होते हैं तथा वार्षिक पूँजी बजट के लिए बहुत अर्थपूर्ण होते हैं।

(ग) **अन्तिम अनुमान** (Final Estimates) - ये लाभ तथा आय के वे सर्वश्रेष्ठ अनुमान होते हैं जो कि शाखा कर्मचारियों के द्वारा किये जाते हैं और इनका पर्यवेक्षण तथा सुधार केन्द्रीय वित्तीय सेविवर्ग द्वारा होता है तथा उच्चस्तरीय कार्यपालकों के पूँजी व्यय समूह द्वारा भी उन्हें देखा जाता है तथा इन अनुमानों पर अन्तिम अधिकार दिया जाता है।

पूँजी की पूर्ति (Supply of Capital)

पूँजी की माँग के अनुमान के पश्चात् पूँजी की पूर्ति की समस्या आती है। पूर्ति का मतलब यह है कि आवश्यक वित्त कहाँ से, कब और कितना आयेगा? इस दृष्टि से पूँजी प्राप्ति के दो स्रोत हो सकते हैं:

आन्तरिक स्रोत (Internal Sources)

आन्तरिक स्रोत में घिसावट व्यय तथा संचित लाभ (Retained earnings) आते है। यहाँ पर प्रबन्ध की मुख्य समस्या यह होती है कि आन्तरिक रूप से पैदा होने वाले नगद का पूर्वाभास किस प्रकार हो, लाभांश के रूप में कितना नगद बाँटा जाय और बची हुई आय का कितना भाग दीर्घकालीन परियोजना में लगाया जाय? आधुनिक प्रतिष्ठानों में पूँजी कोषों का मुख्य स्रोत चालू क्रियाएँ (Current operations) होती हैं। कुछ कम्पनियों में पूँजी व्यय आन्तरिक रकम तक ही सीमित होते हैं फिर भी यह या तो स्वेच्छा या आवश्यकता की बात होती है – जब कि पूँजी बाजार से वित्त नहीं मिल रहे हों। फलत: संचित घिसावट तथा आय से प्राप्त प्रत्याशित रकम का अनुमान पूँजी व्यय बजटिंग का महत्वपूर्ण अंग होता है। कुछ फर्म उस नगद के विस्तृत पूच-वर्षीय पूर्वाभास करते हैं जो कि पैदा होगा और इसके लाभांश तथा सरल संचयों के लिए आय आबंटन को देखा जाता है। साधारणत: ऐसे अनुमान एक से दो वर्ष की अवधि के लिए होते हैं। इस तरह के अन्दाज सिर्फ विक्रय मूल्य के पूर्वाभास की ही बात नहीं होती है बल्कि उनमें घिसावट व्यय एवं तरलता की आवश्यक मात्रा भी पर्याप्त रुप से प्रबन्ध निर्णय पर प्रभाव डालती है। इनकी विस्तृत चर्चा यहाँ की जायगी:

ह्रास (Depreciation) : इस व्यय की पर्याप्तता इसके उद्धेश्यों पर निर्भर करती है जो कि पूँजी एवं आय क्षमता जैसे रूपों में अनेक प्रकार से हो सकते है। यदि घिसाई व्यय संयन्त्र पुनर्स्थापन वित्त के लिए किये जाते हैं तो उन्हें प्रत्याशित मूल्यों के अनुसार आयोजित किया जाना चाहिए। लेकिन यह व्यय भिन्न नहीं होता और महत्वपूर्ण समस्या आय तथा नहीं रखी जाने वाली घिसावट की रकम से सम्बन्धित होती है। कभी-कभी घिसाई तथा रिक्तिकरण (Depletion) फर्म में इकाइयों के बीच पूँजी बजट विभाजन की कसौटी का काम करते हैं। अत: यह भीषण मन्दीकाल में बहुत सामान्य है कि प्रत्येक प्रमुख कार्य को एक पूँजी बजट तक सीमित रखा जा; यह इस फर्म की घिसाई या इसके अंश से ज्यादा नहीं हो। कुछ परिस्थितियों में यह प्रथा क्षेत्रीय बाजार विनियोग एवं व्यक्तिगत संयन्त्रो में अपनायी जाती है लेकिन इसका अत्यधिक व्यवहार एक अन्धविश्वास का ही द्योतक है जिसका कोई विशेष औचित्य नहीं होता है।

पुनर्विनियोग संकेत (Plough back guides)- संचित आयों का महत्व पुनर्विनियोग नीति को किसी फर्म की पूँजी व्यय बजटिंग का एक अभिन्न अंग बना देता है। यहाँ पर फर्म के सामने यह प्रश्न उठता है कि आय का कितना पुनर्विनियोग में लगे और कितना बाँटा जाय इस सम्बन्ध में पूँजी राशिनिंग सिद्धान्त ब्याज आय तथा विकास की सम्भावनाओं की सहायता ली जाती है।

यदि कम्पनी पूँजी राशनिंग का निष्ठा के साथ अनुसरण करती है तो उस समय यह आय को तब तक रख सकती है जब तक कि उसे फर्म की पूँजी की लागत से ज्यादा प्रतिफल पर विनियोजित न कर दिया जाय। ऐसी हालत में फर्म का विनियोग फर्म से होगा।

एक दूसरा सिद्धान्त यह है कि आधुनिक प्रतिष्ठान में दिये जाने वाले लाभांश भी एक प्रकार की ब्याज-आय ही होते हैं। यदि इस नीति से पुनर्विनियोग को देखा जाय तो परिवर्तनशील आय से स्थायी लाभांश के पश्चात् संचित आय बहुत बच जाती है।

तीसरी बात यह है कि आय में से कुछ संचय सम्भावित व्ययो के लिए होना चाहिए जिससे विकास की गति में अवरोध न आये। यह एक पुनर्विनियोग की औसत न्यूनतम रकम का दीर्घकालीन दृष्टिकोण है जो कि सम्पूर्ण व्यावसायिक चक्र की आय पर अपना अधिकार रखता है।

फर्म पर स्कन्ध के बाजार मूल्य तथा इसकी पूँजी की लागत की पुनर्विनियोग नीति का प्रभाव पड़ता है। इस पूर्व निष्कर्ष (Hypothesis) को पर्याप्त समर्थन मिलता है कि आय स्कन्ध के मूल्य को गिराती है। फलतः पूँजी की लागत को अस्थायी रूप से बढ़ाती है। इस बात की आशा करना स्वाभाविक है कि बाजार मूल्य तथा पूँजी पर पड़ने वाली संचित आयों का अनुकूलतम अनुपात (Optimum Ratio) हो। यदि सभी आयों को लाभांश में बाँटा जाता है तो यह आन्तरिक विनियोग के अभाव का द्योतक है अर्थात वहाँ विकास की योजनाएँ नहीं होगी। सम्भाव्य संचिति कोष भी अपर्याप्त होंगे। दूसरी ओर, ज्यादा आन्तरिक विनियोग स्कन्ध मूल्य को बहुत अधिक गिरा देते है। इस सम्बन्ध में प्रो. डीन का कहना है "Paying all earning out in dividends connotes impoverised opportunities for internal investments..... ploughing back too much generally depresses stock values...." इन स्तरों की सीमाएँ विभिन्न फर्मों में अलग अलग होती है और स्कन्ध रखने वाले विनियोक्ताओं के आयकर कोष्ठ तथा लाभदायक विकास की सम्भावनाओं के ऊपर निर्भर करता है। लेकिन यह प्रश्न उसी समय महत्वपूर्ण होता है जब कम्पनी बाहरी पूँजी की आशा करती है।

आन्तरिक विनियोग प्रक्रिया शुद्ध व्यावसायिक बचतों की अपेक्षा कुल बचतो से सम्बन्धित होनी चाहिए अर्थात वह आय जो षिसावट व्यय के पहले होती है। यह आन्तरिक विनियोग प्रक्रिया में आवश्यक तरलता देती है जबकि पुरानी तथा मरणासन्न वस्तुएँ शुद्ध आय अर्थ के अनुसार लाभ न देने वाले कोषों से नयी वस्तुओं को सहायता पहुँचा सकती हैं। यदि घिसाई व्यय फर्म की आन्तरिक पूँजी के प्रवाह में अवरोध डालते हैं तो ये फर्म से बाहर जाने वाली पूँजी को रोकने के बावजुद भी अपेक्षाकृत ज्यादा हानि पहुँचाते हैं।

किसी बड़े फर्म में सुव्यवस्थित पूँजी के आन्तरिक विनियोग से कार्यक्षमता में वृद्धि होती है क्योंकि इसके आन्तरिक विनियोग की वांछनीयता की निष्पक्ष पूँजी बाजार जाँच नहीं होती है। कम्पनी के अन्दर ही पूँजी विनियोग से पूँजी बाजार की अपेक्षा ज्यादा सस्ता तथा आसान पूँजीकरण हो जाता है। कम्पनी को जानकारी के क्षेत्र के अन्तर्गत पूँजी व्यय नियन्त्रण की अच्छी प्रणाली पूँजी के लाभदायक प्रयोग का काम कर सकती है।

जब पूँजी व्यय प्रस्ताव-फर्म के विशिष्टीकरण क्षेत्र से बाहर हो जाते हैं तो आन्तरिक विनियोग की उपयोगिता सन्देहास्पद हो जाती है और यह कम्पनी की बाहरी पूँजी की लागत पर सीमान्त प्रतिफल दर से भिन्न होती है।

आन्तरिक वित्तीयकरण की आलोचना इस आधार पर की जाती है कि यह पूँजी व्यय के अन्य सभी प्रयोगों की वांछनीयता की निष्पक्ष बाजार जाँच नहीं करता। लाभ पूँजी निर्माण में दोहरी भूमिका निभाता है, एक तो उनका पूर्व विनियोग पूँजी निर्माण के लिए कोष प्रदान करता है और दूसरा, लाभ की सम्भावनाएँ उस आर्थिक क्रिया में मुद्रा को खींच ले जाती है जहाँ कि माँग एवं पूर्ति की कसौटी पर विनियोग को आवश्यक समझा जाता है। यदि प्रतियोगिता पूर्णतः प्रभावशाली हो तथा लाभ मूल्य स्तर एवं अपर्याप्त लेखों में आधारभूत परिणाम न हो तो लाभ वहीं होंगें जहाँ पूँजी निर्मा.ा प्रोत्साहन देने की आवश्यकता होती है। माँग की तुलना में यदि पूर्ति अपर्याप्त हो तो लाभ ज्यादा हो जाता है और अधिक लाभ नये विनियोग को आकर्षित करते हैं तथा अपने अंश के बाजार मूल्य को बनाये रखने के लिए भारी आन्तरिक विनियोजन फर्मों द्वारा किया जाता है। आदर्श रूप में कोई कम्पनी अपनी सभी आयों को लाभांश के रूप में बाँट देती है और उसके बाद आन्तरिक विनियोग के लिए कोष लाने बाजार में जाती है तो आर्थिक स्त्रोतों के पूँजी निर्माण की ओर होगा। आवश्यकता की माप सम्भावित लाभदेयता के द्वारा हो सकती है।

बाह्य स्त्रोत (External Sources)

अनुभव यह बतलाता है कि पूँजी बाजार विनियोग कोषों के स्त्रोत की दृष्टि से उतने बड़े नहीं होते जितनी की आय तथा घिसावट व्यय हैं। फिर भी उनका महत्व कम नहीं होता है। 1979 की भारी मन्दी में जब पूँजी की माँग घट गयी तो पूँजी निर्गमन भी बहुत गिर गये। वाह्य स्त्रोतों का मुख्य रूप प्रतिभूतियों का विक्रय होता है जिसमें अंश तथा ऋण पत्र आते हैं। इसके अतिरिक्त जनता, व्यावसायिक बैंक, विशिष्ट वित्तीय संस्थाएँ और विदेशी विनियोक्ता भी वित्त प्रदान करते हैं।

बाह्य वित्तीयकरण के प्रति अनिच्छा (Aversion to External Financing) : कई कम्पनियाँ बाहर से वित्त लेने की इच्छा नहीं रखती क्यो कि यह एक गौरव और ख्याति की हानि की बात समझी जाती है। चाहे कितना भी लाभदायक नया अवसर क्यों न हो ऋण नहीं लिया जायगा। ऐसी स्थिति में नयी योजनाओं के लिए उपलब्ध पूँजी निर्धारण का आधार नहीं होता बल्कि चालू अनुपात (Current Ratio) के स्तर की जरूरत को पूरा करने के लिए संचित आयों से प्राप्त नगद पर आधारित होता है। जैसे कि कुछ कम्पनियाँ यह नियम अपना सकती हैं कि विस्तार वित्त आन्तरिक स्त्रोत से ही मिलें लेकिन यह बर्ताव शुम्पीटर के उस चित्रण के अनुकूल नहीं है जिससे साहसी पूँजी के स्वामी को प्रतिद्वन्द्वि ब्याज को देकर नये व्यवसाय के सर्वाधिक लाभ को ले लेता है। बाह्य वित्तीयकरण के प्रति घृणा के कारणों की चर्चा आगे की जायगी।

सर्वप्रथम तो, व्यापार उद्धेश्यों के लिए ऋ्ण वित्तीयकरण प्रबन्ध की स्टाइल को ही तोड़ मरोड़ देता है। बहुत से बैंक ऋण तथा ऋणपत्र मुद्रा के प्रयोग भविष्यकालीन वित्तीयकरण चिट्ठे के कुछ मदों के कुछ न्यूनतम स्तरों तथा लाभांश भुगतानों पर रोक लगा देते हैं। पुनः वे फर्म पर एक स्थायी पूँजीगत लागत का भार डाल देते हैं क्योंकि सामयिक नगद में कभी कभी अज्ञात भविष्य तक चले जाते हैं चाहें अवसर या परिस्थितियाँ कुछ भी हों। पुनः ऋण साख को गिरा देता है (Debt lowers the credit standing) । यह पट्टे पर ली जाने वाली सम्पत्ति को खरीदने के लिए ज्यादा आकर्षक होता है क्योंकि दायित्व चिट्टे

में ही दिखाया जाता है। दूसरी बात यह है कि ऋण वित्त प्रबन्ध पर असमान जोखिम (Assymetrical risk) डालता है। निर्णय लेने वाले लोग बिरले ही, दिवालियापन में सामान्य पुनर्गठन में उनकी व्यक्तिगत सुरक्षा में जो खतरा पैदा होता है – लाभ सम्भावना में क्षतिपूर्ति करने की क्षमता रखते हैं। कई कम्पनियों में प्रबन्ध का लाभ में हिस्सा इसके वेतन की तुलना में आय का स्रोत, महत्वहीन होता है और यह व्यावसायिक चक्र में प्रशंसनीय स्थायित्व को बताता है। लाभांश प्रबन्ध के सीमान्त आय कर दरें इस प्रकार बढ़ती हैं कि आधुनिक बड़े फर्मों में विस्तार के वित्तीयकरण के लिए अंश पूँजी ऋण सम्बन्धी सीमाओं तथा नियन्त्रणों से मुक्त होती है। ऋण की अपेक्षा अंश पूँजी ज्यादा अच्छी मानी जाती हैं लेकिन नये तथा प्रगतिशील उद्योगों के लिए अंश पूँजी प्राप्त करना कठिन है जबकि नयी पूँजी की आवश्यकता सर्वाधिक रहती है। अगर कम्पनी छोटी है तो यह कभी भी स्पष्ट नहीं होता कि उनके बड़े क्रेता कौन होंगे। फलतः छोटी कम्पनियाँ अपने अस्तित्व को समाप्त कर बड़ी कम्पनी में मिल जाती हैं।

प्रतिफले दरें (Rates of Return)

फर्म की पूँजी की माँग एवं पूर्ति के अध्ययन के बाद हम इन दोनों शक्तियों को पूँजीगत व्यय प्रस्तावों के मूल्यांकन के लिए आर्थिक आधार बनायें। इसके लिए प्रतिफल दर का प्रयोग किया जाता है।

विनियोग पर प्रतिफल दर का सामान्य अर्थ मूल लागत एवं वार्षिक प्राप्तियाँ (Annual Receipts) के अनुपात से होता है। यह परिभाषा लगभग सही है और स्थायी तथा नहीं घिसने वाली या मूल्य परिवर्तनवाली और एक रूप आय प्रवाह देने वाली सम्पत्तियों में उपयुक्त होती है। यह प्रतिफल दर उस परिभाषा से कम या अधिक सीमा तक होगी जिस सीमा तक सम्पत्ति के समापन के सम्बन्ध में उसके पुनः विक्रय मूल्य में प्रारम्भिक व्यय की अपेक्षा कमी या बढ़ोतरी होती है। ऐसा इसलिए होता है कि पुनविक्रय मूल्य के बारे में ठीक ठीक भविष्यवाणी करना कठिन है। इसका मतलब यह होता है कि सही प्रतिफल जो कि एक स्वामी को मिलता है जब तक स्वामित्व नहीं मिल जाता है, समाप्त नहीं होता। इसलिए स्वामित्व की समाप्ति के पहले सर्वाधिक अनुमानित विनिमय दर को ही विनियोग की लाभदेयता का मापद.ड माना जाय। इसी दर को लॉर्ड केन्स ने पूँजी की सीमान्त क्षमता दर (Marginal efficiency of Capital) तथा प्रो. बोल्डिंग तथा अन्य अर्थशास्त्रियों ने आन्तरिक प्रतिफल दर (Internal rate of Return) की संज्ञा दी।

विनियोग पर प्रतिफल दर का आशय उस ब्याज की दर से होता है जो कि भविष्यकालीन कुल आयों के वर्तमान मूल्य को सम्पत्ति की लागत के बराबर बना देती हैं। प्रो. डीन के शब्दों में :

"The rate of return on investment refers to the rate of interest that will make the present value of future gross earnings just equal to the cost...."

विनियोग विभिन्न प्रयोगों के बीच में सीमित पूँजी के आबंटन के लिए परियोजनाओं को लाभदेयता के श्रेणीक्रम में रखकर प्रतिफल दर के द्वारा यह जाना जाता है कि उनमें से किस परियोजना को पहले चुना जाय। सिद्धान्ततः यह साम्य प्रतिफल दर (Cutoff rate of return) स्वत: पूँजी की माँग तथा पूर्ति तालिकाओं में सामंजस्य के द्वारा निश्चित की जाती है। इसलिए कितना विनियोग किया जाय और साम्य दर कितनी हो ये एक ही सिक्के के दो अंग है। फिर भी साम्य प्रतिफल दर ज्यादा उपयोगी होने के लिए प्रबन्ध द्वारा ही निश्चित की जानी चाहिए। यह दर छंटनी दर भी कहलाती है क्योंकि इसमें कम लाभहीन परियोजनाओं को लाभदेय परियोजनाओं से अलग करती है। इस तरह की पूँजी बजटिंग की प्रशासनिक दर परिवर्तन में तीन प्रयोग होते हैं। ''सबसे पहला काम तो यह है कि प्रतिफल दर अगले वर्ष के बजटिंग आयोजन के लिए प्रतिफल आशाओं का अनुमानित पूर्वाभास प्रदान करती हैं।'' इस रूप में छँटनी दर एक अनिश्चित तथा अज्ञात माँग तालिका एवं अनुमानित आन्तरिक पूर्ति तालिका के पूर्वाभास को अपने आप में समाविष्ट करती है। छँटनी दर के ऐसे पूर्वाभास उच्चस्तरीय योजना के लिए जरूरी होते हैं क्योंकि समय बिलगाव (Time lags) तथा अपूर्ण दूर दृष्टि परियोजनाओं की सापेक्षिक लाभदेयता के निश्चित होने तक प्रतीक्षा करने को अव्यावहारिक समझा जाता है। छँटनी दर, लाभांश, वित्तीयकरण तथा छोटी पूँजी परियोजनाओं में तत्क्षण निर्णय की आधार नीति है।

छैटनी दर का दूसरा प्रयोग ऐसी परियोजनाओं को अलग कर देना होता है जिनकी लाभदेयता शाखा तथा उच्चस्तरीय प्रबन्धकीय स्तर के औचित्य में बहुत कम होती है।(To weed out projects that have too low a profitability) अतएव यह कार्यपालक समय में मितव्ययिता के लिए एक यन्त्र होता है।

इसका तीसरा प्रयोग उस दीर्घकालीन पूँजी बजटिंग योजना को लागू करना है (To implement a long run capital budgeting plan)। जो कि विभिन्न शिथिल विनियोग माँग के समय में कम उत्पादकता के सीमान्त विनियोगों को ढालने का प्रयास होता है। उदाहरण के लिए, व्ययों की साम्य दर व्यावसायिक चक्र की सभी अवस्थाओं में अल्पकालीन माँग एवं पूर्ति में परिवर्तन के बावजूद भी स्थिर हो सकती है इसलिए सुरक्षित रखे हुए कोष फिर से माँग बढ़ने पर ज्यादा प्रतिफल के लिए प्रयुक्त किये जा सकते है। इस रूप में छँटनी दर उस बजटिंग का विकल्प है जो कि विभिन्न प्रतिफल पर आये हुए प्रस्तावों के बीच प्रतियोगिता करता है। फिर भी इसके लिए कुल माँग वक्र तथा कुल आन्तरिक पूर्ति वक्र के समूचे व्यावसायिक चक्र के लिए अनुमान करता है। यह अनुमान तभी फायदेमन्द होता है जबकि फर्म के पूँजी स्रोत माँग की तुलना में इतने अपर्याप्त होते हैं कि दीर्घकालीन साम्य बिन्दु पूँजी की लागत से बहुत ऊपर रहता है।

प्रतिफल दर के भेद (Forms of Rate of Return)

1. परिवर्तनीय प्रभावपूर्ण प्रतिफल दर
   (Fluctuating effective rate of return)।
2. आधारभुत न्यूनतम आय दर (Basic minimum rate of earnings)।
3. दीर्घकालीन साम्य दर (The long-run cut off rate)।
4. अपवाद प्रतिफल दर (Exception rate of return)।

(1) परिवर्तनीय प्रभावपूर्ण प्रतिफल दर - परिवर्तनीय प्रभावपूर्ण प्रतिफल दर पूँजी की पूर्वाभासित माँग एवं पूर्ति के वक्रो के कटाव (Intersection) के द्वारा निश्चित की जाती है। परन्तु व्यवहार में किसी खास समय में यह पूँजी व्ययों की रकम के नियमों एवं समीकरण के साधन के रूप में प्रबन्ध के विवेक के अनुसार निश्चित होती है। एक प्रमुख तेल की कम्पनी ने प्रभावपूर्ण दर को मन्दीकालीन पंचवर्षीय भुगतान योजना के बदले युद्धोत्तरकाल की तेजी में एक वर्षीय भुगतान योजना बनाने दिया। दूसरी कम्पनी ने 15 प्रतिशत के नियमित न्यूनतम स्तर को बढ़ाकर कभी कभी 50 प्रतिशत कर दिया। प्रभावपूर्ण दरों में उच्चावचन होने के चार कारण होते हैं। **पहला,** पूँजी व्यय के लिए कम्पनी के पास उपलब्ध कोषों की पूर्ति में परिवर्तन, **दूसरा,** पूँजी संयन्त्र के लिए मूल्य परिवर्तन सम्बन्धि परिकल्पनाएँ (Speculations), **तीसरा** उच्च तरलता अधिमान पैदा करने वाले व्यवसाय में सामान्य गिरावट की दर, तथा **चौथा,** आय दर अनुमानों की अनौपचारिक विस्फीति (deflation)।

प्रभावपूर्ण दर के प्रयोग में आन्तरिक वित्तीयकरण तथा बाह्य वित्तीयकरण के बीच में अन्तर समझा जाना चाहिए।

फर्म का आन्तरिक वित्तीयकरण - उस स्थिति को दर्शाया गया है जिसमें कि कोई कम्पनी पूँजी की पूर्ति के लिए अपनी आय तक ही सीमित रहती है। माँग तालिका प्रत्येक सम्भावित प्रतिफल दर की नीति उस मौद्रिक रकम को बताती है जो कि फर्म कम से कम उस दर पर होने वाले आन्तरिक विनियोग कर सकता है। जिस बिन्दु पर माँग वक्र मिलता है वहाँ फर्म 20 प्रतिफल दर पर या इससे अधिक पर 10 लाख रूपया तक विनियोग कर सकता है। यदि इसके फलन को एक संकीर्ण रेखा के रूप में खींचा जाय तो पूर्वाभास की सम्भावित शुद्धता को बतलाता है और त्रुटि अंश (Error margin) रेखा के निकट छांयाकित क्षेत्र द्वारा जाना जा सकता है। सरल माँग फलन एक अनुठी सरलता होती है जो कि बड़े तथा जटिल पूँजी प्रस्तावों में होती है।

वक्र उन स्थितियों की माँग फलन है जबकि पूँजी व्यय की आवश्यकताएँ बहुत दबाव डालती हैं तथा लाभकारी होती है। ऐसा तेजी काल में होता है। इस स्थिति में पूर्ति वक्र खड़ी रेखा के रूप में होता है। इसका मतलब यह होता है कि कई कम्पनियों की पूँजी की आन्तरिक पूर्ति विनियोगों की सम्भावित लाभदेयता से सम्बन्धित नहीं होती है। स्कन्धधारियों के लिए सर्वाधिक लाभ कमाने हेतु साम्य दर परिवर्तन लाने के लिए एक न्यूनतम आधार प्रवाह (flow) बाहरी पूँजी की लागत के रूप में होना चाहिए। इस नियम का परिणाम यह होता है कि जब माँग इतनी शिथिल पड़ जाती है कि सीमान्त लाभ सम्भावनाएँ पूँजी लागत के सतर तक गिर जाती हैं तो माँग की गिरावट में एक समानान्तर परिवर्तन आता है जो कि पूर्ति वक्र के बायें होता है अर्थात यह नियम उच्च लाभांश तथा कम संचित आयों को बतलाता है। सारे ह्यावसायिक चक्र को ही देखा जाय तो यह मालूम पड़ता है कि किस तरह साम्य बिन्दु आन्तरिक विनियोग वाले फर्मो में बर्ताव करता है। माँग वक्र में परिवर्तन पूँजी वक्र में परिवर्तन के समानान्तर हो सकता है क्योंकि विनियोग सम्भावनाओं का आयतन चालू आय से सम्बद्ध होता है। यह समानान्तर साम्य दर में उच्चावचनों को घटाने की प्रवृत्ति रखता है। तेजीकालीन वक्र है जहाँ कोई परिवर्तन नहीं आया है। चित्र से यह स्पष्ट है कि सम्पन्नता

काल में साम्य दर के सापेक्षिक स्तर के बारे में कुछ भी नहीं कहा जा सकता है क्योंकि यह स्तर माँग तथा पूर्ति वक्रों में परिवर्तन पर निर्भर करता है। जब पूर्ति माँग की अपेक्षा ज्यादा बदलती है तो साम्य दरें मन्दीकाल में तेजीकाल की अपेक्षा अधिक ऊँची होंगी। जब माँग इतनी शिथिल हो कि साम्य दर पूँजी की लागत पर लड़खड़ाकर चलती है तो वस्तुतः बाजार की परिस्थितियों पर इसके उच्चावचन बनते हैं।

यह सिद्धान्त यद्यपि उस कम्पनी को चित्रित करता है जो कि किसी भी हालत में बाहर के वित्त के लिए अनिच्छुक है। लेकिन वास्तव में, पूँजी की लागत से बहुत ऊपर रहने वाली साम्य दर इस नीति को खण्डित कर देती है और कम्पनी को कुछ अस्थायी ऋणों के लिए प्रेरित करती है। यह दर इतनी ऊँची होनी चाहिए जिससे कि कम्पनी को बैंक के पास जाने में सन्देह हो। लेकिन यदि किसी कम्पनी को किसी परियोजना से 50 प्रतिशत प्रतिफल दर प्राप्त होती है तो निश्चित ही 10 प्रतिशत पूँजी लागत प्रतिफल को प्राप्त करे।

(1) बाह्य वित्तीयकरण - चित्र संख्या 3 उस कम्पनी की साम्य दर का प्रदर्शन है जो कि बाह्य वित्त को लेने के लिए इच्छुक हैं। यहाँ पर आन्तरिक वित्तीयकरण वाले फर्म का समूचा पूर्ति फलन भी उपयुक्त (Relevant) हैं। यह समुचित आयों की सीमा से दायें उस बिन्दु तक जाता है जहाँ कि बाजार यह कहता है कि अब पर्याप्त वित्तीयकरण हो गया है।

यहाँ पर पुनः बायीं ओर माँग वक्र के मन्दीकालीन परिवर्तन जो कि पूँजी की लागत से कम साम्य प्रतिफल देते हैं तो ज्यादा लाभांश बाँटना ही उचित हो जाता है। ज्यों ज्यों माँग वक्र दायें हटता है तो साम्य दर मुख्यतः ह्रयय से बहुत ऊँचाई पर समानान्तर की स्थिति में रहती है अर्थात् उपयुक्त माँग श्रृंखला में पूँजी की लागत बढ़ाने के लिए मुद्रा की पूर्ति बहुत लोचदार मालूम पड़ती है। सारा पूर्ति वक्र चक्रीय रूप में बदल सकता है। यद्यपि इसका परिवर्तन परिकल्पनापूर्ण होता है लेकिन चित्र में दिये गये बर्ताव की आशा की जा सकती है। मन्दीकाल में केवल संचित आय ही नहीं घट जाती हैं अपितु सम्भावनाओं के प्रतिभुति बाजार अनुमान की अन्धकारपूर्ण हो जाते हैं और पूँजी की लागत को बढ़ाते हैं। इस सिद्धान्त के अनुसार किसी कम्पनी की पूँजी लागत कोषों की पूर्ति का नियमन करना चाहिए। "जब पूँजी की लागत कम हो तो बाहरी वित्त प्रयोग में लाया जाना चाहिए।" जब कम लाभदायक विनियोग भी आन्तरिक वित्त से होते हों तो यह पूँजी की अवसर लागत से बहुत कम प्रतिफल देता है। अतएव उदार होकर लाभांश बाँटा जाना चाहिए। इस प्रकार पूँजी की लागत यह बतलाती है कि कब लाभांश पूँजी की आन्तरिक पूर्ति को सीमित करता है और कब तथा कितना बाहर से भी वित्त प्राप्त करना चाहिए ?

(2) आधारभूत न्यूनतम आय दर - परिवर्तनीय प्रभाव की साम्य दर का एक विशिष्ट रूप आधारभूत न्यूनतम दर होती है जिसके नीचे प्रभावपूर्ण दर नहीं जा सकती चाहे माँग की तुलना में आन्तरिक पूर्ति कितनी भी ज्यादा क्यों ना हो जाय। इसका उद्धेश्य पूँजी की लागत पर्याप्त रूप से वसूलने वाले विनियोगों पर रूकावट डालना है। अतः यह न्यूनतम दर पूजी की भविष्यकालीन लागत की प्रत्याशा के द्वारा निश्चित की जानी चाहिए। यदि कम्पनी अपने अल्पकालीन वित्तीयकरण की व्यवस्था करने की स्थिति में हैं तो यह न्यूनतम दर प्रायः चालू तथा दीर्घकालीन औसत पूँजी लागत से भी कम हो जाती है।

लेकिन कई फर्म अपनी पूंजी की लागत नहीं जानते हैं तथा जब बाहरी वित्त की सम्भावना नहीं रहती है तो प्रबन्ध बजटिंग में पूँजी बाजार की उपयुक्तता नहीं देखता है। फिर भी जब ऐसी कम्पनियाँ पूँजी कोषों की पूर्ति माँग - राशनिंग प्रणाली अपनाती हैं तो किसी न्यूनतम प्रतिफल स्तर को महसूस करते हैं और इसे पूर्णरूप से समझते हैं कि "जहाँ सीमान्त लाभदेयता शून्य है वहाँ आयों को पुनर्विनियोजित करना गलत हैं।" जब पूँजी लागत छोड़ दी जाती है तो न्यूनतम दर के कई स्तर हो जाते हैं। कभी कभी भूतकालीन विनियोगों पर होने वाली दीर्घकालीन औसत आयों का प्रयोग फर्म में होता है। यह न्यूनतम यदाकदा इसलिए उचित ठहराया जाता है कि यह उस आय दर का प्रतिनिधित्व करता है जिससे कि भूतकाल में स्कन्धधारी सन्तुष्ट रहे हैं क्यों कि यह साहस की जोखिम की क्षतिपूर्ति एवं विकास के लिए आवश्यक पूँजी को आकर्षित करने में मददगार रहा है। इस औसत से ऊँची न्यूनतम दर निश्चित करने से उन विनियोग आय दरों को अस्वीकृत कर दिया जायेगा जो भूतकाल में स्कन्धधारीयों को सन्तुष्ट की हैं। शायद यह फर्म के विकास को यदि भूतकालीन स्तर से तुलित किया जाय तो दर को गिरा देता है।

इस प्रकार स्वचालित स्तर आर्थिक प्रणाली के दृष्टिकोण से पूँजी की दीर्घकालीन लागत से सन्तुष्ट नहीं होता है। यदि औसत आय दर कम हो तो पूँजी को अगर ज्यादा उत्पादक प्रयोग में और कहीं लाया जा सकता है तो रख लिया जायेगा। यदि फर्म की न्यूनतम (Minimum) पूँजी लागत से ज्यादा है तो फर्म पूँजी बाजार की अवैयक्तिक शक्ति की तुलना में कम दर पर विनियोग करता है।

कभी कभी फर्म की लक्ष्य दर ही न्यूनतम स्तर का रूप ले लेती है। कुछ कम्पनियाँ समूची क्रियाओं के लिए पर्याप्त आय दर मानकर चलती है। यह दर ज्यादा अच्छे प्रयोग में अवसर तथा सार्वजनिक, राजनीतिक एवं श्रम सम्बन्ध की सामरिक सीमाओं द्वारा निश्चित की जाती है।

(3) दीर्घकालीन साम्य दर - छँटनी दर का तीसरा रूप वह दीर्घकालीन दर है जो कि आय सम्भावनाओं में व्यावसायिक चक्र को पार करती है। (Cuts across the cyclical swings in earnings prospects)............ तथा पंचवर्षीय या 10 वर्षीय बजट में कोषों की माँग तथा पूर्ति के अनुमानों पर आधारित होती है। इस दर का उद्धेश्य ऊँची माँग के समय में अधिक लाभ परियोजनाओं को ऊपर बढ़ने से रोकना है क्योंकि कोष नीची माँग के समय में कम प्रतिफल वाले विनियोग में छितराये रहते हैं। दीर्घकालीन दर आगामी 10 वर्ष की माँग दर को एक ही माँग-वक्र पर रखकर प्रतियोगिता करवाती है ।

दीर्घकालीन दर दीर्घकालीन पूँजी बजटिंग के लिए युक्तिसंगत नहीं है। इस वर्ष किये गये विनियोग 5 वर्ष के बाद होने वाले विनियोग से प्रतियोगिता नहीं करते हैं। दीर्घकालीन योजना पूर्वाभास क्षितिज की ओर जाने वाला एवं आयों का क्रम है। विभिन्न प्रकार के संयन्त्र अथवा संयन्त्र क्रम की विभिन्न तिथियाँ आदि वैकल्पिक योजनाओं में आती है। सर्वश्रेष्ठ योजना वही है जो अधिक वर्तमान मूल्य दे। उदाहरण के लिए, क्षेत्रीय गोदाम बनाने की एक योजना हो सकती है जहाँ कच्ची सामग्री तो उपलब्ध है - यद्यपि ऊँचे प्रतिफल वाले बाजार अभी भी अविकसित है। एक विकल्प यह हो सकता है कि पहले बाजार स्थापित किये जायँ और 3 वर्ष तक गोदाम ह्यय स्थगित किया जाय। लागत अगर न

बढ़ी हो तो प्रतिफल और भी ऊँचा हो जायेगा। तब तक शीघ्र वापसी–भुगतान योजनाओं में कोषों को लगाया जा सकता है – अथवा बिकने योग्य प्रतिभूतियों को तरल रूप में रखा जा सकता है।

दीर्घकालीन साम्य दर स्पष्टत: पूँजी की प्रतियोगिता के इस तत्व को शामिल नहीं कर सकती है। कोई भी परियोजना एक बार से अधिक दीर्घकालीन माँग वक्र में प्रवेश नहीं कर सकती है क्योंकि यहाँ पर वह प्रतिफल दर होती है जो व्यय के अनुकूलतम समयीकरण के अनुसार है। इसलिए यह माँग वक्र अप्रत्यक्ष रूप में बतलाता है कि एक सर्वश्रेष्ठ योजना सोच ली गयी है और दीर्घकालीन साम्य दर पूर्व निश्चित नियोजन को प्रतिबिम्बित करती है।

दीर्घकालीन दर इस प्रकार पूँजी बजटिंग के लिए एकमात्र यन्त्र नहीं हो सकती क्योंकि यह सचमुच में एक बड़ी योजना के निर्णयों के कन्धों पर होती है। फिर भी इसका प्रशासनिक मूल्य बहुत होता है। वैकल्पिक विनियोग तालिकाओं के रूप में दीर्घकालीन नियोजन आकांक्षाओं को प्रभावित करने वाली बड़ी योजनाओं तक ही सीमित रखे जायें। ज्यों ज्यों नियोजन काल बढ़ाया जाता है छोटी परियोजना अनिश्चितता में झोंक दी जाती है। विकल्प अनगिनत तथा अन्तर सम्बन्धित होते हैं। यहीं पर दीर्घकालीन साम्य दर उपयोगिता होती है। यदि प्रबन्ध कम्पनी के भविष्य का एक व्यापक दृष्टिकोण स्थापित कर चुका है। तो दीर्घकालीन दर समूची योजना में छोटे छोटे हिस्सों को सम्बद्ध करने वाली समय बचत पूर्ण प्रणाली है।

(4) अपवाद प्रतिफल दर : "छँटनी दर वह विशेष दर होती है जो पूँजी कोषों के लिए प्रतियोगिता में सामरिक योजनाओं के लिए पर्यास प्रावधानों को सम्मिलित करती है।" जैसे कि तेल की कम्पनियाँ उत्पादन शुद्धीकरण, यातायात तथा बाजार क्षमताओं में उस सन्तुलित विनियोग के आशय को मानती हैं जो कि परियोजनाओं में लाभदेयता की कसौटी पर ज्यादा जोर देता है। बेचे-जाने वाले कच्चे तेल का 75 प्रतिशत उत्पादन लक्ष्य प्राप्त करने के लिए ज्यादा जोर तेल की खुदाई पर दिया जा सकता है। इसमें किया हुआ विनियोग सेवा केन्द्र की अपेक्षा कम प्रतिफल देता है। इसी तरह उन क्षेत्रों में जहाँ पहुँच अपर्यास है तथा आय निम्न स्तर पर है – उन पर प्रतिफल दरें भी सन्तोषप्रद नहीं होती हैं।

वस्तुत: अपवाद दर अज्ञानता की स्वकृति होती है। इन्हें मुद्रा रूप में नहीं मापा जा सकता है। अपंगता प्रावधान (Handicap allowance) भी लाभ अनुमान की अपर्यासता का एक अनुमान मात्र ही होता है जिसकी आधारशिला कम विवेकशील होती है।

प्रतिफल दर की मान्यताएँ (Assumptions of Rate of Return)

कोई भी प्रतिफल दर निम्नलिखित मान्यताओं पर आधारित होती है:

1. प्रतिष्ठान का उद्धेश्य संकीर्ण तथा अगणनीय अर्थ में लाभों को सर्वाधिक करना होता है। लेकिन लाभ सर्वाधिकरण बड़ी संख्या का लक्ष्य नहीं होता है।
2. वास्तव में, कम्पनी के पूँजी विनियोग के लिए सभी अवसरों के बारे में दूर दृष्टि रखना असम्भव है।

3. प्रत्येक पूँजी प्रस्ताव पर सम्भावित प्रतिफल दर शुद्धता के साथ अनुमानित की जा सकती है।

4. सभी परियोजनओं की जोखिम या तो बराबर हैं या किसी तरीके से उन्हें एकरूप कर दिया गया है।

5. फर्म अंश-पूँजी तथा ऋण पूँजी दोनों ही प्राप्त करने के लिए पूँजी बाजार में पहुँच रखता है और दोनों की दरें भी मालूम होने लायक रहती है।

प्रतिफल दर के प्रयोग का औचित्य यह है कि इससे कौन सा अनुमान अवश्य करना चाहिए, कैसे करना चाहिए और अनुमानों के परिणाम को कैसे समयोजित किया जाय तो इसके बारे में सरल ढाँचा प्रस्तुत हो सकता है? यह प्रारम्भ बिन्दु है क्योंकि यह सिद्धान्त कुछ सीमा तक स्वचालित हो सकता है या होना चाहिए। ये औपचारिक प्रणालियाँ अच्छे व्यावसायिक विवेक का स्थान तो नहीं ले सकती लेकिन विवेक को एक मार्ग दे सकती है तथा सुधार कर सकती है। यह सिद्धान्त मध्यम आय वालों के लिए सबसे उपयोगी है लेकिन बड़े विनियोग के लिए ऐसा सम्भव नहीं है। ये इतने महत्वपूर्ण होते है कि उच्चस्तरीय कार्यपालकों द्वारा अध्ययन पर नियन्त्रण रखते हैं, निम्न स्तरीय कर्मचारियों द्वारा अनुमानों की व्यापकता के लिए अपने विवेक लगाते हैं किन्तु छोटे विनियोग में ऐसी बात नहीं होती।

इस सिद्धान्त का क्षेत्र अपूर्ण है। यह उन विनियोगों में लागू होता है जहाँ त्रुटियाँ बहुत होती है एवं व्यूह रचना बहुत करनी पड़ती हैं। यह उन विनियोगों में लागू नहीं होता जिनके लिए प्रतिफल दर का कोई अन्दाज नहीं लगाया जा सकता है।

विकल्प (Alternative) : यहाँ पर प्रतिफल दर सिद्धान्त तो वैध लगता है लेकिन इसका प्रयोग सीमित होता है। इसके दोषों से बचने के लिए पूँजी बजटिंग के अन्य तरीके अपनाये जा सकते हैं। एक सामान्य तरीका यह है कि पूँजी व्यय की कुल रकम एवं परियोजना के बीच इसका विभाजन का निर्धारण उन उच्चस्तरीय कार्यपालकों के विवेक द्वारा हो जो कि प्रत्येक के गुणो को जाँचते हों (Consider each project on its merits) तथा कुल योजना उस तरह से समायोजित की जाय कि कम्पनी के कोष से रकम आसानी से निकल सके। यह प्रणाली यदि बड़ी कम्पनियों में अपनायी जाती है तो निर्णयों का समूह भी उच्च प्रबन्ध पर आता है। अत: विनियोग प्रस्ताव का मूल्याकंन उस कार्यपालक के मूल्यांकन द्वारा प्रभावित होता है जो कि अपनी विनम्रता से इसे प्रस्तावित करने के लिए प्रस्तुत करता है।

इसी तरह की एक और पहुँच है जो कि सर्वाधिक सार्वजनिक उपयोगिता वाली कम्पनी में पायी जाती है वह परियोजना की पर्याप्त सेवा की आवश्यकता के रूप में पायी जाती है। (Appraise project on the basis of what is needed to provide adequate service) कोई विशेष योजना प्रतिफल स्तर यहाँ जरूरी नहीं होता क्योंकि दर समायोजन के लिए माँग काफी बेलोचदार होती है जिससे कि उपयोगिता पूर्ण विनियोग के लिए पर्याप्त अवसर मिले।

उद्योग में काफी प्रचलित एक तरीका यह भी है कि खास खास विनियोग प्रस्तावों को विकास लक्ष्यों के आदर्श को देखते हुए समायोजित किया जाय। उदाहरणार्थ, खनिज तेल

उद्योग में कोई कम्पनी एक दशक में 90 प्रतिशत विकास का उद्धेश्य रख सकती है और वर्ष के अन्त में प्राप्त होने वाले तेल उत्पादन एवं शोध सुविधाओं में बाजार माँग के बराबर हो जाती है। ऐसा लक्ष्य विनियोग प्रस्ताव को स्वीकार करने में मदद करता है लेकिन यह तरीका प्रतिफल दर से अच्छा होने में सन्देह रखता है। कम्पनी की दीर्घकालीन प्रतिफल दर निश्चित करना कठिन है क्योंकि यह कम्पनी को एक विशालतम सामरिक विनियोग के सन्दर्भ को देखती है। जहाँ सन्तुलन का अर्थ एक प्रकार के उदग्र संयोजन (Vertical line) से है जो सभी उद्योगों में लाभदायक हुआ या नहीं इससे खतरों को घटाया जा सकता है। एक ओर प्रणाली स्थगन छँटनी (Postponability screening) है। कभी कभी कुल रकम तथा इसकी परियोजना के बीच निर्धारण होता है कि प्रस्तावित विनियोग को स्थगित किया जा सकता है या नहीं।

प्रश्न

1. पूँजी की मांग से आप क्या समझते हैं? एक काल्पनिक पूँजी की माँग तालिका को बनाइये।

   What do you mean by Demand for Capital? Draw an imginary Demand Sechduled Capital?

2. निम्न पर संक्षिप्त टिप्पणियाँ लिखिये:

   (अ) समय तत्त्व,

   (ब) पूँजी की माँग।

   Write short note on following:

   (a) Time Element,

   (b) Demand for Capital.

□□□

6

पूर्वानुमान अर्थशास्त्र
[Forecasting Economics]

व्यवसाय में जोखिम एवं अनिश्चितता सदैव विद्यमान रहती है, किन्तु प्रत्येक व्यवसाय में जोखिम एवं अनिश्चितता की मात्रा एवं प्रकृति एकसमान नहीं होती है। वस्तुत: व्यवसाय में जोखिम की मात्रा व्यवसाय की प्रकृति पर निर्भर करती है। यद्यपि व्यावसायिक जोखिमों को पूर्ण रूप से समाप्त करना सम्भव नहीं है, किन्तु नियोजित व्यवस्था अपनाकर जोखिम की मात्रा को कम अवश्य किया जा सकता है।

कुछ व्यावसायिक जोखिमें तो इतनी अनिश्चित एवं आकस्मिक होती हैं कि जिनका अनुमान लगाना ही सम्भव नहीं होता है। माँग पूर्वानुमान लगाकर उपयुक्त समय पर उपयुक्त मात्रा में उत्पादन किया जाना सम्भव होता है। यदि माँग पूर्वानुमान सही हो तो अति उत्पादन (Over-Production) तथा अल्प उत्पादन (Under Prodcution) की समस्या उत्पन्न नहीं होती तथा व्यावसायिक हानियों को टाला जा सकता है।

माँग पूर्वानुमान का अभिप्राय
(Meaning of Demand Forecasting)

सामान्य अर्थ में माँग पूर्वानुमान का अभिप्राय किसी निश्चित भावी अवधि में वस्तु की सम्भावित माँग का पता लगाने से है, जिसे मूल्य या मात्रा अथवा दोनों रूपों में व्यक्त किया जा सकता है। इस प्रक्रिया के अन्तर्गत किसी वस्तु की माँग के भूतकालीन आँकड़ों का विश्लेषण करके भविष्य की किसी अवधि के लिए सम्भावित माँग की कल्पना की जाती है। माँग पूर्वानुमान की विचारधारा को विभिन्न लेखकों ने भिन्न-भिन्न प्रकार से परिभाषित करने का प्रयास किया है, जो निम्नलिखित हैं—

फिलिप कोटलर के अनुसार, "कम्पनी के विक्रय (माँग) पूर्वानुमान का अभिप्राय एक चुनी हुई विपणन योजना तथा वातावरण सम्बन्धी कल्पित दशाओं के आधार पर कम्पनी की बिक्री का अनुमानित स्तर है।"[1]

कण्डिफ एवं स्टिल के अनुसार, "एक प्रस्तावित विपणन योजना के अन्तर्गत भावी अनियन्त्रित एवं प्रतिस्पर्द्धात्मक शक्तियों का अनुमान लगाते हुए किसी विशेष भावी अवधि के लिए बिक्री का अनुमान लगाना ही विक्रय पूर्वानुमान कहलाता है।"[2]

अमेरिकन मार्केटिंग एसोसियेशन के अनुसार, "विक्रय पूर्वानुमान का अभिप्राय एक प्रस्तावित विपणन योजना या कार्यक्रम तथा पूर्वानुमान लगाने वाली संस्था के बाहर कल्पित आर्थिक एवं अन्य घटकों के संयोग के अन्तर्गत एक निर्दिष्ट भावी अवधि के लिए बिक्री का अनुमान डॉलरों या भौतिक इकाइयों में लगाने से है।"[3]

माँग पूर्वानुमान की विशेषताएँ
(Characteristics of Demand Forecasting)

माँग पूर्वानुमान की उपर्युक्त वर्णित परिभाषाओं के अध्ययन से निम्नलिखित विशेषताएँ स्पष्ट होती हैं :

(1) माँग पूर्वानुमान भूतकालीन आँकड़ों का वर्तमान परिस्थितियों से समायोजन करके किया जाता है।

(2) माँग पूर्वानुमान एक निश्चित समयावधि के लिए किया जाता है।

(3) माँग पूर्वानुमान भावी नियोजन का आधार तैयार करता है।

(4) माँग पूर्वानुमान द्वारा भावी विक्रय का अनुमान लगाया जाना सम्भव है।

(5) माँग पूर्वानुमान मौद्रिक एवं भौतिक, दोनों प्रकार का सम्भव है।

(6) माँग पूर्वानुमान में सांख्यिकीय एवं गणितीय पद्धतियों का व्यापक प्रयोग किया जाता है।

---

1. The Company (Sales) forecast is the expected level of company sales based on a choosen marketing plan assume marketing environment.
   —Philip Kotlar
2. "Sales forecast is an estimate of sales during a specified future period which estimate is tied to a proposed marketing plan and which assumes a particular set of un controllable and competitive forces."
   —Cundiff and Still
3. Sales forecast is an estimate of sales in dollars physical units for a specified future period under a proposed marketing plan or programme and under the assumed set of economic and other forces out side the unit for which the forecast is made. *—Committee on Definition A.M.A.*

(7) माँग पूर्वानुमान चयनित विपणन योजना तथा कल्पित वातावरण पर आधारित होता है।

(8) माँग पूर्वानुमान फर्म के स्तर एवं सम्पूर्ण अर्थव्यवस्था के लिए किया जा सकता है।

माँग पूर्वानुमान के उद्देश्य
(Objectives of Demand Forecasting)

माँग पूर्वानुमान के उद्देश्यों को निम्न दो वर्गों में विभाजित किया जा सकता है—

(अ) अल्पकालीन उद्देश्य (Short-term Objectives)—इनका उद्देश्य फर्म या उद्योग की एक वर्ष या उससे कम समय के लिए भावी माँग का अनुमान लगाने से है।

(ब) दीर्घकालीन उद्देश्य (Long-term Objectives)—किसी व्यावसायिक फर्म द्वारा एक वर्ष अथवा उससे अधिक लम्बी अवधि के लिए उत्पादन तथा विक्रय योजनाएँ बनाने हेतु किये गये अनुमान दीर्घकालीन उद्देश्य की पूर्ति हेतु लगाये जाने वाले पूर्वानुमान कहलाते हैं।

(अ) अल्पकालीन उद्देश्य (Short-term Objective)—अल्पकालीन माँग पूर्वानुमान के निम्नलिखित उद्देश्य होते हैं :

(1) उपयुक्त उत्पादन नीति का निर्धारण (Determination of Appropriate Production Policy)—अल्पकालीन पूर्वानुमान का प्रमुख उद्देश्य भावी माँग के अनुरूप उत्पादन का उपयुक्त स्तर निर्धारित करना है। इससे व्यवसाय में अति-उत्पादन तथा न्यून उत्पादनकी समस्या का निवारण कर माँग एवं पूर्ति में सामंजस्य स्थापित किया जाना सम्भव होगा।

(2) उपयुक्त मूल्य नीति का निर्धारण (Determination of Appropriate Price Policy)—माँग पूर्वानुमान व्यवसाय की मूल्य नीति के निर्धारण में भी सहायक होता है। उपयुक्त मूल्य नीति के निर्धारण के पश्चात् बाजार की परिस्थितियों के अनुसार मूल्यों में वृद्धि अथवा कमी करना सम्भव होता है।

(3) संयन्त्र का अनुकूलतम प्रयोग (Optimum use of the Plant)—माँग पूर्वानुमान कर संयन्त्र का अनुकूलतम प्रयोग किया जाना सम्भव है। इसके अभाव में इस बात की पूरी सम्भावना है कि संयन्त्र की पूर्ण क्षमता का विदोहन न हो अथवा संयन्त्र कुछ समय बेकार पड़ा रहे।

(4) कच्चे माल की नियमित उपलब्धता (Regular Supply of Raw Material)—उत्पादन कार्य को सुचारु रूप से संचालित करने हेतु कच्चे माल की नियमित पूर्ति के महत्त्व को किसी भी दृष्टि से कम नहीं आंका जा सकता है। इसके लिए यह भी

आवश्यक है कि कच्चे माल की भावी आवश्यकता का उपयुक्त अनुमान लगाया जाय। कच्चे माल की आवश्यकता का अनुमान माँग पूर्वानुमान पर ही आश्रित है।

(5) श्रम की नियमित उपलब्धि (Regular Supply of Labour)—भावी माँग के अनुरूप उत्पादन कार्य सम्पन्न करने हेतु कुशल एवं अर्द्ध कुशल श्रमिकों की उचित व्यवस्था में सहयोग करना भी माँग पूर्वानुमान का प्रमुख उद्देश्य है।

(6) विक्रय लक्ष्य एवं प्रेरणाएँ निश्चित करना (Determination of Sales Targets and Incentives)—विभिन्न बाजार क्षेत्रों की माँग एक समान (Uniform) नहीं होती है। माँग पूर्वानुमान में अलग-अलग क्षेत्रों के विक्रय प्रतिनिधियों द्वारा विक्रय लक्ष्यों का निर्धारण किया जाता है। इससे विक्रय प्रतिनिधियों पर उपयुक्त नियन्त्रण कायम रखना, उनकी उत्प्रेरणाओं (Incentive) का निर्धारणा आदि सरल हो जाता है।

(7) अल्पकालीन वित्तीय आवश्यकताओं का निर्धारण (Determination of short-run Financial Need)—व्यवसाय में भावी माँग के अनुरूप उत्पादन करने हेतु आवश्यक वित्तीय सधनों की व्यवस्था करना होता है। यदि वित्तीय आवश्यकता का समय पर ज्ञान सम्भव हो सके तो वित्तीय साधन उपयुक्त शर्तों पर उपलब्ध होना सम्भव हो जाता है। इस प्रकार माँग पूर्वानुमान की सहायता से अल्पकालीन वित्तीय आवश्यकताओं का आंकलन सरल हो जाता है।

(ब) दीर्घकालीन उद्देश्य (Long-term Objectives)—यदि माँग पूर्वानुमान एक वर्ष से अधिक अवधि से सम्बन्धित हो, तो उन्हें दीर्घकालीन माँग पूर्वानुमान कहा जाता है। व्यवसाय में दीर्घकालीन पूर्वानुमान के निम्नलिखित उद्देश्य होते हैं—

(1) उत्पादन क्षमता का नियोजन (Planning of Production Capacity)—दीर्घकालीन माँग पूर्वानुमान व्यावसायिक प्रबन्धकों को भावी माँग का पूर्वानुमान लगाने में सहायता प्रदान करते हैं। भावी माँग पूर्वानुमान के आधार पर ही उत्पादन क्षमता को यथावत्, कम अथवा बढ़ाने के सम्बन्ध में निर्णय लिये जाते हैं।

(2) श्रम-शक्ति नियोजन (Man-Power Planning)—प्रशिक्षित तथा दक्ष श्रमिकों की व्यवस्था करने में अपेक्षाकृत अधिक समय लगता है। यदि उपर्युक्त शर्तों पर प्रशिक्षित एवं दक्ष श्रमिकों को व्यवसाय में नियोजित करना है तो दीर्घकालीन विक्रय अनुमानों के आधार पर श्रम-शक्ति की आवश्यकता का अनुमान लगाना होगा।

माँग पूर्वानुमान के उद्देश्य

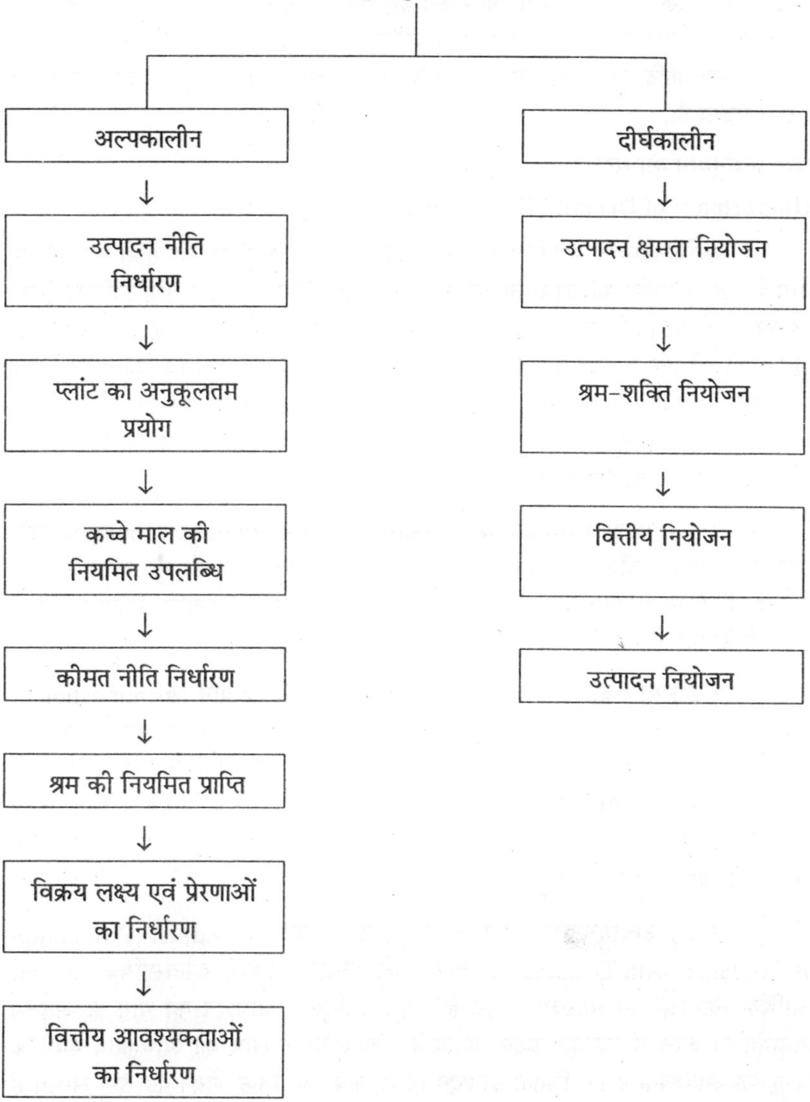

(3) वित्तीय नियोजन (Financial Planning)—उपयुक्त व्यावसायिक शर्तों पर पर्याप्त वित्त की समय पर उपलब्धि हेतु दीर्घकालीन वित्तीय नियोजन आवश्यक है। दीर्घकालीन माँग पूर्वानुमान ही दीर्घकालीन वित्तीय पूर्वानुमान को आधार प्रदान करता है।

(4) उत्पादन नियोजन (Production Planning)—दीर्घकाल में माँग की दशाओं के अनुरूप उत्पादन किया जा सकने हेतु माँग पूर्वानुमान का विशेष महत्त्व होता है। किसी वस्तु की दीर्घकालीन माँग पर जनसंख्या वृद्धि, नगरीकरण, शिक्षा विस्तार तथा रहन-सहन के स्तर आदि का विशेष प्रभाव पड़ता है। अत: उत्पादन नियोजन में माँग पूर्वानुमान का विशेष महत्त्व है।

माँग पूर्वानुमान का महत्त्व
(Importance of Demand Forecasting)

वर्तमान समय में जोखिम और अनिश्चितता व्यावसायिक क्रियाओं का अभिन्न अंग है, किन्तु किसी भी व्यवसाय की सफलता व्यवसाय में जोखिम तथा निश्चितता को न्यूनतम करने पर निर्भर करती है। माँग पूर्वानुमान व्यावसियक जोखिमों तथा अनिश्चितताओं से निपटने की एक महत्त्वपूर्ण विधि है। माँग पूर्वानुमान की अनेक विधियों को व्यावसायिक क्रियाओं में प्रयुक्त कर व्यावसायिक जोखिम एवं अनिश्चितताओं को समाप्त तो नहीं किन्तु कम अवश्य किया जा सकता है। अर्थिक विश्लेषण में माँग पूर्वानुमान के महत्त्व को अग्र प्रकार स्पष्ट किया जा सकता है—

(1) भावी नियोजन का आधार (Basis of Future Planning)—माँग पूर्वानुमान भावी नियोजन का आधार प्रस्तुत करता है। भावी माँग को पूरा करने के लिए उत्पादन नियोजन अत्यन्त आवश्यक है। उत्पादन नियोजन में माँग पूर्वानुमान के आधार पर ही उत्पादन के साधनों—पूँजी, श्रम आदि का अनुमान लगाया जाता है।

(2) माँग को प्रभावित करने वाले घटकों की पहचान (Identification of Factors Affecting Demand)—वस्तु तथा सेवाओं की माँग ही व्यावसायिक गतिविधियों को आधार प्रदान करती है, किन्तु वस्तु की माँग पर अन्य अनेक घटकों का प्रभाव पड़ता है। माँग पूर्वानुमान की सहायता से माँग को प्रभावित करने वाले घटकों की सहज पहचान सम्भव होती है। इन घटकों की पहचान तथा अग्रिम निवारण करके व्यवसाय में आन्तरिक क्रियाओं का निर्बाध प्रबन्ध किया जाता है।

(3) उत्पादन का माँग के अनुरूप समायोजन (Adjust Production Accordance with Demand)—उत्पादन का नियोजन किसी व्यावसायिक फर्म की आर्थिक क्रियाओं का महत्त्वपूर्ण अंग है। माँग पूर्वानुमान, उत्पादन को माँग के अनुरूप समायोजित करने में सहायता प्रदान करता है। व्यावसायिक लाभ को अधिकतम करने के लिए यह आवश्यक है कि जितना उत्पादन किया जाय, वह बिक जाय। यह तभी सम्भव है जबकि माँग के अनुरूप उत्पादन समायोजित करना सम्भव हो सके।

(4) मूल्य नीति निर्धारण (Determination of Price Policy)—प्रतिस्पर्द्धात्मक व्यावसायिक जगत में उपर्युक्त मूल्य नीति का निर्धारण एक प्रमुख समस्या है। किसी वस्तु का मूल्य उस वस्तु की माँग तथा पूर्ति के आधार पर निर्धारित किया जाता है। माँग पूर्वानुमान के आधार पर किसी वस्तु की भावी माँग का सहज अनुमान लगाया जा

सकता है। इन अनुमानों की सहायता से कीमतों के उतार-चढ़ाव को नियन्त्रित एवं उचित कीमत नीति को अपनाना सम्भव होता है।

(5) विक्रय नीति निर्धारण (Formulation of Sales Policy)—माँग पूर्वानुमान के आधार पर व्यवसाय में उचित विक्रय नीति निर्माण का कार्य सरल हो जाता है। माँग पूर्वानुमान के आधार पर उन नीतियों का निर्माण किया जाना सम्भव होता है, जिनका अनुगमन कर विक्रय को प्रोत्साहित किया जा सकता है।

(6) वित्तीय आवश्यकताओं का अनुमान (Estimation of Financial Requirements)—वित्त व्यवसाय का जीवन रक्त (Life-Blood) स्वीकार किया गया है। व्यवसाय में आवश्यकता से कम अथवा आवश्यकता से अधिक वित्त दोनों ही स्थितियाँ अनुपयुक्त हैं। माँग पूर्वानुमान की सहायता से व्यवसाय के लिए उपयुक्त वित्तीय आवश्यकता का निर्धारण किया जा सकता है।

माँग पूर्वानुमान की विधियाँ
(Methods of Demand Forecasting)

व्यवसाय में कदम-कदम पर पूर्वानुमान लगाने पड़ते हैं। व्यावसायिक प्रबन्धकों द्वारा दिन-प्रतिदिन पूर्वानुमान लगाने पड़ते हैं। ये सभी पूर्वानुमान सही सिद्ध होते हैं, ऐसी बात नहीं है, किन्तु प्रयास यही किया जाता है कि पूर्वानुमान लगाकर व्यावसायिक जोखिम एवं अनिश्चितताओं को न्यूनतम किया जाय। माँग पूर्वानुमान की अनेक सामाजिक एवं सांख्यिकी विधियाँ हैं। सांख्यिकीय विधियों का प्रयोग माँग पूर्वानुमान हेतु किया जाना अपेक्षाकृत कठिन है, किन्तु सांख्यिकीय विधियों के प्रयोग से अधिक वास्तविक पूर्वानुमान लगाया जाना सम्भव होता है। माँग पूर्वानुमान की प्रमुख विधियाँ अग्रलिखित हैं—

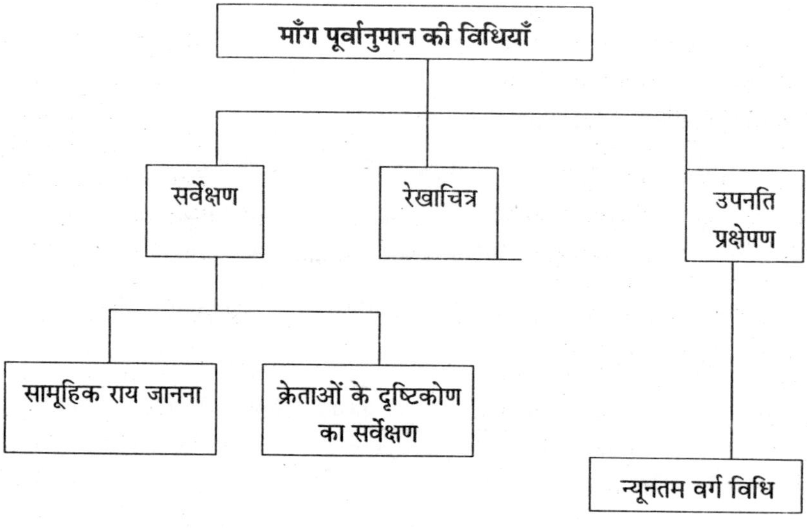

1. सर्वेक्षण विधि (Survey Method)—माँग पूर्वानुमान की सर्वेक्षण विधि प्रमुखत: अल्पकालीन पूर्वानुमान हेतु प्रयुक्त की जाती है। इस विधि के अन्तर्गत सामान्यत: अग्रलिखित दो सर्वेक्षण (Survey) किये जाते हैं—

(अ) क्रेताओं के दृष्टिकोण का सर्वेक्षण (Survey of Buyer's Opinion)—अल्पकाल में माँग पूर्वानुमान की यह सबसे सरल विधि है। इसके अन्तर्गत ग्राहकों से व्यक्तिगत सम्पर्क करके यह पता लगाने का प्रयास किया जाता है कि भविष्य (उदाहरणार्थ आगामी एक वर्ष) में वे किन-किन वस्तुओं को खरीदने की योजना बना रहे हैं। इस प्रकार सर्वेक्षण के दौरान क्रेताओं से प्राप्त माँग के संकेतों के आधार पर यह अनुमान लगाया जाता है कि भविष्य में किसी वस्तु की क्या माँग सम्भावित है? सामान्यत: क्रेताओं के दृष्टिकोण का सर्वेक्षण करने में निम्नलिखित दो विधियों का प्रयोग किया जाता है—

(i) संगणना विधि (Census Method)—इस विधि में सर्वेक्षणकर्ता सभी क्रेताओं से साक्षात्कार करके कम्पनी के उत्पाद (Product) की भावी खरीद के सम्बन्ध में क्रेताओं की इच्छा का पता लगाता है। इस विधि की यह श्रेष्ठता है कि इसमें ग्राहकों से व्यक्तिगत सम्पर्क सम्भव है, किन्तु यह विधि तब ही उपयुक्त है जब क्रेताओं की संख्या सीमित हो या बाजार छोटा हो।

(ii) नमूना सर्वेक्षण विधि (Sample Survey Method)—यदि वस्तु का बाजार विस्तृत हो तथा क्रेताओं की संख्या अपेक्षाकृत अधिक हो तो क्रेताओं का साक्षात्कार कर सकना सम्भव नहीं होता है। ऐसी स्थिति में नमूने के तौर पर कुछ ऐसे ग्राहकों का चयन करके पूछा जाता है जो सम्पूर्ण ग्राहकों का प्रतिनिधित्व करते हैं। इस विधि की श्रेष्ठता के अपने गुण हैं। यदि प्रतिनिधि ग्राहकों का प्रतिदर्श (Sample) उपयुक्त हो, तो निष्कर्ष काफी सही निकलते हैं। यह विधि संगणना विधि से कम खर्चीली भी है।

सर्वेक्षण विधि का मूल्यांकन (Evaluation of Survey Method)—माँग पूर्वानुमान की सर्वेक्षण विधि के कतिपय गुण एवं दोष हैं। इसके अतिरिक्त इस विधि को कुछ ही परिस्थितियों में प्रयुक्त किया जाना उपयुक्त है।

गुण (Qualities)—सर्वेक्षण विधि के निम्नलिखित गुण हैं—

(i) क्रेताओं एवं ग्राहकों से निकट का सम्पर्क सम्भव है। अत: यदि सही सूचना प्राप्त हो जाय तो पूर्वानुमान सत्यता के निकट सिद्ध होते हैं।

(ii) अल्पकालीन पूर्वानुमान हेतु यह सबसे सरल एवं उपयुक्त विधि है।

दोष (Disadvantages)—सर्वेक्षण विधि में निम्नलिखित दोष हैं—

(i) यह विधि दीर्घकालीन (Long-term) पूर्वानुमान के लिए अनुपयुक्त है, क्योंकि इस अवधि में माँग को प्रभावित करने वाले घटक परिवर्तित हो जाते हैं।

(ii) क्रेताओं की संख्या अधिक तथा बाजार का आकार बड़ा होने पर यह पद्धति अधिक खर्चीली सिद्ध होती है।

(iii) साक्षात्कार के माध्यम से प्राप्त की गई जानकारी सामान्यतः त्रुटिपूर्ण होती है, क्योंकि ग्राहक साक्षात्कार के प्रति सजग नहीं होते हैं।

उपयुक्ता (Sutability)—क्रेताओं के दृष्टिकोण का सर्वेक्षण की विधि केवल निम्न परिस्थितियों में ही अधिक उपयुक्त होती है, जब

(i) क्रेताओं की संख्या सीमित हो,

(ii) क्रेताओं का दृष्टिकोण तथा निर्णय स्पष्ट हो,

(iii) क्रेता अपना दृष्टिकोण बताने के इच्छुक हों,

(iv) क्रेता अपने दृष्टिकोण तथा निर्णय की पालना करते हों,

(v) साक्षात्कार की कम खर्चीली प्रणाली का प्रयोग किया जाना सम्भव हो।

इस विधि के उपयुक्त वर्णित गुण-दोषों के आधार पर यह निष्कर्ष निकाला जा सकता है कि माँग पूर्वानुमान हेतु क्रेताओं के सर्वेक्षण की विधि सामान्यतः औद्योगिक उत्पादों, टिकाऊ, उपभोग वस्तुओं तथा नये उत्पादों के बाजार में प्रवेश के सम्बन्ध में पूर्वानुमान हेतु अधिक उपयुक्त है।

(ब) सामूहिक राय जानना (To Know Collective Opinion)—यदि क्रेताओं की राय जानना कठिन हो तो फर्म अपनी वस्तु की माँग के पूर्वानुमान के लिए वस्तु के विक्रय में संलग्न विक्रय प्रतिनिधियों व शाखा प्रबन्धकों को अपने-अपने क्षेत्रों या विभागों के माँग पूर्वानुमान तैयार करने के लिए कहती है। यह विधि इस औचित्य पर आधारित है कि विक्रय प्रतिनिधियों का ग्राहकों से निकट का सम्पर्क रहने के कारण वे अच्छी तरह यह बता सकते हैं कि ग्राहक की वस्तु के प्रति क्या प्रतिक्रिया है। इस विधि के अन्तर्गत सर्वप्रथम अलग-अलग विक्रय प्रतिनिधियों द्वारा स्वयं को आवंटित क्षेत्र का बिक्री पूर्वानुमान लगाया जाता है तथा अपने क्षेत्रीय प्रबन्धक को भेजा जाता है। विक्रय प्रतिनिधि द्वारा प्रेषित सूचनाओं के आधार पर क्षेत्रीय प्रबन्धक अपने-अपने क्षेत्रों में पूर्वानुमान लगाकर विक्रय प्रबन्धक को भेजते हैं। विक्रय प्रबन्धक, विक्रय प्रतिनिधियों तथा क्षेत्रीय प्रबन्धक से प्राप्त सभी क्षेत्रों के पूर्वानुमानों को एकत्रित कर सामूहिक पूर्वानुमान लगाया जाता है। इस विधि में विक्रय प्रतिनिधि, क्षेत्रीय प्रबन्धक, विक्रय प्रबन्धक, सभी की सामूहिक राय का प्रयोग किया जाता है। अतः इसे सामूहिक राय विधि कहा जाता है।

विधि का मूल्यांकन (Evaluation of the Method)—माँग पूर्वानुमान की सामूहिक राय जानने की विधि के कतिपय गुण एवं दोष हैं।

गुण (Qualities)—इस विधि में निम्नलिखित गुण हैं—

(i) यह विधि अत्यन्त सरल है, जिसमें सांख्यिकीय विधियों का प्रयोग नहीं किया जाता है।

(ii) यह विधि नवीन वस्तुओं का माँग पूर्वानुमान लगाने हेतु अधिक उपयुक्त है।

(iii) माँग पूर्वानुमान विक्रय प्रतिनिधियों के प्राथमिक ज्ञान (Priliminary Information) के आधार पर लगाये जाने के कारण पूर्वानुमान अधिक वास्तविक होते हैं।

(iv) यह विधि अल्पकालीन माँग पूर्वानुमानों के लिए अधिक उपयुक्त है।

दोष (Disadvantages)—इस विधि में अनेक गुण होने के बावजूद कतिपय दोष भी हैं। इस विधि के प्रमुख दोष निम्नलिखित हैं—

(i) इस विधि में विक्रय प्रतिनिधियों की व्यक्तिगत भावना की प्रधानता निहित रहती है।

(ii) यह विधि कारण तथा परिणाम का विश्लेषण नहीं करती है।

(iii) इस विधि की उपयोगिता केवल अल्पकालीन पूर्वानुमानों तक ही सीमित है।

2. रेखाचित्र विधि (Graphic Method)—इस विधि के अन्तर्गत दिये गये आँकड़ों (Data) को ग्राफ पेपर पर अंकित कर भावी वर्षों के लिए माँग पूर्वानुमान लगाया जाता है। यह विधि यह बतलाती है कि किसी फर्म की वस्तु की माँग की क्या प्रवृत्ति (Trend) रही है। यह विधि पूर्णत: व्यक्तिपरक (Subjective) है। इस विधि में दिये गये आँकड़ों को ग्राफ पेपर पर खींचकर भावी वर्षों के लिए रेखा का विस्तार करके अनुमान लगाया जाता है। इस प्रकार किया गया रेखा का विस्तार पूर्णत: काल्पनिक एवं व्यक्तिपरक होता है, जो भिन्न व्यक्तियों के लिए भिन्न-भिन्न हो सकता है। अत: माँग पूर्वानुमान की यह विधि अधिक उपयुक्त नहीं मानी जाती है।

3. उपनति प्रक्षेपण (Trend Projection)—इस विधि के अन्तर्गत सांख्यिकीय विधियों के प्रयोग से उपनति प्रक्षेपण द्वारा माँग का पूर्वानुमान लगाया जाता है। इस विधि के अन्तर्गत काल मालाओं (Time Series) के आधार पर उपनति प्रक्षेपण करके यह अनुमान लगाया जाता है कि आगामी वर्षों में वस्तु की कितनी माँग होगी। उपनति प्रक्षेपण की निम्नलिखित प्रमुख विधियाँ हैं—

(i) मुक्त हस्त वक्र विधि (Free Hand Curve Method)

(ii) अर्द्ध-माध्य विधि (Semi-Average Method)

(iii) चल माध्य विधि (Moving Average Method)

(iv) न्यूनतम वर्ग विधि (Least Square Method)

माँग पूर्वानुमान हेतु प्रयुक्त की जाने वाली उपनति प्रक्षेपण विधि में प्रवृत्ति ज्ञान करने हेतु उपर्युक्त वर्णित विधियों में से सर्वाधिक लोकप्रिय विधि **न्यूनतम वर्ग विधि** है।

न्यूनतम वर्ग विधि के विस्तृत अध्ययन हेतु सांख्यिकी की किसी पुस्तक का अध्ययन किया जा सकता है। माँग पूर्वानुमान की एक विधि के रूप में इसे समझने के प्रयोजन से निम्नलिखित विवेचन में व्यावहारिक उदाहरण की सहायता से इस विधि की प्रारम्भिक जानकारी प्रस्तुत की गई है।

न्यूनतम वर्ग विधि द्वारा प्रवृति मूल्य ज्ञात करने के लिए निम्न प्रक्रिया (Steps) अपनायी जाती है—

(i) सर्वप्रथम निश्चित समय में श्रेणी के प्रत्येक समय का काल विचलन (Time Deviation) की गणना की जाती है। इसे X से दर्शायें तो इसका माँग ($\sum X$) ज्ञात किया जाता है।

(ii) द्वितीय चरण में काल विचलनों के वर्ग (X^2) निकालते हैं तथा उनका योग ($\sum X^2$) ज्ञात करते हैं।

(iii) तृतीय चरण में पदों (Y) और काल विचलनों (X) का गुणनफल (XY) ज्ञात किया जाता है तथा उनका योग ($\sum XY$) निकाला जाता है।

(iv) इस चरण में उपर्युक्त चरणों में परिगणित $\sum X$, $\sum X^2$, $\sum XY$ तथा $\sum Y$ के मूल्यों को सामान्य समीकरणों में प्रतिस्थापित करके a तथा b का मूल्य ज्ञात किया जाता है, तथा

(v) अन्तिम चरण में प्रवृत्ति मालूम करने के लिए सरल रेखा आधारभूत समीकरण $Y = a + bx$ में क्रमशः a तथा b के मूल्यों को प्रतिस्थापित किया जायेगा।

न्यूनतम वर्ग रीति सम्बन्धी प्रक्रिया को निम्नलिखित व्यावहारिक उदाहरण द्वारा भली-भाँति समझा जा सकता है—

उदाहरण : कम्पनी का वार्षिक विक्रय नीचे दिया गया है—

वर्ष	1990	1991	1992	1993	1994
विक्रय	90	112	156	92	150

न्यूनतम-वर्ग-विधि के द्वारा पाँच वर्षों में से प्रत्येक के लिए प्रवृत्ति मान निकालिए। 1995 के लिए वार्षिक विक्रय का भी अनुमान कीजिए।

Solution :

Year	Sales (1000 Rs.) y	x	x^2	xy	Trend Values of Sales (1000 Rs.)
1990	90	1	1	90	100
1991	112	2	4	224	110
1992	156	3	9	468	120
1993	92	4	16	368	130
1994	150	5	25	750	140
$n = 5$	$\Sigma y = 600$	$\Sigma x = 15$	$\Sigma x^2 = 55$	$\Sigma xy = 1900$	

Substituting in equations

$$\Sigma y = na + b\Sigma x \quad ...(1)$$

$$\Sigma xy = a\Sigma x + b\Sigma x^2 \quad ...(2)$$

The values of Σn_1, Σx^2, Σxy, Σy and n we get

$$600 = 5a + 15b \quad ...(3)$$

$$1900 = 15a + 55b \quad ...(4)$$

Solving these equations,

$$1900 = 15a + 55b$$

$$1800 = 15a + 45b$$

$$100 = \quad 10b$$

or $$b = \frac{100}{10} = 10$$

Substituting Values of b in equation (3) above,

$$600 = 5a + 15(10)$$

$$= 5a + 150$$

or, $$5a = 600 - 150 = 450$$

or, $$a = \frac{450}{5} = 90$$

So, $a = 90, b = 10$

$$y = 90 + 10x$$

Now, trend values for various years would be

$$y\ 1990 = 90 + 10\ (1) = 1{,}00{,}000$$

$$y\ 1991 = 90 + 10\ (2) = 1{,}10{,}000$$

$$y\ 1992 = 90 + 10\ (3) = 1{,}20{,}000$$

$$y\ 1993 = 90 + 10\ (4) = 1{,}30{,}000$$

$$y\ 1994 = 90 + 10\ (5) = 1{,}40{,}000$$

Estimating the annual sales for the year 1995.

$$y\ 1995 = 90 + 10\ (6) = 1{,}50{,}000$$

विधि का मूल्यांकन (Evaluation of Method)—माँग पूर्वानुमान की अन्य वर्णित विधियों के समान उपनति प्रक्षेपण विधि के भी कतिपय गुण-दोष हैं।

गुण (Qualities)—इस विधि के प्रमुख गुण निम्नलिखित हैं—

(i) इस विधि में भूतकालीन वास्तविक विक्रय समंक प्रयुक्त किये जाते हैं। अत: समकों को संकलित करने पर होने वाला व्यय बच जाता है।

(ii) यदि माँग को प्रभावित करने वाले तत्त्व स्थिर रहें तो इस विधि द्वारा निकाले गये माँग अनुमान सत्यता के निकट होंगे।

दोष (Disadvantages)—इस विधि के निम्नलिखित दोष हैं—

(i) यदि माँग को प्रभावित करने वाले घटकों में परिवर्तन हो जाय तो पूर्वानुमान भ्रामक होंगे।

(ii) नये उपक्रम के सम्बन्ध में जहाँ विक्रय प्रारम्भ नहीं हुआ हो, इस विधि का प्रयोग नहीं किया जा सकता।

(iii) इस विधि में गणित तथा सांखियकी का प्रयोग होने के कारण साधारण व्यक्ति द्वारा इसे प्रयोग किया जाना कठिन है।

वित्तीय विवरणों का आशय

(Financial Statements Defined)

साधारण शब्दों में वित्तीय विवरण से आशय किसी भी ऐसे विवरण से है जो किसी भी व्यवसाय से सम्बन्धित आवश्यक वित्तीय समंकों को क्रमबद्ध रूप में प्रस्तुत करता हो। आधुनिक वित्त जगत में प्राय: दो प्रपत्रों आर्थिक चिट्ठा (Balance Sheet) तथा लाभ हानि खाता (Profit and Loss a/c) को पगमुख वित्तीय विवरण माना जाता है जिन्हें क्रमश: स्थिति विवरण (Position Statement) तथा आय विवरण (Income Statement) की संज्ञा

दी जाती है। आधुनिक वित्त विशेषज्ञ एक तीसरा वित्तीय विवरण भी, जिसे आधिक्य विवरण (Surplus Statement) कहा जाता है, इसी में सम्मिलित करते हैं।

स्थिति विवरण हमे बताता है कि कोई व्यवसाय एक निश्चित तिथि पर किस स्थिति में हैं (Where business stands)। इसके विपरीत आय-विवरण एक समय विशेष में हुए शुद्ध लाभ अथवा हानि को प्रकट करता है। एच. जी. गथमैन के शब्दों में, ''लाभ हानि विवरण ऐसी आयों व व्ययों का वर्गीकृत एवं संक्षिप्त अभिलेख है, जो एक निश्चित अवधि के स्वामिहित में परिवर्तन का कारण होते हैं।'' आधुनिक काल में इन दोनों ही विवरणों की उपयोगितद्म असंदिग्ध है। ये प्रबन्धकों द्वारा किये गये कार्यों के परिणामों को व्यवसाय के स्वामियों, कर्मचारियों, ग्राहकों और अन्तत: जनता के लिये संवहन करने के सर्वश्रेष्ठ साधन है।

वित्तीय विवरण के विश्लेषण का आशय

(Meaning of Interpretation of Financial Statement)

वित्तीय विवरण का विश्लेषण एक वित्तीय विश्लेषण तकनीक है जिसका आशय एक नियत अवधि के अन्तर्गत हुए वित्तीय व्यवहारों के आलोचनात्मक परीक्षण से है। यदि इन विवरणों को निरपेक्ष रूप में देखा जाय तो वे केवल अंकों के समूह मात्र ही प्रतीत होते हैं। लेकिन इनके विश्लेषण की प्रक्रिया में पटु व्यक्ति इनसे बहुत महत्वपूर्ण निष्कर्ष ज्ञात कर सकते हैं, जैसे संस्था ने गत वर्षों में पूँजी कोषों का क्या उपयोग किया है, उसकी आर्थिक स्थिति कैसी है, उसकी उपार्जजन क्षमता कैसी है आदि-आदि। कैनेडी एवं मूलर के शब्दों में, ''वित्तीय विवरण का विश्लेषण एवं निर्वचन एक ऐसा प्रयत्न है जिसके द्वारा वित्तीय विवरणों के समंकों की महत्ता और आशय निर्धारित किया जाता है ताकि भविष्य में होने वाली आय, देय तिथियों पर ऋण और ब्याज भुगतान की योग्यता और सुदृढ़ लाभांश नीति की सम्भावनाओं का पूर्वानुमान लगाया जा सके।'' इस प्रकार वित्तीय विवरणों का विश्लेषण वह महत्वपूर्ण प्रक्रिया है जिसके माध्यम से आर्थिक चिट्ठे और लाभ हानि खाते से प्रबन्धको, बैंक ऋणदाताओं तथा विनियोक्ताओं - सभी पक्षों के लिये उपयोगी निष्कर्ष निकाले जाते हैं।

विश्लेषण के उद्देश्य (Objects of Interpretation) : कम्पनी के वित्तीय विवरण ऐसे प्रपत्र हैं जिनमें अंशधारियों, कर्मचारियों, प्रबन्धकों तथा सरकार आदि विभिन्न पक्षधरों को रूचि होती है। ये सभी अपने उद्देश्यों को ध्यान में रखते हुए इनका विश्लेषण करते हैं और अपने लिये उपयोगी सूचनायें एकत्रित करते हैं। फिर भी इनके विश्लेषण के कुछ सामान्य उद्देश्य हैं :

(1) व्यावसायिक संस्था की उपार्जन क्षमता का अनुमान लगाना।

(2) संस्था की वित्तीय कार्यक्षमता तथा निष्पत्ति का अध्ययन करना।

(3) संस्था की अल्पकालीन एवं दीर्घकालीन परिशोधन क्षमता का निश्चय करना।

(4) संस्था की वित्तीय स्थिति एवं ऋण लेने की क्षमता का निर्धारण करना।

(5) संस्था की भावी प्रगति (Future Prospects) के बारे में निश्चय करना।

इन विवरणों के विश्लेषण में वित्तीय प्रबन्ध का मुख्य उद्देश्य यह जानने का रहता है कि पिछली अवधि में (जिस अवधि के विवरण तैयार किये गये हैं) संगठन में वित्तीय कोष किस प्रकार प्रयोग किये गये हैं। वास्तव में, विश्लेषण के उद्देश्य अनेक हैं और वे विभिन्न तत्वों पर निर्भर रहते हैं, जैसे विश्लेषणकर्त्ता का दृष्टिकोण, विश्लेषणकर्त्ता का कम्पनी में हित, अनुसन्धान एवं विश्लेषण में वांछनीय गहनता, उपलब्ध वित्तीय समंकों की मात्रा एवं गुण स्तर आदि। अत: वित्तीय विवरणों के विश्लेषण के उद्देश्य विश्लेषणकर्त्ता के दृष्टिकोणों के अनुसार भिन्न भिन्न हो सकते हैं और उसी के अनुरूप विश्लेषण विस्तृत अथवा संक्षिप्त हो सकता है।

विश्लेषण की मुख्य तकनीकें
(Main Techniques of Analysis)

वित्तीय विवरणों का विश्लेषण करने हेतु विश्लेषणकर्त्ता निम्न विधियों में किसी से भी अपने निष्कर्ष निकाल सकता है।

(1) अनुपात विश्लेषण (Ratio Analysis)

(2) तुलनात्मक विवरणों को तैयार करना (Comparative Statements)

(3) फण्ड विवरण (Fund Statement)

(4) औसत (Average)

(5) प्रवृत्ति अध्ययन (Trend-Study)।

इनमें अनुपात विश्लेषण पद्धति सबसे प्राचीन है जिसका प्रयोग कम्पनियों को ऋण एवं साख प्रदान करने वाले संस्थानों द्वारा ऋण माँगने वाली संस्थाओं की आर्थिक स्थिति को जाँचने के लिये किया जाता था। आधुनिक काल में सभी विधियाँ व्यापक रूप में प्रयुक्त की जाती हैं।

विश्लेषण की क्रिया-विधि
(Procedure of Analysis)

वित्तीय विवरणों का विश्लेषण चाहे किसी के भी द्वारा किया जाय उसे विश्लेषण के लिये निम्न क्रिया विधि अपनानी होगी:

(1) विश्लेषण की सीमा निर्धारित करना (To Decide the Extent of Analysis): सर्वप्रथम विश्लेषणकर्त्ता को विश्लेषण की सीमा निर्धारित करनी होगी। यह उसके उद्देश्य पर निर्भर करेगी। उदाहरणार्थ, यदि उसे कम्पनी की आर्थिक स्थिति का अध्ययन करना है तो केवल आर्थिक चिट्ठे का ही अध्ययन पर्याप्त होगा, लेकिन यदि वह

कम्पनी की भावी प्रगति (Future Prospects) के बारे में जानना चाहता है तो उसे अपने विश्लेषण में दोनों विवरणों को सम्मिलित करना पड़ेगा।

(2) वित्तीय विवरणों का सामान्य अध्ययन (Going Through the Financial Statements) : दोनों वित्तीय विवरणों में प्रदत्त वित्तीय सूचनाओं तथा उनके महत्व का आकलन करने के लिये पहले उनका एक बार सर्वागिण अध्ययन आवश्यक है।

(3) अतिरिक्त सूचनायें एकत्रित करना (Collection of Necessary in Formation) : अपने विश्लेषण के लिये उपयोगी ऐसी अन्य सूचनायें जो उन विवरणों से प्रकट नहीं हो रही है, प्रबन्धकों से पहले ही प्राप्त कर ली जायें।

(4) वित्तीय विवरणों का पुनर्विन्यास (Rearrangement of Data): अब उन सभी वित्तीय समंकों को अपने ढंग से तोड़कर और अपने ढंग से पुनर्विन्यसित करके रखना होगा ताकि वे हमारे लिये उपयोगी हो सकें। समंकों का उपसदन एवं वर्गीकरण आदि भी इसी में आता है।

(5) विश्लेषण करना (Analysis): अब मुख्य विश्लेषण होता है विश्लेषण के लिये उपर्युक्त पाँचों विधियों में से कोई भी अपनाई जा सकती है।

(6) निर्वचन (Interpretation): विश्लेषण के पश्चात् उपलब्ध तथ्यों से निष्कर्ष निकालना ही निर्वचन कहलाता है।

(7) प्रस्तुतीकरण (Presentation): अपने निष्कर्षों को सुव्यवस्थित रूप में प्रस्तुत करना प्रस्तुतीकरण कहलाता है, जैसे प्रबन्धकों को रिपोर्ट प्रस्तुत करना आदि।

अनुपात विश्लेषण
(Ratio Analysis)

वित्तीय अनुपात का आशय वित्तीय विवरणों की किन्हीं दो या अधिक मदों के बीच संख्यात्मक सम्बन्ध से होता है। राबर्ट एन. एन्थोनी के शब्दों में, "एक अनुपात एक संख्या का दूसरी में व्यक्त किया गया सम्बन्ध है।" अनुपात एक संख्या को दूसरी संख्या से भाग देकर ज्ञात किया जाता है। जिस संख्या से भाग दिया जाता है, उसे आधार या आधार संख्या कहते हैं। दूसरी संख्या को इसी आधार संख्या में प्रकट किया जाता है। अनुपात में आधार एक माना जाता है और इसकी तुलना में दूसरी संख्या को प्रकट किया जाता है। जैसे यदि विक्रय औसत स्कन्ध का चार गुना है तो अनुपात रूप में इसे 4:1 प्रकट किया जायेगा, न कि 1 : 25 ।

अनुपात विश्लेषण का आशय : वित्तीय विवरणों की मदों के बीच सम्बन्ध स्थापित करके व्यवसाय के वित्तीय विश्लेषण से होता है। इसके अन्तर्गत निर्दिष्ट उद्देश्य के अनुसार वित्तीय विवरणों की किन्हीं दो या अधिक मदों के बीच अनुपात ज्ञात करके एक निश्चित निष्कर्ष पर पहुँचा जाता है। किसी वर्ष के वित्तीय विवरणों से अनेकों अनुपात ज्ञात किये जा सकते हैं किन्तु उनमें से केवल कुछ ही हमारे उद्देश्य के लिये सहायक होते हैं।

अतः अनुपातों का स्थिति के अनुसार उचित चयन करना तथा उन्हें सही स्वरूप में रखना ही अनुपात विश्लेषण की मूल समस्या है।

अनुपात विश्लेषण के उद्देश्य या उपयोगिता

(Objects or Utility of Ratio Analysis)

अनुपात विश्लेषण वित्तीय विश्लेषण की एक बहुत ही उपयोगी युक्ति है। एक दिये हुए समय में विभिन्न अन्तरों पर निकाले गये अनुपात व्यवसाय की उन्नति अथवा अवनति की ओर संकेत करते हैं। अनुपात विश्लेषण विस्तृत एवं जटिल लेखांकन अंकों को सुबोध, संक्षिप्त एवं क्रमबद्ध बनाता है। इसका प्रमुख उद्देश्य व्यवसाय के विभिन्न पहलुओं के बीच सम्बन्ध स्थापित करके प्रबन्ध को उसके आधारभूत कार्यों पूर्वानुमान, समन्वय, नियन्त्रण और संवहन– में सहायता पहुँचाना होता है। यदि इस विश्लेषण का सही प्रकार से प्रयोग किया जाये तो यह व्यावसायिक कुशलता में सुधार लाता है तथा संस्था के लाभों में वृद्धि में सहायक होता है। इस दृष्टि से अनुपात विश्लेषण बजटरी नियन्त्रण पद्धति का एक आवश्यक अंग जाता है। इस विश्लेषण के कुछ महत्वपूर्ण उद्देश्य निम्नलिखित हैं –

(1) वित्तीय पूर्वानुमान में सहायता : भूतकालीन अनुपात लागत, विक्रय, लाभ तथा अन्य सम्बद्ध तथ्यों की प्रवृत्ति पर प्रकाश डालते हैं तथा उनके विश्लेषणात्मक अध्ययन में सहायक होते हैं। यह अध्ययन वित्तीय प्रबन्धक को भावी घटनाओं के पूर्वानुमान में बहुत अधिक सहायक होता है।

(2) समन्वय में सहायता : अनुपात विश्लेषण से आदर्श अनुपातों (Ideal Ratios) की रचना की जा सकती है और प्रमुख अनुपातों के बीच पाये गये सम्बन्धों का प्रयोग व्यावतायिक क्रियाओं के वांछनीय समन्वय के लिये किया जा सकता है।

(3) लागत नियन्त्रण में सहायता : अनुपात विश्लेषण का प्रयोग कार्य निष्पादन (Performances) और लागतों पर नियन्त्रण के लिये भी किया जा सकता है।

(4) परिवर्तनों की सूचना : अनुपात संस्था के आन्तरिक और बाह्य पक्षों को उनसे सम्बन्धित सूचनाओं के सवहन (Communication) में सहायक होते हैं। अनुपात विश्लेषण से यह स्पष्टतया जाना जा सकता है कि एक अवधि से दूसरी अवधि के बीच क्या परिवर्तन हुए है?

(5) वित्तीय निष्पादन का मूल्यांकन : अनुपात विश्लेषण का प्रयोग वित्तीय कुशलता के मापन के लिये भी किया जा सकता है। एक संस्था के अपने ही भूतकालीन अनुपातों से अथवा दूसरी संस्थाओं के अनुपातों से तुलना करके उसकी कुशलता का मूल्यांकन किया जा सकता है।

अन्य उपयोग : अनुपात विश्लेषण वित्तीय प्रबन्धक को संस्था के वित्तीय स्वास्थ्य के निदान (Diagnosis) में सहायक होता है। ऐसा व्यवसाय की तरलता, शोधन क्षमता, लाभप्रदत्ता, पूँजी दन्तिकरण (Capital Gearing) आदि महत्वपूर्ण पहलुओं के मूल्यांकन द्वारा

किया जा सकता है। इससे वित्तीय प्रबन्धक को व्यवसाय की वित्तीय आवश्यकताओं एवं क्षमताओं के मूल्यांकन में सहायता मिलती है।

अनुपात-विश्लेषण की सीमायें
(Limitations of Ratio Analysis)

अनुपात विश्लेषण वित्तीय विवरणों के निर्वचन एवं निष्कर्ष की एक अमूल्य तकनीक है। अनुपातों के आधार पर एक विश्लेषक अंकों की सतह तक पहुंच सकता है, परन्तु इनका महत्व इनके उचित प्रयोग पर निर्भर करता है। इनका गलत प्रयोग प्रबन्ध को या प्रयोगकर्त्ता को गुमराह भी कर सकता है। अत: अनुपात विश्लेषण में एक विश्लेषक को इसकी कमजोरियों और सीमाओं का ध्यान भी रखना चाहिये। इस विश्लेषण की प्रमुख सीमायें निम्नलिखित हैं :

(1) एक अकेले अनुपात का सीमित महत्व (Limited Use of a Single Ratio) : अनुपात विश्लेषण में किसी एक अकेले अनुपात का बहुत ही सीमित महत्व होता है क्योंकि विश्लेषण में प्रवृत्ति का स्थान महत्वपूर्ण होता है। किसी अनुपात का महत्व तभी स्पष्ट होता है जबकि उसका अध्ययन अन्य सम्बन्धित अनुपातों के साथ किया जाये।

(2) समस्या के गुणात्मक विश्लेषण का अभाव (Lack of Qualitative Analysis of the Problem): अनुपात विश्लेषण परिमाणात्मक विश्लेषण (Quantitative Analysis) का यन्त्र है। इसमें समस्या के गुणात्मक कारकों (Qualitative Factors) पर ध्यान नहीं दिया जाता है, चाहे ये परिमाणात्मक कारकों से भी अधिक महत्वपूर्ण क्यों न हो। जैसे ग्राहक को उधार का निर्णय उसकी वित्तीय स्थिति के संणकों के आधार पर किया जाता है लेकिन इसमें उसका चरित्र और उसकी प्रबन्धकीय योग्यता उसकी वित्तीय स्थिति से भी अधिक महत्व रखते हैं।

(3) लेखांकन की स्वाभाविक सीमाओं का प्रभाव (Effect of Inherent Limitations of Accounting) : चूँकि अनुपातों की गणना लेखा-अभिलेखों (Accounting Records) से ही की जाती है, अत: इनमें वे सभी कमियाँ और त्रुटियाँ होगी जो कि लेखा समंकों में विद्यमान हैं। जैसे स्थायी सम्पत्तियों सम्बन्धित अनुपातों की गणना में ये अनुपात स्थायी सम्पत्तियों के मूल्यांकन की प्रथा तथा ह्रास पद्धति में परिवर्तन से प्रभावित होंगे।

(4) अंकगणितीय प्रभाव (Arithmetical Effect) : अनुपात विश्लेषण में अनुपातों पर कुछ प्रकार के व्यवहारों के अंकगणितीय प्रभाव से सजग रहना चाहिये। जैसे तरल अनुपात संस्था के चालू दायित्वों के भुगतान की क्षमता प्रदर्शित करता है। मान लीजिये 31 दिसम्बर से यदि किसी कम्पनी की तरल सम्पत्तियाँ और चालू दायित्व क्रमश: 1,80,000 रू. व 60,000 रू. के है। इस कम्पनी का तरल अनुपात 3 : 1 होगा अर्थात् कम्पनी अपने चालू दायित्वों के भुगतान में तीन गुणा समर्थ है। लेकिन यदि 31 दिसम्बर को कम्पनी 40,000 रू. के चालू दायित्वों का भुगतान कर देती है तो इस व्यवहार का कम्पनी की तरलता

पर तो कोई विशेष प्रभाव नहीं पड़ेगा क्योंकि इससे तरल सम्पत्तियों व चालू दायित्वों में समान राशि से कमी आयेगी किन्तु इस व्यवहार से कम्पनी का तरल अनुपात 3 : 1 से बढ़कर 7 : 1 हो जायेगा। इस प्रकार एक कम्पनी अपने चिट्ठे में ऊपरी दिखावट (Window Dressing) द्वारा इन अनुपातों में इच्छित परिवर्तन ला सकती है।

(5) भूत के आधार पर भावी अनुमान (Future Estimates on the Basis of the Past): अनुपातों की गणना भूतकालीन समंकों से की जाती है। इन्हें वर्तमान या भविष्य के लिये प्रयोग करना सदैव ही वांछनीय नही होता क्योंकि भूतकालीन घटनायें भविष्य की सम्भावित घटनाओं से भिन्न हो सकती हैं। यही नहीं, मूल्य स्तर में परिवर्तन हो जाने पर गत कई वर्षों के अनुपातों का तुलनात्मक अध्ययन जटिल एवं भ्रामक भी हो सकता है।

(6) उचित प्रमापों का अभाव (Lack of Proper Standards) : अनुपात विश्लेषण में तुलना के लिये उचित प्रमापों का अभाव पाया जाता है। प्राय: कोई ऐसा प्रमापित अनुपात हीं है जिसे तुलनात्मक अध्ययन में प्रयोग किया जा सके। यही नहीं, व्यवहार में बहुत से शब्दों (जैसे चालू दायित्व, प्रयुक्त पूँजी आदि) की परिभाषात्मक एकरूपता के अभाव तथा विभिन्न संस्थाओं की परिस्थितियों व आकार में अन्तर के कारण एक संस्था के अनुपातों की तुलना दूसरी संस्था के अनुपातों से या सम्पूर्ण उद्योग से नही की जा सकती।

(7) विश्लेषक की व्यक्तिगत योग्यता व पक्षपात का प्रभाव (Effect of Personal Ability and Bias of the Analyst) : अनुपात वित्तीय विश्लेषण के साधन मात्र होते हैं, ये स्वयं में कोई साध्य नहीं होते। इन अनुपातों के निष्कर्ष विश्लेषक की व्यक्तिगत योग्यता व उसके पक्षपात से प्रभावित हो सकते हैं। अत: सही सन्दर्भ में न विचारने पर ये अनुपात भ्रामक निष्कर्ष भी दे सकते हैं।

(8) सीमित उपयोग : अनुपात विश्लेषण निर्वचन व निष्कर्ष की कई विधियों में से एक विधि है और यह निर्णय के लिये आवश्यक केवल कुछ ही सूचनायें प्रदान कर पाता है। अत: विस्तृत विश्लेषण व सुदृढ़ निर्णय के लिये यह आवश्यक हो जाता है कि इससे प्राप्त सूचनाओं को अन्य स्त्रोतों सह्य प्राप्त तथ्यों व सूचनाओं के साथ प्रयोग किया जाय। जैसा कि Bierman और Dredin ने लिख है, "Ratio analysis is not a substitute for sound judgment. Rather it is a helpful tool to aid in applying judgment to otherwise complex situation."

अनुपातों का वर्गीकरण
(Classification of Ratios)

अनुपातों का वर्गीकरण विभिन्न प्रकार से किया जाता है। वस्तुत यह वर्गीकरण विश्लेषण के उद्देश्य, परिस्थिति तथा उपलब्ध समंकों पर निर्भर करता है। अनुपातों के **वर्गीकरण के निम्न दो रूप अधिक महत्वपूर्ण हैं :**

(1) लेखा-विवरण वर्गीकरण

(Statement Classification)

अनुपातों के वर्गीकरण का परम्परागत रूप यही है। यह वर्गीकरण विभिन्न अनुपातों की गणनी के लिये आवश्यक सूचनाओं को प्रदान करने वाले लेखा-विवरणों के आधार पर किया जाता है। इस आधार पर सभी अनुपातों को निम्न तीन भागों में विभजित किया जा सकता है।

(अ) आर्थिक चिट्ठा अनुपात (Balance Sheet Ratios) : आर्थिक चिट्ठे की किन्ही दो मदों अथवा मदों के दो समूहों के बीच का अनुपात आर्थिक चिट्ठा अनुपात कहलाता है। प्रमुख आर्थिक चिट्ठा अनुपात निम्नलिखित हैं :

(i) चालू अनुपात (Current Ratio),

(ii) तरल अनुपात (Liquid Ratio),

(iii) स्वामित्व अनुपात (Prorietory Ratio),

(iv) स्थायी सम्पत्ति अनुपात (Fixed Assets Ratio),

(v) पूँजी दन्तिकरण अनुपात (Capital Gearing Ratio)

(vi) प्रति अंश पुस्तक मूल्य (Book Value Per Share)

(ब) लाभ हानि खाता अनुपात (Profit and Loss Account Ratios): लाभ हानि खाते की किन्ही दो मदों के दो समूहों के बीच का अनुपात लाभ हानि खाता अनुपात कहलाता है। इसमें निम्न अनुपात प्रमुख हैं :

(i) संचालन अनुपात (Operating Ratio),

(ii) व्यय अनुपात (Expense Ratio),

(iii) शुद्ध लाभ अनुपात (Net Profit Ratio),

(iv) सकल लाभ अनुपात (Gross Profit Ratio),

(v) स्कन्ध आवर्त अनुपात (Stock Turnover Ratio)

(स) मिश्रित अनुपात (Composite or Mixed Ratios): इस प्रकार के अनुपातों में एक मद या मद का समूह लाभ हानि खाते से तथा दूसरा मद या मद का समूह आर्थिक चिट्ठे से लिया जाता है। प्रमुख मिश्रित अनुपात इस प्रकार हैं :

(i) विनियोजित पूँजी पर प्रत्याय (Return on Capital Employed),

(ii) अंशधारी कोषों पर प्रत्याय (Return on Shareholder's Funds),

(iii) चालू सम्पत्ति आवर्त अनुपात (Current Assets Turnover Ratio),

(iv) देनदारों का अनुपात (Debtors Ratio),

(v) स्थायी सम्पत्तियों पर शुद्ध बिक्री का अनुपात (Ratio of Net Sales to Fixed Assets)

(2) उद्देश्यानुसार अथवा कार्यात्मक वर्गीकरण
(Purpose or Functional Classification)

विवरण वर्गीकरण की परम्परागत रीति के स्थान पर अनुपातों के प्रयोग या उद्देश्य के अनुसार वर्गीकरण को अधिक उपयुक्त माना जाता है। यह वर्गीकरण वित्तीय विश्लेषण में रूचि रखने वाले विभिन्न पक्षों की आवश्यकताओं के आधार पर किया जाता है। उद्देश्य के अनुसार अनुपातों को निम्न वर्गों में बाँटा जा सकता है:

(अ) शोधनक्षमता विश्लेषण (Solvency Analysis)

(i) अल्पकालीन शोधनक्षमता विश्लेषण अथवा तरलता विश्लेषण (Short-term Solvency Analysis or Liquidity Analysis)

(ii) दीर्घकालीन शोधनक्षमता विश्लेषण (Long-term Solvency Analysis)

(ब) लाभप्रदत्ता विश्लेषण (Profitability Analysis)

(i) सामान्य लाभप्रदत्ता विश्लेषण (General Profitability Analysis)

(ii) पूर्ण लाभप्रदत्ता (Overall Profitability Analysis)

(स) क्रियाशीलता विश्लेषण (Activity Analysis)

(द) पूँजी रचना विश्लेषण (Capital Structure Analysis)

(य) भावी विनियोक्ताओं के लिये अनुपात (Ratios for Prospective Investors)

(अ) शोधनक्षमता विश्लेषण अथवा वित्तीय स्थिति विश्लेषण
(Solvency Analysis or Financial Position Analysis)

इसका उद्देश्य संस्था की अपने ऋणों के भुगतान करने की क्षमता का पता लगाना होता है। ऋण शोधन अवधि के आधार पर उसे दो वर्गों में बाँटा जा सकता है:

(1) अल्पकालीन शोधनक्षमता विश्लेषण : तरलता अनुपात (Short-term Solvency Analysis—Liquidity Ratios): राबर्ट एन्थौनी के शब्दों में "तरलता का आशय कम्पनी की अपने चालू दायित्वों को भुगतान करने की क्षमता से होता है।" इन अनुपातों की गणना का उद्देश्य संस्था के अल्पकालीन साधनों से उसके अल्पकालीन दायित्वों के भुगतान करने की क्षमता का पता लगाना होद्य है। व्यापारिक बैंक तथा अन्य अल्पकालीन ऋणदाता संस्थायें इन अनुपातों में विशेष रूचि रखती है। व्यवसाय में कार्यशील पूँजी के

प्रयोग की कुशलता की जाँच में ये अनुपात प्रबन्ध को बहुमूल्य सहायता प्रदान करते हैं। इसके अतिरिक्त, संस्था के अंशधारी व दीर्घकालीन ऋणदाता इन अनुपातों की सहायता से संस्था द्वारा लाभाँश और ब्याज के भुगतान की सम्भावनाओं का ज्ञान प्राप्त करते हैं। प्रमुख तरलता अनुपात निम्नलिखित हैं :

(i) **चालू अनुपात अथवा कार्यशील पूँजी अनुपात** (Current Ratio or Working Capital Ratio): यह अनुपात संस्था की चालू सम्पत्तियों और चालू दायित्वों के बीच सम्बन्ध स्पष्ट करता है। इसे चालू सम्पत्तियों में चालू दायित्वों से भाग देकर ज्ञात किया जाता है। सूत्र रूप में

Current Ratio = Current Assets/Current Liabilities

इस अनुपात की गणना में चालू सम्पत्तियों व चालू दायित्वों का सही मूल्याकन बहुत महत्वपूर्ण होता है। चालू सम्पत्तियों में रोकड़ और रोकड़ में शीघ्र परिवर्तनीय सम्पत्तियों (अर्थात् प्राप्य बिल, अल्पकालीन विनियोग, विपण्य-प्रतिभूतियों, पूर्वदत्त व्यय, अधूरा कार्य, देनदार और स्कन्ध) को सम्मिलित किया जाता है। इसी तरह चालू दायित्वों में उन सभी दात्विों को सम्मिलित किया जाता है जो कि एक वर्ष के अन्तर्गत देय हों, जैसे विविध लेनदार, बैंक अधिविकर्ष, देय बिल, अदत्त और उपार्जित व्यय, देय आय-कर आदि। यदि किसी स्थायी सम्पत्ति को वित्तीय वर्ष की समाप्ति के कुछ दिन पूर्व ही बेचा गया हो, तो उसके विक्रय से प्राप्त रोकड़ को चालू सम्पत्तियों में सम्मिलित नहीं करना चाहिये। लेकिन चालू दायित्वों की गणना में बैंक से भुनाये गये प्राप्य बिलों से उत्पन्न सम्भावित दायित्वों पर उचित ध्यान देना चाहिये।

अल्पकालिन ऋणदाताओं की दृष्टि से चालू अनुपात का विशेष महत्व है क्योंकि यह अनुपात संस्था की चालू दायित्वों के भुगतान करने की क्षमता एवं अल्पकालीन ऋणों की सुरक्षा सीमा (Margin of Safety) प्रकट करता है। यह अनुपात जितना अधिक होगा, संस्था की अपने चालू दायित्वों के भुगतान करने की क्षमता भी उतनी ही अधिक होगी और अल्पकालीन ऋणदाता समय पर अपने ऋणों की वापसी के प्रति उतने ही अधिक आश्वस्त होंगे। लेकिन इस अनुपात का एक सीमा से अधिक होना ऋणदाताओं की दृष्टि से भले ही अच्छा हो, किन्तु व्यवसाय की दृष्टि से यह कभी भी अच्छा नहीं हो सकता। अत्यधिक चालू अनुपात व्यवसाय की कमजोर विनियोग नीति, अत्यधिक स्कन्ध आदि को प्रदर्शित करता है जबकि कम चालू अनुपात व्यवसाय में कार्यशील पूँजी की कमी को प्रदर्शित करता है। अत: व्यवसाय में उचित चालू सम्पत्तियों और चालू दायित्वों के बीच दो और एक का अनुपात (2: 1) आदर्श होता है किन्तु व्यवसाय की प्रकृति (जैसे व्यवसाय का मौसमी या सट्टे की प्रकृति का होना), व्यवसाय की प्रवृत्ति, प्राप्त तथा दी गई साख अवधियों को ध्यान में रखते हुए कार्यशील पूँजी की आवश्यकता और तत्कालीन परिस्थितियों के अनुसार इस अनुपात में कुछ परिवर्तन वांछनीय होंगें।

चालू अनुपात की सबसे बड़ी कमजोरी इसमें दिखावट (Window Dressing) तथा गड़बढ़ी (Manipulation) सम्भव होना है। चालू सम्पत्तियों व चालू दायित्वों में समान राशि की वृद्धि से चालू अनुपात को घटाया जा सकता है तथा इनमें समान राशि की कमी से चालू अनुपात को बढ़ाया जा सकता है। अत: व्यवसाय की तरलता एवं शोधन क्षमता के विश्लेषण के लिये अकेले इस अनुपात पर विश्वास करना उचित नहीं है।

(ii) **तरल या तरलता अनुपात** (Liquid or Liquidity Ratio) : इसे Quick Assets Ratio अथवा Acid Test Ratio भी कहा जाता है। यह अनुपात चालू अनुपात का ही एक भाग है और यह किसी व्यवसाय की उसके दायित्वों को तुरन्त भुगतान करने की क्षमता के मूल्यांकन के लिये ज्ञात किया जाता है। यह अनुपात तरल सम्पत्तियों और चालू दायित्वों के बीच अनुपात प्रकट करता है। सूत्र रूप में :

Liquid Ratio = Liquid or Quick Assts/Current Liabilities

तरल सम्पत्तियों में रोकड़, अल्पकालीन प्राप्य बिल, विपण्य प्रतिभूतियाँ तथा देनदार (संदिग्ध व अशोध्य ऋण घटाकर) सम्मिलित होते है। इसमें स्कन्ध को सम्मिलित नहीं किया जाता क्योंकि यह शीघ्र रोकड़ में परिवर्तित नहीं होता है। इसी तरह पूर्वदत्त व्ययों को भी तरल सम्पत्तियों में सम्मिलित नहीं किया जाता क्योंकि साधारणतया इन्हें रोकड़ में परिवर्तित नहीं किया जा सकता है।

व्यवसाय की अल्पकालीन शोधन क्षमता के मूल्यांकन में तरल अनुपात चालू अनुपात से भी अच्छा सूचक माना जाता है। चूँकि तरल सम्पत्तियों में केवल रोकड़ एवं तुरन्त वसूल योग्य सम्पत्तियाँ ही सम्मिलित की जाती है, अत: 1 : 1 का तरल अनुपात संतोषजनक माना जाता है।

(2) दीर्घकालीन शोधनक्षमता विश्लेषण (Long-term Solvency Analysis): कम्पनी के अंशधारी और दीर्घकालीन ऋणदाता उसकी दीर्घकालीन सम्भावनाओं में रूचि रखते हैं। इसकी जाँच के लिये निम्नलिखित अनुपातों की गणना की जा सकती है :

(i) **ऋण समता अनुपात** (Debt-Equity Ratio or Debt-Worth Ratio): यह अंशधारियों की समता या कोषों और समताओं (कुल दायित्वों) के बीच सम्बन्ध दिखलाता है। इसे ज्ञात करने के लिये निम्न सूत्र का प्रयोग किया जाता है:

$$\text{Debt-Equity Ratio} = \frac{\text{External Equities}}{\text{Internal Equities}}$$

Or

$$\text{Debt-Equity Ratio} = \frac{\text{Outsider's Funds (Total Liqbilities)}}{\text{Shareholders' or Proprietor' Funds or Net Worth}}$$

बाह्य समताओं अथवा कोषों में अल्पकालीन व दीर्घकालीन सभी प्रकार के ऋण (अर्थात कुल दायित्व) सम्मिलित होते हैं जबकि आन्तरिक समताओं अथवा अंशधारियों के कोषों में समता अंश पूँजी, पूर्वाधिकार अंश पूँजी, पूँजी संचय, प्रतिघृत अर्जनें (Retained Earnings) तथा आधिक्य से बनाये गये अन्य आगम संचय सम्मिलित होते हैं। कुछ विद्वान पूर्वाधिकार अंशों को बाह्य समताओं में सम्मिलित करते हैं।

किसी व्यवसाय की दीर्घकालीन वित्तीय स्थिति के विश्लेषण में यह अनुपात उतना ही महत्व रखता है जितना कि अल्पकालीन वित्तीय स्थिति के विश्लेषण में चालू अनुपात रखता है। यह अनुपात व्यवसाय में लगी स्वामियों की पूँजी की ओर संकेत करता है तथा संस्था के समान पर लेनदारों की सुरक्षा की सीमा प्रदर्शित करता है। साधारणतया 1 : 2 का ऋण समता अनुपात संतोषजनक माना जाता है, फिर भी व्यवसाय में स्वामियों की समता में जितनी वृद्धि होगी अर्थात यह अनुपात जितना कम होगा, लेनदारों की स्थिति उतनी ही अधिक सुरक्षित रहेगी। लेकिन इस अनुपात में अधिक कमी अंशधारियों की दृष्टि से उचित नहीं रहती।

(ii) **स्वामित्व अनुपात** (Proprietory Ratio) : इसे Shareholders' Equities to Total Equities Ratio, Equity Ratio अथवा Net Worth to Total Assets Ratio भी कहते हैं। यह अनुपात स्वामियों के कोषों और कुल सम्पत्तियों या कुल समताओं के बीच सम्बन्ध प्रदर्शित करता है। सूत्र रूप में :

$$\text{Proprietory Ratio} = \frac{\text{Proprietory Funds or Shareholders' Funds}}{\text{Total Assets or Total Equities}}$$

यह अनुपात जितना अधिक होगा, कार्यशील पूँजी के लिये संस्था की बाह्य स्रोतों पर निर्भरता उतनी ही कम होगी और संस्था आर्थिक दृष्टि से उतनी ही अधिक सुदृढ़ मानी जायेगी। संस्था की अर्जनों में स्थिरता होने पर तुलनात्मक रूप से नीचा स्वामित्व अनुपात भी स्वीकार किया जा सकता है।

इस अनुपात और 100 प्रतिशत का अन्तर कुल दायित्वों से कुल सम्पत्तियों का अनुपात (Ratio of Total Liabilities to Total Assets or Solvency Ratio) होगा। शोधनक्षमता अनुपात का निम्न सूत्र है:

$$\text{Solvency Ratio} = \frac{\text{Total Liabilities}}{\text{Total Assets}}$$

अप्रत्यक्ष रूप से, कुल दायित्वों से कुल सम्पत्तियों का अनुपात और स्वामित्व अनुपात के बीच पाया जाना वाला अनुपात ऋण समता अनुपात ही होगा।

(iii) **स्वामित्व दायित्व** अनुपात (Proprietors Liabilities Ratio) : यह अनुपात स्वामित्व कोषों में कुल दायित्व का भाग देकर ज्ञात किया जाता है। यह अनुपात जितना अधिक होता है, लेनदारों की स्थिति उतनी ही अधिक सुरक्षित एवं लाभप्रद मानी जाती है।

(iv) **ऋण सेवा अनुपात** (Debt Service Ratio): इसे Interest Coverage Ratio भी कहते हैं: यह अनुपात शुद्ध आय में ऋण सेवा व्ययों का भाग देकर ज्ञात किया जाता है। सूत्र रूप में :

$$\text{Debt Service Ratio or (No. of Times Interest Earned} = \frac{\text{Net Income Before Coarging Interest and Income Tax}}{\text{Fixed Interest Charges}}$$

संस्था के दीर्घकालीन ऋणदाताओं के लिये यह अनुपात बहुत महत्वपूर्ण होता है क्योंकि यह उनके विनियोगों की दीर्घकालीन सुरक्षा पर प्रकाश डालता है। यह अनुपात किसी संस्था की आय में, कमी की उस सीमा को बतलाता है जिसके पश्चात वर्तमान आयों में कमी से संस्था स्थिर ब्याज प्रभारों को पूरा करने में असमर्थ हो जायेगी। इस अनुपात का प्रयोग बाह्य वित्तीय विश्लेषण में किया जाता है। एक औद्योगिक संस्था की शुद्ध आय स्थिर ब्याज प्रभारों से लगभग 6-7 गुना होना चाहिये। इस अनुपात में कमी होने पर संस्था को ऋणों से अतिरिक्त कोषों का प्राप्त करना कठिन हो जाता है।

कुछ लेखक पूर्वाधिकार अंशों पर लाभांश के लिये भी आवरण अनुपात (coverage ratio) की गणना करते हैं। सूत्र रूप में :

$$\text{Preference Dividend Coverage Ratio (Times Preference Dividends Earned} = \frac{\text{Net Income after interest and Income Tax}}{\text{Preference Dividend}}$$

कुछ लेखक Debt Service Ratio के स्थान पर Cash to Debt Service Ratio की गणना करना उचित मानते हैं। उनका तर्क यह है कि ऋण सेवा प्रभारों का भुगतान रोकड़ में करना होता है। अत: फर्म की दीर्घकालीन तरलता के विश्लेषण के लिये शुद्ध आय के स्थान पर उस अवधि के कुल रोकड़ अर्न्तवाहों (Total Cash-Inflows) का प्रयोग करना चाहिये। यदि ऋणों के भुगतान के लिये सिकिंग फंड तैयार किया जाता है तो सिंकिंग फण्ड के लिये वार्षिक भुगतान की राशि को ब्याज प्रभार में जोड़ना होगा। इस अनुपात की गणना निम्न सूत्र द्वारा की जाती है।

Cash to Debt Service Ratio or Debt Cash Flow Coverage

Ratio= \f(Annual Cash Flow Before Interest and Taxes Interest X Sinking

Fund Appropriations on Debt,1—tax rate)

यदि वार्षिक रोकड़ अन्तर्वाहों की सही गणना नहीं की जा सकती है तो ब्याज और करों से पूर्व वर्ष की शुद्ध आय में ह्रास व अन्य गैर रोकड़ व्ययों को जोड़कर प्राप्त राशि को वार्षिक रोकड़ अन्तर्वाहों के स्थान पर प्रयोग किया जा सकता है। जिन संस्थाओं की आयों में बहुत अधिक अस्थिरता रहती है, उनमें अधिक आवरण (High Coverage) की आवश्यकता होगी तथा जिनकी आयों में स्थिरता रहती है, उनमें तुलनात्मक रूप से कम आवरण (Low Coverage) भी पर्याप्त रहता है।

(ब) लाभप्रदता विश्लेषण
(Profitability Analysis)

व्यवसाय का उद्देश्य लाभ कमाना होता है। सामान्यतया व्यवसाय की लाभप्रदता को व्यावसायिक क्रियाओं की कुशलता का प्रतीक माना जाता है। व्यवसाय की लाभप्रदता बिक्री की मात्रा, लागतों की प्रकृति व वित्तीय साधनों के कुशल प्रयोग पर निर्भर करती है। किसी व्यवसाय की लाभप्रदता का विश्वसनीय विश्लेषण तीन-चार लाभप्रदता अनुपातों के आधार पर ही किया जा सकता है। कोई एक अकेला अनुपात भ्रमात्मक निष्कर्ष दे सकता है। यह विश्लेषण दो प्रकार का होता है:

(1) सामान्य लाभप्रदता विश्लेषण (General Profitability Analysis) : इसके लिये निम्न अनुपातों का प्रयोग किया जाता है:

(1) सकल लाभ अनुपात (Gross Profit Ratio): यह अनुपात सकल लाभ और शुद्ध विक्रय के बीच सम्बन्ध प्रकट करता है। सामान्यतया इसे प्रतिशत के रूप में व्यक्त किया जा सकता है। सूत्र रूप में :

$$\text{Gross Profit Ratio} = \frac{\text{Gross Profit}}{\text{Net Sales}} \times 100$$

व्यवसाय की लार्भाजन क्षमता के निर्धारण के लिये यह अनुपात एक अच्छी युक्ति है। आयकर अधिकारी मुख्य रूप से इसी अनुपात के आधार पर विभिन्न फर्मों के लाभों का अनुमान लगाते हैं। इस अनुपात के आधार पर हम उत्पादित वस्तु इकाई की लाभप्रदता की जाँच कर सकते हैं, परन्तु केवल इसी अनुपात के आधार पर निकाला गया निष्कर्ष भ्रमात्मक एवं मिथ्या पूर्ण हो सकता है। इस अनुपात का प्रयोग स्कन्ध नियन्त्रण (Inventory Control) में भी किया जा सकता है। सामान्यतया यह अनुपात जितना ही अधिक होगा, व्यवसाय उतना ही अधिक लाभप्रद होगा। यदि इसका प्रतिशत कम है तो इसका यह अर्थ निकलता है कि व्यवसाय में विक्रय के अनुपात में लाभ में कम हो रहे हैं जो कि उचित नहीं कहा जा सकता।

सकल लाभ अनुपात के लिये कोई आदर्श प्रमाप निर्धरित नहीं किया जा सकता, परन्तु यह अनुपात इतना अवश्य हो कि जिससे व्यवसाय के संचालन व्यय पूरे किये जा सके और स्थायी व्ययों, लाभाँश तथा वाँछनीय कोषों की व्यवस्था की जा सके। सकल लाभ अनुपात में कमी मुख्य रूप से लागत की अपेक्षा विक्रय मूल्य में कमी, विक्रय मूल्य की अपेक्षा लागत में वृद्धि, स्कन्ध की चोरी या क्षति तथा अन्तिम स्कन्ध के कम मूल्यांकन के कारण होती है जबकि इस अनुपात में वृद्धि लागत में कमी, विक्रय मूल्य में वृद्धि अथवा अन्तिम स्कन्ध के अधि मूल्यांकन के कारण होती है।

(2) शुद्ध लाभ अनुपात (Net Profit Ratio) : यह अनुपात विक्रय पर शुद्ध लाभ की दर का माप है। इसे निम्न सूत्र द्वारा ज्ञात किया जाता है :

$$\text{Net Profit Ratio} = \frac{\text{Net Profit after tax}}{\text{Net Sales}} \times 100$$

कुछ लेखक शुद्ध लाभ के स्थान पर शुद्ध संचालन लाभ Net Operating Profit के आधार पर इस अनुपात की गणना करते हैं। शुद्ध संचालन लाभ की गणना में गैर व्यापारिक आय व व्ययों पर ध्यान नहीं दिया जाता।

यह अनुपात यह स्पष्ट करता है कि विक्रय आगम का कौनसा भाग संस्था के स्वामियों का है। किसी व्यवसाय की लाभप्रदता और कार्य कुशलता के माप के लिये इस अनुपात का व्यापक रूप से प्रयोग किया जाता है। यह अनुपात जितना अधिक होता है, संस्था की लाभप्रदता उतनी ही अच्छी मानी जाती है।

(3) संचालन अनुपात (Operating Ratio) : यह अनुपात संचालन लागत - विक्रीत माल की लागत और संचालन व्यय (वस्तु क्रय या निर्माण के व्यय + प्रशासनिक व्यय + विक्रय एवं वितरण व्यय) - में शुद्ध विक्रय का भाग देकर ज्ञात किया जाता है। सूत्र रूप में :

$$\text{Operating Ratio} = \frac{\text{Cost of Goods Sold + Operating Exp.}}{\text{Net Sales}} \times 100$$

यदि इस अनुपात को 100 में से घटा दिया जाये तो अन्तर शुद्ध लाभ पर संचालन लाभ का अनुपात बतलायेगा। संचालन अनुपात व्यवसाय की कार्य कुशलता और लाभार्जन क्षमता का माप होता है। यह अनुपात जितना कम होगा, गैर संचालन व्ययों को पूरा करने के लिये उतने ही अधिक लाभ बचेंगें तथा शुद्ध लाभ भी उतने ही अधिक होंगें। यदि विगत कुछ वर्षों में इस अनुपात में लगातार कमी हो रही है तो इसका यह निष्कर्ष निकलेगा कि बिक्री की मात्रा में वृद्धि होने पर प्रति इकाई संचालन व्ययों में कमी हो रही है।

(4) व्यय अनुपात (Expense Ratios) : उत्पादन लागत और संचालन व्यय की प्रत्येक मद का शुद्ध विक्रय के साथ सम्बन्ध दिखलाने के लिये व्यय अनुपातों की गणना की जा सकती है। इन अनुपातों का पिछले वर्ष के अनुपातों या प्रबन्ध द्वारा निर्धारित प्रमापित अनुपातों से तुलना कर व्यय की प्रत्येक मद की बचत या अतिव्यय की स्थिति ज्ञात की जा सकती है। इन अनुपातों से प्रबन्धकीय कुशलता और लाभार्जन क्षमता का ज्ञान होता है। ये अनुपात जितने कम होते जाते हैं, व्यवसाय उतना ही अधिक लाभप्रद होता जाता है।

(II) **पूर्ण लाभप्रदता विश्लेषण** (Over-all Profitability Analysis)- किसी व्यावसायिक संस्था की पूर्ण लाभप्रदता के विश्लेषण के लिये निम्न अनुपातों की गणना की जाती है:

(1) स्वामित्व कोषों या अंशधारियों के विनियोग पर प्रत्याय (Return on Proprietor's Funds or Shareholders' Investment): यह अनुपात शुद्ध लाभ और अंशधारियों के विनियोग (स्वामित्व कोषों) के बीच प्रतिशत सम्बन्ध प्रकट करता है। इसकी गणना के लिये निम्न सूत्र का प्रयोग किया जाता है :

Return on Shareholder's Investment (or ROI)

$$= \frac{\text{Net Profit (after interest and tax)}}{\text{Proprietor's Funds}} \times 100$$

व्यवसाय में कुल सम्पत्तियों और कुल दायित्वों का अन्तर स्वामित्व कोष अथवा अंशधारियों का विनियोग कहलाता है। एक दूसरे प्रकार से अंश पूँजी (समता और पूर्वाधिकार अंश पूँजी दोनों का योग) और प्रतिघृत अर्जनों (पूँजी संचयों का समस्त सामान्य संचयों, विशेष कोषों और अवितरित लाभ या आधिक्य का योग) का योग अंशधारियों का विनियोग कहलाता है। कुछ लेख स्वामित्व कोषों के स्थान पर औसतस्वामित्व कोषों के आधार पर इस प्रत्याय की गणना करते हैं। औसत स्वामित्व कोष वर्ष के प्रारम्भ व अन्त के स्वामित्व कोषों का सामान्य औसत होता है लेकिन यदि व्यवसाय में नयी पूँजी का विनियोग वर्ष के अन्त में किया गया है तो उसे स्वामित्व कोषों की गणना में नहीं सम्मिलित करना चाहिये।

यह अनुपात व्यवसाय की कुल लाभप्रदता और अर्थ प्रबन्धन की योग्यता की जांच का एक अच्छा आधार प्रदान करता है। वास्तव में यह वित्तीय विवरण विश्लेषण में प्रयुक्त अति महत्वपूर्ण सम्बन्धों में से एक है।

(2) समता पूँजी पर प्रत्याय (Return on Equity Capital) : यह समता अंशधारियों के लिये उपलब्ध शुद्ध लाभ (अर्थात पूर्वाधिकार पूँजी पर लाभाँश घटाकर) में इन अंशधारियों द्वारा विनियोजित पूँजी का भाग देकर ज्ञात किया जाता है। सूत्र रूप में :

Return on Equity Capital = \f(Net Profit —Dividend on Preference Capital, Equity Share Capital) x 100

यदि वर्ष में समता पूंजी में कोई परिवर्तन हुआ है, तो प्रारम्भिक व अन्तिम समता पूँजी के औसत के आधार पर प्रत्याय ज्ञात की जायेगी। यह प्रतिशत व्यवसाय की लाभार्जन क्षमता का एक अच्छा माप है। यह प्रतिशत जितना अधिक है, संस्था उतनी ही अधिक लाभप्रद मानी जायेगी। इसके आधार पर दो संस्थाओं की अर्जन क्षमता की तुलना की जा सकती है।

समता अंश पूंजी पर प्रत्याय के विश्लेषण की एक विधि और है। इसमें प्रति अंश आय (Income Per Share) अथवा प्रति समता अंश अर्जनें (Earning Per Equity Share) ज्ञात की जाती है। इसके लिये निम्न सूत्र का प्रयोग किया जाता है।

$$\text{Earning Per Share} = \frac{\text{Net Profit after Preference Dividend}}{\text{Number of Equity Shares}}$$

यह अनुपात जितना अधिक होगा, उतना ही अच्छा है। प्रायः इसी के आधार पर अंश का बाजार मूल्य निर्धारित होता है।

(3) विनियोजित पूँजी पर प्रत्याय : किसी व्यवसाय की पूर्ण लाभप्रदता की माप के लिये केवल यही एक संतोषजनक माप है। यह प्रबन्ध को सौंपे गये कोषों के प्रयोग में बरती गई कुशलता का मूल्यांकन है। यह अनुपात शुद्ध लाभ में व्यवसाय में विनियोजित पूँजी का भाग देकर ज्ञात किया जाता है। सूत्र रूप में :

$$\text{Return on Capital Employed} = \frac{\text{Net Profit before tax}}{\text{Capital Employed}} \times 100$$

(4) कुल विनियोग पर प्रत्याय (Return on Total Investment) : यह अनुपात संस्था में विनियोजित कोषों के प्रयोग में प्रबन्धकीय कुशलता का माप है। इसका सूत्र निम्न प्रकार हैं :

$$\text{Return on Total Investment} = \frac{\text{Net Profit before tax and interest}}{\text{Total Investment}} \times 100$$

कुल विनियोग का आशय अंशधारियों के कोष और दीर्घकालीन दायित्व के योग से होता हैं। यह अनुपात जितना ऊँचा होगा, कम्पनी की लाभार्जनशीलता उतनी ही अधिक होगी।

कुछ लोग कुल सम्पत्तियों पर प्रत्याय दर से भी पूर्ण लाभप्रदता का मूल्यांकन करते है। इसके लिये निम्न सूत्र का प्रयोग किया जाता है :

$$\text{Return on Total Assets} = \frac{\text{Net Profit before tax and interest}}{\text{Total Assets}} \times 100$$

यह अनुपात जितना अधिक होगा, उतना ही अच्छा है।

(स) क्रियाशीलता विश्लेषण

(Activity Analysis)

इसके आधार पर संस्था के कार्य निष्पादनों की जाँच की जाती है और यह पता लगाया जाता है कि संस्था ने उपलब्ध साधनों व सुगमताओं का कुशलतापूर्वक व लाभप्रद ढंग से प्रयोग किया है या नहीं। इसमें अनुपातों की गणना विक्रय की लागत के आधार पर की जाती है, अत: इन अनुपातों को आवर्त अनुपात (Turnover Ratios) या विक्रय अनुपात (Sales Ratios) भी कहा जाता है। इसके अन्तर्गत प्रमुखतया निम्न अनुपातों की गणना की जाती है:

(1) स्कन्ध आवर्त अनुपात (Stock Turnover Rati or Inventory Turnover Ratio or Turover Ratio) : इस अनुपात में विक्रीत माल की लागत और स्कन्ध के बीच सम्बन्ध स्थापित करके स्कन्ध के विक्रय में बदलने की दर ज्ञात की जाती है। यह अनुपात किसी दी हुई अवधि के विक्रीत माल की लागत में उस अवधि में बकाया औसत स्कन्ध का भाग देकर ज्ञात किया जाता है। सूत्र रूप में :

$$\text{Stock Turnover Ratio} = \frac{\text{Cost of Goods Sold}}{\text{Average Inventory at Cost}}$$

औसत स्कन्ध की गणना वर्ष के प्रारम्भ व अन्त के स्कन्धों की राशि के योग में दो का भाग देकर की जाती है। कभी कभी व्यवसाय में विक्रीत माल की लागत ज्ञात करना कठिन हो जाता है तो उस स्थिति में शुद्ध विक्रय की राशि के आधार पर इस अनुपात की गणना की जा सकती है लेकिन इस स्थिति में औसत स्कन्ध को भी विक्रय मूल्य पर दिखाना चाहिये। विभागीय भण्डारों में, जहाँ स्कन्ध का मूल्यांकन अधिकतर विक्रय मूल्यों पर ही किया जाता है, यह अनुपात इसी आधार पर (Net Sales/Average Inventory at Selling Prices) ज्ञात किया जाता है।

यह अनुपात व्यवसाय में स्कन्ध के प्रवाह की गति का सूचक है। यह स्कन्ध के विक्रय में परिवर्तन की दर प्रदर्शित करता है। वास्तव में, इस अनुपात से प्रबन्ध की स्कन्ध नीति की जाँच की जा सकती है। इस अनुपात की कोई प्रमापित दर निर्धारित नहीं की जा सकती क्योंकि यह उद्योग की प्रकृति और फर्म की विक्रय नीति पर अधिक निर्भर करता है। इस अनुपात की तुलना संस्था के भूतकालीन अनुपात अथवा उसी प्रकार की अन्य कम्पनियों या सम्पूर्ण उद्योग के अनुपात से की जा सकती है। तुलनात्मक रूप से अधिक स्कन्ध आवर्त अनुपात व्यवसाय के विस्तार तथा प्रबन्ध की स्कन्ध नीति की कुशलता का द्योतक होता है क्योंकि यह स्कन्ध में कम विनियोग से अधिक विक्रय की स्थिति प्रकट करता है। दूसरी और इस अनुपात में गिरावट व्यवसाय में सुस्ती एवं स्कन्ध में अति विनियोग का सूचक होता है। लेकिन सही निष्कर्ष निकालने के लिये इस अनुपात में परिवर्तन के कारणों की सुक्ष्मता से जाँच करनी चाहिये। जिन संस्थाओं में स्कन्ध आवर्त अनुपात ऊँचा रहता है, वे लाभ की नीची सीमा (Low Margin of Profit) पर भी अधिक लाभ कमा सकती है किन्तु नीचे अनुपात वाली संस्था का बिक्री पर लाभ का अनुपात अधिक होना चाहिये।

(2) देनदार आवर्त अनुपात (Debtors Turnover Ratio or Receivables Turnover Ratio) : इस अनुपात की गणना का उद्देश्य देनदारों की वसूली का गुणात्मक विश्लेषण करना है। इसमें व्यवसाय के देनदार और शुद्ध उधार विक्रय के बीच सम्बन्ध स्थापित करके यह ज्ञात किया जाता है कि विक्रय का कितना भाग देनदारों के रूप में असंग्रहित (Uncollected) रह गया है। इस अनुपात को निम्न प्रकार से ज्ञात किया जाता है

$$\text{Debtors Turnover Ratio} = \frac{\text{Trade Receivables (Debtors + Bills Receivables)}}{\text{Net Credit Sales}} \times 100$$

शुद्ध उधार विक्रय की राशि ज्ञान न होने पर कभी कभी शुद्ध विक्रय के आधार पर ही इस अनुपात की गणना की जा सकती है किन्तु ऐसा तभी किया जा सकता है जबकि नकद विक्रय की राशि उपेक्षणीय (Negligible) हो। देनदारों के विश्लेषण में सामान्यतया इस अनुपात के साथ औसत संग्रह अवधि (Average Collection Period) की भी गणना की जाती है। यह अवधि देनदारों की वसूली या संग्रह में लगने वाले समय को प्रदर्शित करती

है। इसके लिये व्यापारिक प्राप्तियों (Trade Receivables) में औसत दैनिक विक्रय का भाग देना होता है। सूत्र रूप में :

(1) Average Collection Period or Days Sales Uncollected

$$= \frac{\text{Trade Receivables}}{\text{Average Sales per day}}$$

When

$$\text{Average Sales per day} = \frac{\text{Net Credit Sales}}{\text{No. of Working Days (365 or 360)}}$$

or

(2) Average Collection Period

$$= \frac{\text{Trade Receivables}}{\text{Net Credit Sales}} \text{ x No. of Working Days}$$

औसत संग्रह अवधि की व्यवसाय की वास्तविक उधार की शर्तों के साथ तुलना करके ऋण संग्रह (Debt collection) में प्रबन्ध कुशलता की जाँच की जा सकती है। इस सम्बन्ध में सामान्य नियम यह है कि औसत संग्रह अवधि किसी भी दशा में विक्रय शर्त में वर्णित शुद्ध वसूली अवधि या उधार अवधि + उसके 1/3 से अधिक नहीं होनी चाहिये। यदि औसत संग्रह अवधि शुद्ध वसूली अवधि के 4/3 से अधिक है तो वह ऋण संग्रह में प्रबन्ध की लापरवाही और कुशलता या उधार की शर्तों में उदारता का सूचक है। व्यवसाय में ऋणों की वसूली में देरी डूबत ऋणों में वृद्धि का सूचक माना जा सकता है।

(3) लेनदार आवर्त अनुपात (Creditors Turnover Ratio) : देनदार आवर्त अनुपात की तरह लेनदार आवर्त अनुपात की भी गणना की जा सकती है। यह अनुपात उधार क्रय एवं व्यापारिक लेनदारों के बीच सम्बन्ध प्रदर्शित करता है तथा उधार क्रय के भुगतान में लगने वाले समय की प्रदर्शित करता है। इसकी गणना के लिये निम्न सूत्र का प्रयोग किया जाता है:

Creditors Turnover Ratio

$$= \frac{\text{Acconts Payables (Trade Creditors + B/P)}}{\text{Net Credit Purchases}} = 100$$

and Average Disbursement Period

$$= \frac{\text{Accounts Payables}}{\text{Net Credit Purchases}} \text{ x No. of Working Days}$$

(4) स्थाई सम्पत्ति आवर्त अनुपात (Fixed Assets Turnover Ratio or Ratio of Soles to Fixed Assets) : यह अनुपात स्थाई सम्पत्तियों के कुशल एवं लाभप्रद प्रयोग का माप है। विक्रय के साथ स्थायी सम्पत्तियों के अनुपात निकालने से संस्था के विक्रय में स्थायी सम्पत्तियों के योगदान का पता लगता है। इसका सूत्र निम्न है:

$$\text{Fixed Assets Turnover Ratio} = \frac{\text{Net Sales}}{\text{Fixed Assets (less. Depn.)}}$$

कुछ लेखक विक्रय के स्थान पर विक्रय की लागत का प्रयोग करते हैं। यह अनुपात उन संस्थाओं के लिये महत्वपूर्ण है जो कि निर्माण कार्य में लगी हुई हैं क्योंकि इन संस्थाओं में स्थायी सम्पत्तियों में विनियोग का उत्पादन व विक्रय पर बहुत प्रभाव पड़ता है। यह अनुपात एक उद्योग से दूसरे उद्योग में भिन्न रहता है। जिन उद्योगों में स्थायी सम्पत्तियों का विनियोग बहुत होता है, उनमें स्थायी सम्पत्ति आवर्त अनुपात की दर नीची रहती है जबकि खुदरा या सेवा के व्यवसाय में ऊँची दर रहती है।

इस अनुपात का ऊँचा होना स्थायी सम्पत्तियों के कुशल प्रयोग का प्रतीक माना जाता है, किन्तु इस अनुपात का बहुत ऊँचा हो जाना अति व्यापार का प्रतीक माना जायेगा। नीचा अनुपात स्थायी सम्पत्तियों का कम प्रयोग, इनके प्रयोग में अकुशलता या इनमें अति-विनियोग का सूचक होता है। विक्रय और स्थायी सम्पत्तियों के बीच प्रत्यक्ष सम्बन्ध न होने के कारण इस अनुपात का बहुत कम प्रयोग किया जाता है।

(5) कार्यशील पूँजी आवर्त अनुपात (Working Capital Turnover Ratio or Ratio of Sales to Working Capital) : यह अनुपात कार्यशील पूँजी के प्रयोग में कुशलता का माप है। इसका सूत्र निम्न हैं :

$$\text{Working Capital Turnover Ratio} = \frac{\text{Net Sales}}{\text{Net Working Capital}}$$

कार्यशील पूँजी आवर्त अनुपात स्कन्ध आवर्त अनुपात से अच्छा माना जाता है किन्तु इसकी व्याख्या में बहुत सावधानी बरतनी चाहिये। कार्यशील पूँजी के सम्बन्ध में विक्रय का सामान्य होना ही अच्छा माना जाता है। कार्यशील पूँजी की तुलना में अत्यधिक विक्रय का बहुत कम विक्रय क्रमशः अति व्यापार (Over trading) या अल्प व्यापार (Under trading) का प्रतीक होता है। यह दोनों ही व्यवसाय के लिये हानिकारक होते हैं।

(6) पूँजी अथवा शुद्ध मूल्य आवर्त अनुपात (Capital or Net Worth Turnover Ratio or Ratio of Sales to Capital or Net Worth) : यह अनुपात अंशधारियों की विनियोजित पूँजी के प्रयोग में कुशलता का माप है। पूँजी का कुशल प्रयोग व्यवसाय की लाभार्जन क्षमता एवं प्रबन्धकीय कुशलता का सूचक होता है। यह अनुपात निम्न सूत्र से ज्ञात किया जाता है:

$$\text{Capital or Net Worth Turnover Ratio} = \frac{\text{Net Sales}}{\text{Share Capital or Net Worth}}$$

साधारणतया अंश पूँजी का आशय समता अंश पूँजी से होता है किन्तु कभी कभी पूर्वाधिकारी अंशों को भी इसमें शामिल किया जा सकता है। जब अंश पूँजी में विभिन्न संचय एवं आधिक्य को भी सम्मिलित कर लिया जाता है, तब उसे शुद्ध मूल्य (Net Worth) कहते

हैं। यह अनुपात जितना ऊँचा होता है, उतना ही अच्छा होता है क्योंकि यह संस्था के धन के कुशल प्रयोग का सूचक है किन्तु बहुत ऊँचा अनुपात अति-व्यापार का प्रतीक होता है।

(द) पूँजी संरचना विश्लेषण

(Capital Structure Analysis)

संस्था के वित्तीय विश्लेषण में इन अनुपातों का प्रयोग किया जाता है। इसके लिये निम्न अनुपातों की गणना की जा सकती हैं:

(1) पूँजी दन्तिकरण अनुपात (Capital Gearing Ratio or Gear Ratio) : किसी संस्था की पूँजी संरचना के विश्लेषण में यह सबसे अधिक महत्वपूर्ण अनुपात है। एक संस्था की समता पूँजी और स्थिर लागत वाली पूँजी (पूर्वाधिकारी अंश पूँजी + ऋण पूँजी) के बीच पाये जाने वाले सम्बन्ध की पूँजी दन्तिकरण या पूँजी मिलान (Capital Gearing) कहते हैं। दूसरे शब्दों में किसी संस्था द्वारा स्थिर ब्याज वाले ऋणों से वित्त प्राप्त करना पूँजी का दन्तिकरण कहलाता है। पूँजी दन्तिकरण अनुपात की गणना निम्न सूत्र द्वारा की जाती है।

$$\text{Capital Gearing Ratio} = \frac{\text{Equity Capital (Variable Cost Bearing Capital)}}{\text{Fixed Cost Bearing Capital}}$$

यहाँ पर समता पूँजी में समता अंशों के अतिरिक्त संचय एवं अवितरित लाभ भी सम्मिलित किये जाते हैं। किसी संस्था की पूँजी संरचना में उचित पूँजी दन्तिकरण होना चाहिये। जब समता पूँजी स्थिर लागत वाली पूँजी से कम है (अथवा यदि कुल पूँजी में समता पूँजी, संचिति व अवितरित लाभ का भाग या अनुपात कम है) तो इसे पूँजी का उच्च दन्तिकरण (High Gearing) कहा जाता है दन्तिकरण जितना ही ऊँचा होता है, दन्ति अनुपात (Gear Ratio) उतना ही कम होगा। इसी तरह, जब समता पूँजी स्थिर लागत वाली पूँजी से अधिक है (अथवा यदि कुल पूँजी का अधिकांश भाग समता पूँजी के रूप में है) तो इसे पूँजी का निम्न दन्तिकरण (Low Gearing) कहा जाता है। दन्तिकरण जितना नीचा होगा, दन्ति अनुपात उतना ही ऊँचा होगा। सामान्यतया उच्च दन्तिकरण व्यवसाय की अच्छी स्थिति का प्रतीक नहीं है क्योंकि यह बहुत ही जोखिमपूर्ण एवं परिकल्पी (Risky and Speculative) होता है। जिस प्रकार एक काम शुरू में नीचे गियर (Low Gear) पर स्टार्ट की जाती है और बाद में उसे ऊँचे गियर में डालते हैं, उसी प्रकार प्रारम्भ में उपक्रम की भी निम्न दन्तिकरण के साथ आरम्भ किया जाना चाहिये और बाद में आय बढ़ने तथा नियमित होने पर उच्च दन्तिकरण अपनाया जा सकता है।

(2) ऋण समता अनुपात (Debt Equity Ratio) : इसका वर्णन पहले किया जा चुका है।

(3) कुल विनियोग का दीर्घकालीन दायित्वों से अनुपात (Ratio of Total Investment to Long term Liabilities) : यह अनुपात संस्था के कुल दीर्घकालीन कोषों का दीर्घकालीन दायित्वों से सम्बन्ध स्थापित करता है। इसका सूत्र निम्न है:

Ratio of Total Investment to Long term Liabilities

$$= \frac{\text{Long-term Funds (Shareholders' Funds + Long-term Liabilities)}}{\text{Long term Liabilities}}$$

सामान्य नियम यह है कि संस्था के कुल दीर्घकालीन कोषों मैं दीर्घकालीन दायित्वों का अनुपात अधिक ऊँचा नहीं होना चाहिये।

(इ) भावी विनियोक्ताओं के लिये अनुपात

(Ratios for Prospective Investors)

(1) प्रति अंश आय (Earnings Per Share)- इसका वर्णन पहले किया जा चुका है।

(2) प्रति अंश पुस्तक मूल्य (Book Value Per Share) : इसका आशय उस राशि से होता है जो कि कम्पनी के समापन की स्थिति में उसके प्रति अंश पर देय होगी। इसका सूत्र निम्न प्रकार है:

$$\text{Book Value Per Share} = \frac{\text{Shareholders' Funds}}{\text{Number of Shares}}$$

विनियोक्ता अंश के इस मूल्य की तुलना उसके बाजार मूल्य से करता है। अब इस अनुपात का महत्व कम हो गया है क्योंकि चिट्ठे में सम्पत्तियाँ अपने वर्तमान मूल्य से भिन्न रहती है।

(3) मूल्य आय अनुपात (Price-Earnings Ratio): यह अनुपात अंश के बाजार मूल्य तथा उस पर आय की दर में सम्बन्ध प्रकट करता है। सूत्र रूप में :

$$\text{Price-Earnings Ratio} = \frac{\text{Market Price Per Share}}{\text{Earnings Per Share}}$$

इस अनुपात के 16 गुने से अधिक होने पर अंश का बाजार मूल्य अधिक माना जाता है।

(4) पूँजीकरण अनुपात (Capitalization Ratio) : यह अनुपात यह प्रकट करता है कि अंश मूल्य का कितना भाग प्रतिवर्ष आय के रूप में वापस आ जाता है। इसका सूत्र निम्नलिखित है:

$$\text{Capitalization Ratio} = \frac{\text{Earnings Per Share}}{\text{Market Price Per Share}}$$

(5) लाभांश प्राप्ति अनुपात (Dividend Yield Ratio) : यह अनुपात यह प्रकट करता है कि अंशधारी को प्रति अंश कितना लाभांश दिया जाता है। इसका सूत्र निम्न प्रकार है:

$$\text{Dividend Yield Ratio} = \frac{\text{Dividend Per Share}}{\text{Market Price Per Share}}$$

कार्यशील पूँजी का विवरण पत्र

(Statement of Working Capital)

अभी तक कोष प्रवाह विवरण (Funds Flow Statement) से सम्पत्तियों एवं दायित्वों की व्यक्तिगत मदों में हुई वृद्धि अथवा कमी को दिखलायें जाने की प्रथा रही है। लेकिन अब कुछ वित्तीय विशेषज्ञों का यह मत है कि सम्पूर्ण चल सम्पत्तियों एवं चालू दायित्वों (Current Assets and Current Liabilities) के परिवर्तन को कोष प्रवाह विवरण में ही न दिखा कर अलग से कार्यशील पूँजी में परिवर्तन के विवरण पत्र (Statement of Changes in Working Capital) में दिखाना चाहिये। इस विवरण पत्र का शुद्ध परिणाम कोष प्रवाह विवरण में ले जाया जाय। कार्यशील पूँजी में परिवर्तन के विवरण पत्र को अलग से तैयार करके कार्यशील पूँजी में होने वाले शुद्ध परिवर्तनों को ज्ञात किया जा सकता है। इस विवरण पत्र में आयी कार्यशील पूँजी की शुद्ध वृद्धि (Net Increase in Working Capital) कोष का प्रयोग है और कार्यशील पूँजी में शुद्ध कमी (Net decrease in Working Capital) कोष का साधन है। इस विवरण पत्र को नीचे दिये गये प्रारूप में बनाया जा सकता है।

कार्यशील पूँजी में परिवर्तन का विवरण पत्र

	31 दिसम्बर		कार्यशील पूँजी में परिवर्तन	
	2007	2008	वृद्धि	कमी
	रू.			
चालू सम्पत्तियाँ				
(i) स्कन्ध शेष	....	....		
(ii) प्राप्य विपत्र	....	....	....	
(iii) देनदार	....	....	....	
(iv) हस्तथ्थ रोकड़	....	....	....	
(v) बैंक में रोकड़	....	....		....
(vi) पूर्वदत्त व्यय	....	....		....
			....	
	....	....		
चालू दायित्व:				
(i) अल्पकालीन ऋण	....	....		
(ii) देय विपत्र	....	....	....	
(iii) ऋणदाता (लेनदार)	....	....	....	
(iv) अदत्त व्यय	....	....		....
				....
	....	....		
कार्यशील पूँजी	....	....		
कार्यशील पूँजी में शुद्ध वृद्धि/कमी			....	

ऊपर दिये गये प्रारूप के आधार पर कार्यशील पूँजी के सम्बन्ध में निम्न मान्यतायें बनाई जा सकती है:

(i) चालू सम्पत्तियों में वृद्धि कार्यशील पूँजी की मात्रा में वृद्धि कर देती है।

(ii) चालू सम्पत्तियों की कमी कार्यशील पूँजी की मात्रा में कमी कर देती है।

(iii) चालू दायित्वों में वृद्धि कार्यशील पूँजी की मात्रा में कमी कर देती है।

(iv) चालू दायित्वों में कमी कार्यशील पूँजी की मात्रा में वृद्धि कर देती है।

कोष प्रवाह विवरण

कोष-प्रवाह (Fund Flow) का आशय किसी व्यवसाय में धन के उस प्रवाह से होता है जो विभिन्न व्यावसायिक क्रियाओं के माध्यम से निरन्तर अन्दर से बाहर की ओर अथवा बाहर से अन्दर की ओर होता रहता है। जैसे कच्चा माल क्रय करने से नकद धन कम होता है मगर स्कन्ध बढ़ जाता है, माल की बिक्री हो जाने पर स्टाक घट जाता है मगर नकदी अथवा देनदार बढ़ जाते हैं। इस प्रकार व्यवसाय में नकदी का यह आवागमन का चक्र चलता ही रहता है। इस चक्र का अध्ययन और नियन्त्रण करना वित्तीय प्रबन्ध का एक मुख्य कार्य है। उपक्रम की शोधन क्षमता एवं लाभोत्पादकता बनाये रखने के लिये तथा साथ ही साथ महत्वपूर्ण वित्तीय समंकों का उपयोगी विश्लेषण करने के लिये इस प्रवाह चक्र का समुचित अध्ययन आवश्यक है।

कोष-प्रवाह का आधुनिक अर्थ : आधुनिक वित्तीय प्रबन्धक कोष प्रवाह को केवल नकद स्रोतों से ही सम्बद्ध नहीं करते अपितु वे कोष को कार्यशील पूँजी के अर्थ में प्रयोग करते हैं और कोष प्रवाह को कोषों के निर्माण का पर्यायवाची मानते हैं। उनके मतानुसार, कोष की प्राप्ति या प्रयोग की दशा में यह आवश्यक नहीं है कि नकदी का ही प्रयोग किया जाय। यह भी सम्भव है कि माल उधार खरीद लिया जाय। इस प्रकार उधार खाता भी एक प्रकार का कोष ही है जोकि नकदी मा काम देता है। इस प्रकार आजकल कोष प्रवाह का समुचित अर्थ कार्यशील पूँजी को प्रभावित करने वाले सभी व्यावसायिक व्यवहारों से है चाहे उनके परिमणामस्वरूप कार्यशील पूँजी में वृद्धि होती हो चाहे कमी होती हो।

कोष प्रवाह विवरण

(Funds Flow Statement)

यह एक ऐसा विवरण है जो किसी व्यवसाय के लेखा विधिकाल में रोकड़ स्रोतों की वृद्धि तथा उन स्रोतों के उपयोग को प्रदर्शित करने के हेतु बनाया जाता है। इस प्रकार यह एक ऐतिहासिक (बीते हुये समय का) विवरण है जो उपक्रम द्वारा पिछले समय में प्रयोग किये गये धन स्रोतों तथा धन उपयोगों (Sources & Application of Funds) पर प्रकाश डालता है। श्री फाउल्के के शब्दो में, कोष प्रवाह विवरण एक ऐसा तकनीकी साधन है जो दो तिथियों के बीच किसी व्यवसाय की वित्तीय दशा में हुए परिवर्तनों का विश्लेषण करने के लिये तैयार किया जाता है।

उद्देश्य (Objects) : कोष प्रवाह विवरण कार्यशील पूँजी के नियन्त्रण एवं नियोजन में एक महत्वपूर्ण प्रबन्धकीय औजार है। इसको बनाकर प्रबन्ध गति निश्चित समय में कार्यशील पूँजी में हुए परिवर्तनों का सच्चा चित्र प्राप्त कर सकता है। इसे प्रायः निम्न उद्देश्यों की पूर्ति के लिये बनाया जाता है:

(1) वित्तीय स्थिति का विश्लेषण (Analysis of Financial Position): इसे तैयार करने में प्रबन्ध का मुख्य उद्देश्य व्यवसाय की वित्तीय स्थिति का विश्लेषण करना होता है। वह इसकी सहायता से यह जान सकता है कि भूतकाल में उपक्रम में पूँजी का उपयोग कैसे कैसे हुआ और वह किन किन स्रोतों से प्राप्त की गई।

(2) भावी मार्ग दर्शन (Future Guidance) : यदि पिछले कई वर्षों के आधार पर कोष प्रवाह विवरण तैयार किया जाय तो उससे ऐसी कई महत्वपूर्ण सूचनायें प्राप्त हो सकती है जो पुराने वित्तीय प्रपत्रों (चिट्ठों आदि) से प्राप्त नहीं होती। उन सूचनाओं के आधार पर प्रबन्ध अपनी भावी वित्तीय रीति नीतियों का निर्माण कर सकता है।

(3) तुलनात्मक अध्ययन में सहायक (Aid in Comparative Study) : यह विवरण स्थिति विवरण तथा लाभ-हानि विवरण की तुलना करने में भी सहायक है।

(4) बाहरी पक्षकारों के लिये उपयोगी (Useful to Outsiders): इस विवरण की सहायता से बैंक, ऋणदाताओं तथा अन्य पक्षकारों को कुछ ऐसी महत्वपूर्ण सूचनायें प्राप्त हो जाती हैं कि उन्हें ज्ञात करने के लिये उन्हें प्रबन्धकों को तंग नहीं करना पड़ता। वास्तव में यह विवरण कम्पनी की वित्तीय नीतियों का बाह्य जगत के लिये अच्छा संवहनकर्त्ता है।

आर्थिक चिट्ठे एवं कोष प्रवाह विवरण में अन्तर (Difference between a B/s and Funds Flow Statement) : आर्थिक चिट्ठा उन सब खातों के शेषों का संग्रह है जो अवास्तविक खातों को व्यापार तथा लाभ हानि खाते में ले जाकर बन्द करने के उपरान्त शेष रह जाते हैं। इसका उद्देश्य एक निश्चित तिथि को व्यवसाय की आर्थिक स्थिति को बतलाना है। वह सम्पत्तियों की प्रकृति, उनके मूल्य, दायित्वों व ऋणों की प्रकृति एवं मात्रा तथा उसकी कार्यशील पूँजी की स्थिति बताता है। इस प्रकार यह एक चालू संस्था (Going Concern) की वित्तीय स्थिति का दर्पण है। लेकिन इसकी प्रकृति ऐतिहासिक होने के कारण इसकी उपयोगिता सीमित हो गई है। इसकी सहायता से यह तो ज्ञात किया जा सकता है कि व्यवसाय की अमुक तिथि को क्या आर्थिक स्थिति है लेकिन उससे यह पता नहीं चल सकता कि भावी स्थिति क्या होगी अथवा भविष्य में कार्यशील पूँजी की क्या स्थिति होगी। इस प्रकार चिट्ठे की प्रकृति स्थैतिक (Static) है जो व्यवसाय की गतिशील एवं प्रावैगिक (Dynamic) आवश्यकताओं की पूर्ति नहीं करती। यही कारण है कि आधुनिक वित्तीय प्रबन्धक व्यवसाय की आर्थिक स्थिति, लाभोत्पादकता तथा भावी पूँजी प्रवाह को ज्ञात करने के लिये अन्य तकनीकें काम में लाते हैं जैसे अनुपात अध्ययन आदि। कोष प्रवाह विवरण भी कार्यशील पूँजी के आवागमन को प्रदर्शित करने के लिये एक आधुनिक तकनीक है। वित्तीय

प्रबन्ध इसकी सहायता से आन्तरिक कोष प्रवाह चक्र का अध्ययन कर सकते हैं और उपक्रम की अल्पकालीन एवं दीर्घकालीन शोधनक्षमता निश्चित कर सकते हैं।

एक उपक्रम की वित्तीय स्थिति के दो तत्त्व होते हैं : दीर्घकालीन और अल्पकालीन। अल्पकालीन वित्तीय स्थिति का आशय व्यवसाय की निकट भविष्य में ही तकनीकी शोधनक्षमता से है जबकि दीर्घकालीन वित्तीय स्थिति का आशय व्यवसाय के भावी वित्तीय संगठन (Financial Structure) से है। दोनों ही बातें परस्पर एक दूसरे पर निर्भर रहती है लेकिन दोनों के विश्लेषण का साधन एक नहीं है। अल्पकालीन वित्तीय स्थिति चिट्ठे से प्रदर्शित नहीं होती वह तो सम्पत्ति के केवल चालू संस्था मूल्य (Going Concern Value) को ही प्रदर्शित कर सकता है। इसके विपरीत कोष प्रवाह विवरण भावी वित्त प्रबन्धन के लिये कई उपयोगी मार्गदर्शन प्रदान करता है। यही कारण है कि इसे विभिन्न नामों से सम्बोधित किया जाता है, जैसे : Summary of Financial Operation, Statement of Changes in Financial Position, Financial Expansion and Replacement। वास्तवम में कोष प्रवाह विवरण कम्पनी की वित्तीय स्थिति का वर्णन नहीं है अपितु यह तो वित्तीय क्रियाओं, परिवर्तनों, प्रवाहों तथा गतिविधियों का एक प्रतिवेदन मात्र है।

कोष प्रवाह विवरण बनाने की विधि

कोष प्रवाह विश्लेषण की अवधि सामान्यत: एक वर्ष की होती है, यद्यपि यह दो, तीन या अधिक वर्षों के लिये भी किया जा सकता है। इस विवरण के लिये आवश्यक समंक दोनों चिट्ठों (प्रारम्भिक व अन्तिम) से प्राप्त किये जाते हैं। कुछ पूरक सूचनायें अन्य खातों से भी ली जा सकती है। कोष प्रवाह विश्लेषण को आधुनिक तकनीक के अन्तर्गत दो विवरण तैयार किये जाते हैं:

(1) कार्यशील पूँजी में परिवर्तन की अनुसूची और

(2) कोष प्रवाह विवरण

कार्यशील पूँजी में परिवर्तन की अनुसूची

(Schedule of Changes in Working Capital)

कोष प्रवाह विवरण (Funds Flow Statement) : कोष प्रवाह विवरण के दो भाग होते हैं

(1) कोषों के स्रोत (Sources of Funds), और

(2) कोषों के प्रयोग (Application of Funds) इन दोनों भागों का अन्तर शुद्ध कार्यशील पूँजी में परिवर्तन प्रदर्शित करता है। जब कोषों के स्रोत कोषों के प्रयोग में अधिक हो तो अन्तर कायशील पूँजी में वृद्धि तथा जब कोषों प्रयोग कोषों के स्रोत से अधिक हो तो अन्तर कार्यशील पूँजी में कमी कहलाता है।

कोष प्रवाह विवरण में शुद्ध कार्यशील पूँजी को प्रभावित करने वाली मदं ही दिखलायी जाती है। जिन व्यावसायिक लेनदेनों के कारण शुद्ध कार्यशील पूँजी बढ़ जाती है। (जैसे भवन का नकद विक्रय, अंश पूँजी या ऋण पत्रों का जनता में निर्गमन आदि), उन्हें कोषों के स्रोत तथा जिन लेनदेनों के करण शुद्ध कार्यशील पूँजी कम हो जाती है। (जैसे भवन का नकद क्रय, अंश पूँजी या ऋणपत्रों का शोधन आदि) उन्हें कोषों के प्रयोग कहते हैं लेकिन यदि किसी लेनदेन से शुद्ध कार्यशील पूँजी में कोई परिवर्तन नहीं होता (जैसे लेनदारों को भुगतान, ऋणपत्रों का अंशों में परिवर्तन, बोनस अंशों का निर्गमन, अंश या ऋण पत्र निर्गमित करके भवन क्रय करना आदि) तो उसे कोष प्रवाह विवरण में नहीं दिखलाया जाता है। शुद्ध कार्यशील पूँजी में परिवर्तन केवल उन्हीं लेनदेनों द्वारा ही होते हैं जो कि एक और तो चालू सम्पत्ति/दायित्व को प्रभावित करते हैं और दूसरी ओर स्थायी सम्पत्ति/दायित्व/पूँजी को प्रभावित करते हैं। यह ध्यान रखना चाहिये कि वे मदें जो कि कार्यशील पूँजी की अनुसूची में सम्मिलित कर ली जाती है (अर्थात चालू सम्पत्तियों और चालू दायित्व) उन्हें कोष प्रवाह विवरण में नहीं दिखलाया जाता।

कोषों के स्रोत (Sources of Funds): जिन लेनदेनों के कारण कार्यशील पूँजी बढ़ जाती है, वे कोषों के स्रोत होते हैं। एक व्यावसायिक संस्था में कोषों के स्रोत निम्नलिखित हो सकते हैं:

(1) व्यवसाय संचालन से (From Operation): कोष प्राप्ति का यह सबसे महत्वपूर्ण स्रोत है। व्यावसायिक लाभों से सम्पत्तियों में वृद्धि या दायित्वों में कमी अथवा आंशिक रूप में सम्पत्तियों में वृद्धि और आंशिक रूप में दायित्वों में कमी होती है। कुल विक्रय आगम में से बेचे गये माल की लागत तथा अन्य व्यय घटाकर संचालन से शुद्ध आय या शुद्ध लाभ ज्ञात किया जाता है, किन्तु यह शुद्ध लाभ की राशि शायद ही कभी संचालन से कोष के बराबर होती है। इसका कारण यह है कि शुद्ध लाभ की गणना से लाभ हानि खाते में ऐसे बहुत से लेखे किये जाते हैं जो कि कार्यशील पूँजी को प्रभावित नहीं करते। अत: संचालन के कोष की गणना के लिये लाभ हानि खाते द्वारा दिखलाये गये शुद्ध लाभ में निंम्नलिखित समायोजन किये जाते हैं:

(अ) शुद्ध लाभ में जोड़े जोने वाली मदें (Items to be Added Back to Net Profit): लाभ हानि खाते द्वारा प्रदर्शित शुद्ध लाभ की राशि में इन आगम कटौतियों (Revenue Deduction) को पुन: जोड़ देना चाहिये :

(i) जिनसे कोषों का बहिर्वाह (Outflow of Funds) नही होता अर्थात् जिनसे चालू सम्पत्तियों में कमी या चालू दायित्वों में वृद्धि नहीं होती। इन्हें गैर कोष मदें (Non Funds Items) कह सकते हैं, अथवा

(ii) जो व्यापारिक प्रभार (Trading Charge) या व्यापारिक हानि (Trading Loss) नहीं है। इन्हें गैर व्यापारिक प्रभार/हानि (Non-Trading Charges/Losses) कह सकते हैं।

(i) **गैर कोष मदें** (Non-Fund Item) : ऐसी मदें निम्नलिखित हो सकती हैं :

(क) ह्रास एवं नि:शेषण (Depreciation and Depletion) : वर्ष के ह्रास एवं नि:शेषण के लिये पुस्तकों में ह्रास खाता नाम तथा सम्बन्धित स्थायी सम्पत्ति का खाता अथवा ह्रास आयोजन खाता जमा किया जाता है। ये व्यय व्यापारिक प्रभार तो अवश्य है लेकिन इनसे व्यवसाय की चालू सम्पत्ति या चालू दायित्व प्रभावित नहीं होते (अर्थात कोषों का बहिर्वाह नही होता)। अत: संचालन से कोष की गणना में इन्हें शुद्ध लाभ में जोड़ दिया जाता है।

(ख) कृत्रिम एवं अमूर्त सम्पत्तियों की समाप्ति (Amortization of Fictious and Intangible Assets) : कृत्रिम सम्पत्तियों जैसे स्थगित व्यय (Deferred Expenses), प्रारम्भिक व्यय (Preliminary Expenses), विज्ञापन उचन्त खाता (Advertising Suspense Account), अंशों या ऋण पत्रों के निर्गमन पर कटौती (Discount on Issue of Shares or Debentures), शोध्य अंशों या ऋणपत्रों के शोधन पर प्रब्याज (Premium or Redemption of Redeemable Shares or Debentures) आदि तथा अमूत सम्पत्तियों जैसे ख्याति, पेटेन्ट अधिकार ट्रेड मार्क आदि के अपलेखन (Write Off) पर लाभ हानि खाता नाम तथा इन सम्पत्तियों के खाते जमा किये जाते हैं लेकिन इससे व्यवसाय की चालू सम्पत्तियाँ या चालू दायित्व प्रभावित नहीं होते। अत: संचालन से कोष की गणना के लिये इन्हें शुद्ध लाभ में जोड़ दिया जाता है।

(ग) भावी वर्षों में देय आय-करों के लिये भत्ता (Allowances for Income Taxes Payable in Future Years) : इससे कार्यशील पूँजी प्रभावित नहीं होती तथा व्यवसाय से कोषों का बर्हिवाह नहीं होता। अत: इसे शुद्ध लाभ में जोड़कर संचालन से कोष ज्ञात किये जायेंगे।

(ii) **गैर-व्यापारिक प्रभार/हानियाँ** (Non-Trading Charges/Losses): ये निम्नलिखित हो सकते हैं :

(क) प्रतिघृत अर्जनों के नियोजन (Appropriations of Retained Earnings) : लाभों से विभिन्न कोषों (जैसे सामान्य कोष, लाभांश समानीकरण कोष, सम्भाव्यताओं के लिये कोष, सिंकिंग फण्ड आदि) के लिये किये गये हस्तांतरण पर लाभ-हानि नियोजन खाता नाम तथा सम्बन्धित कोष खाता जमा होता है। इस लेखे से शुद्ध लाभ तो कम हो जाता है लेकिन ये नियोजन व्यापारिक प्रभार नहीं है। इसके अतिरिक्त इसका व्यवसाय की चालू सम्पत्तियों या चालू दायित्वों पर भी कुछ भी प्रभाव नहीं पड़ता। अत: इन्हें शुद्ध लाभ में पुन: जोड़कर संचालन से कोष ज्ञात किया जाता है।

(ख) अंशों पर लाभांश (Dividend on Shares): लाभांश घोषित करने पर लाभ हानि नियोजन खाते को नाम तथा लाभांश खाते को जमा किया जाता है। यह लाभांश लाभों का नियोजन है, व्यापारिक प्रभार नहीं। अत: संचालन से कोष की गणना में इसे शुद्ध लाभ में जोड़ा जायेगा।

(ग) स्थायी सम्पत्तियों के विक्रय से हानि (Loss on Sale of Non-Current Assets) : स्थायी सम्पत्तियों जैसे भूमि, भवन, मशीन, दीर्घकालीन विनियोग आदि के विक्रय से हुई हानि को सामान्यतया लाभ हानि खाते से अपलिखित कर दिया जाता है लेकिन यह हानि एक व्यापारिक हानि नहीं है और इससे व्यवसाय से कोषों का बर्हिवाह भी नहीं होता। अतः यदि ऐसी हानियों को लाभ-हानि खाते से अपलिखित कर दिया गया है तो संचालन से कोष की गणना में इन्हें शुद्ध लाभ में पुनः जोड़ा जायेगा।

(ब) शुद्ध लाभ से घटायी जाने वाली मदें (Items to be Deducted from Net Profit) : संचालन से कोष की गणना में शुद्ध लाभ की राशि में से उन आगम या अन्य आय की मदों को घटा देना चाहियेः (i) जिनसे कोष उत्पन्न नहीं होते अर्थात् जिनसे चालू सम्पत्तियों में वृद्धि या चालू दायित्वों में कमी नहीं होती अथवा (ii) जो व्यापारिक आय/लाभ नहीं है। ऐसी मदें निम्नलिखित हो सकती हैं:

(क) प्राप्त या प्राप्यनीय लाभांश (Dividends Received or Receivable): यद्यपि इससे चालू सम्पत्ति (रोकड़ या देनदार) बढ़ती है लेकिन यह आय एक व्यापारिक आय नहीं है। अतः संचालन से कोष की गणना से इसे शुद्ध लाभ से घटा देना चाहिये, किन्तु प्राप्त लाभांश को कोष प्रवाह विवरण में कोष के सोत के रूप में दिखलाया जायेगा तथा प्राप्यनीय लाभांश को चालू सम्पत्तियों के अन्तर्गत दिखलाया जायेगा।

(ख) आधिक्य आयोजनों का पुनः हस्तांतरण (Retransfer of Excess Provisions) : कर, ह्रास, संदिग्ध ऋण आदि के लिये किये गये आयोजन यदि आवश्यकता से अधिक है तो इन्हें पुनः लाभ हानि खाते में हस्तांतरिक कर दिया जाता है। यह हस्तांतरण केवल एक लेखांकन लेखा (Accounting Entry) है: इससे व्यवसाय की चालू सम्पत्तियों या चालू दायित्वों में कोई परिवर्तन नहीं होता और साथ ही यह कोई व्यापारिक आय भी नहीं है। अतः संचालन से आय की गणना में इसे शुद्ध लाभ से घटा दिया जाता है।

(ग) स्थायी सम्पत्तियों के विक्रय से लाभ (Profit on Sale of Non Current Assets) ऐसे लाभ को यदि लाभ हानि खाते में हस्तान्तरिक कर दिया गया है तो संचालन से आय की गणना में इसे शुद्ध लाभ से घटा दिया जाता है क्योंकि यह एक व्यापारिक लाभ नहीं हैं।

(घ) स्थायी सम्पत्तियों में मूल्य वृद्धि (Appreciation in Fixed Assets):: स्थायी सम्पत्तियों के पुनर्मूल्यांकन पर हुई वृद्धि को शुद्ध लाभ से घटा दिया जायेगा, यदि वृद्धि की राशि लाभ हानि खाते में हस्तान्तरित की गई है।

संचालन के कोष की गणना (Calculating Funds from Operations): संचालन से कोष की गणना निम्न दो रूपों में की जा सकती है:

(अ) विवरण रूप (Statement Form): इनमें एक विवरण तैयार किया जाता है।

प्रारूप:

Net Profit for the current year

Add Non-fund Items and Non-trading Charges

already debited to P. &. L. a/c:

Depreciation

Preliminary Expenses written off

Goodwill, Patents etc. written off

Discount on Issue written off

Premium on Redemption written off

Proposed Dividend

Transfer to Reserves

Loss on sale of Buildings written off ______________

Less Non-fund Items and Non-trading Income

already credited to P. &. L. a/c:

Dividends Received

Excess Provision for Taxaticn written back ______________

Trading Profit or Funds from Operations ______________

(ब) खाता रूप (Account Form): इसमें एक समायोजित लाभ हानि खाता (Adjusted Profit and Loss Account) तैयार किया जाता है जिसका शेष अंक संचालन से आय प्रदर्शित करता है।

प्रारूप:

Adjusted Profit and Loss a/c

	Rs		Rs
To Depreciation		By Opening Balance of P. & L. Appropriation a/c	
To Preliminary Exp.written off		By Dividends Received	
To Goodwill written off		By Over-provision for taxation	
To Premium on Redemption		By Trading Profit or Funds from Operations (being balancing figure)	
To Transfer to Sinking Fund			
To Loss on Sale of Buildings			
To Closing Balance of P.& L.			

(2) दीर्घकालीन ऋणों से (From Long Term Loans): दीर्घकालीन ऋण, सार्वजनिक जमायें, रोकड़ में निर्गमित ऋण पत्र आदि से कार्यशील पूँजी में वृद्धि होती है क्योंकि इनसे चालू दायित्व प्रभावित नहीं होते। अत: ये कोष के स्रोत माने जायेगें। यह ध्यान रहे कि ऋण पत्रों से प्राप्त शुद्ध राशि (अर्थात सममूल्य से कटौती घटाकर तथा प्रब्याज जोड़कर प्राप्त राशि) ही कोष का स्रोत कहलायेगी। नकदी के अतिरिक्त किसी अन्य प्रतिफल में (जैसे स्थायी सम्पत्ति के बदले में) निर्गमित ऋण पत्रों से कोषों की प्राप्ति नहीं होती।

(3) अंश पूँजी में वृद्धि से (From Increase in Share Capital) : अंश पूँजी के निर्गमन से प्राप्त शुद्ध राशि (कटौती घटाकर तथा प्रब्याजि जोड़कर) कोषों का स्रोत होती है क्योंकि इससे बिना चालू दायित्वों में परिवर्तन हुए चालू सम्पत्तियों में वृद्धि होती है अर्थात् कार्यशील पूँजी बढ़ जाती है। लेकिन किसी स्थायी सम्पत्ति के क्रय के लिये निर्गमित अंश पूँजी में वृद्धि कोषों का स्रोत नही होगी।

(4) स्थायी सम्पत्तियों के विक्रय से (From Sale of Non-Current Assets): यदि किसी स्थायी सम्पत्ति जैसे भूमि, भवन, संयन्त्र, दीर्घकालीन विनियोग (जैसे व्यापारिक विनियोग आदि) को बेचा जाता है तो इससे स्थायी सम्पत्तियों में कमी तथा बिना चालू दायित्वों में वृद्धि हुए चालू सम्पत्तियों (रोकड़ या देनदारों में वृद्धि होती है। अत: इनके विक्रय से प्राप्त राशि (विक्रय पर शुद्ध लाभ व शुद्ध हानि को सम्मिलित करते हुए) कोषों के स्रोत के रूप में दिखलायी जायेगी।

(5) गैर-व्यापारिक प्राप्तियों सें (From Non-Trading Receipts): गैर-व्यापारिक क्रियाओं से प्राप्त राशि जैसे विनियोगों से आय, प्राप्त लाभांश, दान, उपहार, मुकदमें में प्राप्त हर्जाना आदि कोषों के स्रोत के रूप में दिखलायी जाती है।

(6) निर्माण कार्य अथवा ऋण निवृत्ति के लिये रखी नकदी (Cash set aside for building purposes and debt retirement): इसे कभी कभी स्थायी सम्पत्ति के रूप में दिखलाया जाता है। ऐसी स्थिति में निर्दिष्ट कार्य के पूरा हो जाने पर बकाया नकदी कोषों के स्रोत के रूप में दिखलायी जायेगी।

(7) कार्यशील पूँजी में कमी Decrease in Working Capital): यदि कोषों के प्रयोग कोषों के स्रोतों से अधिक है तो अन्तर कार्यशील पूँजी में कमी कहलाता है। इसे कोषों के स्रोत वाले भाग में दिखलाकर दोनों भागों का योग मिला दिया जाता है।

संक्षेप में, अंशधारियों की समताओं [दीर्घकालीन ऋण, अंश पूंजी, प्रतिघृत अंर्जने (Retained Earnings)] में वृद्धि तथा सम्पत्तियों में कमी कोषों के स्रोत होते हैं। (Sources of Funds are indicated by increases in equities and decreases in assets).

कोषों के प्रयोग (Applications or Uses of Funds): जिन लेन देनों के कारण शुद्ध कार्यशील पूँजी कम हो जाती है, उन्हें कोषों के प्रयोग कहते हैं। ये निम्नलिखित हो सकते हैं :

(1) व्यवसाय संचालन से हानि (Loss from Operations): संचालन से हुई हानि से सम्पत्तियों में कमी या दायित्वों में वृद्धि होती है। दूसरे शब्दों में, व्यापारिक हानि के कारण कोषों की मात्रा में कमी आती है। अत: इसे या तो कोषों के प्रयोग के अन्तर्गत दिखलाया जाये या कोषों के स्रोत के योग में से घटा दिया जाय।

(2) स्थायी सम्पत्तियों का क्रय (Purchase of Non-Current Assets): भूमि, भवन, सयन्त्र, दीर्घकालीन विनियोग आदि स्थायी सम्पत्तियों के क्रय से चालू दायित्वों में कमी आये बिना चालू सम्पत्तियों में कमी आती है अर्थात् इससे कार्यशील पूँजी कम हो जाती है। अत: ऐसा प्रत्येक क्रय कोषों का प्रयोग कहलायेगी।

(3) स्थायी दायित्वों का भुगतान (Repayment of Non-Current Labilities): स्थायी ऋण व ऋण पत्रों के भुगतान से चालू सम्पत्तियों में कमी आती है। इन भुगतानों में भुगतान की गयी वास्तविक राशि (शोधन पर प्रब्याज सम्मिलित करके) ही कोषों का प्रयोग होगी।

(4) अंश पूँजी का शोधन (Redemption of Share Capital) : शोध्य अंश पूँजी के शोधन से चालू सम्पत्तियों में कमी आती है। इसमें शोधन पर प्रब्याजि सहित भुगतान की वास्तविक राशि ही कोषों का प्रयोग होगी।

(5) लाभाँश का भुगतान (Payment of Dividend): इससे कार्यशील पूँजी में कमी आती है। अत: यह कोषों का प्रयोग माना जायेगा। यह ध्यान रखना चाहिये कि लाभांश का भुगतान (न की लाभांश की घोषणा) कोषों का प्रयोग होता हैं। केवल नकद लाभांश ही कोषों का प्रयोग कहलायेगा।

(6) अन्य प्रयोग (Other Applications): गबन के कारण हानि, मुकदमें में व्यय अथवा मुकदमा हारने पर दिया गया हर्जाना, दान आदि से कार्यशील पूँजी में कमी (चालू सम्पत्तियों में कमी के कारण) आती है। अत: ये कोषों के प्रयोग के रूप में दिखलाये जायेंगे।

(7) कार्यशील पूँजी में वृद्धि (Increase in Working Capital): कार्यशील पूँजी की अनुसूची से ज्ञात कार्यशील पूँजी में वृद्धि को कोषों के प्रयोग में ही दिखलाया जाता है क्योंकि यह कोषों के स्रोत के योग का कोषों के प्रयोग के योग पर आधिक्य होता है।

संक्षेप में, सम्पत्तियों में वृद्धि तथा अंशधारियों की समताओं में कमी कोषों के प्रयोग होते है। (Uses of Funds are indicated by increases in assets and decreases in equities).

कोष प्रवाह विवरण का प्रारूप (Form of Funds Flow Statement): कोष प्रवाह विवरण का कोई एक सर्वमान्य प्रारूप नहीं है। व्यवहार में इसके लिये कोई भी ऐसा प्रारूप प्रयोग किया जा सकता है जिसमें आवश्यक सूचनायें स्पष्ट रूप से दिखलायी गई हों। सामान्यत: यह विवरण दो रूपों में तैयार किया जाता है: प्रतिवदेन के रूप में (Report Form) और खातों के रूप में (Account Form)। ये दोनों ही विधियाँ व्यवहार में पर्याप्त प्रचलित है। प्रतिवेदन रूप में पहले कोषों के सभी स्रोतों को दिखलाया जाता है और उसके नीचे कोषों के प्रयोग दिखलाये जाते हैं जबकि खाता रूप में कोषों के स्रोतों को बायीं और तथा कोषों के प्रयोगों को दायीं और दिखलाया जाता है।

कोष प्रवाह विवरण का प्रारूप - (प्रतिवदेन रूप में)

(Funds Flow Statement)

Sources of Funds:	
(i) From Operations (Trading Profits)	
(ii) Issue of Share Capital	
(iii) Issue of Debentures	
(iv) Long Term Loans	
(v) Sale of Non-Current Assets	
(vi) Non-trading Receipts, e.g., dividends received, donations received etc.	
Total	

Application of Funds	
(i) Trading Loss (ii) Redemption of Preference Share Capital and Debentures (iii) Repayment of Long Term Loans (iv) Purchase of Non-Current Assets (v) Non-trading Payments e.g, dividend paid.	
Total	
Increase/Decrease in Working Capital (as per Schedule of Changes in Working Capital)	

कोष प्रवाह विवरण का प्रारूप - (लेखे के रूप में)

Funds Flow Statement

Sources of Funds	Rs	Application of Funds	Rs
(1) From Operations		(1) Trading Loss	
(2) Issue of Share Capital		(2) Redemption of preference Share Cap.	
(3) Issue of Debentures		(3) Repayment of Loans	
(4) Long term Loans		(4) Purchase of Non-Current Assets	
(5) Sale of Non-Current Assets		(5) Non-trading Payments	
(6) Non-Trading Receipts		(6) Increase in Working Capital	
(7) Decreate in Working Capital (if any)			

रोक प्रवाह विवरण

(Cash Flow Statement)

कोष प्रवाह विवरण की तरह रोक प्रवाह विवरण भी एक विवरण होता है। इसे वार्षिक, मासिक, सात्ताहिक या किसी अन्य निश्चित समय के अन्तर से तैयार किया जा सकता है। यह किन्हीं दो अवधियों के बीच व्यवसाय के रोकड़ शेष में हुए परिवर्तन के कारणों की व्याख्या करता है।

रोक-प्रवाह विवरण तैयार करना (Preparing a Cash Flow Statement: यह विवरण आर्थिक चिट्ठा, आय विवरण तथा दी गयी अन्य सूचनाओं की सहायता से तैयार किया जाता है। इस विवरण के तैयार करने में ध्यान देने योग्य मुख्य बात यह है कि इसके लिए आय विवरण में दिखलायी गई मदों की रोकड़ आधार (Cash Basis) पर गणना करनी होगी जो कि अब तक उपार्जन आधार (Accrual Basis) पर दिखलायी गई होती है। जिन लेन देनों से संस्था के रोकड़ शेष में वृद्धि होती है, उन्हें रोकड़ के स्रोत (Sources of Cash) अथवा रोकड़ अन्तर्वाह (Cash Inflows) के अन्तर्गत तथा जिन लेन देनों से संस्था के रोकड़ शेष में कमी आती है, उन्हें रोकड़ के प्रयोग (Applications of Cash) अथवा रोकड़ बर्हिर्वाह के अन्तर्गत दिखलाया जाता है।

रोकड़ के स्रोत या रोकड़ अन्तर्वाह (Sources of Cash or Cash Inflows) : रोकड़ के प्रमुख स्रोत निम्नलिखित होते हैं-

(1) संचालन से रोकड़ (Cash from Operations) : संचालन से रोकड़ की गणना दो भिन्न प्रकारों से की जाती है:

(अ) संचालन से रोकड़ की गणना की सर्वोत्तम विधि यह है कि नकद विक्रय से नकद क्रय तथा अन्य सभी नकद कार्यकरण व्ययों को घटा देना चाहिये अर्थात -

Cash from Operations = Cash Sales —(Cash Purchases + Cash Operating Expenses)

नकद विक्रय की राशि ज्ञात करने के लिये कुल विक्रय में से उधार विक्रय (देनदारों और प्राप्य बिलों की राशियों में हुई वृद्धि) को घटा दिया जाता है किन्तु देनदारों या प्राप्य बिलों की राशियों में हुई कमी को कुल विक्रय में जोड़कर इन्हें देनदारों/प्राप्य बिलों से उगाही (Collections from Debtors/Bills Receivable)के नाम से रोकड़ के स्रोतों के अन्तर्गत पृथक दिखलाना चाहिये।

नकद क्रय की राशि ज्ञात करने के लिये कुल क्रयों में से उधार क्रय (लेनदारों और देय बिलों में हुई वृद्धि) को घटा दिया जाता है किन्तु लेनदारों और देय बिलों में हुई कमी को लेनदारों/देय बिलों का भुगतान (Payments to Creditors/Bills Payable)के नाम से राकड़ के प्रयोगों के अन्तर्गत दिखलाना चाहिये। यदि आय विवरण में कुल क्रय के स्थान पर बेचे गये माल की लागत दी गई हो तो इसमें वर्ष में स्कन्ध में हुई वृद्धि को जोड़कर या स्कन्ध में हुई कमी को घटाकर कुल क्रय की राशि ज्ञात की जा सकती है।

विक्रय से केवल रोकड़ कार्यकरण व्ययों को ही घटाया जाता है, अपलिखित ह्रास, ख्याति, ट्रेडमार्क, स्थगित व्यय आदि गैर रोकड़ मदों को नहीं घटाया जाता है। जब तक इसके विपरीत स्पष्ट प्रमाण न हो, आय विवरण मं दिये गये व्ययों को रोकड़ी व्यय ही मानना चाहिये। यदि चिट्ठे में अदत्त व्यय (Outstanding or Accured Expenses) अथवा पूर्वदत्त व्यय (Prepaid Expenses) दिये हो तो सम्बन्धित व्यय में अदत्त व्यय में हुई कमी

तथा पूर्वदत्त व्यय में हुई वृद्धि को जोड़ देना चाहिये तथा अदत्त व्यय में हुई वृद्धि तथा पूर्वदत्त व्यय में हुई कमी को घटा देना चाहिये।

संचालन से रोकड़ की गणना का नमूना :

Sales		XXXX
Less-Increase in Accounts Receivables		XXX
Cash Sales		XXXX
Less: Purchases	XXX	
Less Increase in Accts. Payable	XX	
Cash Paid to Creditors	XXX	
Cash Operating Expenses (After adjusting accruals and prepayments)	XXX	XXX
Cash from Operations		XXX

लाभ की राशि से भी संचालन से रोकड़ ज्ञात की जा सकती है। विशेषकर यदि प्रश्न में विक्रय की राशि न दी हो तो इस विधि का प्रयोग किया जाता है। इसके लिये शुद्ध लाभ की राशि में अपलिखित ह्रास, स्थायी सम्पत्ति के विक्रय पर हानि, अमूर्त सम्पत्ति, स्थगित व्यय, लाभाँश आदि गैर-रोकड़ तथा गैर व्यापारिक व्ययों व हानियों और लेनदार देय बिल, अदत्त व्यय आदि में वृद्धि तथा पूर्वदत्त व्ययों व अदत्त आय में कमी को जोड़ देना चाहिये, तथा सभी गैर रोकड़ एवं गैर व्यापारिक आयों व लाभों और देनदारों, प्राप्य बिलों, स्कन्ध, अदत्त आय, पूर्वदत्त व्ययों में हुई वृद्धि तथा अदत्त व्ययों में हुई कमी को घटा देना चाहिये।

नमूना :

Net Profit (as per Income Statement)		XXX
Add : Depreciation	XX	
Loss on sale of machinery written off	XX	
Goodwill written off	XX	
Advertising Suspense a/c Written off	XX	
Dividend Paid	XX	
Increase in Accounts Payables	XX	
Increase in Outstanding Exp.	XX	XXX

		XXXX
Less: Income from Investments	XX	
Increase in Accounts Receivables	XX	
Increase in Inventory	XX	
Increase in Prepaid Expenses	XX	
Decrease in Outstanding Expenses	XX	XXX
Cash from Operations		XXX

(ब) कुछ लोग संचालन से रोकड़ के स्थान पर कोष प्रवाह विवरण की भाँति ज्ञात किये गये संचालन से लाभ (Operating Profit) को दिखलाते हैं। यह माना जाता है कि लाभों से रोकड़ शेश में ही वृद्धि होती है। इस स्थिति में संचालन से लाभ ज्ञात करते समय चालू सम्पत्तियों या चालू दायित्वों में हुए परिवर्तनों का समायोजन शुद्ध लाभ में नहीं किया जाता है बल्कि स्कन्ध, देनदारों व प्राप्य बिलों में हुई वृद्धि और लेनदारों व देय बिलों में हुई कमी को रोकड़ के प्रयोगों में तथा लेनदारों व देय बिलों में वृद्धि और स्कन्ध, देनदारों व प्राप्य बिलों में कमी को रोकड के स्रोतों में दिखलाया जायेगा। इस विधि के अपनाने से रोक प्रवाह विवरण के योग में पहली विधि से अन्तर आयेगा।

(2) अंश पूँजी, ऋण पत्र तथा स्थायी व चालू दायित्वों में वृद्धि (Increase in Share Capital, Debentures and Fixed and Current Liabilities): इनके निर्गमन से प्राप्त वास्तविक राशियाँ रोकड़ के स्रोतों में दिखलायी जायेगी। यदि इन्हें किसी स्थायी सम्पत्ति के क्रय में या दायित्व के भुगतान में निर्गमित किया जाता है तो इससे रोकड़ अन्तर्वाह न होने के कारण ये रोकड़ के स्रोत नहीं कहलायेगी।

(3) सम्पत्तियों में कमी या सम्पत्तियों की बिक्री (Reduction in or Sale of Assets): स्थायी सम्पत्तियों के विक्रय से प्राप्त वास्तविक रोकड़, रोकड़ का स्रोत माना जायेगा। इनके आधार विक्रय से रोकड़ अन्तर्वाह नहीं होता। इसी तरह देनदारों, प्राप्य बिलों आदि की राशियों में हुई कमी भी रोकड़ का स्रोत मानी जायेगी।

रोकड़ के प्रयोग या रोकड़ बहिर्वाह (Applications of Cash or Cash Outflows): इसके अन्तर्गत निम्न मदें दिखलायी जाती है:

(1) संचालन से हानि (Opeating Loss): व्यापारिक हानि को व्यवसाय में उतनी ही राशि से रोकड़ का कम हो जाना या रोकड़ का प्रयोग माना जाता है।

(2) स्थायी सम्पत्तियों में वृद्धि या क्रय (Increase in or Purchase of Fixed Assets) : स्थायी सम्पत्तियों में वृद्धि को स्थायी सम्पत्तियों का नकद क्रय माना जायेगा लेकिन यदि किसी स्थायी सम्पत्ति को उधार क्रय किया जाता है या इसके भुगतान में अंश या ऋण पत्र निर्गमित किये जाते हैं तो इस लेन देन से रोकड़ बहिर्वाह नहीं होता।

(3) शोध्य अंशों या ऋण पत्रों का शोधन (Redemption of Redeemable Shares or Debentures) : इनके शोधन में दी गई वास्तविक रोकड़ की राशि को रोकड़ का प्रयोग माना जायेगा लेकिन यदि किसी पूर्वाधिकार अंश या ऋण पत्र का शोधन साधारण अंशों के निर्गमन द्वारा होता है तो इससे रोकड़ बहिर्वाह नहीं होता है।

(4) ऋणों में कमी या भुगतान (Decrease in or Repayment of Loans): व्यवसाय में ऋणों (दीर्घकालीन व अल्पकालीन दोनों) के भुगतान से रोकड़ बहिर्वाह होता है।

(5) अन्य भुगतान (Other Payments): लाभांश, आय-कर आदि के भुगतान में दी गयी राशियों को रोकड़ के प्रयोग में दिखलाया जायेगा।

रोक-प्रवाह विवरण का प्रारूप (Form of Cash Flow Statement): रोक प्रवाह विवरण के प्रारूप के सम्बन्ध में बहुत भिन्नतायें पाई जाती हैं। कोष प्रवाह विवरण की भाँति इस विवरण के लिय भी रिपोर्ट प्रारूप अथवा खाता प्रारूप का प्रयोग किया जा सकता है। दोनों ही प्रारूपों में से कोई भी विधि अपनायी जा सकती है। दोनों की संक्षिप्त प्रारूप रेखा निम्न प्रकार से हैं :

Cash Flow Statement
(Report Form)

Cash Balance in the begining			XXX
Add:	Sources of Cash (Or cash inflows):		
	Cash from Operations	XX	
	Collection from debtors or Decrease in Debtors	XX	
	Sale of Investments	XX	
	Issuance of Share Capital	XX	
	Loan	XX	XXX
Total Cash Available			XXX
Less:	Applications of Cash (Or cash outflows):		
	Purchase of Machinery	XX	
	Dividend Paid	XX	
	Decrease in Accounts Payables	XX	
	Repayment of Bank Loan	XX	

Redemption of Debentures	XX	
Total Cash Payments		XXX
Cash Balance at the end		XXX

Cash Flow Statement

(Account Form)

	Rs		Rs
Cash Balance in the beginning	XX	Applications of Cash (or Cash Outflows):	
Sources of Cash (or Cash Inflows):		Decrease in Accounts Payables	XX
From Operations	XX	Purchase of Machinery	XX
Sale of Investments	XX	Repayment of Bank Loan	XX
Issue of Shares	XX	Redemptio of Debentures	XX
Loan	XX	Cash Balance at the end	XX
Collection from debtors	XX		
	XXX		XXX

रोक-प्रवाह विवरण के उपयोग (Uses of Cash Flow Analysis) : रोक प्रवाह विवरण संस्था के अल्पकालीन वित्तीय परिवर्तनों की जाँच की एक महत्वपूर्ण युक्ति है। इसके प्रमुख लाभ निम्नलिखित हैं:

(1) यह संस्था की वित्तीय नीतियों और वर्तमान रोकड़ स्थिति के मूल्यांकन में सहायक होता है। यदि अगली लेखा अवधि के अनुमानों के आधार पर रोक प्रवाह विवरण तैयार किया जाता है तो यह विवरण प्रबन्ध को संस्था के वित्तीय कार्यकलापों के नियोजन और समन्वय में भी उपयोगी होगा। इस विवरण की सहायता से संस्था का रोकड़ बजट भी तैयार किया जा सकता है। इसमें रोकड़ के प्रयोग रोकड़ भुगतान तथा अतिरिक्त वित्तीय व्यवस्था को छोड़कर रोकड़ के स्रोत की अन्य सर्वे रोकड़ प्राप्तियाँ कहलायेगी। दोनों पक्षों का अन्तर रोकड़ की आवश्यकता अथवा आधिक्य प्रदर्शित करेगा।

(2) यह प्रबन्ध के लिये एक नियन्त्रण युक्ति भी है। रोक प्रवाह विवरण की रोकड़ बजट से तुलना करके बजट के मौलिक पूर्वानुमानों का विवरण के वास्तविक परिणामों से अन्तर ज्ञात किया जा सकता है। अर्थात इस तुलना से प्रबन्ध यह निश्चित कर सकता है कि संस्था के वित्तीय साधनों को किस सीमा तक योजनानुसार उत्पन्न तथा प्रयुक्त किया गया है।

(3) इस विवरण से संचालन से रोकड़ की राशि ज्ञात करके आन्तरिक वित्तीय प्रबन्धक दीर्घकालीन दायित्वों के चुकता करने और स्थायी सम्पत्तियों के विस्तार या पुनर्स्थापन की सम्भावनाओं पर विचार कर सकता है।

(4) यह विवरण प्रबन्ध को उन तथ्यों से अवगत कराता है जिनके कारण व्यवसाय में लाभ होने पर भी रोकड़ शेष में कमी हुई है अथवा हानि होने पर भी रोकड़ शेष में वृद्धि हुई है।

(5) इस विवरण का अल्पकालीन वित्तीय निर्णयों में विशेष महत्व है जैसे यदि प्रबन्ध संस्था की एक माह बाद दायित्व शोधन क्षमता का पता लगाना चाहता है तो ऐसा रोक प्रवाह विवरण की सहायता से ही हो सकता है, कोष प्रवाह विवरण की सहायता से नहीं। संस्था का मासिक रोक-विवरण तैयार करके इसकी दायित्व शोधन क्षमता का अनुमान लगाया जा सकता है। वस्तुत: वित्तीय विश्लेषण का समय जितना अल्प होता है, इस विवरण का उतना ही अधिक महत्व बढ़ जाता है।

एक अच्छी पूर्वानुमान विधि के गुण
(Essentials of Good Forecasting System)

आधुनिक समय में जोखिम एवं अनिश्चितता के वातावरण में सम्पन्न होने वाली व्यावसायिक क्रियाओं में माँग पूर्वानुमान द्वारा प्रबन्धक राहत अनुभव करते हैं, किन्तु माँग पूर्वानुमान की कोई भी विधि फर्म के लिए तब ही कारगर सिद्ध हो सकती है जबकि वह शुद्धता तथा कतिपय अपेक्षाओं की पूर्ति कर सकने में सक्षम हो। साधारणत: एक आदर्श माँग पूर्वानुमान विधि में निम्न गुणों का समावेश होना चाहिए—

(1) शुद्धता (Accuracy)—माँग पूर्वानुमान की प्रत्येक विधि में सफलता हेतु शुद्धता की अपेक्षा आवश्यक शर्त है। वस्तुत: पूर्वानुमान वास्तविकता के जितने निकट होंगे उतने ही शुद्धता के परिचायक होंगे। इस सम्बन्ध में इस बात का विशेष ध्यान देने की आवश्यकता है कि जब माँग बढ़े तो उसी के अनुरूप वस्तु की मात्रा में भी वृद्धि हो।

(2) विश्वसनीयता (Reliability)—माँग पूर्वानुमान में जिन विधियों को प्रयुक्त किया जा रहा हो, उनमें व्यावसायिक प्रबन्धकों का पूर्ण विश्वास होना चाहिए। प्रबन्धक पूर्वानुमान विधि को पूर्णत: समझ सकने हेतु सक्षम होने चाहिए, जिससे वे विधि की स्वयं व्याख्या कर सकें। यदि प्रबन्धक पूर्वानुमान में प्रयुक्त की जाने वाली तकनीक (गणितीय तथा अर्थमितिय विधियों सहित) समझने में असमर्थ होंगे तो इन विधियों की उपयुक्तता का आंकलन सही प्रकार नहीं कर सकेंगे।

(3) मितव्ययता (Economy)—माँग पूर्वानुमान की विधि का चयन करते समय इस बात का पूर्ण ध्यान रखना चाहिए कि विधि मितव्ययी हो। चयनित विधि से प्राप्त होने वाले लाभ उस पर होने वाले व्यय से अधिक न हों। यह अधिक उपयुक्त होगा कि पूर्वानुमान हेतु ऐसी विधि का चयन किया जाय, जिसमें समय व धन कम से कम व्यय हो।

(4) उपलब्धता (Avialability)—माँग पूर्वानुमान में संलग्न व्यक्तियों को आवश्यक सूचनाएँ शीघ्रता एवं सरलता से उपलब्ध होनी चाहिए। पूर्वानुमान हेतु चयनित विधि भी ऐसी होनी चाहिए, जिससे शीघ्रतापूर्वक सार्थक परिणाम प्राप्त हो सकें। यदि ऐसा नहीं हुआ तो प्रबन्धकीय निर्णय में विलम्ब होगा।

(5) टिकाऊपन (Durability)—माँग पूर्वानुमानों का भूतकालीन अनुभव पर आधारित होने के कारण अनेक बार लगाये गये अनुमान असफल भी सिद्ध होते हैं। अत: माँग पूर्वानुमानों में कम टिकाऊपन होता है। यदि माँग पूर्वानुमान टिकाऊ नहीं होंगे तो यह पद्धति अधिक महँगी सिद्ध होगी।

(6) लोचशीलता (Flexibility)—माँग पूर्वानुमान में पूर्ण लोचशीलता का गुण भी विद्यमान होना चाहिए। इससे विभिन्न चरों (Variables) में होने वाले परिवर्तनों को सुगमतापूर्वक समायोजित किया जा सकना सम्भव होगा।

माँग पूर्वानुमान आधुनिक व्यावसायिक प्रबन्ध की एक आवश्यकता बन चुका है। प्रत्येक व्यवसाय में इसके क्षेत्र में निरन्तर वृद्धि हो रही है। माँग पूर्वानुमान हेतु उपलब्ध विभिन्न विधियों का प्रयोग कर व्यावसायिक जोखिम एवं अनिश्चितताओं को समाप्त न सही, किन्तु न्यूनतम किया जा सकता है। मांग पूर्वानुमान भूतकालीन आँकड़ों पर आधारित होने के कारण कम विश्वसनीय होते हैं तथा इस पर अन्य घटकों जैसे फैशन तथा माँग में परिवर्तन आदि का भी प्रभाव पड़ता है। माँग पूर्वानुमान से फर्म पर अतिरिक्त वित्तीय भार भी पड़ता है। इन सभी के बावजूद यदि माँग पूर्वानुमान की सफलता हेतु सुझायी गयी शर्तों को सजगतापूर्वक पालन किया जाय तो आपेक्षित परिणामों की प्राप्ति सम्भावित है।

प्रश्न

1. प्रबन्ध के लिए तुलनात्मक विश्लेषण का क्या महत्त्व होता है? अपने उत्तर को विशेष रूप में तुलनात्मक आय विवरण के सन्दर्भ में उद्धृत कीजिए और संक्षेप में बताइये कि इन विवरणों की रचना किस प्रकार होती है

   What is the importance to management of comparative statement analysis? Illustrate your answer with particular reference to comparative revenue statements and state briefly how these statements are prepared?

2. समानाकार वाला चिट्ठा और आय विवरण क्या हैं? सामानाकार वाले आर्थिक चिट्ठे के तैयार करने की तकनीक का वर्णन करो।

   What is Common-size Balance Sheet and Income Statement? Explain the technique of preparing Common-size Balance Sheet.

3. तुलनात्मक वित्तीय विवरणों से आप क्या समझते हैं? इनको निर्मित करने की विभिन्न विधियाँ बताइये।

   What do you understand by Comparative Financial Statements? Explain in detail the various methods of preparing these statements?

4. प्रवृत्ति विश्लेषण से आप क्या समझते हैं? प्रवृत्ति विश्लेषण की विभिन्न पद्धतियों का वर्णन कीजिए।

   What do you mean by Trend Analysis? Discuss different method of Trend Analysis.

□□□

7

सम-विच्छेद अर्थशास्त्र
[Break-Even Economics]

अर्थशास्त्रियों का कथन है कि मनुष्य की आवश्यकताओं, उनकी पूर्ति के साधन, आवश्यकताओं की पूर्ति के लिए प्रयत्न आदि सभी का निरन्तर प्रवाह चलता रहता है। इस प्रवाह से आर्थिक समस्याएँ उत्पन्न होती हैं ।

अर्थशास्त्र का एक मुख्य सिद्धान्त यह है कि एक उत्पादक अपनी वस्तु का उत्पादन उस सीमा तक करता है, जब तक कि प्राप्त बिक्री की रकम कम-से-कम कुल लागत के बराबर हो। कुल लागत का अर्थ स्थिर लागत व परिवर्तनशील लागत के योग से है। प्रबन्ध-लेखापालक इसी तथ्य को सम-विच्छेद बिन्दु (Break-even Point) के रूप में मानते हैं। एक कम्पनी का सम-विच्छेद बिन्दु उत्पादन की वह मात्रा है, जो स्थिर लागत व परिवर्तनशील लागत के बराबर होती है। अतः सम विच्छेद बिन्दु पर लागत व विक्रय राशि के मध्य निम्न सम्बन्ध पाया जाता है:

विक्रय राशि = स्थिर लागत + परिवर्तनशील लागत (i)

समीकरण नं. (i)निम्न प्रकार से भी लिखा जा सकता है:

विक्रय राशि —परिवर्तनशील लागत = स्थिर लागत (ii)

अतः सम-विच्छेद बिन्दु पर स्थिर लागत, विक्रय राशि व परिवर्तनशील लागत का अन्तर होता है। इसलिए सम विच्छेद बिन्दु उत्पादन की विक्रय मात्रा का वह बिन्दु है जिस पर यदि विक्रय मूल्य में से परिवर्तनशील लागतों को घटा दिया जाय तो जो राशि शेष रहे, वह स्थायी लागतों के ठीक बराबर हो। अतः यह वह बिन्दु होता है जिस पर व्यवसाय को होने वाली आय और लागते बराबर हो जाती है तथा न हानि होती है और न लाभ होती है।

सम-विच्छेद अर्थशास्त्र का अर्थ

(Meaning of Break-evenEconomics)

यह उत्पादन व विक्रय मात्रा का वह बिन्दु होता है जिस पर कुल आगम और कुल लागत आपस में बराबर होते हैं। सम-विच्छेद बिन्दु को अग्र परिभाषाओं के द्वारा स्पष्ट किया जा सकता है

1. "सम-विच्छेद बिन्दु क्रियाशीलता का वह बिन्दु है जहाँ कुल आगम और कुल व्यय बराबर हों। यह शून्य लाभ और शून्य हानि का बिन्दु होता है।"

2. "सम-विच्छेद बिन्दु वह बिन्दु होता है जिस पर विक्रय आगम वस्तु के बनाने और बेचने की लागत के बराबर हो और कोई लाभ अथवा हानि न हो।"

3. "किसी कम्पनी या कम्पनी की किसी इकाई का सम-विच्छेद बिन्दु विक्रय आय का वह स्तर है जो कि उसकी स्थिर और परिवर्तनशील लागतों के बराबर हो।"

उपर्युक्त परिभाषाओं से स्पष्ट है कि सम-विच्छेद बिन्दु का आशय उत्पादन व विक्रय मात्रा के उस बिन्दु से होता है जिस पर व्यवसाय के कुल आगम और कुल लागत आपस में बराबर होते हैं और शुद्ध लाभ की मात्रा शुन्य होती है। इस बिन्दु को "No Profit No Loss" भी कहा जाता है। इस बिन्दु से कम उत्पादन करने पर हानि होती है तथा इससे अधिक उत्पादन करने पर लाभ होता है। एक फर्म सम-विच्छेद बिन्दु से जितना अधिक उत्पादन करती जाती है, लाभ की मात्रा में भी वृद्धि होती जाती है। अत: एक व्यवसाय इकाई उतनी ही अधिक सुदृढ़ और लाभप्रद होगी।

सम-विच्छेद बिन्दु विश्लेषण की मान्यताएँ

(Assumptions of Break-even Analysis)

सम-विच्छेद बिन्दु विश्लेषण कुछ विशेष बातों को मानकर चलता है। ये मान्यताएँ निम्नलिखित हैं:

(1) सम-विच्छेद बिन्दु तक कुछ खर्चें स्थिर रहते हैं और कुछ खर्चें उत्पादन इकाई के अनुसार बदलते हैं। अत: कुल लागत को 'स्थिर व परिवर्तनशील' लागतों में सरलतापूर्वक विभाजित किया जा सकता है।

(2) उत्पादन के प्रत्येक स्तर पर व्यय एक समान रहता है।

(3) परिवर्तनशील लागत उत्पादन मात्रा के अनुपात में परिवर्तित होती रहती है।

(4) उत्पादन मात्रा में परिवर्तन होने पर विक्रय मूल्य में कोई परिवर्तन नहीं होता है।

(5) केवल एक ही वस्तु का उत्पादन या विक्रय होता है अथवा कई वस्तुओं की दशा में विक्रय मिश्रण एकसमान रहता है।

(6) सामान्य मूल्य स्तर में कोई परिवर्तन नहीं होता है।

(7) प्रति श्रमिक उत्पादकता में सामान्यत: कोई परिवर्तन नहीं होता है।

(8) जो भी उत्पादन किया जाय, वह सब का सब बेच दिया जाता है अर्थात् विक्रय एवं उत्पादन की मात्रा समान होती है।

सम-विच्छेद बिन्दु विश्लेषण के निकाले गये निष्कर्ष इन मान्यताओं पर आधारित होते हैं। इनमें से किसी एक में भी परिवर्तन होने पर सम-विच्छेद बिन्दु में परिवर्तन हो सकता है। इन मान्यताओं में कुछ अवास्तविकता का अंश पाया जाता है, फिर भी यह मान्यताएँ इतनी अवास्तविक नहीं है कि सम-विच्छेद विश्लेषण की उपयुक्तता को समाप्त ही कर दें।

सम-विच्छेद बिन्दु की गणना

(Calculation of Break-even Point)

सम-विच्छेद बिन्दु की गणना तीन प्रकार से की जा सकती है। ये तीन रीतियाँ हैं:

(I)तालिका रीति (Tabular Method),

(II) चार्ट रीति (Charts Methods),

(III) बीजीय रीति (Algebraic Method)।

नीचे इन तीनों रीतियों के द्वारा सम-विच्छेद बिन्दु की गणना की हैं:

(I) **तालिका रीति**

(Tabular Method)

सम-विच्छेद बिन्दु पर फर्म कुल लागत (TC = FC + VC) तथा कुल आगम (TR) आपस में बराबर होते हैं क्योंकि लाभ की मात्रा शून्य होती है, अत: तालिका द्वारा सम-विच्छेद बिन्दु (BEP)की गणना करने के लिए निम्न समीकरणों की सहायता ली जाती हैं:

$TR = TC$ (i)

$TR - VC = FC$ (ii)

जहौ $TR = P X Q$ P =विक्रय मूल्य

तथा $TC = FC + VC$ Q =उत्पादन की इकाई

FC= कुल स्थिर लागत

FC = कुल परिवर्तनशील लागत

(II) **चार्ट रीति**

(Charts Methods)

एक सम-विच्छेद बिन्दु चार्ट (Break even Chart) या रेखाचित्र के द्वारा निम्न बातों को दर्शाता हैं:

(1) विभिन्न उत्पादन स्तर पर होने वाला लाभ या हानि।

(2) परिवर्तनशील लागत व स्थिर लागत में अन्तर।

(3) सुरक्षा का उपान्त (Margin of Safety)।

(4) सम-विच्छेद बिन्दु अर्थात् उत्पादन या विक्रय की वह मात्रा जहाँ पर न लाभ हो, न हानि।

(5) उत्पादन की एक निश्चित इकाई पर लाभार्जन में वृद्धि की दर।

सम-विच्छेद बिन्दु चार्ट बनाने की विधि —एक चार्ट में दो किनारे होते हैं जिन्हें अक्ष (axis) कहते हैं। बायीं ओर की लम्बवत् रेखा को कोटि अक्ष और नीचे की ओर की क्षैतिज रेखा को भुजाक्ष कहते हैं। कोटि अक्ष को 'Y' और भुजाक्ष को 'X' के रूप में दिखाया जाता है। Y अक्ष पर साधारणतया लागत व आय को दिखाया जाता है तथा X अक्ष पर बिक्री की मात्रा (इकाई में) या बिक्री की मात्रा (मौद्रिक रूप में) को प्रदर्शित किया जाता है।

सम-विच्छेद बिन्दु चार्ट बनाने की विधि को मुख्यतः तीन स्थितियों में विभाजित किया जाता है। इन तीनों स्थितियों को विधिवत एक उदाहरण द्वारा बताया जा सकता है:

सम-विच्छेद चार्ट की आलोचनाएँ

सम-विच्छेद चार्ट में लागत और आगम (आय) को दिखाने के लिए जिन सीधी रेखाओं को प्रयोग किया जाता है, उनकी अनेक आलोचनाएँ दी जाती हैं। कुल आलोचनाएँ उन चार्टों की भी की जाती हैं जिनमें सीधी रेखाओं के स्थान पर वक्र रेखा को प्रयोग किया जाता है। प्रमुख आलोचनाएँ निम्न हैं:

(1) कुल लागत रेखा (TC) को स्थिर तथा परिवर्तनशील लागत को जोड़कर एक सीधी रेखा के रूप में दिखाया जाता है लेकिन यह उचित नहीं है क्योंकि व्यवहार में कुल लागत उत्पादन के समान अनुपात में परिवर्तन नहीं होता है।

(2) लाभ की मात्रा कुल आगम रेखा (TR) तथा कुल लागत रेखा (TC) के मध्य का धनात्मक अन्तर होता है। यह अन्तर उत्पादन की अधिकतम मात्रा पर सबसे अधिक होता है अर्थात् लाभ की अधिकतम मात्रा उत्पादन की अधिकतम मात्रा पर होता है लेकिन यह धारणा गलत हैं।

(3) बिक्री को कुल आगम रेखा (TR) के द्वारा एक सीधी रेखा के द्वारा दिखाया जाता है लेकिन यह सही स्थिति को नहीं बताता है। कुल आगम रेखा को सीधी रेखा के द्वारा इस आधार पर दिखाया जाता है कि उत्पादन की मात्रा पर वस्तु की माँग का कोई प्रभाव नहीं पड़ता है परन्तु स्थिति यह है कि मूल्यों में परिवर्तन से माँग पर प्रभाव पड़ता है और माँग परिवर्तन से उत्पादन की मात्रा में परिवर्तन होता है। उत्पादन की मात्रा की अतिरिक्त इकाई को तभी बेचा जा सकता है जब उसका मूल्य कम किया जाय और इस प्रकार के परिवर्तन से कुल आगम रेखा भी प्रभावित होती है।

(4) सम-विच्छेद चार्ट एक स्थैतिक स्थिति को दर्शाता है, जबकि व्यावसायिक क्रिया परिवर्तनशील होती है। प्रत्येक क्षण व्यवसाय में परिवर्तन होता रहता है। बहुत कुछ सम्भावना होती है कि चार्ट बनाने की तिथि के बाद ही अप्रचलित (Obsolete) हो जाय।

यह आलोचना अधिक तर्कयुक्त नहीं है क्योंकि परिस्थितियों में परिवर्तन होने के कारण पूर्वानुमान एवं बजट की सभी विधियाँ अप्रचलित मानी जा सकती हैं परन्तु इसका यह तात्पर्य नहीं है कि इन विधियों की कोई उपयोगिता नहीं है।

(5) यदि व्यवसाय में एक से अधिक वस्तुओं का उत्पादन व विक्रय किया जाय तो उपर्युक्त आलोचनाओं के अतिरिक्त निम्नांकित समस्याएँ भी खड़ी हो सकती है:

(a) प्रत्येक वस्तु के उत्पादन में भिन्न भिन्न लागत होने की सम्भावना'होगी। परिणामस्वरूप लागत रेखा खींचना असम्भव होगा।

इस समस्या को दूर करने हेतु यह सुझाव दिया जाता है कि प्रत्येक वस्तु के सम्बन्ध में अलग--अलग चार्ट तैयार किया जाय।

(b) उत्पादन की मात्रा इकाई के रूप नहीं दिखायी जा सकती क्योंकि 'A' वस्तु की उत्पादन इकाई 1,000 हो सकती हैं और 'B' की उत्पादन इकाई केवल 500 हो सकती है।

(c) बहुत-सी परिवर्तनशील लागतें अनेक वस्तुओं के सम्बन्ध में एक समान हो सकती है और यदि ऐसा हैं तो प्रत्येक वस्तु की लागत की गणना एक जटिल कार्य हो सकता। अत: सम-विच्छेद चार्ट बनाना तो बाद की बात हैं, हम सीमावर्ती लागत का निर्धारण नहीं कर सकते हैं।

(III) बीजीय रीति
(Algebraic Method)

सम-विच्छेद बिन्दु की गणना से पूर्व कुछ विशेष शब्दों पर विचार करना अति आवश्यक है जिसका प्रयोग इस विश्लेषण में किया जाता है।

(1) दत्तांश की सिद्धान्त (Theory of Contribution)—दत्तांश का सिद्धान्त विक्रय (Sales) तथा कुल परिवर्तनशील लागत (Total Variable Costs) के बीच के सम्बन्ध को बताता है अर्थात् किसी वस्तु के विक्रय धन में से कुल परिवर्तनशील लागत को घटाने के बाद जो बचता है, उसे दत्तांश कहते हैं:

सूत्र के रूप में

$$C = S - V \qquad \text{... (i)}$$

जहाँ पर C = दत्तांश (Contribution)

S = विक्रय राशि (Sales Value)

V = कुल परिवर्तनशील लागत (Total Variable Costs)।

इस सिद्धान्त का यह निष्कर्ष निकालता है कि यदि कुछ भी उत्पादन न करने पर, कुल हानि की रकम स्थिर लागत के बराबर होती है।

दत्तांश की रकम की गणना करने के लिए समीकरण नं. (i) को प्रयोग में लाया गया है। इस समीकरण को और हल करके इसका दूसरा रूप भी प्राप्त किया जा सकता है:

$$C = S - V \qquad \text{(i)}$$

जहाँ $S = TC + P_t$

$= F + V + P_t$

TC = कुल लागत

F =कुल स्थिर लागत

V = कुल परिवर्तनशील लागत

P_t कुल लाभ

S का मान समीकरण नं. (i) में रखने पर:

$$C = (F + V + P_t) - V$$

$$= F + P_t \qquad ..(ii)$$

अत: दत्तांश की रकम स्थिर लागत (F)व लाभ की रकम (P_t)के योग के बराबर होती है। यदि उत्पादक को न लाभ न हानि **होती है**, तो उस दशा में का P_t मान शून्य होता है, अत:

$$C = F \qquad ...(iii)$$

(2) सुरक्षा का उपान्त (Margin of Safety)- सुरक्षा का उपान्त का अर्थ कुल बिक्री (Total Sales) व सम-विच्छेद बिन्दु (B.E.P.) पर बिक्री का अन्तर से होता है।

इस सुत्र के रूप में:

Margin of Safety = Actual Total Sales - Sales of B.E.P.

इस कुल बिक्री पर प्रतिशत या मौद्रिक इकाई (रूपयों में) भी दिखाया जा सकता है।

प्रतिशत के रूप में:

$$\% \text{ of Margin of Safety to Sales} = \frac{\text{Margin of Safety}}{\text{Total Actual Safety}} \times 100$$

सुरक्षा के उपान्त की गणना लाभ मात्रा अनुपात (P/V Ratio)के आधार पर भी की जा सकती है।

इस दिशा में

$$\text{Margin of Safety} = \frac{\text{Profit}}{\text{P/V Ratio}}$$

सुरक्षा उपान्त की सहायता से एक व्यापारी की शक्ति का मापन किया जा सकता है। इसका माप जितना अधिक होता, व्यापारी की उतनी ही मजबूत स्थिति होती है अर्थात् उनको उतना ही अधिक लाभ प्राप्त करने का अवसर होता है। इसके विपरीत, सुरक्षा उपान्त का मान कम होने पर व्यापारी के लाभ की मात्रा कम होती है।

(3) लाभ मात्रा अनुपात (Profit Volume Ratio or V/P Ratio)-दत्तांश व विक्रय राशि के मध्य के अनुपात को लाभ मात्रा अनुपात कहते हैं। लाभ मात्रा अनुपात को दत्तांश विक्रय अनुपात (Contribution Ratio) भी कहते हैं। इस अनुपात के द्वारा उत्पादन सीमा स्तर के विश्लेषण में बहुत सहायक होता है। इसकी गणना निम्नांकित सूत्रों के द्वारा की जा सकती है:

$$\text{P/V Ratio} = \frac{S-V}{S} \times 100 \quad \text{... (i)}$$

$$\text{P/V Ratio} = \frac{C}{S} \times 100 \quad \text{...(ii)}$$

जहाँ S =कुल बिक्री (Total Sales)

V =कुल परिवर्तनशील लागत (Total Variable Costs)

C =दत्तांश (Contribution)

जब दो समय-अवधि की बिक्री और लाभ की सूचना प्राप्त होती है तो:

$$\text{P/V Ratio} = \frac{\text{Change in Profit (Rs.)}}{\text{Change in Sales (Rs.)}} \times 100 \quad \text{... (iii)}$$

समीकरण नं. (ii)की सहायता से कुल बिक्री (Sales)दत्तांश की रकम (Contribution) तथा अन्य सम्बन्धित मदों को भी ज्ञात किया जा सकता है।

जैसे

$$\text{Sales} = \frac{C}{\text{P/V Ratio}} \quad \text{.. (a)}$$

Contribution = S x P/V Ratio .. (b)

Variable Cost = S x Variable Cost Ratio ...(c)

Fixed Cost = Contribution - Profit ...(d)

Fixed Cost = S x P/V Ratio - Profit ...(e)

सम-विच्छेद बिन्दु के सुत्र

(Formulae of Break-even Point)

सम-विच्छेद बिन्दु पर उत्पादन करने से उत्पादक को न लाभ होता है और न हानि अर्थात् लाभ की मात्रा शुन्य होती है, इसलिए इस बिन्दु पर:

Sale = Variable Expenses + Fixed Expenses

जहाँ

Sales = P x Q	Q = Quantity of goods sold
Variable Expenses = V x Q	P = Selling Price per unit
Fixed Expenses = F	V = Variable Cost per unit

उपर्युक्त सूत्र में इन मानों को रखने पर:

P x Q = V x Q + F

or $P \times Q - V \times Q = F$

or $Q (P - V) = F$

∴ Q = \f(F,(P - V)

सम-विच्छेद बिन्दु की गणना इकाई रूप में करने के लिए निम्न सूत्र का प्रयोग किया जाता है:

$$\text{B.E.P. (in Units)} = \frac{F}{P\text{-}V} \qquad ...(i)$$

Or
$$\text{B.E.P. (in Units)} = \frac{F}{\text{C per Unit}} \qquad ...(ii)$$

जहाँ C per Unit = Contribution per Unit

सम-विच्छेद बिन्दु (B.E.P.) **की गणना मुद्रा में**

(Calculation of Break-even Point in Money)

सम-विच्छेद बिन्दु की गणना मुद्रा में भी की जा सकती है, इसके लिए निम्न सूत्रों का प्रयोग किया जाता है:

(1) यदि सम-विच्छेद बिन्दु (B.E.P.) की गणना रुपयों में करनी होती है तो उक्त सूत्र द्वारा समीकरण नं. (i) प्राप्त की गई मात्रा को विक्रय मूल्य (P) से गुणा करके ज्ञात कर सकते हैं:

$$\text{B.E.P. (in Rs.)} = \frac{F}{P - V} \times P \qquad ..(3)$$

(2) सम-विच्छेद बिन्दु की गणना रुपयों में ज्ञात करने के लिए सूत्र का भी प्रयोग किया जाता है:

$$\text{B.E.P. (in Rs.)} = \frac{F}{1 - P/V} \qquad ...(4)$$

जहाँ

F = कुल स्थिर लागत (Total Fixed Cost)

V = प्रति इकाई परिवर्तनशील लागत (Variable Cost per Unit)

P = विक्रय मूल्य (Selling per Unit)।

नोट : यदि प्रति इकाई परिवर्तशील लागत और विक्रय मूल्य ज्ञान न हो, उसके स्थान पर हमको परिवर्तनशील लागत (TVC) व कुल आगम (TR) ज्ञात हो तो उस दशा में भी समीकरण नं. (4) का प्रयोग करके सम-विच्छेद बिन्दु (B.E.P.) ज्ञात किया जा सकता है।

अन्य सूत्र —सम-विच्छेद बिन्दु (B.E.P.)की गणना करने के लिए निम्न सूत्रों का भी प्रयोग किया जा सकता है:

$$B.E.P. \text{ (in Rs.)} = \frac{F}{C/S}$$

अथवा

$$B.E.P. \text{ (in Rs.)} = \frac{F}{P/V \text{ Ratio}}$$

$$B.E.P. \text{ (in Rs.)} = \frac{F \times S}{S - V}$$

अथवा

$$B.E.P. \text{ (in Rs.)} = \frac{F \times S}{C}$$

B.E.P. (in Rs.) = Actual Sales = M.O.S.

जहाँ

F = कुल स्थिर लागत (Total Fixed Costs)

C = दत्तांश (Contribution)

S = कुल बिक्री (Total Sales)

V = कुल परिवर्तनशील लागत (Total Variable Costs)

सम-विच्छेद बिन्दु की गणना इकाइयों में
(Calculation of Break-even Point in Unit)

सम-विच्छेद विश्लेषण के प्रबन्धकीय उपयोग
(Managerial Uses of Break-even Analysis)

प्रबन्धकों के लिए सम-विच्छेद विश्लेषण बहुत ही उपयोगी सिद्ध होता है। इसके द्वारा अनेक प्रबन्धकीय समस्याओं के निराकरण हेतु बहुमूल्य माप ज्ञात किये जा सकते हैं, जैसे-इसके द्वारा प्रबन्धकों के लिए फर्म की लाभप्रदता बनाये रखना या बढ़ाना सम्भव हो जाता है। सम-विच्छेद विश्लेषण में कुछ महत्त्वपूर्ण उपयोग निम्न प्रकार हैं:

(1) सुरक्षा का उपान्त निर्धारण (Determination of Margin of Safety)-सम-विच्छेद विश्लेषण सुरक्षा का उपान्त या सुरक्षा सीमा का अंग है। यह व्यवसाय की सुदृढ़ता की माप होती है क्योंकि यह उस सीमा को बताता है कि विक्रय के इस बिन्दु तक फर्म को हानि नहीं होती है। इसका माप जितना अधिक होता है, व्यापारी की उतनी ही मजबूत स्थिति होती है अर्थात् उसको उतना ही अधिक लाभ प्राप्त होता है। इसके विपरीत सुरक्षा उपान्त का माप कम होने पर व्यापारी के लाभ की मात्रा कम होती है। सुरक्षा के उपान्त की गणना के लिए निम्न सूत्रों का प्रयोग किया जाता है:

(1) Margin of Safety = Actual Total Sales - Sales at B.E.P.

(2) Margin of Safety = $\frac{\text{Profit}}{\text{P/V Ratio}}$

इसे कुल विक्रय के प्रतिशत के रूप में भी व्यक्त किया जा सकता है:

$$\text{Margin of Safety} = \frac{\text{Margin of Safety}}{\text{Total Actual Sales}} \times 100$$

(2) उत्पादन क्षमता बढ़ायी जाय या नहीं (To Expand Production Capacity or not)- सामान्यतया प्रबन्धक के सम्मुख यह प्रश्न आता है कि अतिरिक्त उपकरण स्थापित करके उत्पादन क्षमता बढ़ायी जाय या नहीं, ऐसी दशा में सम-विच्छेद विश्लेषण बहुत उपयोगी सिद्ध होता है।

(3) लाभ का लक्ष्य प्राप्त करने के लिए आवश्यक विक्रय मात्रा (Volume needed to attain target profit)- सम-विच्छेद बिन्दु विश्लेषण के द्वारा हम यह ज्ञात कर सकते हैं कि लाभ के एक निश्चित लक्ष्य को प्राप्त करने के लिए कितनी बिक्री आवश्यक है। इसका सूत्र अग्र प्रकार हैं:

$$\text{विक्रय मात्रा का लक्ष्य (रुपयो में)} = \frac{\text{स्थिर लागत + लाभ का लक्ष्य}}{\text{प्रति इकाई अंशदान मार्जिन}}$$

अथवा

$$\text{विक्रय मात्रा का लक्ष्य (रुपयों में)} = \frac{\text{स्थिर लागत + लाभ का लक्ष्य}}{\left(1 - \frac{\text{परिवर्तनशील लागत}}{\text{प्रति इकाई विक्रय मूल्य}}\right)}$$

(4) मूल्य में परिवर्तन (Change in Price)- प्रबन्धक के सामने सामान्यतया यह प्रश्न होता है कि मूल्य में कमी की जाय या नहीं? सम-विच्छेद विश्लेषण के द्वारा प्रबन्धक यह ज्ञात कर सकता है कि वर्तमान स्थिति यदि बनी रहे तो मूल्य घटाने पर पिछले लाभ-स्तर को बनाये रखने के लिए विक्रय की क्या मात्रा होनी चाहिए और फिर अपने ज्ञान और अनुभव के आधार प्रबन्धक के लिए यह निर्णय करना अपेक्षाकृत सरल होगा कि बिक्री में आवश्यक वृद्धि व्यावहारिक है या नहीं। यदि मूल्य घटाया गया हो और लाभ की मात्रा पहले जितनी बनी रहे तो उसके लिए बिक्री की क्या मात्रा हो, इस बात का निर्धारण करने के लिए निम्न सूत्र का प्रयोग किया जाता है:

$$Qn = \frac{F + P_t}{P_n - V}$$

जहाँ

Q_n विक्रय की नयी मात्रा

F = स्थिर लागत

P_t = लाभ की मात्रा

P_n = नया विक्रय मूल्य

V = प्रति इकाई परिवर्तनशील लागत।

(5) मूल्य तथा उत्पादन में परिवर्तन की माप (Measurement of Change in Price and Output)- कारखाने में पुराने संयन्त्र व मशीन को सुधारने हेतु या नवीन यन्त्रों द्वारा प्रतिस्थापन हेतु अनेक प्रस्ताव प्रबन्धक द्वारा अनुमानित किये जा सकते हैं। इन सभी प्रस्तावों का प्रभाव स्थिर लागत व परिवर्तनशील लागत में कमी या वृद्धि में परिवर्तन लाता है। अत: प्रबन्धक के लिए आवश्यक है कि इस वृद्धि या कमी के लाभ पर पड़ने वाले प्रभाव की जाँच कर ले। यह जाँच सम-विच्छेद बिन्दु की सहायता से की जा सकती है।

(A) **यदि परिवर्तनशील लागतें बदलें** - परिवर्तनशील लागतें बढ़ने से दत्तांश घट जाता है। अत: लागतों के बढ़ने पर यह प्रश्न सामने आता है कि बिना मूल्य बढ़ाये हुए ही वर्तमान लाभ की मात्रा बनाये रखने के लिए बिक्री की मात्रा क्या हो? या फिर बिक्री की मात्रा में परिवर्तन किये बिना वर्तमान लाभ को बनाये रखने के लिए क्या मूल्य निश्चित किया जायें। परिवर्तनशील लागतों में यदि कोई परिवर्तन हो तो नयी बिक्री की मात्रा का नया मूल्य क्या होगा, यह निर्धारित करने के लिए निम्न सूत्र का प्रयोग करते हैं:

(1) $$Q_n = \frac{F + Pt}{P - V_n}$$

(2) $$Pn = P(V_n - V)$$

जहाँ P_n = नया मूल्य

Vn नयी परिवर्तनशील लागत

(6) 'बनाये या खरीदें' निर्णय (Make or Buy Decision)- अधिकांशतया व्यावसायिक फर्मों को यह तय करना पड़ता है कि उनके द्वारा निर्मित वस्तुओं के कुछ पुर्जों को वे स्वयं बनायें या अन्य निर्माताओं से खरीदें। सम-विच्छेद विश्लेषण प्रबन्ध को इस बारे में निर्णय लेने में सहायक हो सकता है। इसके लिए निम्न सूत्र का प्रयोग किया जाता है:

$$\text{सम-विच्छेद बिन्दु (B.E.P. in Units)} = \frac{F}{P\text{-}V}$$

जैसा कि निम्न उदहारण से स्पष्ट है:

(7) वैकल्पिक मूल्यों के प्रभाव (Effects of Alternative Prices)- सम-विच्छेद चार्ट के द्वारा यह ज्ञात किया जा सकता है कि माँग और लागत की निश्चित दिशाओं के अन्तर्गत विभिन्न मूल्य स्तरों पर लाभ की क्या स्थितियाँ होंगी।

(8) सम-विच्छेद बिन्दु विशेष के लिए प्रति इकाई विक्रय मूल्य (Selling Price per Unit for a particular Break-even Point)- एक पूर्व निर्धारित सम-विच्छेद बिन्दु के लिए प्रति इकाई मूल्य निर्धारित करना होता है। इस दशा में पहले सम-विच्छेद बिन्दु जो दिया है उस पर अंशदान और अन्त में प्रति इकाई विक्रय मूल्य की गणना की जाती है। इनकी गणना के सत्र इस प्रकार हैं:

(1) अंशदान (Contribution) = $\frac{F}{\text{B.E.P. in Units}}$

(2) विक्रय मूल्य (Selling Price) = V + C = (Contribution)

सम-विच्छेद विश्लेषण पर आधारित नीति सम्बन्धी मार्गदर्शन

(Policy Guidelines Emanating From Break-even Analysis

सम-विच्छेद विश्लेषण पर आधारित नीति प्रबन्धक को कुछ उपयोगी निष्कर्ष में सहायक होती हैं:

(1) यदि एक फर्म का सम-विच्छेद का मान अधिक है तो यह इस बात को स्पष्ट करता है कि फर्म की लाभ स्थिति कम है। इसके विपरीत, यदि सम-विच्छेद का मान कम है तो लाभ की स्थिति अधिक अच्छी है। सम-विच्छेद बिन्दु को कम करने के लिए या तो विक्रय मूल्य बढ़ाया जा सकता है और या फिर परिवर्तनशील लागतों अथवा स्थिर लागतों को कम किया जा सकता है।

(2) एक फर्म का सुरक्षा का उपान्त (Margin of Safety) अधिक है तो व्यवसाय की सहन शक्ति (Endurance) अधिक होती है।

सम-विच्छेद विश्लेषण की सीमाएँ

(Limitations of Break-even Analysis)

सम-विच्छेद विश्लेषण बहुत-सी मान्यताओं पर आधारित है। इन मान्यताओं में वास्तविकता की कमी होती है क्योंकि अधिकतर मान्यताएँ अवास्तविक हैं। इसलिए सम-विच्छेद विश्लेषण की प्रबन्धकीय उपयोगिता सीमित हो जाती है। इसकी प्रमुख सीमाएँ अग्रलिखित हैं:

(1) सम-विच्छेद विश्लेषण का स्वरूप स्थैतिक (Staticहोता है अर्थात यह इस मान्यता पर आधारित होता है कि एक ओर लागत एवं आगम, दूसरी और निवेश (Input) के बीच निश्चित सम्बन्ध बने रहते हैं लेकिन समय के साथ लागतें एवं आगम बदलते हैं जिससे अनुमान सही नहीं रहते हैं।

(2) सम-विच्छेद चार्ट में कुल आगम रेखा (Total Revenue Curve) को एक सरल रेखा द्वारा प्रदर्शित किया जाता है। इस रेखा को इस आधार पर बनाया जाता है कि एक निश्चित मूल्य पर कितनी ही मात्रा को बेचा जा सकता है अर्थात् यह पूर्ण प्रतियोगिता की दिशा में ही सही हो सकती है लेकिन पूर्ण प्रतियोगिता की मान्यता अवास्तविक है।

(3) सम-विच्छेद विश्लेषण की यह मान्यता भी गलत है कि अधिकतम उत्पादन स्तर पर ही अधिकतम लाभ होंगे परन्तु वास्तव में लाभ को अधिकतम करने के लिए अनुकूलतम उत्पादन स्तर पर उत्पादन करना होता है।

(4) सम-विच्छेद विश्लेषण के द्वारा अल्पकालीन अध्ययन किया जाता है। यह दीर्घकालीन उपयोग के लिए प्रभावशाली नहीं है।

(5) सम-विच्छेद विश्लेषण में विक्रय लागतों का संचालन करना विशेष कठिन है। विक्रय लागतें उत्पादन और विक्रयों पर परिवर्तन का परिणाम न होकर इनका कारण होती है। इसके अतिरिक्त, उत्पादन और विक्रय लागतों के बीच सम्बन्ध अधिक समय तक स्थिर नहीं रहते हैं। अतः भूतकालीन सम्बन्धों के आधार पर इनकी भविष्यवाणी सही नहीं होती है।

(6) सम-विच्छेद विश्लेषण की एक आधारभूत मान्यता यह है कि लागत-आगम मात्रा सम्बन्ध रेखीय (Linear) होता है पर व्यवहार में ऐसा नहीं पाया जाता है।

(7) सम-विच्छेद विश्लेषण में यह मान लिया गया है कि लाभ उत्पादन का फलन होता है पर लाभ के अन्य कारण भी हो सकते हैं, जैसे - उत्पादन के पैमाने में परिवर्तन, उचित प्रबन्ध, तकनीकी परिवर्तन (Technological Change, आदि।

(8) यह विश्लेशण प्रयुक्त पूँजी (Capital Employed) पर महत्त्व नहीं देता जो कि प्रबन्धकीय निर्णय में एक महत्त्वपूर्ण कारक होता है।

सम-विच्छेद विश्लेषण की इन सीमाओं के कारण इस तकनीक की उपयोगिता कम रह जाती है। फिर भी यह विश्लेषण सरल एवं कम खर्चीला है जिसके द्वारा कुछ विशेष बातों पर प्रकाश डाला जा सकता है। यह अवश्य है कि इसकी उपयोगिता उन उद्योगों में कम रह जाती है जहाँ उत्पादन के साधनों के मूल्यों में शीघ्र तथा अधिक परिवर्तन होते हैं।

प्रश्न

1. सम-विच्छेद बिन्दु क्या है? इसकी गणना कैसे की जाती है? उदाहरण देकर समझाइये।

   What is Break-even Point? How is it computed? Explain with examples.

2. सम-विच्छेद बिन्दु को समझाइये। सम-विच्छेद बिन्दु की उपयोगिता बताइये तथा इसकी सीमाओं का विवेचन कीजिये।

   Explain Break-even Point. Discuss the utility of break-even analysis and show its limitations.

3. "सम-विच्छेद विश्लेषण लाभ-नियोजन का एक उपयोगी साधन है।" क्या आप इससे सहमत हैं? विवेचन कीजिये।

   "The break-even analysis is a useful device of profit planning." Do you agree? Discuss.

4. "स्थिर लागतों, परिवर्तनशील लागतों या विक्रय मूल्य में किसी भी परिवर्तन का प्रभाव सम-विच्छेद बिन्दु को खिसकाना है।" उदाहरणों की सहायता से इस कथन की पुष्टि कीजिये।

   'Any change in fixed, variable costs or selling price has the effect of shifting the break-even point.' Explain this statement with the help of illustrations.

□□□

8

गुणक-त्वरक अर्थशास्त्र
[Multiplier-Accelerator Economics]

कीन्स के आय उत्पादन व रोजगार सिद्धान्त में गुणक की धारणा अत्यन्त ही महत्त्वपूर्ण है। यह आय व रोजगार की व्याख्या करने का एक महत्त्वपूर्ण तत्त्व है। जब किसी अर्थव्यवस्था में विनियोग किया जाता है तो उससे आय में विनियोग की तुलना में कई गुणा वृद्धि होती है। इसे ही गुणक प्रभाव कहते हैं। विनियोग की प्रारम्भिक वृद्धि व आय की कुल अन्तिम वृद्धि के सम्बन्ध को गुणक कहते हैं। उदाहरण के लिए यदि किसी अर्थव्यवस्था में 1 अरब रु. का विनियोग किया जाए व इससे 5 अरब रु. की आय प्राप्त हो तो गुणक 5 होगा।

कीन्स ने गुणक को K का नाम दिया है व कहा है कि गुणक हमें यह बताता है कि जब विनियोग की मात्रा में वृद्धि होती है तो इस वृद्धि के परिणाम स्वरूप कुल आय में जो वृद्धि होती है वह विनियोग वृद्धि के K गुणा होती है।

अत: गणितीय रूप में

$$\Delta Y = K \ \Delta I$$

यहाँ ΔY = आय में वृद्धि

ΔI = विनियोग में वृद्धि

K = गुणक

अथवा $K = \frac{\Delta Y}{\Delta I}$

गुणक का कारण - विनियोग बढ़ने पर आय की तुलना में विनियोग में कई गुणा वृद्धि होती है। इसका कारण यह है कि विनियोग के फर्मस्वरूप श्रमिकों, माल की पूर्ति करने

वालों व उस विनियोग से सम्बन्धित अन्य लोगों की आय में वृद्धि होती है। वे पुनः इस आय को उपभोक्ता वस्तुओं को प्राप्त करने में व्यय करेंगे। जब वे उपभोक्ता वस्तुओं पर व्यय करेंगे तो उन वस्तुओ को उत्पादित व विक्रय करने वाले व्यक्तियों की आय बढ़ेगी। वे भी इस आय का कुछ भाग व्यय करेंगे। यह क्रय आगे चलता रहेगा। इसी कारण विनियोग में वृद्धि की तुलना में आय में कई गुणा वृद्धि होती है।

गुणक का आकार-गुणक का आकार सीमान्त उपभोग प्रवृत्ति पर निर्भर करता है। सीमान्त उपभोग प्रवृत्ति अधिक होने पर गुणक का आकार अथवा मूल्य भी अधिक होता है। सीमान्त उपभोग प्रवृत्ति से गुणक निकालने का सूत्र निम्न प्रकार है-

$$\text{गुणग} = \frac{1}{1-\text{सीमान्त उपभोग प्रवृति}}$$

$$\text{अथवा } K = \frac{1}{1\text{-MPC}}$$

उदाहरण के लिए यदि सीमान्त उपभोग प्रवृत्ति 2/3 है तो गुण की निम्न प्रकार गणना की जाएगी-

$$K = \frac{1}{1\text{-MPC}}$$

$$\text{अथवा } K = \frac{1}{1-\frac{2}{3}}$$

$$\text{अथवा } K = \frac{1}{\frac{1}{3}}$$

$$\text{अथवा } K = 3$$

सीमान्त उपभोग प्रवृत्ति व सीमान्त बचत प्रवृत्ति दोनों मिलकर एक होते हैं अतः गुणक की निम्न प्रकार भी गुणना की जा सकती है-

$$K = \frac{1}{\text{MPS}}$$

यहाँ MPS का तात्पर्य सीमान्त बचत प्रवृत्ति से है। उपरोक्त उदाहरण में सीमान्त बचत प्रवृत्ति $\frac{1}{3}$ होगी।

इस प्रकार यदि सीमान्त उपभोग प्रवृत्ति शून्य हो तो गुणक 1 होता है। किन्तु व्यवहार में सीमान्त उपभोग प्रवृत्ति शून्य नहीं होती। यदि सीमान्त उपभोग प्रवृत्ति 1 हो तो गुणक अनन्त होगा क्योंकि सम्पूर्ण बढ़ी हुई आय व्यय कर ली जाएगी इससे अर्थ व्यवस्था में

शीघ्र ही पूर्ण रोजगार की स्थिति आ जाएगी व स्फीतिकारी परिस्थितियाँ पैदा होगी किन्तु व्यवहार में सीमान्त उपभोग प्रवृत्ति कभी 1 नहीं होती।

गुणक की कार्य प्रणाली – गुणक आगे व पीछे दोनों ओर कार्य करता है। इसकी कार्य प्रणाली निम्न प्रकार है।

गुणक की आगे की ओर प्रक्रिया – विनियोग के बढ़ने से गुणक प्रभाव से आय बढ़ेगी। यदि गुणक 2 है तो विनियोग से दो गुणा आय होगी। आय बढ़ने से उपभोक्ता उसका आधा भाग व्यय करेंगें। उपभोग बढ़ने से उन वस्तुओं के उत्पादकों व विक्रेताओं को लाभ होगा। अतः आय फिर बढ़ेगी व विनियोग भी बढ़ेगा। माना कि सीमान्त उपभोग प्रवृत्ति 2/3 है व सीमान्त बचत प्रवृत्ति 1/3 है अतः गुणक 3 होगा। माना कि वर्तमान में 30 करोड़ रु. का विनियोग है व आय 130 करोड़ रु. है। यदि 10 करोड़ रु. का विनियोग बढ़ जाता है तो विनियोग में 10 करोड़ रु. की वृद्धि से आय में 30 करोड़ रु. की वृद्धि होगी व आय 130 करोड़ से बढ़कर 160 करोड़ रु. हो जाएगी। इसे निम्न रेखा चित्र से व्यक्त किया जा सकता है।

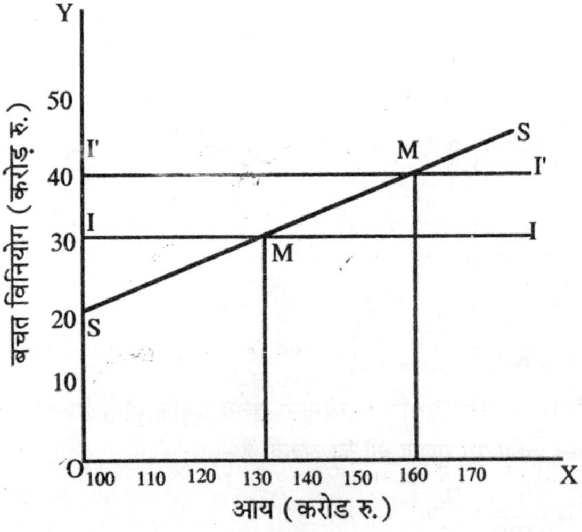

रेखाचित्र

उक्त रेखाचित्र में SS बचत वक्र व QR विनियोग वक्र है। II मूल विनियोग वक्र है तथा I'I' अतिरिक्त विनियोग वक्र है। मूल विनियोग 30 करोड़ रु. का व अतिरिक्त विनियोग 10 करोड़ रु. है। M बचत व विनियोग का सन्तुलन बिन्दु है व इस सन्तुलन पर आय 130 करोड़ रु. है विनियोग बढ़ाने पर नया विनियोग वक्र I'I' बचत वक्र SS को M' बिन्दु पर काटता है। इस बिन्दु पर आय 160 करोड़ रु. है। इस प्रकार 10 करोड़ रु. के अतिरिक्त विनियोग से आय में गुणक 3 होने से 30 करोड़ रु. की आय और बढ़ी है।

गुणक की विपरीत प्रक्रिया

गुणक आगे की भाँति पीछे भी कार्य करता है। यदि मान लिया जाए कि विनियोग में 10 करोड़ रु. की कमी होती है व गुणक दो है तो आय में 20 करोड़ रु. की कमी होगी। विनियोग कम होने से उद्योगों में लगे व्यक्तियों की आय कम होगी। आय कम होने से उपभोग कम होगा व उपभोग वस्तुओं के उत्पादक व विक्रेताओं की आय कम होगी। यह चक्र चलता रहेगा व आय 20 करोड़ रु. से कम हो जाएगी।

काहन का रोजगार गुणक

पूर्ण वर्णित गुणक विनियोग अथवा आय गुणक है। गुणक का एक और प्रकार रोजगार गुणक होता है। काहन ने 1931 में रोजगार गुणक की धारणा का प्रतिपादन किया था। रोजगार गुणक प्रारम्भिक रोजगार वृद्धि एवं कुल रोजगार वृद्धि के बीच अनुपात है। हेन्सन के अनुसार, रोजगार गुणक एक ऐसा गुणक है जो सार्वजनिक कार्यो पर प्राथमिक रोजगार की वृद्धि को इसके परिणाम स्वरूप उत्पन्न कुल रोजगार वृद्धि से सम्बन्धित करता है।

रोजगार गुणक को निम्न सूत्र से इंगित किया जाता है।

$$K=\frac{\Delta N_1}{\Delta N_2}$$

यहां K = रोजगार गुणक

ΔN_1 = कुल रोजगार वृद्धि

ΔN_2 = प्राथमिक रोजगार वृद्धि

कुल रोजगार में प्राथमिक रोजगार व गौण रोजगार दोनों ही सम्मिलित होते हैं।

उदाहरण के लिए मान लीजिए की सरकार 10 अरब रु. सार्वजनिक कार्यों पर लगाती है। इससे 1 लाख लोगो को रोजगार मिलता है। इन 1 लाख लोगों को जो आय प्राप्त होगी उसे वे उपभोग वस्तुओं पर व्यय करेंगें। इसके फलस्वरूप उपभोग वस्तुओं की मांग बढ़ेगी व उपभोग वस्तुएं करने वाले उद्योगों में भी रोजगार बढ़ेगा। माना कि उपभोग वस्तुओं में 2 लाख अतिरिक्त व्यक्तियों को रोजगार मिलता है। अतः कुल रोजगार 1 लाख + 2 लाख = 3 लाख होगा। इस गुणक की गणना निम्न प्रकार की जाएगी–

प्रारम्भिक रोजगार 1 लाख

कुल रोजगार 1 + 2 = 3 लाख

गुणक = (कुल रोजगार, प्रारम्भिक रोजगार)

$$K_1=\frac{\Delta N_1}{\Delta N_2}$$

$$K_1 = \frac{3}{1}$$

$$K_1 = 3$$

अतः यहाँ रोजगार गुणक 3 होगा अर्थात् एक व्यक्ति को रोजगार देने पर 3 को रोजगार मिलता है। इस प्रकार कुल रोजगार में तीन गुणा वृद्धि होती है।

इस प्रकार काहन का रोजगार गुणक प्रारम्भिक रोजगार वृद्धि व कुल रोजगार वृद्धि में आपसी सम्बन्ध को व्यक्त करता है।

व्यवहार में विनियोग गुणक K व रोजगार गुणक K' बराबर नहीं होते। यह दोनों अलग अलग हैं किन्तु विश्लेषण को सरल बनाने के लिये यह मान लिया गया है कि दोनों बराबर होते हैं। हैन्सन के शब्दों में, यद्यपि व्यवहार में दोनों गुणक बराबर नहीं होते तथापि दोनों ही गुणकों को बराबर मान लेने में कोई भारी गलती नहीं होगी।

गुणक के कार्य के लिए आवश्यक दशाएँ

गुणक निम्न परिस्थितियों में अच्छी प्रकार कार्य करता है–

1. औद्योगिक अर्थव्यवस्था – औद्योगिक देशों में वस्तुओं का उत्पादन माँग पर निर्भर करता है। माँग बढ़ने से उत्पादन रोजगार व आय में वृद्धि होती है। अतः गुणक अच्छी प्रकार कार्य करता है।

2. उपभोक्ता उद्योगों में अतिरिक्त उत्पादन क्षमता – आय बढ़ने पर उपभोक्ता वस्तुओं की माँग बढ़ती है। अतः उपभोक्ता उद्योगों में अतिरिक्त उत्पादन क्षमता विद्यमान होना आवश्यक है। जिससे माँग बढ़ने पर उत्पादक तुरन्त उत्पादन बढ़ा सकें। इससे उत्पादन आय व रोजगार में वृद्धि होगी।

3. बेरोजगारी – देश में बेरोजगारी होने पर ही गुणक कार्य करता है। यदि देश में अनैच्छिक बेरोजगारी नहीं है तो विनियोग बढ़ाने पर भी रोजगार, उत्पादन व आय में वृद्धि नहीं होगी।

4. कार्यशील पूँजी की लोच – माँग बढ़ने पर उत्पादन बढ़ाने के लिए कार्यशील पूँजी की भी आवश्यकता होती है। अतः कार्यशील पूँजी में लोच होने पर ही गुणक कार्य करता है।

गुणक का रिसाव

आय प्रभाव से जो राशि उपभोग के काम में नही ली जाती उसे गुणक का रिसाव कहा जाता है। आय प्रवाह से जितना अधिक रिसाव होगा, गुणक का प्रभाव उतना ही कम होता जाएगा। आय प्रवाह में प्रमुख रूप से निम्न रिसाव कार्य करते हैं। जिनके कारण पूर्ण रोजगार की स्थिति प्राप्त नहीं की जा सकती।

1. बचत - आय का समस्त भाग उपभोग न कर उसका एक भाग बचा लिया जाता है। इससे हर अगले चक्र से आय में वृद्धि घटती जाती है।

2. ऋणों का भुगतान - आय का कुछ भाग ऋणों के भुगतान में प्रयोग कर लिया जाता है, जिससे उपभोग में वृद्धि नहीं होती और इससे गुणक प्रभाव कम हो जाता है।

3. प्रबल तरलता - यदि लोग बढ़ी हुई आय को अपने पास नकद कोष के रूप में रखने लगते हैं तो गुणक प्रभाव कम हो जाता है।

4. अधिमान कीमत स्फीति - विनियोग बढ़ने से जब आय में वृद्धि हो किन्तु साथ ही कीमतों में वृद्धि हो तो पुरानी वस्तुओं के उपभोग पर ही व्यय बढ़ जाएगा व उपभोग वस्तुओं की माँग नहीं बढ़ेगी। इससे गुणक कार्य नहीं करेगा।

5. करारोपण - यदि आय बढ़ने पर प्रगतिशील आय व सम्पत्ति करों के कारण व्यय योग्य आय कम हो जाए तो आय का बढ़ा हुआ भाग करों के रूप में में चला जाएगा व उपभोग वस्तुओं की माँग नहीं बढ़ेगी।

6. प्रतिभूतियों का क्रय - यदि उपभोक्ता आय वृद्धि को उपभोग बढ़ाने में नहीं लगाते व पुरानी प्रतिभूतियों का क्रय करते हैं तो इससे गुणक प्रभाव कम हो जाएगा। पुराने स्टॉक या प्रतिभूतियों का क्रय वास्तव में विनियोग न होकर स्वामित्व हस्ताँतरण है।

7. शुद्ध आयात - यदि आय बढ़ने पर उसका एक भाग आयातित वस्तुओं पर व्यय कर दिया जाए तो घरेलू वस्तुओं के उपभोग पर प्रभाव डालने में असफल रहता है। इससे गुणक प्रभाव कम हो जाता है।

8. अतिरिक्त लाभ - यदि कम्पनियों द्वारा अर्जित लाभ लाभांश के रूप में अंशधारियों में वितरित न किया जाए व उसे कोष बनाकर रख लिया जाए तो इससे आय प्रवाह कम होगा व उपभोग न बढ़ने से गुणक प्रभाव समाप्त हो जाएगा।

9. उपभोक्ता वस्तुओं के विद्यमान अतिरिक्त स्टॉक -यदि अर्थव्यवस्था में उपभोक्ता वस्तुओं का अतिरिक्त स्टॉक हो व बढ़ी हुई मांग की पूर्ति उसी में से की जाए तो इससे गुणक प्रभाव कम हो जाता है।

गुणक की आलोचना - गुणक की धारणा की निम्न आलोचनाएँ की जाती हैं-

1. स्थैतिक धारणा व समय अन्तराल की व्याख्या नहीं - कीन्स की गुणक की धारणा एक स्थैतिक धारणा है गुणक की धारणा में यह तो बताया गया है कि विनियोग में वृद्धि होने से आय में कई गुणा वृद्धि हो जाती हे। किन्तु यह नहीं बताया गया है कि इस वृद्धि में कितना समय लगता है कीन्स के अनुसार यह प्रभाव तुरन्त होता है किन्तु वास्तव में यह प्रभाव तुरन्त नहीं होता। विनियोग आय व उपभोग में समय अन्तराल रहता है।

2. विनियोग व आय के बीच सही-सही यान्त्रिक सम्बन्ध नहीं - कीन्स विनियोग व आय वृद्धि के बीच एक निश्चित यान्त्रिक सम्बन्ध मानते हैं। किन्तु वास्तव में

ऐसा नहीं होता। इसी कारण लेजलिट ने गुणक को कल्पना की धारणा माना है उसने इसे सिद्धान्तिक खिलौना कहा है।

3. स्थिर सीमान्त उपभोग प्रवृत्ति की अवास्तविक मान्यता पर आधारित - कीन्स की गुणक की धारणा में उपभोग की सीमान्त प्रवृत्ति को स्थिर माना है जो सही नहीं है। आय बढ़ने पर सीमान्त उपभोग प्रवृत्ति घटती है।

4. उपभोग में व्यय में परिवर्तन के माध्यम से विनियोग पर पड़ने वाली प्रभावों की व्याख्या नहीं करता - गुणक की धारणा में विनियोग में वृद्धि के आय पर पड़ने वाले प्रभावों की व्याख्या की गई है। किन्तु इससे उपभोग व्यय में वृद्धि से विनियोग व आय में प्रभावों की व्याख्या नही की गई है। अतः गुणक की धारणा सही नहीं है।

5. गुणक के स्थान पर सीमान्त उपभोग प्रवृत्ति का प्रयोग - हेबरलर ने कीन्स की गुणक की धारणा की आलोचना करते हुए कहा है कि इसे हम सीमान्त उपभोग प्रवृत्ति की सहायता से प्रकट कर सकते हैं। अतः हार्ट ने इसे गाड़ी के पाँचवें अनावश्यक पहिए की संज्ञा दी है जिससे कोई काम सिद्ध नहीं होता।

गुणक का महत्त्त्र - गुणक की धारणा की कई आलोचनाएँ होते हुए भी इसका उत्पादन आय व रोजगार सिद्धान्त में बहुत महत्त्व है। गुणक का महत्त्व निम्न प्रकार है:

1. विनियोग कार्य का महत्त्व - गुणक विनियोग कार्य का महत्त्व स्पष्ट करता है। अभाव पूर्ण मांग, उपभोग फलत व विनियोग फलन पर निर्भर करती है। उपभोग फलन अल्पकाल में स्थिर रहता है अतः विनियोग में परिवर्तन के अनुसार ही अर्थव्यवस्था में परिवर्तन होता हैं। विनियोग बढ़ने पर आय व रोजगार में वृद्धि व विनियोग घटने से आय व रोजगार में कमी होती है। इस प्रकार गुणक विनियोग कार्य का महत्त्व स्पष्ट करता है।

2. व्यापार चक्रों के विश्लेषण में सहायक - गुणक की धारणा व्यापार चक्रों के विश्लेषण में भी सहायक होती है। विनियोग में थोड़े से परिवर्तन से गुणक प्रभाव के कारण आय व रोजगार में अधिक उतार चढ़ाव आते हैं। विनियोग में कमी के संचयी प्रभावों से प्रतिसार व मन्दी आती है व विनियोग में वृद्धि से पुनरुत्थान व तेजी आती है।

3. बचत व विनियोग में समानता स्थापित करने में सहायक - गुणक बचत व विनियोग में समानता स्थापित करने में सहायक होता है। विनियोग में वृद्धि से बचत व विनियोग में असन्तुलन हो जाता है। किन्तु आय व बचत बढ़ने से यह असन्तुलन दूर हो जाता है।

4. आर्थिक नीतियों के निर्धारण में सहायक - गुणक की धारणा सरकार को आर्थिक नीतियों क निर्धारण में भी सहायक होती है। यह निम्न प्रकार है-

I. पूर्ण रोजगार नीति

सरकार का उद्देश्य देश में पूर्ण रोजगार की स्थापना होता है। अतः यदि सरकार देश में पूर्ण रोजगार स्थापित करना चाहती है तो इसके लिए सरकार को विनियोग बढ़ाने चाहिए।

गुणक प्रभाव होने से लगातार विनियोग बढ़ता रहेगा व पूर्ण रोजगार की स्थिति प्राप्त हो सकेगी।

II. सार्वजनिक विनियोग नीति का महत्त्व

सार्वजनिक विनियोग लाभ की भावना से नहीं किया जाता अतः तेजी व मन्दी पर नियन्त्रण रखने व पूर्ण रोजगार प्राप्त करने में सार्वजनिक विनियोग का महत्त्व होता है। निजी विनियोग पूंजी की सीमान्त कुशलता से प्रभावित होता है किन्तु सार्वजनिक विनियोग सार्वजनिक लाभ की दृष्टि से किया जाता है।

III. व्यापार चक्रों का नियन्त्रण

देश में स्फीति होने पर सरकार विनियोग व व्यय में कमी करके व मन्दी के समय वृद्धि करके व्यापार चक्रों पर नियन्त्रण कर सकती है। इस प्रकार गुणक की धारणा को व्यापार चक्रों के नियन्त्रण के लिए भी उपयोग किया जा सकता है।

गुणक व अर्द्ध विकसित देश

विनियोग गुणक के लिए कुछ मान्यताएं है जिनके पूरा होने पर ही गुणक लागू होता है। इसकी मान्यता है कि अर्थव्यवस्था औद्योगिक है। उपयोग उद्योगों में अतिरिक्त उत्पादन क्षमता हो, पूँजी में लोचता हो व देश में अनैच्छिक बेरोजगारी हो ये सभी दशाएं अर्द्ध विकसित देशों में नहीं पाई जाती है। अतः अर्द्ध विकसित देशों में गुणाक लागू नहीं होता। विकासशील देशों की अर्थव्यवस्था प्रायः उद्योग प्रधान न होकर कृषि प्रधान होती है। आय कम होने के कारण उपभोक्ता अपनी आय का बड़ा भाग खाद्यान्न पर व्यय करते हैं। माँगे बढ़ने पर कृषि में अल्पकाल में उत्पादन नहीं बढ़ाया जा सकता क्योंकि खाद व बीजों की अपर्याप्तता रहती है व कृषि वर्षा पर भी निर्भर करती है। जो कुछ थोड़ा बहुत उत्पादन बढ़ता है वह किसानों द्वारा अपने उपभोग के लिए रख लिया जाता है।

इन देशों में पूँजी के अभाव, कच्चे माल, कुशल श्रमिकों व मशीनों की कमी से गैर कृषि उत्पादन भी नहीं बढ़ाया जा सकता अतः विनियोग वृद्धि से आय व उत्पादन में वृद्धि नहीं हो पाती गुणक के क्रियाशील न होने से विनियोग बढ़ाने पर कीमतों में तेजी से वृद्धि होती है।

अर्द्ध विकिसित देशों में अनैच्छिक बेरोजगारी न होकर स्थायी बेरोजगारी व छिपी बेरोजगारी होती है। छिपी बेरोजगारी के कारण यदि अर्थव्यवस्था पूर्ण रोजगार की भांति हो जाए तो गुणक क्रियाशील नहीं होता। गुणक सिद्धान्त मन्दी की अर्थव्यवस्था में अनैच्छिक बेरोजगारी की स्थिति में लागू होने वाला सिद्धान्त है जो स्थायी बेरोजगारी या छिपी बेरोजगारी में लागू नहीं होता।

इस प्रकार अर्द्ध विकसित देशों में उपभोक्ता उद्योगों में अतिरिक्त उत्पादन क्षमता भी नहीं होती व कार्यशील पूँजी में लोच भी नहीं होती। अतः इनमें गुणक सिद्धान्त लागू नहीं होता।

त्वरक

त्वरक (Acceleratur) अथवा व्युत्पन्न माँग का त्वरक सिद्धान्त (The Principle of Acceleration of Derived Demand) आर्थिक विश्लेषण की एक महत्त्वपूर्ण धारणा है। इस सिद्धान्त का प्रतिपादन फ्राँसीसी लेखक अल्बर्ट अफ्तालियन ने किया था। अमरीकी अर्थशास्त्री क्लार्क ने इसे और आगे बढ़ाया व इसमें सुधार भी किए। त्वरक विनियोग पर होने वाले उपभोग परिवर्तनों के प्रभावों को व्यक्त करता है। त्वरक उप प्रक्रिया को स्पष्ट करता है जिसके द्वारा उपभोग में वृद्धि या कमी से विनियोग में वृद्धि या कम होती है। कुरीहारा के अनुसार, प्रेरित विनियोग तथा उपभोग व्यय में प्रारम्भिक परिवर्तनों के बीच अनुपात को त्वरक कहते है।'' त्वरक का सूत्र निम्न है।

$$a = \frac{\Delta I}{\Delta C}$$

यहाँ a = त्वरक

I = प्रेरित विनियोग में परिवर्तन

C = उपभोग में परिवर्तन

त्वरक की कार्य प्रणाली

वरक यह बताता है कि उपभोग में जितना परिवर्तन होता है विनियोग में उससे भी कहीं अधिक परिवर्तन होगा। उपभोग व विनियोग के बीच परिवर्तनों का अनुपात ही त्वरक है उपभोग बढ़ने पर उसे पूरा करने के लिए उत्पादन बढ़ाना होगा उत्पादन बढ़ाने के लिए विनियोग भी बढ़ाना होगा। अत: उपभोग बढ़ने पर विनियोग भी बढ़ेगा जितना उपभोग बढ़ेगा उसी के अनुसार विनियोग तुरन्त ही बढ़ाना होता है। उदाहरण के लिए किसी वस्तु की माँग 100 इकाई है उसे पूरा करने के लिए 10 मशीनों की आवश्यकता है। हर मशीन का जीवनकाल 10 वर्ष होने से प्रतिवर्ष एक नई मशीन का प्रतिस्थापन करना होता है। अब यदि उपभोग 10 प्रतिशत बढ़ कर 110 हो जाए तो 10 वस्तुओं का उत्पादन करने के लिए 1 मशीन की आवश्यकता और होगी। इस प्रकार मशीनों की आवश्यकता 1 से 2 हो जावेगी क्योंकि एक मशीन प्रति स्थापना के लिये चाहिए व दूसरे बढ़े हुए उपभोग का पूरा करने के लिए। इस प्रकार मशीनों के विनियोग में 100 प्रतिशत की वृद्धि हुई जबकि उपभोग में 10 प्रतिशत की ही वृद्धि हुई थी। इसे ही त्वरक प्रभाव कहा जाएगा। यहाँ त्वरक 10 होगा क्योंकि उपभोग में 10 प्रतिशत व विनियोग में 100 प्रतिशत की वृद्धि हुई है।

त्वरक में यह महत्त्वपूर्ण नहीं है कि उपभोग का स्तर क्या है। वरन् यह महत्त्वपूर्ण हे कि उपभोग में परिवर्तन कितना होता है। उपरोक्त उदाहरण में अगले वर्ष उपभोग की माँग 110 रहने पर 11 मशीनों की आवश्यकता है जो पहले से ही यही है। प्रतिस्थापना के लिए 1 मशीन की माँग होगी जबकि मशीनों की उत्पादन क्षमत 2 मशीन है। अत: मशीनों की मांग कम होगी। पर विनियोग में 50 प्रतिशत की कमी होगी। इस प्रकार उपभोग स्थिर रहने पर विनियोग में कमी हो जाती है।

त्वरक निम्न दो तत्वों पर निर्भर करता है-

1. पूँजी उत्पादन अनुपात

पूँजी उत्पादन अनुपात अधिक होने पर त्वरक कम होता है व पूँजी उत्पादन अनुपात कम होने पर त्वरक अधिक होता है।

2. पूँजी सम्पत्तियों का जीवन काल

पूँजी सम्पत्तियों का जीवन काल अधिक होने पर त्वरक अधिक होता है व सम्पत्ति का जीवन काल कम होने पर त्वरक भी कम होता है।

त्वरक की मान्यताएँ

त्वरक सिद्धान्त की निम्न मान्यताएँ हैं-

1. उपभोक्ता उद्योगों में अतिरिक्त उत्पादन क्षमता न होना - जब उपभोक्ता उद्योग में पहले से ही अतिरिक्त उत्पादन क्षमता रहती है तो माँग में वृद्धि होने पर भी विनियोग नहीं बढ़ेगा। अत: त्वरक सिद्धान्त की यह मान्यता है कि उपभोक्ता उद्योगों में अतिरिक्त उत्पादक क्षमता है तो बढ़ी हुई माँग को विद्यमान पूँजी सम्पत्तियों से ही पूरा किया जा सकेगा व नया विनियोग नहीं किया जायगा।

2. विनियोग वस्तु उद्योग में अतिरिक्त क्षमता - इस सिद्धान्त की यह भी मान्यता है कि विनियोग उद्योगों में अतिरिक्त उत्पादन क्षमता है। जिससे माँग बढ़ने पर विनियोग बढ़ाने की आवश्यकता होने पर विनियोग वस्तुएँ जैसे मशीने उत्पादित की जा सके। ऐसा न होने पर मशीनों की पूर्ति नहीं हो सकती व त्वरक कार्य नहीं करेगा व विनियोग में वृद्धि नहीं होगी।

3. मांग में परिवर्तन स्थायी - त्वरक तभी कार्य करता है जब मांग में परिवर्तन स्थायी है। मांग में अस्थायी परिवर्तन होने पर मांग बढ़ने पर भी उत्पादक विनियोग में वृद्धि नहीं करेंगे क्योंकि वे जानते हैं कि बाद में मांग कम होने पर उन्हें विनियोग कम करने में कठिनाई होगी। अत: माँग में स्थायी वृद्धि होने पर हो त्वरक कार्य करता है।

4. स्थिर पूँजी उत्पादन अनुपात - त्वरक सिद्धान्त की यह भी मान्यता है कि पूँजी सम्पत्तियों व उपभोक्ता वस्तओं के उत्पादन के बीच स्थिर अनुपात है इससे यह अनुमान लगाया जा सकता है कि बढ़ी हुई मांग को पूरा करने के लिए कितना विनियोग किया जाना आवश्यक है। उदाहरण के लिए यदि 1000 इकाईयों के लिए 1 मशीन की आवश्यकता है तो 5000 इकाईयों के लिए पाँच मशीनों की आवश्यकता होगी।

5. साधनों की उपलब्धि - विनियोग द्वारा उत्पादन बढ़ाने के लिए भी उत्पादन के सभी साधनों की आवश्यकता होती है। अत: विनियोग तब ही बढ़ पाएगा जब अर्थव्यवस्था में बेरोजगार साधन हो जो मांग बढ़ने पर उत्पादन बढ़ाने में लगाए जा सके। यदि साधन उपलब्ध नहीं है तो विनियोग उद्योगों में उत्पादन बढ़ाना सम्भव नहीं होगा।

6. साख सुविधाओं की लोचदार पूर्ति – उपभोग वस्तुओं की माँग बढ़ने पर विनियोग में वृद्धि की जाएगी। अत: विनियोग में वृद्धि करने के लिए साख की आवश्यकता पड़ती है। अत: साख की पूर्ति लोचदार होने पर ही त्वरक सिद्धान्त लागू होता है। यदि साख की पूर्ति लोचदार नहीं है तो त्वरक कार्य नहीं कर सकता।

आलोचनाऐ – त्वरक सिद्धान्त की कई मान्यताएँ है। मान्यताएँ व्यावहारिक जगत में सत्य नहीं होती। अत: व्यवहार में त्वरक कार्य नहीं करता। त्वरक की निम्न आलोचनाएँ की जाती है–

1. कई बार उपभोक्ता वस्तुओं की माँग में स्थायी परिवर्तन नहीं होते वरन् ये परिवर्तन अस्थायी होते हैं। कई बार प्रारम्भ में तो ऐसा लगता कि है परिवर्तन स्थायी है। किन्तु बाद में यह अस्थायी सिद्ध होते हैं।

2. व्यवहार में पूँजी उत्पादन अनुपात भी स्थिर नहीं रहता। नई खोज व तकनीकी कारणों से इसमें परिवर्तन होता रहता है। मशीनों में सुधार किए जाने से कम पूँजी से अधिक उत्पादन करना सम्भव होता है।

3. कभी कभी देश में अतिरिक्त साधन भी उपलब्ध नहीं होते। देश में श्रम व पूँजी तो उपलब्ध हो जाती है किन्तु भूमि के सम्बन्ध में ऐसी बात नहीं है। कृषि उत्पादनों की माँग में वृद्धि होने पर भी इसके लिए अतिरिक्त भूमि उपलब्ध नहीं होती।

4. विनियोग उद्योगों में सदैव अतिरिक्त उत्पादन क्षमता भी उपलब्ध नहीं होती। यदि विनियोग उद्योग में अतिरिक्त उत्पादन क्षमता है तो इसका तात्पर्य यह होगा उस उद्योग में साधनों का पूर्ण उपभोग नहीं हो रहा है। अत: विनियोग उद्योगों में सदैव अतिरिक्त उत्पादन क्षमता रहना आवश्यक नहीं है।

गुणक की धारणा का प्रतिपादन कीन्स ने किया था। कीन्स के अनुसार गुणक हमें बताता है कि जब विनियोग की मात्रा में वृद्धि होती है तब इस वृद्धि के परिणामस्वरूप जो आय में वृद्धि होती है वह विनियोग की मात्रा तुलना में अधिक होती है।

त्वरक की धारणा का प्रतिपादन अल्बर्ट अफ्तालियन ने किया था जिनके अनुसार प्रेरित विनियोग व उपभोग व्यय के प्रारम्भिक परिवर्तन के बीच अनुपात को त्वरक कहा जाता है।

गुणक व त्वरक की धारणा को सम्बन्धित करने का क्षैत्र हिक्स व हेन्सन को है। गुणक व त्वरक की पारस्परिक क्रिया को महागुणक कहा जाता है महागुणक यह बताता है कि जब स्वायत्त विनियोजन में वृद्धि होती है तो गुणक की धारणा के अनुसार रोजगार व आय में कई गुणा वृद्धि होती है। आय में वृद्धि से उपभोक्ता वस्तुओं की माँग में वृद्धि होती है। उपभोग में वृद्धि होने से त्वरक की धारणा के अनुसार विनियोग में कई गुणा वृद्धि होती है। विनियोग में वृद्धि होने से रोजगार आय में वृद्धि होती है इस प्रकार गुणक व त्वरक दोनों के पारस्परिक प्रभावों से विनियोग रोजगार व आय में कई गुणा वृद्धि होती है। गुणक व त्वरक

के कारण यह वक्र चलता रहता है व अर्थव्यवस्था में तेजी आती है। इससे विपरीत उपभोग व्यय में वृद्धि की गति धीमी होने पर त्वरक व गुणक के कारण विनियोग रोजगार व आय में कमी होती है व अर्थव्यवस्था में मन्दी आती है।

गुणक व त्वरक में दोनों एक पक्षीय धारणा प्रस्तुत करते हैं। गुणक विनियोग की वृद्धि को आय वृद्धि से सम्बन्धित करता है। इसके विपरीत त्वरक आय व माँग को विनियोग से सम्बन्धित करता है। इस प्रकार दोनों ही अर्थव्यवस्था के महत्त्वपूर्ण पहलुओं आय का एक पक्ष देखते हैं किन्तु दूसरा पक्ष छोड़ देते हैं। अतः यदि हमें पूरा चित्र देखना है तो गुणक व त्वरक को साथ मिलाना होगा।

गुणक व त्वरक की पारस्परिक क्रिया को एक उदाहरण से समझा जा सकता है माना कि प्रारम्भिक विनियोग 20 करोड़ रु. है व सीमान्त उपभोग प्रवृत्ति 0.5 व त्वरक 2 है। ऐसी दशा में गुणक व त्वरक की पारस्परिक क्रिया से आय में वृद्धि निम्न प्रकार होगी।

आय व गुणक के प्रभाव

गुणक अवधि	प्रारम्भिक विनियोग	प्रेरित उपभोग	प्रेरित विनियोग	राष्ट्रीय आय में कुल वृद्धि
1	20	0	0	20
2	20	10	20	50
3	20	25	30	75
4	20	37.5	25	82.5
5	20	41.25	7.5	08.75

उपरोक्त तालिका से स्पष्ट है कि प्रथम अवधि में प्रारम्भिक विनियोग 20 करोड़ रु. हो प्रथम अवधि में गुणक व त्वरक कार्यशील न होने पर कुल राष्ट्रीय आय 20 करोड़ रु. ही रहती है।

द्वितीय अवधि में -सीमान्त उपभोग प्रवृत्ति 0.5 होने से प्रेरित उपभोग 10 करोड़ रु. के होंगे व त्वरक-त्वरक होने में कुल आय 50 करोड़ रु. (20 + 20 + 10 =50) हो जाती है।

तृतीय अवधि - में प्रेरित उपभोग 25 करोड़ होगा। इस अवधि में प्रेरित विनियोग (50 करोड़ रु. का आधा) प्रथम, द्वितीय व तृतीय अवधि के प्रेरित विनियोग से दो गुना होगा व (त्वरक 2 होने के कारण) अर्थात् 30 करोड़ रु. होगा। अतः इस अवधि में आय 75 करोड़ रु. हो जाएगी।

चतुर्थ अवधि - में उपभोग तृतीय अवधि की आय का आधा अर्थात् 37.5 करोड़ का होगा। प्रेरित विनियोग चतुर्थ व तृतीय अवधि के प्रेरित उपभोग के अन्तर का दो गुन

(37.5 – 25 × 2 = 25) करोड़ रु. होगा। अतः कुल आय 25 + 37.5 + 25 = 82.5 करोड़ रु. होगी।

पंचम अवधि – में प्रेरित उपभोग चतुर्थ अवधि की आय का आधा अर्थात् 41.25 करोड़ रु. होगा। प्रेरित विनियोग पंचम व चतुर्थ अवधि के प्रेरित उपभोग के अन्तर का दो गुण अर्थात् 41.25 – 37.5 = 3.75 × 2 = 7.5 करोड़ होगा। अतः पाँचवी अवधि में कुल आय 20 + 41.25 +7.5 = 68.75 करोड़ रु. ही रह जाएगी। इस स्थिति तक पहुँचते गुणक व त्वरक की शक्ति समाप्त हो जाती है।

इस प्रकार गुणक त्वरक के प्रभावों से राष्ट्रीय आय प्रारम्भ में तो बढ़ती है किन्तु बाद में यह कम हो जाती है इसका कारण यह है कि इकाई से कम सीमान्त उपभोग प्रवृत्ति इस बात को स्पष्ट करती है कि पूर्ण विफलता के अथवा पूर्ण रोजगार की स्थिति से पूर्व विस्तार अथवा संकुचन की संचयी प्रवृत्ति क्यों समाप्त हो जाती है। इसका कारण यह है कि सीमान्त उपभोग प्रवृत्ति इकाई से कम होने के कारण प्रत्येक अवधि में आय में होने वाली वृद्धि का बड़ा भाग प्रत्येक अगली अवधि में उपभोग पर व्यय नहीं किया जाता। इस कारण प्रेरित विनियोग कम होते हैं व प्रेरित विनियोग प्रेरित उपभोग से कम होने से प्रेरित विनियोग में कमी प्रेरित उपभोग की वृद्धि से अधिक होता है। अतः आय में कमी होना प्रारम्भ हो जाती है।

गुणक व त्वरण की परस्पर क्रिया का अध्ययन हमें व्यापार चक्र की अधिक अच्छी व वैज्ञानिक व्याख्या प्रस्तुत करता है। प्रारम्भ में आय तेजी से बढ़ना फिर गिरना व फिर स्थिर रहना व्यापार चक्र को प्रकट करता है। गुणक व त्वरक की पारस्परिक क्रिया से व्यापार चक्र की इस प्रवृत्ति को अधिक अच्छी प्रकार से समझ सकते हैं।

किन्तु यहां यह स्पष्ट कर देना आवश्यक है कि राष्ट्रीय आय पर गुणक व त्वरक के कुल प्रभाव को मापने में अनेक व्यावहारिक कठिनाईयाँ आती हैं।

व्यावसायिक उच्चावचन
(Business Fluctuation)

प्रायः यह देखा जाता है कि आर्थिक जगत में उतार चढ़ाव आते रहते हैं। वास्तव में यही व्यापार चक्र है। व्यापार चक्र आर्थिक दिशा में सम्बन्धित होते है। किन्तु कभी आर्थिक प्रक्रियाओं के सभी उतार चढ़ावों को व्यापार चक्र नहीं कहा जाता। व्यापार चक्रों में रोजगार, उत्पादन, मूल्य आदि आर्थिक तत्वों के नियमित उतार चढ़ाव होते है।

'डांट्रे' के अनुसार, ''विशेष प्रकार के उच्चावचन व्यापार चक्र कहलाते है क्योंकि एक दिशा में अधिक गतिशीलता न केवल अपने उपचार प्रस्तुत करती हैं। वरन् दूसरी दिशाएं गतिशीलता के विस्तार को प्रोत्साहित करती है।''

'कीन्स' के अनुसार, ''व्यापार चक्र का अभिप्राय एक के बाद एक आने वाली अच्छे व्यापार की अवधि जिसकी विशेषताएँ है बढ़ती हुई कीमतें और बेरोजगारी का न्यूनतम

स्तर और पूरे व्यापार की अवधि जिसकी विशेषताएँ है गिरती हुई कीमतें व बेरोजगारी का ऊँचा स्तर से लगाया जाता है।''

देवर ला के शब्दों में, ''सामान्य अर्थों में व्यापार चक्र को प्रगति काल तथा मन्दी काल में अच्छे एवं बुरे व्यापार के हेर-फेर के रूप में परिभाषित किया जा सकता है।

उपरोक्त सभी परिभाषाओं के निष्कर्ष के रूप में कहा जा सकता है कि व्यापार चक्र आर्थिक गतिविधियों में होने वाले नियमित उतार चढ़ावों को कहा गया है।

विशेषतायें

व्यापार चक्रों की निम्न विशेषताएँ होती हैं :

1. निश्चितता एवं नियमितता : व्यापार चक्रों में आर्थिक क्रियाओं में उतार चढ़ाव निश्चित एवं नियमित रूप से आते रहते हैं। व्यापार चक्रों की विभिन्न अवस्थायें एक के बाद एक आती रहती है। एक अवस्था समाप्त होते ही दूसरी आ जाती है तेजी व मन्दी का यह क्रम लगातार चलता रहता है जो कभी समाप्त नहीं होता।

व्यापार चक्रों की अवस्थाओं में जो क्रम चलता है उसमें निश्चितता के साथ साथ नियमितता भी होती है। व्यापार चक्र की प्रत्येक अवस्था का एक निश्चित समय होता है। अर्थात प्रत्येक अवस्था एक निश्चित समय तक चलती है। उसके पश्चात दूसरी अवस्था आ जाती है। व्यापार चक्रों के अध्ययन से यह निष्कर्ष निकलता है कि प्राय: तेजी के बाद मन्दी व मन्दी के बाद तेजी का यह क्रम 7 से 10 वर्ष बाद आता रहता है।

2. सम क्रमिकता : व्यापार चक्र में सम क्रमिकता रहती है। इसका अभिप्राय यह है कि व्यापार चक्र में सभी आर्थिक क्रियाएं जैसे रोजगार, आय, उत्पादन, मूल्य, व्यापार आदि सभी एक साथ प्रभावित होते हैं। मन्दी के समय इन सभी आर्थिक क्रियाओं में कमी हो जाती है। इसी प्रकार तेजी के समय इन सभी आर्थिक क्रियाओं में तेजी आ जाती है।

व्यापार चक्रों में सम क्रमिकता का कारण सभी आर्थिक क्रियाओं की एक दूसरे पर निर्भरता है। उद्योग, व्यवसाय, उत्पादन, मूल्यस्तर, आय आदि सभी आर्थिक क्रियाएं एक दूसरे पर निर्भर हैं।

3. अन्तर्राष्ट्रीय व्यापार : किसी देश में व्यापार चक्र उत्पन्न होने पर उसका प्रभाव उसी देश तक सीमित नहीं रहता वरन् उसका प्रभाव धीरे धीरे पूरे विश्व में फैल जाता है। अन्तर्राष्ट्रीय व्यापार व सहयोग के कारण विश्व के सभी देश एक दूसरे पर निर्भर है। अत: सभी देशों की अर्थ व्यवस्थाएं एक दूसरे से जुड़ी हुई है। अत: एक देश का प्रभाव दूसरे पर भी पड़ता है। धीरे धीरे यह प्रभाव विश्व के सभी देशों पर होने लगता है व व्यापार चक्र पूरे विश्व में फैल जाता है।

4. असमान प्रभाव : व्यापार चक्र का प्रभाव अर्थव्यवस्था के विभिन्न क्षेत्रों में एक समान नहीं होता। देश के सभी उद्योग व व्यवसाय इससे एक ही रूप में प्रभावित नहीं होते।

उदाहरण के लिए पूँजीगत व टिकाऊ उद्योगों में उतार चढ़ाव कम होते हैं व उपभोग पदार्थों के उद्योग में अधिक।

5. मूल्यों में परिवर्तन : व्यापार चक्रों में सभी वस्तुओं के मूल्यों में एक समान परिवर्तन नहीं होते। कृषि वस्तुओं के मूल्यों में अधिक परिवर्तन होने से अन्य वस्तुओं के मूल्यों में कम। इसका कारण यह है कि कृषि वस्तुओं के मूल्य अधिक लोचदार होते हैं। इसके विपरीत निर्मित माल के मूल्यों में लोचता कम होती है अर्थात निर्मित माल के मूल्य अधिक स्थिर रहते है। अत: व्यापार चक्रों का प्रभाव कृषि पर अधिक व उद्योगों पर कम पड़ता है।

6. उत्पादन व मूल्यों में एक ही दिशा में परिवर्तन : अर्थशास्त्र के नियमों के अनुसार उत्पादन बढ़ने पर मूल्य कम होते है व उत्पादन कम होने पर मूल्य बढ़ते हैं। किन्तु व्यापार चक्र में उत्पादन व कीमतों में एक ही दिशा में परिवर्तन होते हैं। तेजी के समय देश में उत्पादन तो बढ़ता ही है साथ ही कीमतों में भी वृद्धि होती है। इसी प्रकार मन्दी के समय उत्पादन में कमी के साथ मूल्यों में भी कभी होती है। कृषि उत्पादनों के मूल्य इसमें अपवाद होते हैं।

7. अन्य विशेषतायें : व्यापार चक्रों की अन्य विशेषताएँ निम्न प्रकार हैं :

(i)मुद्रा की मात्रा व चलन गति में परिवर्तन कुल उत्पादन व कुल रोजगार में होने वाले परिवर्तन के अनुपात में होता हैं।

(ii)लाभ से प्राप्त आय में वृद्धि अन्य स्रोतों से प्राप्त आयों की तुलना में अधिक होती है।

(iii)तैयार माल पर किए गए व्यय की तुलना में कुल विक्रय पर व्यय अधिक घटता बढ़ता है।

व्यापार चक्रों की अवस्थायें

व्यापार चक्रों से देश की अर्थव्यवस्था में विभिन्न रूप में उतार चढ़ाव होते हैं। व्यापार चक्र की सामान्यत: पांच अवस्थाएं होती है जो क्रम में एक के पश्चात् एक आती है। यह कहना तो कठिन है कि यह चक्र किस बिन्दु से प्रारम्भ होता है? किन्तु इसका क्रम यही बना रहता है। व्यापार चक्र की अवस्थाओं के बारे में अलग अलग अर्थशास्त्रियों के अलग अलग विचार हैं। बोन्डिज के अनुसार व्यापार चक्र की 5 अवस्थाएं होती हैं - अवसाद, पुनरूद्धार, पूर्ण रोजगार, अभिवृद्धि व अवरोध। ऐस्टे (S.A. Estey) के अनुसार व्यापार चक्र की चार अवस्थाएं हैं विस्तार, अवरोध, संकुचन व पुनर्जीवन। मे वुड साइमन ने व्यापार चक्र की चार अवस्थाएं - समृद्धि, गिरावट, अवसार व पुनरूद्धार बताई हैं। ओवर स्टोन (Lord Ourstone)ने व्यापार चक्र की 10 अवस्थाएं - बढ़ता हुआ विश्वास, समृद्धि, उत्तेजना, अधिव्यवसाय, ऐंडन, दबाव, निश्चेष्टता, अतिपीड़ा, निष्प्राण, शान्ति व सुधार बताई हैं। साधारणत: व्यापार चक्र को पांच भागों में बांटा जाता है। वे अवस्थाएं निम्न प्रकार हैं :

1. मन्दी की अवस्था : मन्दी व्यापार चक्र की वह अवस्था होती है जिसमें आर्थिक क्रियाएं बहुत कम हो जाती है। इस अवस्था में उत्पादन कम होता है। उत्पादन कम होने के कारण रोजगार में कमी हो जाती है। उत्पादन व रोजगार कम होने से विनियोग भी कम हो जाते हैं। उत्पादन के साधन बेकार हो जाते हैं। श्रमिकों में भी बेरोजगारी फैलती है। मूल्य व मजदूरी में कमी होती है। मूल्यों में कमी होने से उत्पादकों को हानि होती है जिससे वे उत्पादन में कमी कर देते हैं। निर्मित माल की तुलना में कच्चे माल की कीमतें तेजी से कम होती है। इस अवस्था में उत्पादन व वितरण की व्यवस्था भी अस्त व्यस्त हो जाती है। समाज में निराशा का वातावरण पैदा हो जाता है। आय कम होने से वस्तुओं की मांग भी कम हो जाती है।

इससे उत्पादकों के पास माल का स्टॉक जमा होने लगता है। अतः वे बैंकों के ऋणों का भुगतान नहीं कर सकते। बैंकों की पूंजी उद्योगों में फँस जाती है व प्रवाह में नहीं रहती। अतः उद्योग व बैंक दोनों ही असमर्थ होने लगते हैं। इस प्रकार मन्दी का मजदूर, व्यापारी, उत्पादक, किसान, बैंक आदि सभी पर बुरा प्रभाव पड़ता है। कुल मिलाकर देश में आर्थिक संकट की स्थिति आ जाती है। आर्थिक संकट से राजनीतिक संकट भी उभरने लगता है। अन्त में अर्थव्यवस्था में सुधार के लिए सरकार को प्रयत्न करना पड़ता है।

विशेषतायें : मन्दी की अवस्था की निम्न विशेषताएं होती हैं :

1. मन्दी की अवस्था में विनियोग व उत्पादन में कमी हो जाती है।

2. उत्पादन व विनियोग में कमी होने से रोजगार में कमी होती है व बेरोजगारी फैलती है।

3. रोजगार में कमी होने से माल में कमी होती है।

4. वस्तुओं के मूल्य, मजदूरी व लाभ है सभी में इस अवस्था में कमी होती है।

5. पूँजी पर ब्याज दरें भी कम हो जाती है।

6. इस अवस्था में आन्तरिक व विदेशी दोनों ही व्यापार में कमी होती है।

7. उद्योग व व्यवसाय के साथ मन्दी को बैंक की अन्य सहायक संस्थाओं जैसे बैंक बीमा कम्पनियों आदि पर भी बुरा प्रभाव पड़ता है।

8. मन्दी की अवस्था में पूरे समाज में निराशा छा जाती है।

9. मन्दी में आर्थिक के साथ राजनैतिक संकट भी प्रारम्भ होने लगता है व अन्त में सरकार को इसके लिए हस्तक्षेप करना पड़ता है।

2. पुनरूत्थान : मन्दी के पश्चात् पुनरूत्थान की अवस्था आती है। मन्दी में मूल्यों में कमी होती है तथा मूल्य न्यूनतम स्तर पर पहुँच जाते हैऔर जब उनमें और अधिक कमी की सम्भावना नहीं रहती तब पुनरूत्थान की अवस्था प्रारम्भ होने लगती है। मन्दी में अनेक

उद्योग बन्द हो जाते है। इससे वस्तुओं की पूर्ति कम हो जाती है, मांग पूर्ववत रहने व पूर्ति में कमी होने से मूल्यों मे वृद्धि होनी प्रारम्भ होती है। बस यही से पुनरूत्थान की अवस्था प्रारम्भ होती है। मूल्यों में वृद्धि से उत्पादकों को प्रोत्साहन मिलने लगता है अत: आदमी व उत्पादन के साधन पुन: उत्पादन के क्षेत्र में प्रवेश करने लगते है। बैंक भी अपना व्यवसाय बढ़ाने के लिए उन्हें ऋण प्रदान करने लगते है। इस प्रकार अर्थव्यवस्था में मूल्य, मांग , विनियोग, रोजगार, ऋण, ब्याज दर आदि सभी में वृद्धि होती है। मन्दी के बुरे परिणामों के कारण सरकार भी उसमें सुधार के प्रयत्न करती है। अत: सरकार जन हित के कार्य प्रारम्भ कर रोजगार व उत्पादन में वृद्धि के प्रयत्न करती है। इस प्रकार अर्थव्यवस्था के सभी क्षेत्रों में सुधार ही पुनरूत्थान है।

पुनरूत्थान अवस्था में उत्पादन बढ़ने से व्यापार भी बढ़ता है जिसमें अन्तर्राष्ट्रीय व्यापार भी सम्मिलित है।

विशेषतायें : पुनरूत्थान अवस्था की निम्न विशेषताएं होती है:

1. पुनरूत्थान मन्दी के बाद की अवस्था है।

2. इस अवस्था में वस्तुओं के मूल्य बढ़ते हैं।

3. मूल्य बढ़ने में उत्पादकों को लाभ होता है अत: वे उत्पादन बढ़ाते है।

4. उत्पादन बढ़ने से रोजगार, मजदूरी, लाभ व आय में वृद्धि होती है।

5. इस अवस्था में बैंक भी विनियोजन में वृद्धि करते है।

6. उत्पादन बढ़ने से बैंक के ऋणों की मांग बढ़ती है अत: ब्याज दर में भी वृद्धि होती हैं।

7. इस अवस्था में अर्थव्यवस्था के सभी क्षेत्रों में उत्साह रहता है।

8. इस अवस्था में सट्टे में वृद्धि होती है,

9. संग्रह प्रवृति इस अवस्था में कम हो जाती है।

3. पूर्ण रोजगार की अवस्था : यह व्यापार चक्र की सर्वेत्तम व आदर्श अवस्था होती है। आर्थिक नियोजन के उद्देश्य इसी अवस्था को प्राप्त होते है।

पूर्ण रोजगार की अवस्था में सभी आर्थिक क्रियाएं अपने अनुकूलतम स्तर पर होती है। उत्पादन के सभी साधनों को रोजगार को मिल जाता है। पूर्ण रोजगार से तात्पर्य यह है कि इस अवस्था में रोजगार चाहने व रोजगार कर सकने वाला कोई भी व्यक्ति अथवा उत्पादन का अन्य साधन बेरोजगार नहीं रहता है, हाँ कुछ ऐच्छिक व संघर्षात्मक बेरोजगारी हो सकती है।

विशेषतायें – पूर्ण रोजगार की अवस्था की निम्न विशेषताएं होती है।

1. पूर्ण रोजगार आर्थिक व्यवसाय की सबसे सर्वोत्तम व आदर्श अवस्था होती है।

2. इस अवस्था में आर्थिक क्रियाएं अपने अनुकूलतम स्तर पर पहुँच जाती है।

3. इस अवस्था में उत्पादन के साधनों को पूर्ण रोजगार प्राप्त हो जाता है।

4. पूर्ण रोजगार की अवस्था में ऐच्छिक व संघर्षात्मक बेरोजगारी के अतिरिक्त कोई भी बेरोजगारी नहीं रहती।

5. इस अवस्था में मूल्य, मजदूरी, उत्पादन, आय, ब्याज दर आदि में स्थायित्व आ जाता है।

6. इस अवस्था में व्यवसायों की असमानता की आशंका नहीं रहती।

7. पूर्ण रोजगार के कारण पूँजी का विनियोग बढ़ता है व अपने अनुकूलतम स्तर पर पहुँच जाता है।

8. व्यवसाय की उन्नति के कारण चैकों द्वारा वसूली भी बढ़ जाती है।

4. अभिवृद्धि अथवा तेजी : पूर्ण रोजगार अर्थव्यवस्था की आदर्श व्यवस्था है किन्तु यह स्थिति अकस्मात आने के पश्चात् अधिक समय तक स्थिर नहीं रहती। पूर्ण रोजगार की स्थिति में पहुँचने के पश्चात् भी विनियोग बढ़ता रहता है। पूर्ण रोजगार के स्तर के पश्चात भी विनियोग बढ़ता रहता है। पूर्ण रोजगार के स्तर के पश्चात भी विनियोग बढ़ने पर उत्पादन में तो वृद्धि नहीं हो जाती। विनियाग में लगातार वृद्धि के कारण मूल्यों में और अधिक वृद्धि हो जाती है। इससे आदमी आशावादी दृष्टिकोण से और भी अधिक विनियोग करते हैं। जिसमें पूर्ण नियोजित उत्पदन के साधनों पर चारों तरफ से दबाव पड़ने लगता है और पूर्ण रोजगार की अवस्था अत्यधिक रोजगार की व्यवस्था में बदल जाती है। इस अवस्था में नौकरी या रोजगार के स्थान रोजगार चाहने वालों से अधिक होता है इसमें मजदूरी व उत्पादन लागत में वृद्धि होती है। उत्पादन लागत बढ़ने से मूल्य बढ़ते हैं। आय में भी वृद्धि होने से मौद्रिक आय में वृद्धि होने के बावजूद भी वास्तविक आय कम हो जाती है। उत्पादकों को इससे लाभ प्राप्त होता है व विनियोग को प्रोत्साहन मिलता है। यही अभिवृद्धि या तेजी की स्थिति है।

विशेषतायें : तेजी की निम्न विशेषताएँ होती हैं :

1. तेजी काल में विनियोग में अत्यधिक वृद्धि होती है।

2. बैंक भी इस अवस्था में अधिक ब्याज प्रदान करते हैं।

3. तेजी काल में रोजगार अत्यधिक रोजगार की स्थिति में होता है जिस में रोजगार के स्थान रोजगार चाहने वालों से अधिक होते है।

4. उत्पादन लागत व मूल्य लाभों में इस अवस्था में वृद्धि होती है।

5. आय की तुलना में मूल्य अधिक बढ़ने से वास्तविक आय में कमी होती है।

6. व्यापारी इस अवस्था में अधिक आशावान होते है। अतः भविष्य के प्रति वे लापरवाह हो जाते है।

7. इस अवस्था में नए उद्योगों का भी विकास होता है व व्यापार में भी वृद्धि होती है।

8. सट्टेबाजी की प्रवृत्ति को तेजी काल में प्रोत्साहन मिलता है।

9. अत्यधिक रोजगार के कारण श्रम संगठन कार्यवाहियाँ बढ़ती है।

5. अवरोध की अवस्था : पूर्ण रोजगार के बाद अति तेजी की अवस्था भी अधिक समय तक नहीं चल पाती। तेजी की एक सीमा आने के पश्चात तेजी की अवस्था भी अधिक समय तक नहीं चल पाती। तेजी की एक सीमा आने के पश्चात तेजी की गति स्थिर हो जाती है व इसके बाद पुनः तेजी व मन्दी आने लगती है। अभिवृद्धि काल में मूल्यों व उत्पादन में वृद्धि होते रहने से उत्पादन लागत बढ़ती है। मूल्य बढ़ने से ब्याज दरें, किराया, मजदूरी आदि सभी बढ़ जाती है। इससे उत्पादक व व्यापारियों के लाभ घट जाते हैव नवीन पूँजी का विनियोजन बन्द हो जाता है। बैंक भी कम ऋण प्रदान करने लगते हैं। अतः उत्पादन व विनियोजन में कमी होती है व उत्पादक व व्यापारी भविष्य को संदेहपूर्ण दृष्टि से देखने लगते हैं। अतः मन्दी पुनः प्रारम्भ हो जाती है। यह अवरोध की स्थिति कहलाती है।

विशेषतायें : अवरोध अवस्था की निम्न विशेषताएं होती है:

1. इस अवस्था में उत्पादन, आय, विनियोग, रोजगार आदि में कमी होने लगती है।

2. नवीन विनियोग इस अवस्था में नहीं होते तथा बैंक भी कम ब्याज प्रदान करते है।

3. इस अवस्था में कुल व्यवसाय की मात्रा कम होने लगती है।

4. मजदूरी, लागतों, व मूल्यों में कमी होती है।

5. मनुष्य भविष्य को संदेह की दृष्टि से देखते है।

6. आदमियों को भविष्य के प्रति संदेह हो जाने से वे नवीन योजनाएं छोड़ देते है।

7. इस अवस्था में रोजगार में कमी होती है।

अवरोध की स्थिति होने से ऐसा लगता है कि अवरोध व मन्दी की स्थिति की विशेषताओं में समानता है किन्तु वास्तव में इनमें अन्तर है। दोनों अवस्थाओं में मूल्य, उत्पादन, रोजगार, विनियोजन आदि में होती है किन्तु पूर्ण रोजगार के स्तर तक इसमें कमी होने को अवरोध कहा जाता है। किन्तु यदि इनमें कमी का यह क्रम रूकता नहीं है व पूर्ण रोजगार के बिन्दु के नीचे आने लगता है तब यह मन्दी अवस्था कहलाती है।

अतः इस प्रकार यह कहा जा सकता है कि तेजी व पुनरूत्थान दोनों अवस्थाओं में आर्थिक क्रियाएं बदली हुई हैकिन्तु पूर्ण रोजगार के स्तर तक ये क्रियाएं बढ़ने पर पुनरूत्थान कहलाती हैं किन्तु पूर्ण रोजगार के बिन्दु से भी अधिक वृद्धि होने पर इसे तेजी से समझा जाता है। इसी प्रकार मन्दी व अवरोध एक सी अवस्था है जिनमें आर्थिक क्रियाएं कम होती हैं किन्तु पूर्ण रोजगार की बिन्दु आने तक इसे अवरोध व इसके बाद मन्दी कहा जाता है।

व्यापार चक्र आर्थिक क्रियाओं में आने वाले उतार चढ़ाव हैं। व्यावसायिक फर्म देश की आर्थिक क्रियाओं में महत्वपूर्ण भाग पूरा करती है। अतः व्यापार चक्रों का फर्म पर प्रभाव पड़ता है। व्यापार चक्रों से जो आर्थिक क्रियाओं में उतार चढ़ाव होते हैवे व्यावसायिक फर्म की क्रियाओ में भी उतार चढ़ाव होता है। व्यापार चक्र की कुछ अवस्थाएं आर्थिक दृष्टिकोण के अनुकूल होती हैं तो कुछ प्रतिकूल । इसी प्रकार व्यावसायिक फर्मों पर भी व्यापार चक्रों के कुछ अच्छे व बुरे प्रभाव पड़ते है। किन्तु व्यावसायिक फर्मो की क्रियाओं में उतार चढ़ाव से फर्म पर बुरे प्रभाव नहीं पड़ते है।

तेजी की अवस्था में आर्थिक क्रियाएं बढ़ती है। अतः फर्म का इस अवस्था में विक्रय होता है। तेजी काल में फर्म के उत्पादन की मांग बढ़ती है इससे मूल्यों में वृद्धि होती है। फर्म को लागतों में वृद्धि की दर मूल्यों में वृद्धि की दर से कम होती है अतः फर्म को अधिक लाभ प्राप्त होता है।

किन्तु तेजी का फर्म पर कुछ बुरा प्रभाव भी पड़ता है। तेजी काल में उत्पादन लागत में वृद्धि होती है अतः फर्म को अधिक धन की आवश्यकता पड़ती है। बाजार में प्रतिस्पर्धा भी उत्पन्न हो जाती है, मूल्यों में अस्थिरता बढ़ जाती है। फर्म के ऋणों की वसूली कम हो जाती है। फर्म के ऋणों की कम वसूली व मूल्यों में अस्थिरता से फर्म को हानि होती है।

मन्दी व अवरोध की अवस्था के तो फर्म पर और भी बुरे प्रभाव पड़ते हैं। इन अवस्थाओं में फर्म के उत्पादनों की बाजार में मांग घटती है व मूल्य कम होते है। मांग घट जाने के कारण फर्म के स्टाँक में वृद्धि होती है। फर्म को हानि पर वस्तुएं बेचनी पड़ती है। इस समय बैंक अपने ऋणों को वापस मांगने लगते है। अतः घबराहट की स्थिति पैदा हो जाती है। जिससे अनेक फर्म दिवालिया हो जाती है। वैसे तो सभी फर्मों पर इस अवस्था का बुरा प्रभाव पड़ता है किन्तु छोटी फर्मों पर इसका और भी बुरा प्रभाव पड़ता है। क्योंकि व्यापार चक्रों का बुरे प्रभावों को छोटी फर्में वहन नहीं कर पाती।

व्यावसायिक फर्मे व्यक्तिगत रूप से व्यापार चक्रों पर नियन्त्रण करने में असमर्थ रहती है। सरकार की नीतियां ही व्यापार चक्रों को नियन्त्रित कर सकती हैं। अतः व्यावसायिक फर्मों पर व्यापार चक्रों पर बुरा प्रभाव पड़ता है।

व्यापार चक्रों पर नियन्त्रण

व्यापार चक्र समाज के विभिन्न वर्गों पर बुरा प्रभाव डालते है। व्यवसाय पर भी इनका बुरा प्रभाव पड़ता है। सामान्य उपभोक्ता वर्ग व्यापार चक्रों के प्रभाव में पिस जाता है। देश की अर्थव्यवस्था इससे डांवाडोल हो जाती है। अतः व्यापार चक्रों का नियन्त्रण आवश्यक है। व्यापार चक्रों पर नियन्त्रण के लिए निम्न उपाय काम में लाये जा सकते है:

1. प्रतिबन्धात्मक उपाय

(Preventive Measures)

ये वे उपाय हैं जिनके माध्यम से इस बात का प्रयत्न किया जाता है कि वे व्यापार चक्र आवें नहीं। ये उपाय व्यापार चक्रों के आगमन पर ही रोक लगाते है। ये उपाय निम्न प्रकार हैं:

1. प्रकृति पर निर्भरता में कमी : कृषि व कृषि पर आधारित उद्योग प्राय: प्रकृति पर निर्भर करते है। अत: जलवायु के पक्ष में न होने व ठीक प्राकृतिक कारणों से इन वस्तुओं के उत्पादन के उतार चढ़ाव होते हैव व्यापार चक्र कार्यशील होने लगते है। अत: कृषि प्रधान देशों में प्रकृति पर निर्भरता कम की जानी चाहिए। इसके लिए सिंचाई के साधनों में वृद्धि की जानी चाहिए जिससे मानसून खराब होने पर भी उत्पादन का स्तर बनाये रखा जा सके। इससे व्यापार चक्र नहीं आ पाएंगे।

2. मांग व पूर्ति में सन्तुलन : देश में मांग व पूर्ति में सन्तुलन स्थापित करने के लिए सरकार को प्रयत्न करना चाहिए। इससे विदेशी व्यापार का सहारा लिया जा सकता है। देश में उत्पादन कम होने अर्थात् मांग की तुलना में पूर्ति कम होने से आयात करके मांग व पूर्ति में सन्तुलन स्थापित करना चाहिए। इसी प्रकार पूर्ति मांग से अधिक होने पर निर्यात कर मांग व पूर्ति में सन्तुलन स्थापित किया जा सकता है। मांग व पूर्ति में सन्तुलन स्थापित करने के लिए आवश्यक वस्तुओं के सुरक्षित भण्डार भी बनाये जा सकते है।

3. आधारभूत उद्योगों का राष्ट्रीयकरण : व्यापार चक्रों को रोकने के लिए सरकार को आधारभूत उद्योगों का राष्ट्रीयकरण करना चाहिए। इससे उत्पादन व मांग में समायोजन किया जाना सम्भव है। उत्पादन व उपभोग में असन्तुलन स्थापित होने से व्यापार चक्रों का उद्‌भव होता है। आधारभूत उद्योगों पर सरकार का नियन्त्रण होने से उत्पादन व उपभोग में असन्तुलन स्थापित नहीं हो सकेगा।

4. सट्टेबाजी पर रोक : सट्टा व्यापार चक्रों के उदय होने का प्रमुख कारण होता है। सट्टे के कारण आर्थिक जगत में अनिश्चितता बढ़ती है। सट्टा व्यापार चक्रों के प्रभाव को और अधिक बढ़ाता है। अत: सरकार को सट्टेबाजी पर रोक लगानी चाहिए।

5. मौद्रिक व रोजकोषीय नीतियों में समायोजन : मौद्रिक व राजकोषीय नीतियों में इस प्रकार समायोजन किया जाना चाहिए जिससे पूर्ण रोजगार के बिन्दु पर मांग व पूर्ति की शक्तियों में साम्य स्थापित किया जा सके। इस प्रकार के समायोजन से व्यापार चक्रों के आगमन को रोका जा सकता है।

2. निवारणात्मक उपाय

(Corrective Measures)

व्यापार चक्रों को रोकने के प्रतिबन्धात्मक उपाय अपनानपे पर भी व्यापार चक्रों को पूर्ण रूप से रोक पाना सम्भव नहीं होता। अत: व्यापार चक्र आने पर उन्हें दूर करने व उनके बुरे प्रभावों को कम करने के लिए निवाराणात्मक उपाय काम में लेने पड़ते है। इन उपायों को चार भागों में बाँटा जा सकता है :

1. मौद्रिक नीति : मुद्रा व माल की मात्रा व्यापार चक्र का प्रमुख कारण होती है। तेजी काल में मुद्रा व साख का प्रसार होता है व मन्दी काल में मुद्रा व साख में कमी हो जाती है। अतः मौद्रिक नीति के उपाय द्वारा व्यापार चक्रों पर नियन्त्रण किया जा सकता है। मौद्रिक नीति द्वारा तेजी काल में मुद्रा व साख में कमी की जाती है व मन्दी काल में मुद्रा व साख की मात्रा बढ़ाई जाती है। मौद्रिक नीति में दो प्रकार के उपाय काम में लिए जाते है।

1. परिमाणात्मक उपाय : परिमाणात्मक उपायों में वे उपाय शामिल किए जाते हैं जो मुद्रा व माल की कुल मात्रा में कमी या वृद्धि करते है। ये उपाय निम्न प्रकार हैं :

(अ) बैंक दर : बैंक दर वह दर होती है जिस पर केन्द्रिय बैंक अन्य बैंकों के बिलों के भुगतान करते हैं। बैंक दर बढ़ाने से साख कम व घटाने से साख अधिक होती है। अतः तेजी के समय केन्द्रिय बैंक बैंक दर बढ़ा देता है। जिससे व्यापारिक बैंकों की ब्याज दर भी बढ़ जाती है। ब्याज दर बढ़ने से माल का प्रसार कम होता है क्योंकि अधिक ब्याज दर पर व्यापारी कम ऋण लेते है।

इसके विपरीत मन्दी काल में बैंक दर में कमी कर दी जाती है। बैंक दर में कमी से ब्याज दरें भी कम हो जाती हैं। ब्याज दर कम होने से ऋणों की माँग बढ़ जाती है व माल का प्रसार अधिक होता है। तेजी काल में माल में कमी करने व मन्दी काल में प्रसार करके इन पर नियन्त्रण किया जा सकता है।

किन्तु बैंक दर का उपाय वहीं चल सकता है जहाँ संगठित मुद्रा बाजार ही तथा व्यवसायी माल पर अधिक आश्रित हों।

(ब) खुले बाजार की क्रियाएं : खुले बाजार की क्रियाओं का तात्पर्य केन्द्रीय बैंक द्वारा बाजार में प्रतिभूतियाँ क्रय अथवा विक्रय से है। तेजी काल में केन्द्रिय बैंक बाजार में प्रतिभूतियों का विक्रय करता है जिससे बाजार में मुद्रा खिंच कर केन्द्रिय बैंक के पास जाने लगती है। इससे बाजार में मुद्रा व साख कम हो जायेगी व तेजी का प्रभाव कम हो जाएगा।

इसके विपरीत मन्दी काल में केन्द्रीय बैंक प्रतिभूतियाँ क्रय करने लगता है। इससे बाजार में मुद्रा की मात्रा बढ़ती है व मन्दी की स्थिति में सुधार होने लगता है।

(स) परिवर्तनशील कोषानुपात : प्रत्येक व्यापारिक बैंक को अपनी मुद्रा जमा कर कुछ भाग नकद में रखना पड़ता है व कुछ भाग केन्द्रिय बैंक के पास जमा रखना पड़ता है। इन कोषानुपातों में कमी अथवा वृद्धि करने से माल में वृद्धि अथवा कमी हो जाती है। तेजी काल में कोषानुपातों में वृद्धि कर दी जाती है। जिससे माल का प्रसार कम होता है। इसके विपरीत मन्दी काल में कोषानुपात कम कर दिये जाते हैं जिससे माल का अधिक प्रसार होता है।

3. गुणात्मक उपाय

इस वर्ग में इन उपायों को शामिल किया जाता है जो मुद्रा प्रसार माल की मात्रा को प्रभावित न कर कुछ विशेष शर्तों से माल का नियन्त्रण करते है। व्यापार चक्रों को रोकने के लिए निम्न गुणात्मक उपाय अपनाये जाते हैं:

(अ) मार्जिन में परिवर्तन : बैंक व्यापारियों को माल की जमानत पर ऋण देते हैं। किन्तु ऋण की राशि माल के मूल्य से कुछ कम होती है जिसे मार्जिन कहा जाता है। ऋण प्राप्त करते समय मार्जिन रखने का उद्देश्य माल की कीमतों में कमी होने से बैंक को होने वाली हानि से रक्षा है किन्तु इसे माल नियन्त्रण के रूप में भी प्रयोग किया जा सकता है। तेजी काल से विभिन्न वस्तुओं पर मार्जिन बढ़ा दिया जाता है जिससे व्यापारी कम ऋण ले पाते हैं। मन्दी काल में मार्जिन कम कर दिये जाते हैं जिससे ऋणों की मात्रा में वृद्धि होती हैं।

(ब) माल का राशनिंग : इस विधि के अन्तर्गत तेजी काल में व्यापारिक बैंकों के माल की एक मात्रा निश्चित कर दी जाती है तब वे इस मात्रा से अधिक माल निर्गमित नहीं कर सकते। इसी प्रकार विभिन्न उद्योगों के लिए भी माल की मात्रा निश्चित कर देती है इससे तेजी में कमी हो जाती है।

(स) उपभोक्ता माल का नियमन : उपभोक्ता माल के नियमन में उपभोक्ताओं को दी जाने वाले माल की मात्रा में कमी या वृद्धि की जाती है। उपभोक्ता वस्तुओं की कमी से तेजी आती है अत: तेजी काल में उपभोक्ता माल पर नियन्त्रण लगाया जाता है। मन्दी काल में उपभोक्ता माल में वृद्धि की जाती है।

(द) नैतिक दबाव व प्रचार : इस उपाय के अन्तर्गत केन्द्रीय बैंक अपनी माल नीति का प्रचार करता है व व्यापारिक बैंकों पर दबाव डालता है कि वे केन्द्रीय बैंक द्वारा निर्धारित नीति का पालन करें इसके पालन से उन्हें क्या लाभ हो सकते हैं या पालन न करने पर उन्हें क्या हानि हो सकती है, केन्द्रिय बैंक इसका भी प्रचार करता है।

(य) प्रत्यक्ष कार्यवाही : केन्द्रीय बैंक अपनी माल नीति का प्रचार करता है तथा बैंकों पर उसके पालन के लिए नैतिक दबाव डालता है किन्तु फिर भी कोई बैंक केन्द्रिय बैंक द्वारा निर्धारित नीति का पालन नहीं करता तो बैंक उस पर प्रत्यक्ष कार्यवाही कर सकता है। इससे उस बैंक की सहायता बन्द करना, उसके बिलों का भुगतान करना बन्द करना, तथा बैंक का लाइसेन्स रद्द करना भी शामिल हो सकता है।

2. प्रशुल्क नीति : प्रशुल्क नीति भी देश में उत्पादन, रोजगार, आय आदि पर प्रभाव डालती है। अत: सरकार प्रशुल्क नीति का उपयोग भी व्यापार चक्रों को रोकने के लिए कर सकती है। प्रशुल्क नीति के अन्तर्गत निम्न उपाय काम में लाये जा सकते है:

(अ) सार्वजनिक माल अथवा करारोपण नीति : सरकार को आय करों से प्राप्त होती है। करों में वृद्धि अथवा कमी द्वारा सरकार व्यापार चक्रों के प्रभावों को रोक सकती है। तेजी काल में करो की दरों में वृद्धि की जाती है। नए-नए कर भी लगाए जाते हैव बदले में करों में दी गई छूटें समाप्त कर दी जाती है।

इससे जनता की व्यय योग्य आय कम हो जाती है। इसके विपरीत मन्दी काल में कर की दरों में कमी की जाती है। करों में कई प्रकार की छुटें दी जाती है। इससे जनता की व्यय योग्य आय में वृद्धि होती है।

(ब) सार्वजनिक व्यय : सरकार द्वारा किए गए व्यय को सार्वजनिक व्यय कहा जाता है। सार्वजनिक व्यय नीति द्वारा भी सरकार व्यापार चक्रों को रोक सकती है। तेजी काल में सरकार आय की तुलना में व्यय कम करती है जिससे उपभोग व विनियोग माल में कमी होती है व मूल्यों पर नियन्त्रण हो जाता है। इसके विपरीत मन्दी काल में आय की तुलना में व्यय अधिक किए जाते हैं। सार्वजनिक कार्यों पर व्यय अधिक किए जाते है। इससे रोजगार व आय में वृद्धि होती है आय बढ़ने से व्यय भी बढ़ता है बाजार में वस्तुओं की मांग बढ़ेगी। उत्पादक का विक्रय बढ़ेगा व उत्पादन व विनियोग में वृद्धि होने से मन्दी का प्रभाव समाप्त हो जाएगा।

(स) सार्वजनिक ऋण नीति : सरकार द्वारा दिए जाने वाले ऋणों से सम्बन्धित नीति को सार्वजनिक ऋण नीति कहा जाता है। सार्वजनिक ऋण नीति भी व्यापार चक्रों को रोकने में सहायता करती है। तेजी काल में सरकार द्वारा अधिक ऋण लिए जाते है जिससे जनता के पास क्रय शक्ति कम हो जाती है व तेजी का प्रभाव कम हो जाता है। मन्दी काल में सार्वजनिक ऋणों को वापस लौटाया जाता है जिससे जनता के हाथों में क्रय शक्ति बढ़ती है तथा मन्दी का प्रभाव कम हो जाता है।

वास्तव में प्रशुल्क नीति के उपरोक्त तीनों भागों का एक साथ प्रयोग किया जाता है जिससे प्रशुल्क नीति व्यापार चक्रों को रोकने में अधिक प्रभावशाली रूप में काम कर सके।

3. मौद्रिक नियन्त्रण : मौद्रिक नियन्त्रण के अन्तर्गत वे उपाय सम्मिलित किए जाते हैं जो मांग व पूर्ति में सन्तुलन स्थापित करते हैं तथा कीमतों में स्थिरता बनाए रखने में सहायक होते है। मांग व पूर्ति में सन्तुलन बनाए रखने के लिए राशनिंग लागू किया जाता है जिससे उपलब्ध वस्तु का उचित वितरण हो सके। इसी प्रकार बढ़ते हुए मूल्यों को रोकने के लिए मूल्य नियन्त्रण का भी सहारा लिया जाता है। आय, मजदूरी, व लाभ में उचित समन्व्य के लिए आय, मजदूरी व लाभ नीति भी बनाई जाती है। मन्दी काल में मूल्यों को गिरने से रोकने के लिए कीमत सुधार नीति अपनाई जाती है जिससे कीमतें एक निश्चित स्तर से नीचे न गिर सके।

4. अन्य उपाय

व्यापार चक्रों के प्रभावों को कम करने के निम्न उपाय और हो सकते है:

1. बेरोजगारी बीमा व भत्ता : मन्दी के प्रभावों को रोकने के लिए बेरोजगारी बीमा किया जा सकता है व बेरोजगारी के विशेष भत्ता दिया जा सकता है।

2. सरकारी व सहकारी क्षेत्र का विकास : उत्पादन क्रियाओं पर नियन्त्रण करने के लिए सरकारी व सहकारी क्षेत्र का विकास करना चाहिए। इन क्षेत्रों का उद्देश्य लाभ कमाना न होकर देश का आर्थिक विकास करना होता है अत: ये व्यापार चक्रों को रोकने में असमर्थ होते है।

3. अन्तर्राष्ट्रीय उपाय : व्यापार चक्रों के प्रभाव शीघ्र ही एक देश से दूसरे देश में फैल जाते है। अतः इनको रोकने के लिए अन्तर्राष्ट्रीय स्तर पर मूल्य स्थिरता के प्रयत्न किये जाने चाहिए।

4. मनोवैज्ञानिक उपाय : व्यापार चक्रो के कारण जनता में भय फैल जाता है। अतः व्यापार चक्रों को रोकने के आर्थिक उपायों के साथ मनोवैज्ञानिक उपाय भी किये जाने चाहिये। मन्दी काल में जनता के मन में उज्ज्वल भविष्य की धारणा उत्पन्न करना चाहिए तथा तेजी काल में ऊँची आशाओं का नियन्त्रण करना चाहिए।

उपरोक्त सभी उपायों के प्रयोग से व्यापार चक्रों का पूर्ण रूप से समापन तो सम्भव नहीं हैं किन्तु इनके प्रभाव को अवश्य कम किया जा सकता है। कार्लमार्क्स के अनुसार, व्यापार चक्रों को समाप्त करने के लिए पूंजीवादी अर्थव्यवस्था की समाप्ति है। समाजवादी अर्थव्यवस्था में व्यापार चक्र कम आते हैं।

व्यापार चक्र के सिद्धान्त

व्यापार चक्र के निम्न सिद्धान्त है:

1. जलवायु सिद्धान्त अथवा सूरज पर धब्बे का सिद्धान्त : व्यापार चक्र के सिद्धान्तों में सबसे प्राचीन सिद्धान्त जलवायु सिद्धान्त है। सर विलियम हरसेल व विलियम स्टेनले जेवन्स इसके समर्थक थे। वर्तमान समय में इस सिद्धान्त को बेकार समझा जाता है। जेवन्स के अनुसार व्यापार चक्रों का सम्बन्ध सूरज पर दिखाई देने वाले काले धब्बों से है। इन धब्बों से आर्थिक गतिविधियों पर अप्रत्यक्ष रूप से प्रभाव पड़ता है। सूरज पर ये धब्बे क्रम से आते हैं जिनकी अवधि प्रायः 11 वर्ष होती है। इन धब्बों का वर्षा पर प्रभाव पड़ता है। वर्षा अच्छी होने पर कृषि का उत्पादन बढ़ता है व कृषि पर आधारित उद्योग धन्धों का भी विकास होता है। इससे कीमतें कम हो जाती है। उत्पादन बढ़ने से अन्य उद्योग, सेवाएं, परिवहन आदि की भी मांग बढ़ती है इससे सम्पन्नता या अभिवृद्धि की स्थिति आ जाती है।

इसके विपरीत जब सूरज के इन धब्बों के वितरित प्रभाव से वर्षा नहीं होती तो फसलें नष्ट हो जाती है। कृषि उत्पादन कम होने से उद्योगों पर भी बुरा प्रभाव पड़ता है। आय व मांग कम हो जाती है अतः देश में मन्दी की स्थिति आ जाती है। यह मन्दी अर्थ व्यवस्था की सभी शाखाओं में फैल जाती है यहां तक कि इसके अन्तर्राष्ट्रीय प्रभाव भी होते है क्योंकि सभी देशों की अर्थव्यवस्थाएं आपस में जुड़ी हुई है।

आलोचनाएँ : प्रारम्भ में यह सिद्धान्त व्यापार चक्र का एक प्रमुख सिद्धान्त माना जाता था किन्तु अब इसका व्यापारिक महत्व नहीं रहा है। इसकी आलोचना इस आधार पर की जाती है कि सूरज के धब्बों का प्रभाव विश्व के सभी देशों की जलवायु पर होना चाहिए किन्तु ऐसा नहीं होता। वैसे भी सिंचाई के कृत्रिम साधनों के विकास के कारण मनुष्य की प्रकृति पर निर्भरता कम हो गई है। इस सिद्धान्त के अनुसार जलवायु का प्रभाव कृषि पर पड़ता है, किन्तु देखा गया है कि औद्योगिक राष्ट्रों में व्यापार चक्र अधिक आते हैव व्यापार चक्रों के परिणाम औद्योगिक राष्ट्रों में अधिक भयंकर होते है।

2. मनोवैज्ञानिक सिद्धान्त : यह सिद्धान्त पीगू द्वारा प्रतिपादित किया गया है। पीगू के अनुसार व्यापार चक्रों के तीन कारण होते हैं- आविष्कार, फसलों के उत्पादन में उतार-चढ़ाव व मनोवैज्ञानिक कारण। आविष्कार फसलों के उतार, चढ़ाव के कारण नियमित ढंग से नहीं होते अतः व्यापार चक्र मनोवैज्ञानिक कारणों से होते हैं।

मनोवैज्ञानिक रूप से मनुष्य में दूसरे की नकल की प्रवृत्ति होती है। एक मनुष्य वही करने का प्रयास करता है जो अन्य व्यक्ति कर रहा हो। इसके लिए वह इस बात पर ध्यान नहीं देता कि दूसरा व्यक्ति ऐसा क्यों कर रहा है? उदाहरण के लिए किसी व्यापारी ने मूल्य बढ़ाकर एक निश्चित स्तर पर पहुँचाने का अनुमान किया किन्तु मूल्य उस स्तर तक नहीं पहुचें व उसको वांछित लाभ नहीं हुआ। इससे उसके विश्वास में कमी हो गई। अतः इस व्यक्ति से प्रभावित होकर अन्य व्यक्तियों ने भी मूल्य में कमी का अनुमान लगाना प्रारम्भ कर दिया। धीरे धीरे यह प्रवृत्ति सभी में फैल जाती है व देश में मन्दी आ जाती है। इसके विपरीत कोई उत्पादक मांग का लाभ उठाकर पूंजी विनियोग कर देता है व प्रतिस्पर्धा के अभाव में उसे लाभ होने लगता है। अब यही प्रवृत्ति सभी में फैल जातौ व तेजी की स्थिति आ जाती है।

आलोचना : व्यापार चक्र के मनोवैज्ञानिक सिद्धान्त को भी सही नहीं माना जा सकता क्योंकि यह व्यापार चक्र के कारण बताने में असमर्थ है। वास्तव में व्यापारियों, उद्योगपतियों व विनियोजकों के विश्वास बाहरी घटना से प्रभावित होते हैं, मनोवैज्ञानिक कारणों से नहीं।

3. बचत व उपभोग सिद्धान्त : यह सिद्धान्त व्यापार चक्र का एक पुराना सिद्धान्त है जिसे समय-समय पर विभिन्न रूपों में प्रकट किया गया है। विभिन्न अर्थशास्त्रियों द्वारा सिद्धान्त का आधुनिकतम रूप हॉब्सन के द्वारा प्रतिपादित किया गया है। इस सिद्धान्त के अनुसार समाज में अमीरों व गरीबों की आय में असमानता पाई जाती है। इसके कारण बचत की तुलना में उपभोग की कमी व्यापार चक्र का कारण बनती है।

इस सिद्धान्त के अनुसार श्रमिकों की आय अधिक होती है। उनकी आय की तुलना में उपभोग कम होने के कारण बचत अधिक होती है। जिसे वे उत्पादन में लगाते हैं इससे उत्पादन बढ़ता है। किन्तु गरीबों के पास आय कम होने से वे इस माल को क्रय नहीं कर पाते। इससे उत्पादन व उपभोग में अन्तर हो जाता है। माल की पूर्ति मांग की तुलना में अधिक हो जाती है। अतः मूल्यों में गिरावट आती है व देश में मन्दी की स्थिर अवस्था आ जाती है।

मन्दी के कारण जब कीमत कम हो जाती है तो पहले वाली आय में ये सभी वस्तुएं क्रय की जा सकती है। मूल्य कम होने से उत्पादकों के लाभ घटते हैं आय बढ़ती है, बचत व विनियोग घटते हैं व अन्त में उत्पादन घटता है। उत्पादन घटने से उपभोग व उत्पादन पुनः बराबर हो जाते हैं अतः कीमतें बढ़ती है उत्पादकों की आय, बचत, विनियोग व उत्पादन बढ़ता है। इस प्रकार तेजी की अवस्था आ जाती है।

आलोचनाएँ : बचत व उपभोग सिद्धान्त की भी कई आलोचनाएं की गई है। यह सिद्धान्त व्यापार चक्र के सभी कारणों को स्पष्ट नहीं करता। यह सिद्धान्त अति उत्पादन व अति बचत को ही व्यापार-चक्र का कारण मानता है। जबकि व्यापार-चक्र पर कई आर्थिक व अनार्थिक तत्वों का दबाव पड़ता है। राष्ट्रीय आय का असमान वितरण यदि बढ़ता हुआ है तब ही व्यापार-चक्र उत्पन्न होता है। इस सिद्धान्त में यहभी माना गया है कि अमीरों की बचत विनियोग कर दी जाती है किन्तु वास्तव में ऐसा नहीं होता।

4. हाट्रे का मौद्रिक सिद्धान्त : इस सिद्धान्त का प्रतिपादन, हाट्रे ने किया था अतः यह हाट्रे के मौद्रिक सिद्धान्त के नाम से प्रसिद्ध है। हाट्रे के अनुसार व्यापार-चक्र एक विशुद्ध मौद्रिक घटना है। अमौद्रिक कारण अस्थायी अथवा अधिक उतार-चढ़ाव तो उत्पन्न कर सकते हैं किन्तु व्यापार चक्र नहीं। हाट्रे के अनुसार, मुद्रा के प्रवाह में परिवर्तन होना आर्थिक क्रिया में होने वाले परिवर्तन की तेजी और मन्दी की वैकल्पिक अवस्थाओं का एकमात्र एवं पर्याप्त कारण है।

इस प्रकार इस सिद्धान्त के अनुसार मुद्रा के विस्तार व संकुचन के कारण ही व्यापार चक्र आते है। हाट्रे के अनुसार व्यवस्थित मौद्रिक व्यवस्था वाले देश में समाज में उपभोक्ता व्यापारी व बैंक प्रमुख होते हैं। उपभोक्ता आय प्राप्त होते हैं व उसके अनुसार व्यय करते हैं। व्यापारी वर्ग आय प्राप्ति के साथ संग्रह विक्रय आदि के कार्य में लगे होते हैव बैंक में जमा करने, ऋण देने व मांग के सृजन में लगे रहते है।

मुद्रा के प्रवाह में कमी आने अर्थात् मुद्रा की मात्रा व उसकी चलन गति में कमी आने से उपभोक्ताओं के व्यय में कमी आती है। इससे मन्दी उत्पन्न होती है। मुद्रा के प्रवाह में वृद्धि होने से उपभोक्ताओं के व्यय में वृद्धि होती है जिससे तेजी आती है मौद्रिक व मांग प्रणाली अस्थिर होने से आर्थिक गतिविधियों में भी अस्थिरता रहती है व व्यापार चक्र उत्पन्न होते हैं। उदाहरण के लिए किसी समय बाजार में वस्तुओं की निश्चित मात्रा में मांग है। विक्रेता इसी मांग के आधार पर वस्तुओं का स्टॉक रखते है। इस मांग में थोड़ी सी वृद्धि की सम्भावना होती है तो विक्रेता अपने स्टॉक अधिक होने पर ही बिक्री बढ़ने की सम्भावना होती है। स्टॉक बढ़ने से उनकी चालू पूंजी पर्याप्त नहीं होती अतः वे बैंक से उधार लेते हैं यदि बैंक सस्ती मुद्रा नीति अपनाता है तो ब्याज दर कम व उधार की राशि बढ़ती है। बैंक द्वारा दिया गया ऋण ही व्यापार चक्र का कारण बन जाता है। ऋण बढ़ने से मुद्रा प्रसार बढ़ता है। इससे पूंजी उत्पादन, रोजगार बढ़ता है। व्यापारी बैंक से और ऋण लेकर माल का स्टॉक करते हैअतः तेजी का चक्र चलने लगता है।

किन्तु तेजी की यह स्थिति लम्बे समय तक नहीं रहती। स्टॉक में वृद्धि अधिक हो जाने पर यह स्थिति बदल जाती है जब अधिक ऋणों के कारण उनके कोष कम हो जाते हैं। अतः बैंक अपनी चालू नीति को कड़ा करते है, ब्याज दरें बढ़ा दी जाती है व नये ऋणों पर प्रतिबन्ध लगा दिये जाते हैतथा वे व्यापारियों से पुराने ऋण वापस मांगने लगते हैं। व्यापारी ऋण चुकाने के लिए अपना स्टॉक बेचने लगते हैवे नया माल कम खरीदते हैं। नये माल की

मांग कम होने से उत्पादन कम कर दिया जाता है। इससे उत्पादन, रोजगार आय, मांग सभी में कमी हो जाती है व मन्दी का चक्र प्रारम्भ हो जाता है।

तेजी काल की भांति मन्दी भी अधिक समय तक नहीं चल पाती। उत्पादन व माँग की कमी के कारण ऋणी अपने ऋण बैंक को लौटने लगते हैं अतः बैंक के पास पुनः कोष बढ़ जाते हैं। अतः फिर ब्याज की दरें कम हो जाती है तथा नये ऋण दिये जाने प्रारम्भ कर दिये जाते हैव पुनः स्टॉक का विस्तार होता है व तेजी का क्रम आने लगता है। इस प्रकार एक के बाद एक व्यापार चक्र की अवस्था लगती है।

आलोचनाएँ : हाट्रे के इस सिद्धान्त की कई आलोचनाएँ की जाती है। हाट्रे का यह कहना है कि व्यापार चक्रों का प्रमुख कारण स्टॉक है, अन्य कारण भी व्यापार चक्र को प्रभावित करते हैं किन्तु वे व्यापार चक्र को उत्पन्न नहीं करते। हाट्रे के इस मत की निम्न आलोचनाएं की जाती हैं:

1. साख सदा हानिकारक नहीं : हाट्रें के सिद्धान्त के अनुसार साख सदैव हानिकारक होती है किन्तु वास्तव में बैंक साख सदैव हानिकारक नहीं होती। परिस्थितियों के अनुसार यह लाभप्रद होती है।

2. गैर मौद्रिक तत्वों की उपेक्षा : हाट्रे के अनुसार व्यापार चक्र एक मौद्रिक घटना है अर्थात व्यापार चक्रों पर केवल मौद्रिक कारणों का ही प्रभाव पड़ता है किन्तु व्यवहार में मौद्रिक कारणों का भी व्यापार चक्रों पर प्रभाव पड़ता है। व्यापार चक्र के सिद्धान्त में अमौद्रिक कारणों की उपेक्षा नहीं की जा सकती।

3. विनियोगों के कारणों की उपेक्षा : हाट्रें ने अपने सिद्धान्त में विनियोग के कारणों की उपेक्षा की है। वे यह तो मानते हैं कि मुद्रा व माल के विस्तार के कारण व्यापार चक्रों का उदय होता है किन्तु वे यह स्पष्ट नहीं कर पाये हैं कि मुद्रा की मांग में वृद्धि क्यों होती है।

4. स्टाँक की मात्रा ब्याज दरों से अप्रभावित : इस सिद्धान्त में यह माना गया है कि ब्याज दरें कम होने से व्यापारी अधिक स्टाँक बनाते हैं। व्यवहार से यह पुष्टि नहीं हो पायी है कि ब्याज दरों पर स्टाँक की मात्रा में वृद्धि होती है। स्टाँक ब्याज की दरों के कारण नहीं बनाये जाते वरन् इस आधार पर बनाये जाते हैं कि इस स्टाँक को लाभ पर बेचने की कम सम्भावनायें है। दूसरे शब्दों में स्टाँक कीमतों में भारी वृद्धि देख कर बढ़ाये जाते हैं व भविष्य में कीमतों में कमी की आशंका से स्टाँक कम कर दिये जाते हैं।

5. ऋण व परिणाम में अन्तर : हाट्रे के अनुसार तेजी के बाद ब्याज दर में वृद्धि से स्थिति अब मन्दी की ओर जाने लगती है। किन्तु वास्तविक अनुभव यह बताता है कि ब्याज की दर में वृद्धि के बाद मंदी प्रारम्भ नहीं होती वरन् मन्दी प्रारम्भ होने के बाद ब्याज की दरें बढ़ती हैं। इस प्रकार ब्याज की दर में वृद्धि मन्दी का कारण नहीं परिणाम होती है।

6. हैमक का अधिक विनियोजन सिद्धान्त

यह सिद्धान्त भी मौद्रिक सिद्धान्त ही कहा जा सकता है। इस सिद्धान्त के अनुसार मौद्रिक सिद्धान्त ही कहा जा सकता है। इस सिद्धान्त के अनुसार मौद्रिक प्रणाली की क्रयशीलता के कारण पूंजी का आवश्यकता से अधिक विनियोग होने के कारण व्यापार चक्र उत्पन्न होते है। हैमक के अनुसार, "कृत्रिम रूप से कम ब्याज दर अधिक का माल निर्गमन करना ही व्यापार चक्रों के लिए पूर्णत: उत्तरदायी है।"

हैमक ने व्यापार चक्रों को स्पष्टीकरण ब्याज दर से प्रारम्भ किया है। ब्याज की स्वाभाविक दर वह दर जिस पर विनियोग की मांग व पूर्ति बराबर है अर्थात् समाज की सम्पूर्ण बचत पूंजी की मांग के बराबर हो। दूसरे शब्दों में सम्पूर्ण बचत का विनियोग किया जा सके। बैंक माल द्वारा वास्तविक बचत में भी अधिक ब्याज दे सकते है। यह ब्याज दर उठाए बिना भी इस प्रकार पुर्ति बढ़ाना सम्भव है अत: बाजार में ब्याज दर सामान्य दर अर्थात् स्वाभाविक दर से कम होने पर उद्योगपति व व्यापारी अधिक ऋण लेते हैव उत्पादन व व्यापार का पैमाना बढ़ाते है। उत्पादन बढ़ने से पूंजीगत सामान की मांग व मूल्य में वृद्धि होती है इनके मूल्य बढ़ने से और भी अधिक पूंजी की आवश्यकता होती है। पूंजी की मांग बढ़ने से उन्हें पूरा करने के लिए नयी मुद्रा का निर्गमन किया जाता है। यदि पूंजी की बढ़ती हुई मांग को ऐच्छिक बचतों द्वारा ही पूरा करना हो तो ब्याज की दर बढ़ानी पड़ेगी जिससे जनता अधिक ब्याज दर से आकर्षित होकर अधिक बचत करने व उसे उधार देने के लिए प्रोत्साहित हो। किन्तु ब्याज दर बढ़ने पर व्यापार का विस्तार रूक जाता है।

लेकिन वास्तविक स्थिति इसके विपरीत होती है। पूंजी की बढ़ती हुई मांग को पूरा करने के लिए बैंक आगे आते हैं व माल के प्रसार से बढ़ी हुई मांग को पूरा करते हैं। माल प्रसार के लिए उनमें आपस में प्रतियोगिता भी होती है अत: ब्याज दर में उतनी तेजी से वृद्धि नहीं होती जितनी बचत बढ़ाने के लिए करनी आवश्यक होती है। माल प्रसार के कारण मुद्रा प्रसार की स्थिति उत्पन्न हो जाती है। इससे कीमतों में वृद्धि होती है। कीमतें बढ़ने में साहसियों का लाभ बढ़ता है अत: वे व्यापार का और अधिक विस्तार करते हैं। व्यापार के विस्तार से माल की माँग और बढ़ती है व बैंक माल की इस मांग को पूरा करने के लिए और माल का प्रसार करते हैं। लगातार माल प्रसार के कारण एक समय ऐसा आता है जब बैंक के पास नकद राशि की कमी हो जाती है अत: वे उधार देना बन्द करते हैं और नये ऋणों के लिए ब्याज अधिक दर से लेते हैं। माल कम हो जाने के कारण उत्पादन में कमी होती है, बेरोजगारी फैलने लगती है व मन्दी का चक्र प्रारम्भ हो जाता है।

आलोचनाएं : इस सिद्धान्त की निम्न आलोचनाएं की जाती हैं :

1.इस सिद्धान्त से यह लगता है कि बैंकों को उधार देने में सदैव हानि होती है किन्तु यह सही नहीं है।

2. इस सिद्धान्त को यह मान्यता है कि बचत व विनियोग में साधारणत: सन्तुलन रहता है किन्तु बैंकों की नीति से इसमें विघ्न पड़ जाता है वास्तव में यह मान्यता सही नहीं है।

3. इस सिद्धान्त में यह माना गया है कि उत्पादन के सब साधन पूर्ण रूप से काम में लगे हुए हैं किन्तु यह भी सही नहीं है। उत्पादन के साधन कभी पूर्ण रूप से काम में लगे हुए नहीं होते तथा उनका स्थानान्तरण भी आसान नहीं होता।

4. हेमक के अनुसार तेजी की स्थिति वहाँ से प्रारम्भ होती हैं जहाँ ऐच्छिक बचत समाप्त होकर माल सृजन प्रारम्भ होता है। किन्तु इस बिन्दु का पता लागाना कठिन है।

5.इस सिद्धान्त में मन्दी की दशाओं के सन्दर्भ में सम्पन्नता की अवधि को स्पष्ट नहीं किया गया है।

कीन्स का बचत व विनियोग सिद्धान्त

कीन्स के बचत व्यापार चक्र का बचत व विनियोग सिद्धान्त उसके रोजगार ब्याज व मुद्रा के सामान्य सिद्धान्त का ही एक भाग है। कीन्स ने अपने सामान्य सिद्धान्त, आय उत्पादन, रोजगार आदि में परिवर्तन के कारणों को स्पष्ट किया है। व्यापार चक्र में भी क्योंकि उत्पादन आय रोजगार आदि में ही परिवर्तन होते हैं अत: सामान्य सिद्धान्त व्यापार चक्रों को भी स्पष्ट करता है।

कीन्स के अनुसार देश में आय, उत्पादन, रोजगार आदि महत्वपूर्ण माँग पर निर्भर करते हैं। प्रभावपूर्ण माँग अधिक होने पर उत्पादन, आय रोजगार आदि का स्तर ऊँचा व कम होने पर इनका स्तर नीचा होता है। उत्पादक सदैव लाभ प्राप्त करने के उद्देश्य से उत्पादन करता है अत: उत्पादक इतनी मात्रा में उत्पादन करता है कि लाभ प्राप्त हो सके। बाजार में माँग अधिक होने से वे अधिक उत्पादन करते हैं। इससे रोजगार में वृद्धि होती है।

प्रभावपूर्ण माँग कुल व्यय के बराबर होती है। कुल व्यय का तात्पर्य उपभोग व्यय व विनियोग व्यय से है। उपभोग अथवा विनियोग व्यय में परिवर्तन प्रभावपूर्ण मांग को परिवर्तित कर देते हैं। उपभोग व्यय समाज की आय व उपभोग प्रवृत्ति पर निर्भर करता है। उपभोग व्यय अल्पकाल में आय व उपभोग प्रवृत्ति में कोई परिवर्तन नहीं होता। आय बढ़ने पर उपभोग व्यय बढ़ता है किन्तु उपभोग व्यय में वृद्धि की दर, आय में वृद्धि की दर की तुलना में कम होती है। आय बढ़ने के साथ-साथ आय व उपभोग व्यय में अन्तर बढ़ता जाता है जिसे विनियोग व्यय द्वारा पूरा किया जाता है। अल्पकाल में क्योंकि उपभोग व्यय स्थिर रहता है अत: विनियोग व्यय में परिवर्तन से प्रभावपूर्ण माँग में परिवर्तन होते है। विनियोग व्यय दो तत्वों पर निर्भर करता है ब्याज की दर व पूंजी की सीमांत कुशलता। ब्याज की दर, मुद्रा की माँग पूर्ति पर निर्भर करती है जो कि अल्पकाल में स्थिर रहती है अत: पूंजी की सीमांत कुशलता ही विनियोग व्यय की मात्रा का निर्धारण करती है ब्याज दर नहीं। अत:पूंजी की सीमान्त कुशलता में परिवर्तन के कारण ही व्यापार चक्र उत्पन्न होते हैं।

यहाँ पूंजी की सीमान्त कुशलता का तात्पर्य नए विनियोग से लाभ प्राप्त की प्रत्याशित दर से है। यह दो तत्वों पर निर्भर करती हैं:

पूंजी सम्पत्तियों से भावी आय व पूंजी सम्पत्तियों का पूर्ति मूल्य। पूंजी सम्पत्तियों का पूर्ति मूल्य अल्पकाल में स्थिर रहता है। अत: पूंजी की सीमान्त कुशलता भावी आय पर निर्भर करती है। पूँजी सम्पत्तियों की भावी आय की सीमान्त कुशलता परिवर्तित होती रहती है अत: आर्थिक क्रियाओं में उतार चढ़ाव आते रहते हैं।

सीमान्त कुशलता में वृद्धि से विनियोगों में वृद्धि होती है। विनियोग में वृद्धि के परिणामस्वरूप उत्पादन, रोजगार व आय में वृद्धि होती है। इसके विपरीत पूँजी की सीमान्त कुशलता कम होने पर विनियोग, उत्पादन, रोजगार व आय में कमी होती हैं। इस प्रकार सीमान्त कुशलता बढ़ने पर तेजी की स्थिति आती है व सीमान्त कुशलता कम होने पर मन्दी की स्थिति आती है।

जब निकट भविष्य में अधिक लाभ होने की आशंका होती है तो व्यवसायी भविष्य के प्रति आशावान हो जाते हैं। इससे पूंजी सीमान्त कुशलता बढ़ती है व लाभ दर कम होने के कारण आदमी नए उद्योग स्थापित करते हैं व पूरानों के विस्तार करते है। इससे आर्थिक क्रियाओं का विस्तार होता है। विनियोग करने से उत्पादन बढ़ता है, उत्पादन बढ़ने से रोजगार बढ़ता है व आय में वृद्धि होती है। यही स्थिति अभिवृद्धि या तेजी की स्थिति है।

आर्थिक क्रियाओं के लगातार विस्तार के कारण एक समय ऐसा आता है जब तेजी बहुत ऊँचे बिन्दु पर होती है। पूँजी की सीमान्त कुशलता कम हो जाने पर तेजी का अन्त होता है। अधिक विनियोग के कारण उत्पादन बढ़ता है व पूंजीगत माल का स्टाँक आवश्यकता से अधिक हो जाता है। इससे पूंजीगत सम्पत्तियों की सीमान्त कुशलता कम हो जाती है। बाजार में वस्तुओं की पूर्ति बढ़ने से कीमतें कम होती है व कीमतें कम होने से लाभ भी कम होता है। आर्थिक क्रियाओं के विस्तार के कारण ब्याज दर बढ़ जाती है। पूंजी की सीमान्त कुशलता कम हो जाने के कारण नए विनियोग बन्द कर दिए जाते हैजिससे उत्पादन, रोजगार व आय में कमी होने लगती है। भविष्य के प्रति लोग निराश होने लगते हैव मन्दी का आगमन हो जाता है।

जब पूंजी की सीमान्त कुशलता निम्नतम स्तर पर पहुँच जाती है तो मन्दी का भी अन्त हो जाता है। जब पूंजी सीमान्त कुशलता निम्नतम स्तर पर पहुंच जाती है तो कुछ समय बाद यह पुन: ऊपर आने लगती है। मन्दी काल में पुरानी व कम अच्छी मशीनों का प्रयोग बन्द हो जाता है व उनका प्रतिस्थापन करने के लिए नई मशीनों की मांग बढ़ने लगती है। वस्तुओं के जमा स्टाँक समाप्त होने लगते है। इससे पुन: व्यवसायियों में लाभ की आशा जगती है व आर्थिक क्रियाओं को प्रोत्साहन मिलने लगता है। तब पूंजी की सीमांत उत्पादकता बढ़ती है इसमें विनियोग, उत्पादन, रोजगार व आय में वृद्धि का क्रम चलने लगता है व तेजी का प्रारम्भ होने लगता है।

आलोचनायें : कीन्स के व्यापार चक्र के सिद्धान्त, जो उनके सामान्य सिद्धान्त का एक भाग है, की निम्न आलोचनाएं की जाती है :

1. पूँजी की सीमांत कुशलता का अर्थ स्पष्ट : कीन्स ने पूंजी की सीमान्त कुशलता मे परिवर्तन को व्यापार चक्र का कारण माना है किन्तु इस सिद्धान्त में पूँजी की सीमान्त कुशलता का अर्थ अस्पष्ट है। 'हैजलिस्ट' के अनुसार, 'कीन्स ने आर्थिक संकटों का कारण सीमान्त उत्पादकता में गिरावट होने को माना है किन्तु पूंजी की सीमान्त कुशलता का अर्थ अस्पष्ट है और उसके अनेक सम्भव अर्थ हो सकते हैं।'

2. मनोवैज्ञानिक सिद्धान्त पर आधारित : कीन्स के अनुसार भविष्य के प्रति आशावान होने पर पूंजी की सीमान्त कुशलता बढ़ती है। इस प्रकार कीन्स का सिद्धान्त भी विनियोगों व आदमियों की मनोवृत्ति पर आधारित है। इस प्रकार कीन्स का सिद्धान्त पीगू के मनोवैज्ञानिक सिद्धान्त से मिलता जुलता है।

3. व्यापार चक्रों की अवधि की निर्भरता की व्याख्या नहीं : कीन्स का व्यापार चक्र का सिद्धान्त यह स्पष्ट नहीं कर पाता है कि व्यापार चक्र एक नियम समय के अन्त से ही आते हैं व उनका एक निश्चित क्रम ही क्यों होता है।

4. नीची ब्याज दरें मन्दी का उपचार नहीं : कीन्स ने नीची ब्याज दरों को आर्थिक संकट अर्थात् मन्दी का उपचार माना है किन्तु सदैव नीची ब्याज दरें मन्दी का उपचार नहीं होती। ब्याज दरें नीची होने पर माल का आवश्यकता से अधिक प्रसार होता है व सट्टेबाजी को प्रोत्साहन मिलता है। इससे आर्थिक जगत में अस्थिरता की स्थिति उत्पन्न होती है।

5. नियन्त्रित विनियोग मन्दी का उपचार नहीं : कीन्स के सिद्धान्त के अनुसार मन्दी के प्रभावों को सरकार द्वारा नियन्त्रित विनियोगों के माध्यम से दूर किया जा सकता है किन्तु आलोचकों के अनुसार विनियोगों को नियन्त्रित करने में सम्पूर्ण अर्थव्यवस्था पर सरकारी अधिकारियों का नियन्त्रण हो जाता है जिन्हें आर्थिक गतिविधियों का पूर्ण ज्ञान नहीं होता रिश्वत देकर उन्हें भ्रष्ट भी किया जा सकता है। अत: नियन्त्रित विनियोग मन्दी का उपचार नहीं है।

6. डिक्स का व्यापार चक्र का सिद्धान्त : डिक्स का व्यापार चक्र सिद्धान्त व्यापार चक्रों के सिद्धान्तों में सबसे नवीनतम सिद्धान्त है व इसे व्यापार चक्रों की व्याख्या में सबसे महत्तवपूर्ण माना गया है। डिक्स का व्यापार चक्र का सिद्धान्त गुणत त्वरक की पारस्परिक किया पर आधारित है। डिक्स के अनुसार गुणक का सिद्धान्त तथा त्वरक का सिद्धान्त वे दोनों उतार चढ़ाव के सिद्धान्त के वैसे ही दो पक्ष है जैसे कि मूल्य सिद्धान्त के दो पक्ष, माँग का सिद्धान्त एवं पूर्ति का सिद्धान्त हैं।''

डिक्स के सिद्धान्त को स्पष्ट करने के लिए पहले सिद्धान्त के प्रमुख तत्वों को स्पष्ट करना आवश्यक है।

डिक्स के सिद्धान्त के प्रमुख तत्व व उनका स्पष्टीकरण निम्न प्रकार है:

(अ) वृद्धि की उपयुक्त तथा इच्छित दर : वृद्धि की उपयुक्त अथवा इच्छित दर का तात्पर्य उस दर से है जो माल के स्तर को दीर्घकाल में बनाए रखेंगे। इस पर बचत व विनियोग में सन्तुलन स्थापित होता है। जब किसी अर्थव्यवस्था में वास्तविक बचत व वास्तविक विनियोग समान दर पर हो तो अर्थव्यवस्था में इच्छित दर से वृद्धि होती है। इस वृद्धि दर के आस पास ही गुणक व त्वरक की वास्तविक क्रिया से आर्थिक उतार चढ़ाव होते है।

(ब) प्रेरित विनियोग : प्रेरित विनियोग से तात्पर्य उन विनियोगों से है जो आय स्तर के साथ साथ आगे बढ़ते है। यह आय अथवा लाभ से प्रेरित होते हैअत: इन्हें प्रेरित विनियोग कहा जाता है।

(स) स्वायत्त विनियोग : ये वे विनियोग हैं जिन पर आय के स्तर का प्रभाव नहीं पड़ता। यह आय के स्तर के अतिरिक्त अन्य तत्वों जैसे नए आविष्कार, अनुसन्धान, जनसंख्या में परिवर्तन, युद्ध आदि कारणों से प्रभावित होते हैं।

स्वायत्त विनियोग सरकार द्वारा आर्थिक योजनाओं अथवा युद्ध पर किया जाता है। निजी उद्योगपति नए आविष्कारों अथवा तकनीकी परिवर्तन के कारण स्वायत्त विनियोग करते है।

(द) उपभोग फलन : उपभोग का आय के साथ फलनात्मक सम्बन्ध ही उपभोग फलन कहलाता है। उपभोग फलन से यह स्पष्ट होता हैं कि आय बढ़ने के साथ साथ उपभोग बढ़ता है व आय घटने के साथ साथ उपभोक्ता की पूर्ति घटती है।

(य) गुणक : गुणक विनियोग की प्रारम्भिक वृद्धि तथा आय की कुल अन्तिम वृद्धि के सम्बन्ध को व्यक्त करता है। विनियोग में परिवर्तन के कारण आय में जो परिवर्तन होता है, गुणक उस अनुपात को व्यक्त करता है। उदाहरण के लिए 100 से कम विनियोग करने पर राष्ट्रीय आय में 500 रू. की वृद्धि होती है तो गुणक 5 होगा।

गुणक के आकार व उपभोग प्रवृत्ति में प्रत्यक्ष सम्बन्ध होता है। सीमांत उपभोग प्रवृत्ति अधिक होने पर गुणक भी ऊँचा होता है। सीमांत उपभोग प्रवृत्ति कम होने पर गुणक भी कम होता है।

इसका सूत्र निम्न प्रकार होगा :

$$M = \frac{1}{1\text{-}MPC}$$

यहा M = गुणक

MPC = Marginal Proprity to Consume

अर्थात् उपभोग की सीमांत क्षमता

त्वरक : त्वरक इस बात को स्पष्ट करता है कि उपभोग में परिवर्तन विनियोग की मात्रा को किस प्रकार प्रभावित करते है। त्वरक उपभोग वस्तु उद्योगों में परिवर्तन के कारण पूँजीगत वस्तु उद्योगों में होने वाले परिवर्तनों का माप करता है।

डिक्स के सिद्धान्त के उपयोजक तत्वों के स्पष्टिकरण के बाद उनके व्यापार चक्र के सिद्धान्त को स्पष्ट किया जा सकता है।

जब अर्थव्यवस्था में कही कोई नया विनियोग होता है तो गुणक की क्रियाशीलता के कारण अर्थव्यवस्था में विनियोग की तुलना से आय में कई गुणा वृद्धि होगी। आय में वृद्धि से उपभोक्ता वस्तुओं की मांग बढ़ जाएगी। उपभोक्ता वस्तुओं की मांग बढ़ने पर त्वरक, की क्रियाशीलता के कारण विनियोग भी कई गुण बढ़ जाता है। यह प्रेरित विनियोग कहलाता है। प्रेरित विनियोग बढ़ने से आय में वृद्धि होती है। अब त्वरक की क्रियाशीलता के कारण प्रेरित विनियोगों में और वृद्धि होती है। इस प्रकार गुणक व त्वरक की पारस्परिक क्रियाशीलता के द्वारा अर्थव्यवस्था में तेजी का चक्र चलने लगता है। गुणक व त्वरक का मूल्य ऊँचा होने व इनकी पारस्परिक क्रिया तेजी से होने पर आर्थिक क्रियाओं में तेजी से परिवर्तन होते हैं।

किन्तु व्यवसाय में आई तेजी अनिश्चित काल तक जारी नहीं रहती। तेजी के समय आय बढ़ जाने पर सीमांत उपभोग क्षमता कत हो जाती है। इससे व्यावहारिक क्रियाओं का विस्तार समाप्त हो जाता है क्योंकि त्वरक विपरीत दिशा में कई गुणा कम हो जाता है। अब गुणक भी विपरीत दिशा में काम करता है इसमें विनियोग में हुई कमी की तुलना में आय में कई गुणा कमी होती है इसमें उपभोग व्यय में और भी अधिक कमी हो जाती है तथा विनियोग में और भी अधिक कमी हो जाती है। इससे आगे चलकर मन्दी आ जाती है। इस प्रकार गुणक व त्वरक की विपरीत दिशा में क्रियाशीलता के कारण मन्दी आती है।

किन्तु मन्दी भी अनिश्चित काल तक नहीं चल सकती। मन्दी काल में जब आय कम होती है तो उपभोक्ता की प्रवृत्ति उसी अनुपात में नही घटती। जब उपभोग में कमी की दर धीमी होती है तो कुछ समय पश्चात् पूँजीगत तथा विनियोग वस्तुओं की मांग में वृद्धि होने लगती है। विनियोग में वृद्धि गुणक व त्वरक की क्रियाशीलता के कारण मन्दी को समाप्त कर देती है व पून: तेजी की स्थिति आने लगती ह।

3. विभिन्न प्रकार के जाल : इस प्रकार से जाल बाहर की ओर बढ़ता है। ऐसा उस समय होता है जब पूर्ति मांग से अधिक लोचदार होती है। इसे निम्न रेखा चित्र से स्पष्ट किया जा सकता है।

आलोचनाएं : जाल सूत्र सिद्धान्त के अनुसार कीमत व उत्पादन की उत्तरगामी क्रियाओं के अनुसार व्यापार चक्र उत्पन्न होते है किन्तु किसी वस्तु का उत्पादन करने में केवल कीमत पर ही ध्यान नहीं दिया जाता वरन् उन साधनों की कीमतों पर भी ध्यान दिया जाता है जिनकी उस वस्तु के उत्पादन में आवश्यकता पड़ती है। इस प्रकार कीमत बढ़ने पर उत्पादन में तुरन्त पूर्ति करना सम्भव नहीं होता। इसके अलावा कीमत निर्धारण में उपभोक्ता की आय, फैशन, रूचि प्रतिस्थापन वस्तुओं की पूर्ति, आयात-निर्यात कर आदि सभी का प्रभाव पड़ता है।

दीर्घकालीन व्यापार चक्र : दीर्घकालीन व्यापार चक्रों के निम्न दो सिद्धान्त हैं :

नव प्रवर्तन सिद्धान्त : यह सिद्धान्त अमरीका के प्रसिद्ध अर्थशास्त्री शुम्पीटर द्वारा प्रतिपादित किया गया है। शुम्पीटर (O Joseph Schumpetor) के अनुसार पूँजीवादी अर्थव्यवस्था के समय पर नवप्रवर्तन होते रहते हैं जो कि व्यापार चक्र का कोण बनाते है।

नवप्रवर्तन का तात्पर्य ऐसे परिवर्तन से है जो उत्पादन की क्रियाओं में परिवर्तन कर देता है। जैसे नई मशीन का आविष्कार, उत्पादन की नई प्रविधि का आविष्कार, नए बाजारों की खोज, नवीन वस्तु का उत्पादन, कच्चे माल के नए स्त्रोतों की खोज आदि। ये नव प्रवर्तन भी दो प्रकार के होते हैं:

नव प्रवर्तन की बड़ी लहरें व नवप्रवर्तन की छोटी लहरें। बड़ी लहरों से दीर्घकालीन व्यापार चक्र उदय होते हैं व छोटी लहरों से मध्यकालीन।

शुम्पीटर के अनुसार कोई भी नव प्रवर्तन होने पर वर्तमान आर्थिक प्रणाली में असन्तुलन उत्पन्न हो जाता है जो अब तक जारी रहता है जब तक किसी नई सन्तुलन स्थिति में आर्थिक शक्तियों का पुनः समायोजन नहीं हो जाता।

माना कि देश में पूर्ण रोजगार की स्थिति हैं। ऐसी दशा में नई खोज होने पर नई वस्तु का उत्पादन होगा या उत्पादन बढ़ाया जायेगा। चूंकि देश में पूर्ण रोजगार की स्थिति है। अतः उत्पादन के साधनों को अधिक पारिश्रमिक का लाभ देकर ही प्राप्त किया जा सकता है। इससे सभी साधनों के पारिश्रमिक बढ़ जाएंगे। इससे वर्तमान उद्योगों की उत्पादन लागत बढ़ जाएगी व उत्पादन में कमी होगी क्योंकि अब उन्हें पहले से कम उत्पादन के साधन उपलब्ध होते है। नए उद्योगों को किस प्रबन्ध के लिए मात्रा का विस्तार किया जाएगा। उत्पादन के साधनों का पारिश्रमिक बढ़ने से मांग तो बढ़ जाएगी किन्तु पूर्ति उतनी नहीं बढ़ पाती अतः कीमतों में वृद्धि होती रहती है। कीमतें बढ़ने से लाभ बढ़ते है। इस प्रकार देश में तेजी की स्थिति आ जाएगी। ऊंचे लाभों से आकर्षित होकर बाजार में नई फर्में भी आती है।

जब नए उद्योगों की वस्तु बाजार में आती है तो नए व पुराने उद्योगों की वस्तुओं में प्रतिस्पर्धा होती है। लोग जो वस्तु खरीदते हैं पुराने उद्योगों की वस्तु की मांग कम होती है। अतः उनकी कीमत गिर जाती है नई फर्मों को लाभ अधिक होता है तथा वे बैंक के ऋणों को लौटाना प्रारम्भ करते हैं। इससे मांग की पूर्ति कम होती है व अवस्फीतिक प्रभाव होते हैं। मांग में कमी होने से कुछ पुराने फर्म बाजार से बाहर जाती है। इससे उत्पादन के साधनों में बेरोजगारी फैलती है। जनता के पास क्रयशक्ति कम हो जाती है। नई फर्मों की उत्पादन की मांग भी कम हो जाती है। यही से मन्दी काल प्रारम्भ होता है।

मान्यताएँ : इस सिद्धान्त की दो मान्यताएँ हैं :

1. यह सिद्धान्त यह मान कर चलता है कि देश में पूर्ण रोजगार की स्थिति है।

2. नव प्रबवर्तनों का प्रबन्ध बैंक आय के विस्तार से किया जाता है जिससे स्फीतिक स्थिति पैदा होती है।

आलोचनाएँ : नव प्रवर्तन सिद्धान्त की आलोचना उसकी महान मान्यताएँ है व देश में कभी भी पूर्ण रोजगार की स्थिति नहीं होगी। उत्पादन के कुछ साधन सदैव बेरोजगारी की स्थिति में होते हैं तो कुछ अर्द्ध बेरोजगारी में। ऐसी स्थिति में नव प्रवर्तन होने पर साधनों को पुराने कार्यों से हटाना नही पड़ेगा।

सिबरलिंग का दीर्घ व्यापार सिद्धान्त

दीर्घ व्यापार चक्र का एक सिद्धान्त सिबरलिंग का सिद्धान्त भी है। अमेरिकी अर्थशास्त्री सिबरलिंग के अनुसार दीर्घ व्यापार चक्र के कारण होते हैं। जब कोई बड़ा युद्ध होता है तो देश में मुद्रा प्रसार होता है। सरकार का व्यय बढ़ जाता है जिसे पूरा करने को सरकार कर लगाती है व अधिक सार्वजनिक ऋण देती है व नई मुद्रा भी छापती है। इससे मुद्रा प्रसार की स्थिति आती है। कीमतें बढ़ती है, लाभ बढ़ता है, उत्पादन क्रियाओं को प्रोत्साहन मिलता है व तेजी की स्थिति आ जाती है।

व्यापार चक्र के विभिन्न सिद्धान्तों के आधार पर यह कहा जा सकता है कि व्यापार चक्रों की समस्या जटिल है तथा इसका कोई पूर्णरूपेण सिद्धान्त बनान कठिन है। व्यापार चक्र अनेक समस्याओं को उत्पन्न करते हैं, जिनके अध्ययन के लिए पर्याप्त तथ्यों एवं आंकड़ों की आवश्यकता होती है। व्यापार चक्र एक प्राकृतिक एवं क्रमिक प्रक्रिया का रूप धारण कर चुका है तथा इसका निदान करना तो असम्भव है, परन्तु इसकी गहनता को रोका जा सकता है और अर्थव्यवस्था में आर्थिक विकास को प्रोत्साहित किया जा सकता है। विश्व के विकासशील राष्ट्रों को इस ओर विशेष रूप से ध्यान देना आवश्यक है।

उपरोक्त विवेचन से स्पष्ट है कि बढ़ती तथा गिरती कीमतों के अच्छे प्रभाव भी है तथा बुरे प्रभाव भी। रॉबर्टसन का यह कहने का अभिप्राय कि व्यापार चक्र आर्थिक विकास के लिए आवश्यक है, यह है कि व्यापार चक्र केवल हल्की मुद्रा स्फीति के रूप में या हल्की मन्दी के रूप में ही होना चाहिए। सरकार को चक्र विरोधी नीतियों की सहायता से इसे सदैव हल्के रूप में रखना चाहिए।

वास्तव में धीमे और तेज व्यापार चक्र में अन्तर करना कठिन है। प्रायः देखा गया है कि धीमा व्यापार चक्र ही तेज व्यापार चक्र के रूप में परिवर्तित हो जाता है। मार्क्स का मत हे कि धीरे धीरे करके व्यापार चक्र तेज होता चला जायेगा। हिक्स ने भी इस तथ्य को स्वीकार किया है। अतः यह विचार अधिक उचित नहीं जान पड़ता है कि व्यापार चक्र आर्थिक विकास के लिए आवश्यक है। "घटती बढ़ती कीमतें तो शुद्ध दुर्भाग्य ही हैं। कीमतों के बार बार चढ़ने गिरने से अनिश्चितता बढ़ जाती है जिससे उत्पादन से सम्बद्ध जोखिक अधिक हो जाता है। भारी हानि होने की सम्भावना के कारण उत्पादक भयभीत रहते हैं। कम उत्साही उत्पादक भाग जाते हैं। अन्य उत्पादक अपना उत्पादन निम्न स्तर पर रखते हैं; अतः उत्पादन तथा रोजगार पर अत्यन्त प्रतिकूल प्रभाव पड़ता है।"

चक्र-विरोधी नीति
(Anti-Cyclical Policy)

आर्थिक नीति का आधार

उद्देश्य – पूँजीवादी अर्थव्यवस्था में मन्दी के बाद तेजी के बाद मन्दी बारी बारी से आती रहती है। यह सामाजिक हितों के लिये घातक होता है और अर्थव्यवस्था में भारी संकट उत्पन्न कर देता है। उदाहरणार्थ, आर्थिक कार्यकलापों के विस्तार (अभिवृद्धि अवस्था) की अवधि में व्यवसायियों को विशाल लाभ होते हैं, परन्तु श्रमिकों व स्थिर आय वर्ग के सदस्यों को अत्यधिक कष्ट व आर्थिक कठिनाइयों का सामना करना पड़ता है। फिर भी उत्पादन की दृष्टि से यह विस्तार तब तक वांछित है जब तक यह अर्थव्यवस्था को रोजगार की अवस्था की ओर ले जाती है। लेकिन जब पूर्ण रोजगार प्राप्त हो जाता है तो विस्तार प्रावस्था वास्तविक आय में वृद्धि न लाकर (क्योंकि साधन बेकार नहीं रहता) अर्थव्यवस्था को स्फीति नामक दानव के हाथ में दे देती है और कीमतें बढ़ने लगती हैं। अतः आर्थिक नीति को यह देखना चाहिए कि विस्तार प्रावस्था पूर्ण रोजगार की अवस्था से आगे न जाने पावे।

इसी प्रकार अद्योगति में निर्धनों को तीव्र बेकारी, निर्धनता और कष्ट भोगने पड़ते हैं, व्यापारियों को हानि का अनुभव करना पड़ता है। बहुत से उपक्रमी दिवालिया हो जाते हैं, बैंक तथा अन्य वित्तीय संस्थायें फेल हो जाती हैं, तथापि अद्योगति उस सीमा तक वांछित है जब तक यह स्फीति की प्रवृत्ति को विस्तापित करती है। अतः आर्थिक नीति को यह निश्चित करना चाहिये कि अद्योगति अर्थव्यवस्था को पूर्ण रोजगार के स्तर से नीचे न ले जाय।

स्पष्ट है कि व्यापार चक्रों की रोकथाम की समस्या एक प्रकार से अर्थव्यवस्था में आर्थिक स्थिरता स्थापित करने की समस्या है। इस सम्बन्ध में हमारा लक्ष्य आर्थिक स्थिरता प्राप्त करना होना चाहिए। आर्थिक स्थिरता के निम्नलिखित तीन उद्देश्य हो सकते हैं–

1. पूर्ण रोजगार प्राप्त करना – आर्थिक स्थिरता का मुख्य उद्देश्य पूर्ण रोजगार प्राप्त करना होता है। यदि अर्थव्यवस्था में उन सभी लोगों को जो प्रचलित मजदूरी दर पर कार्य करना चाहते हैं और कार्य करने के योग्य हैं, बिना किसी असुविधा के लाभप्रद रोजगार मिल जाता है तो इसे पूर्ण रोजगार की अवस्था कहते हैं।

2. कीमत स्थिरता – आर्थिक स्थिरता का दूसरा उद्देश्य कीमतों में अनुचित उतार चढ़ावों को समाप्त करना है। कीमत स्थिरता से तात्पर्य यह है कि अर्थव्यवस्था में वस्तुओं और सेवाओं की कीमतों में एक निर्धारित सीमा से अधिक उतार चढ़ाव नहीं होना चाहिए।

3. सतत आर्थिक विकास – आर्थिर स्थिरता का तीसरा उद्देश्य सतत आर्थिक विकास है, जिसका तात्पर्य दीर्घकाल में कुल वास्तविक राष्ट्रीय आय में वृद्धि से है। आर्थिक विकास के अन्तर्गत श्रम शक्ति, पूँजी, व्यापार की मात्रा और उपभोग में विस्तार के साथ-साथ सामाजिक परिवर्तन भी सम्मिलित है।

अमरीकी संसद की संयुक्त समिति के अनुसार आर्थिक स्थिरता का उद्देश्य ऊंचे तथा स्थायी रोजगार स्तर, राष्ट्रीय उत्पादन और उत्पादन क्षमता में वृद्धि दर तथा सामान्य कीमत स्तर में स्थिरता प्राप्त करना है।

आर्थिक स्थिरता अथवा व्यापार चक्रों के नियंत्रण से तात्पर्य यह नहीं है कि कुल राष्ट्रीय उत्पादन या रोजगार अथवा अर्थव्यवस्था में कीमत स्तर एक बिन्दु पर स्थिर रहे, बल्कि इसका तात्पये यह है कि अर्थव्यवस्था की आर्थिक क्रियाओं में एक निश्चित सीमा से अधिक उतार चढ़ाव नहीं होने चाहिए। जो कि उतार चढ़ाव स्थिरीकरण सीमा के भीर हैं उन्हें नियंत्रित करने की आवश्यकता नहीं है। व्यवस्थित अर्थव्यवस्थाओं में कीमतों में उच्चावचन स्थिरीकरण सीमा के भीतर ही होते हैं लेकिन अस्थिर अर्थव्यवस्थाओं के उच्चावचन इस सीमा को पर कर जाते हैं जिससे अर्थव्यवस्था में तेजी और मन्दी के भयंकर दुष्परिणाम उत्पन्न होने लगते हैं अत: इनको नियत्रित करना आवश्यक हो जाता है।

व्यापार चक्रों के आधारभूत कारणों में पूँजीवादी उत्पादन प्रणाली को महत्त्व दिया जाता है। पूँजीवादी व्यवस्था स्वतन्त्र उपक्रम व्यवस्था पर आधारित होने से इसका संचालन लाभ प्रेरणा एवं मूल्य यंत्र द्वारा संचालित किया जाता है। यद्यपि दीर्घकाल के उत्पादन व उपभोग में साम्य स्थपित हो जाता है, फिर भी अल्पकाल में उत्पादन का आवश्यकताओं से कोई सम्बन्ध न होने से व्यापार चक्र घटित होते रहते हैं। इसी कारण व्यापार चक्रों का सम्बन्ध अलपकालीन घटनाओं से ही माना जाता है। उत्पादक अपनी वस्तु का उत्पादन केवल लाभ की प्रेरणा से करता है जिसमें वस्तु की किस्म को महत्त्व नहीं दिया जाता। यदि उत्पादक को निम्न किस्म की वस्तुओं के बेचने से अधिक लाभ मिले तो वह अपनी शक्ति का केन्द्रीयकरण उसी ओर करेगा और विज्ञापन व प्रचार द्वारा उसी वस्तु को अधिकाधिक बेचने के प्रयास करेगा। यदि बिक्री को बढ़ाने से लाभ बढ़ जाते हो तो वह अधिक वस्तु का उत्पादन करके प्रचार द्वारा मांग में वृद्धि करने के प्रयास करेगा। उत्पादक का मुख्य लक्ष्य अपने लाभ की मात्रा को अधिकतम बढ़ाना है और इस लाभ को बढ़ाने की इच्छा से वह किसी भी अच्छी या बुरी वस्तु का उत्पादन करने से नहीं चुकता। वास्तव में पूँजीवाद में उत्पादन की मात्रा का निर्धारण वास्तविक मांग से न होकर भावी मांग से किया जाता है और अनुमान सही न होने से व्यापार चक्र उत्पन्न हो जाते हैं। पूँजीवाद में जनता की आवश्यकताओं को विशेष महत्त्व नहीं दिया जाता, जिससे उत्पादन की मात्रा आवश्यकता से कम या अधिक हो जाती है और अति उत्पादन या न्यून उत्पादन की स्थितियां उत्पन्न हो जाती हैं। प्रतियोगिता के कारण प्राय: छोटे छोटे उत्पादक समाप्त हो जाते हैं, श्रमिकों की स्थिति बिगड़ती जाती है तथा उनकी मजदूरी में मूल्यों के अनुपात से वृद्धि नहीं हो पाती है जिससे जनता की क्रय शक्ति में ह्रास हो जाता है। फलस्वरूप उत्पादन में वृद्धि होने पर क्रय शक्ति में आनुपातिक वृद्धि न होने से मांग में उसी अनुपात में वृद्धि सम्भव नहीं हो पाती। इस प्रकार आर्थिक संकट का मूलभूत कारण सामाजिक आवश्यकताओं एवं सामाजिक उत्पादन के मध्य प्रत्यक्ष सम्बन्ध न होना है। प्राय: पूँजीवादी अर्थव्यवस्था में आवश्यकताओं एवं उत्पादन के मध्य समन्वय स्थापित नहीं हो पाता है। इस दोष को माल्थस एवं सिस्मांण्डी आदि ने से ही

पता लगाकर चेतावनी भी दे दी थी। कार्ल मार्क्स ने भी स्पष्ट कहा था कि पूँजीवाद स्वयं समस्यायें उत्पन्न कर रहा है जिनको हल करना सम्भव नहीं होगा।

उपरोक्त विवेचन से स्पष्ट है कि व्यापार चक्र एक जटिल घटना है और इसके निवारण का कोई एक सरल उपाय प्राप्त नहीं है। सत्यता यह है कि व्यापार चक्रों को न पूर्णत: समाप्त किया जा सकता है और न उनकी उथल पुथल को रोका ही जा सकता है। हाँ, व्यापार चक्रों की गहनता अथवा क्रुरता को कम अवश्य किया जा सकता है। प्रो. हेन्सन के शब्दों में, ''व्यापार चक्र वर्तमान अर्थव्यवस्थ की एक ऐसी अनोखी विशेषता है कि इसको नियंत्रित करना कोई आसान कार्य नहीं है। व्यापार चक्र प्रगतिशील व प्रावैगिक समाज की एक ऐसी निहित विशेषता है जिसकी उपस्थिति का मुख्य कारण अर्थव्यवस्था में विनियोग क्रिया में आकार में अनवरत होने वाले परिवर्तन हैं। ये परिवर्तन उस समय भी विद्यमान रहेंगे जब अर्थव्यवस्था स्वस्थ हो जायेंगी।'' कार्ल मार्क्स ने पूँजीवादी युग में व्यापार चक्रों के उतार चढ़ाव को अनिवार्य माना है। उनके अनुसार इन्हें दूर करने का सबसे उपयुक्त उपाय यह है कि पूँजीवादी अर्थव्यवस्था का ही अन्त कर दिया जाए। निष्कर्ष के रूप में हम यह कह सकते हैं कि ''संसार को इस अभिशाप से मुक्त करने का एकमात्र सप्रभाविक उपाय समाजीकृत उत्पादन प्रणाली (Socialised Production) हैं, जो लाभ प्रेरणा के स्थान पर राष्ट्रीय आवश्यकताओं पर निर्भर होती है।

प्रश्न

1.गुणक का अर्थ, महत्व व कार्यविधि लिखिए।

2.गुणक के कारण आर्थिक विचारों में क्रान्ति आ गई है। स्पष्ट कीजिए।

□□□

9

रेखीय प्रतीपगमन
(Linear Regression Economics)

दो या दो से अधिक श्रेणियों जो परस्पर सम्बन्धित हैं क्या वे अपने सम्बन्धों पर कुछ प्रकाश डालती है? यदि हाँ, तो क्या उसे जाना जा सकता है? यह प्रश्न हमारे मस्तिष्क में उठ सकते हैं। जैसे, एक वस्तु का कितना उत्पादन बढ़ाने से उसका कितना मूल्य कम हो जायेगा? पूँजी के विनियोग में कितनी वृद्धि से कितना अधिक लाभ होगा? कितने मजदूर लगाने से उत्पादन में वृद्धि होगी? इन प्रश्नों का उत्तर सम सम्बन्ध गुणक से नहीं मिलता। सांख्यिकीय अनुसन्धान का विश्लेषण करते समय ये उत्तर तो आवश्यक ही है किन्तु हमें यह भी जानना है कि ये उत्तर कहाँ तक सही है? इनका उत्तर प्रतीपगमन के मापों द्वारा मिलता है। प्रतीपगमन विश्लेषण सांख्यिकी सिद्धान्त की एक शाखा है, जिसका प्रत्येक वैज्ञानिक विश्लेषण में वृहत प्रयोग किया जाता है। अर्थशास्त्र में तो इसका व्यापक स्थान हैं, क्योंकि आर्थिक चरों का विश्लेषण तो आर्थिक सिद्धान्त एवं आर्थिक जीवन के लिए अत्यधिक महत्त्वपूर्ण हैं, जो कि प्रतीपगमन द्वारा सम्भव होता है। उदाहरणार्थ, यदि मूल्य तथा माँग को ही लिया जावे तो हम पायेंगे कि किसी दिये गये मूल्य पर सर्वोप्युक्त माँग क्या होगी अथवा इसके विपरीत यदि माँग अमुक है तो उसका तत्संवादी मूल्या क्या होगा आदि-आदि। अतएव यह कहना उचित ही है कि अर्थशास्त्री व व्यापारी के लिए प्रतीपगमन द्वारा कई महत्त्वपूर्ण निर्णय लेने में पर्याप्त सहायता मिलती है। लेकिन प्रतीपगमन का क्षेत्र मात्र अर्थशास्त्र, व्यापार या वाणिज्य तक ही सीमित नहीं है अपितु इसका प्राकृतिक, भौतिक तथा सामाजिक विज्ञानों में भी पर्याप्त योगदान है।

प्रतीपगमन का अर्थ एवं परिभाषा

प्रतीपगमन (Regression) शब्द का शाब्दिक अर्थ वापसी क्रिया अथवा पीछे लौटना (Act of Returning or Going Back) से है। इस शब्द का सर्वप्रथम प्रयोग गॉल्टन ने अपने एक पेपर 'Regression towards Mediocrity in Heredity Stature (1877)'

में किया था। जिसमें कि एक हजार पिता पुत्रों की ऊँचाई के सम्बन्ध में कुछ महत्त्वपूर्ण निष्कर्ष निकाले गये थे। जब उन्होंने पिता और पुत्रों की ऊँचाइयों (Heights) का अध्ययन किया तो उन्होंने देखा कि सामान्यतः व्यक्तिगत ऊँचाइयों का झुकाव औसत ऊँचाई की ओर है अर्थात ऊँचे पिता के पुत्र कम ऊँचे और ठिगने पिता के पुत्र कम ठिगने हैं। इस प्रकार, पिता की ऊँचाइयों की अपेक्षा पुत्र की ऊँचाइयाँ औसत की ओर जाने की प्रवृत्ति रखती है। इसी प्रवृत्ति को प्रतीपगमन या वापस जाना कहते हैं। परन्तु गाल्टन द्वारा सर्वप्रथम जिस अर्थ में इसका प्रयोग हुआ है, परिवर्तित हो गया है अतएव आधुनिक लेखकों द्वारा इस शब्द का प्रयोग भी आवांछित समझा जा रहा है। आधुनिक सांख्यिकीविद् प्रतीपगमन रेखा के स्थान पर अनुमानित रेखा (Estimating Line) का प्रयोग, लक्षणों को अधिक सुस्पष्ट करने के लिए, कर रहे हैं।

प्रतीपगमन सांख्यिकीय विश्लेषण की वह विधि है जिसके द्वारा एक चर के किसी ज्ञात मूल्य से सम्बन्धित दूसरे चर का सम्भाव्य मूल्य अनुमानित किया जा सकता है। सह सम्बन्ध सिद्धान्त के अन्तर्गत यह ज्ञात किया जाता है कि दो श्रेणियों में कितना व किस प्रकार का सम्बन्ध है पर यदि एक श्रेणी के निश्चित मूल्य के आधार पर दूसरी श्रेणी का मूल्य ज्ञात करना हो तो उस मूल्य का सर्वोपयुक्त अनुमान प्रतीपगमन विश्लेषण के द्वारा ज्ञात किया जा सकता है। उदाहरण के लिए यदि गेहुँ का उत्पादन व खाद की मात्रा सह सम्बन्धित है तो यह ज्ञात किया जा सकता है कि एक निश्चित गेहूँ के उत्पादन के लिए कितनी खाद की आवश्यकता होगी या यदि मुद्रा की मात्रा व मूल्य स्तर सह सम्बन्धित हैं तो मुद्रा की निश्चित मात्रा पर मूल्य स्तर का सर्वोपयुक्त अनुमान लगाया जा सकता है। इस प्रकार वह सांख्यिकीय विधि जो यह दर्शाती है कि दो या अधिक चरों में किस प्रकार का सम्बन्ध है ताकि एक के ज्ञात मूल्य के आधार पर दूसरे चर का मूल्य अनुमानित किया जा सके, प्रतीपगमन या समाश्रयण कहलाती है, कुछ लेखक प्रतीपगमन के स्थान पर समाश्रयण शब्द का प्रयोग भी करते हैं।

औसत सम्बन्ध के आधार पर पूर्वानुमान करने में प्रतीपगमन तकनीक विशेष उपयोगी है। प्रतीपगमन की सहायता से एक श्रेणी में परिवर्तन होने पर दूसरी श्रेणी में होने वाले सम्भावित परिवर्तन को ज्ञात किया जा सकता है। वॉलिस तथा रॉबर्टस के शब्दों में, "प्रायः यह ज्ञात करना अधिक महत्त्वपूर्ण होता है कि दो चर मूल्यों में वास्तविक सम्बन्ध क्या है, जिससे एक चर मूल्य (स्वतन्त्र चर मूल्य) ज्ञात होने पर दूसरे चर मूल्य (आश्रित चर मूल्य) का पूर्वानुमान किया जा सके, ऐसी देशा में प्रयोग की जाने वाली उपयुक्त तकनीक प्रतीपगमन विश्लेषण कहलाती है।" इसी प्रकार मौरिस मेयर्स ब्लेयर ने प्रतीपगमन की परिभाषा इस प्रकार दी है, "प्रतीपगमन दो या अधिक चरों में प्रदत्त समंकों के वास्तविक मूल्यों में औसत सम्बन्ध की माप है।"

प्रतीपगमन विश्लेषण की उपयोगिता

वर्तमान युग में प्रतीपगमन की धारणा केवल पित्रागत (Heredity) विशेषताओं के अध्ययन तक ही सीमित नहीं है। आजकल इसका प्रयोग उन सभी क्षेत्रों में किया जाता है, जिनमें दो या अधिक सम्बन्धित श्रेणियों में विभिन्न पद मूल्यों की सामान्य माध्य की ओर वापस जाने की प्रवृत्ति पायी जाती है। इसके आधार पर आर्थिक, व्यावसायिक एवं सामाजिक

क्षेत्र में विभिन्न घटनाओं के माध्य सम्बन्धों का विश्लेषण करके एक स्वतन्त्र पद मूल्य से सम्बन्धित दूसरे आश्रित मूल्य का अनुमान लगाया जा सकता है। आर्थिक एवं व्यावसायिक जगत में प्रतीपगमन की बहुत अधिक उपयोगिता है। इसका प्रयोग प्रबन्धकों द्वारा व्यवसाय के नियन्त्रण उपकरण के रूप में भी किया जाता है। इसके आधार पर उचित व्यावसायिक निर्णय लिये जा सकते हैं और उन्हें व्यावहारिकता की कसौटी पर कसा जा सकता है। इसके द्वारा यह अनुमान लगाया जा सकता है कि किसी वस्तु के उत्पादन या उसकी पूर्ति में निश्चित मात्रा में वृद्धि या कमी होनें पर उसके मूल्य में क्या सम्भावित परिवर्तन होगा? मूल्यों के आधार पर माँग का, वर्षा की मात्रा, खाद, बीज, आदि के आधार पर कृषि उत्पादन का और पूँजी के आधार पर लाभ का अनुमान लगाने में प्रतीपगमन विश्लेषण बहुत उपयोगी सिद्ध होता है। व्यवसाय एवं व्यापार की सफलता के लिए ऐसे अनुमान आवश्यक होते हैं।

प्रतीपगमन विश्लेषण का तीन या उससे अधिक चरों के लिए भी अध्ययन किया जा सकता है परन्तु यहाँ हम दो चरो से सम्बन्धित समस्याओं के सम्बन्ध में ही विचार करेंगे अर्थात् हमारा वर्णन सरल प्रतीपगमन अथवा एकघाती प्रतीपगमन (Linear Regression) तक ही सीमित रहेगा।

रेखीय प्रतीपगमन

(Linear Regression)

दो परस्पर सम्बन्धित समंक श्रेणियों में प्रतीपगमन विश्लेषण का कार्य अधिकतर बिन्दु रेखीय रीति द्वारा ही किया जाता है। दो सम्बन्धित श्रेणियों के चर मूल्यों का बिन्दु रेखा पर अंकित करने से जो विक्षेप चित्र (Scatter Diagram) या बिन्दु चित्र (Dot Diagram) तैयार होता है तथा इस चित्र पर अंकित बिन्दुओं के मध्य से गुजरने वाली जो दो सर्वोपयुक्त रेखाएँ निर्मित होती है, वास्तव में, यह रेखाएँ ही प्रतीपगमन रेखाएँ कहलाती है। स्मरण रहे, प्रतीपगमन रेखीय हो सकता है अथवा वक्र रेखीय। उपर्युक्त रेखाओं के सरल (Straight) होने पर प्रतीपगमन रेखीय (Linear) माना जाता है और अगर यह रेखाएँ सरलित वक्र (Smooth Curve) के रूप में हो तो प्रतीपगमन वक्र रेखीय (Curvilinear) माना जायेगा। सरल प्रतीपगमन रेखाओं के समीकरण एक घातीय (equation of the first order) होते हैं अर्थात X पर Y की प्रतीपगमन रेखा का समीकरण $x = a + by$, और इसी प्रकार Y पर X की प्रतीपगमन रेखा का समीकरण $y = a + bx$ होता है।

प्रतीपगमन रेखाएँ

(Regression Lines)

एक चर मूल्य से दूसरे चर मूल्य का पूर्वानुमान करने में प्रयुक्त विधि में ऐक रेखा, जो अंकित बिन्दुओं के मध्य इस प्रकार खींची जाती है कि दोनों चर मूल्यों के मध्य औसत सम्बन्ध का प्रदर्शन करें, वह प्रतीपगमन रेखा होती है। प्रतीपगमन रेखाएँ दो होती हैं क्योंकि ये दो श्रेणियों के पारस्परिक सम्बन्ध को व्यक्त करती हैं, 'X' तथा 'Y' दो श्रेणियों में, 'Y' के किसी मूल्य के लिए X का तत्संवादी मूल्य ज्ञात करने के लिए प्रथम रेखा तथा X के

किसी निश्चित मूल्य के लिए Y का औसत सर्वोपयुक्त मूल्य ज्ञात करने हेतु द्वितीय रेखा। परन्तु यदि दोनों श्रेणियों के बीच सह–सम्बन्ध इकाई है। अर्थात् पूर्ण सह सम्बन्ध अर्थात् $r = \pm 1$ तब एक रेखा दूसरी रेखा को आपस में ढक लेगी, अतएव दोनों रेखाएँ एक रेखा का स्वरूप धारण कर लेती हैं। यह एक अपवाद है। साधारणतया व्यवहार में पूर्ण सह सम्बन्ध नहीं होने के कारण, ऐसा बहुत कम होता है कि प्रतीपगमन रेखा मात्र एक ही हो। इन रेखाओं की परस्पर निकटता उनमें उतना ही अधिक सह सम्बन्ध होना दर्शाती हैं। इन प्रतीपगमन रेखाओं के दो मुख्य कार्य हैं–

(1) सर्वोचित अनुमान सम्भव,

(2) सह सम्बन्ध की दशा एवं मात्रा का ज्ञान। संक्षेप में, इन रेखाओं की सहायता से सह सम्बन्ध जानने के लिए निम्नलिखित तथ्यों को ध्यान में रखकर उसका अनुमान किया जाना चाहिए–

(अ) यदि दोनों रेखाएँ एक दूसरे को पूर्ण रूप से ढक लें तो पद श्रेणियों में पूर्ण सह सम्बन्ध माना जावे।

(ब) यदि ये रेखाएँ एक दूसरे को समकोण पर काटें तो सह सम्बन्ध की मात्रा शून्य होगी।

(स) रेखाएँ एक दूसरे केजितनी निकट होंगी, सह सम्बन्ध की मात्रा उतनी ही अधिक होगी।

(द) रेखाएँ एक दूसरे से जितनी दूर होंगी, सह सम्बन्ध की मात्रा उतनी ही कम होगी।

सह सम्बन्ध एवं प्रतीपगमन में अन्तर

निम्नलिखित बिन्दुओं के आधार पर सह सम्बन्ध में प्रतीपगमन विश्लेषण के अन्तर को समझा जा सकता है–

(1) सम्बन्ध की मात्रा एवं प्रकृति - सह सम्बन्ध के माप से दो या अधिक पद मूल्यों (चरों), में औसत सम्बन्ध की मात्रा ज्ञात होती है जबकि प्रतीपगमन से इस सम्बन्ध की प्रकृति स्पष्ट होती है और यह भी पता चलता है कि एक चर के औसत मूल्य का प्रभाव दूसरे आश्रित चर के औसत मूल्य पर क्या होगा?

(2) कारण परिणाम सम्बन्ध - सह सम्बन्ध विश्लेषण में दो चर मूल्यों में कारण परिणाम सम्बन्ध अधिक स्पष्ट रूप से व्यक्त किया जाता है। दो चरों में अत्यधिक मात्रा का सह सम्बन्ध होने से यह निश्चित रूप से नहीं कहा जा सकता कि एक कारण हैं और दूसरा परिणाम, लेकिन प्रतीपगमन में ऐसा सम्भव है क्योंकि उसमें एक चर (Variable) स्वतन्त्र माना जाता है और दूसरा आश्रित जिसका अनुमान लगाया जाता है।

प्रतीपगमन समीकरण (Regression Equations)

प्रतीपगमन अथवा समाश्रयण समीकरण जिन्हें अनुमान समीकरण भी कहते हैं, प्रतीपगमन रेखाओं की बीजगणितीय व्याख्या मात्र है। जिस प्रकार दो प्रतीपगमन रेखाएँ होती है उसी प्रकार दो प्रतीपगमन समीकरण होते हैं–

प्रथम समीकरण

Regression Equation of X on Y : $x = a + by$

द्वितीय समीकरण

Regression Equation of X on Y : $y = a + bx$

प्रथम समीकरण, कथित y के परिवर्तनों का x के मूल्य पर क्या प्रभाव होता है कि व्याख्या करता है। जबकि दूसरा समीकरण, किसी दिये गये x के मूल्य y पर का मूल्य क्या होगा, के अध्ययन में सहायक होता है।

यहाँ यह स्पष्ट कर देना उचित होगा कि उक्त समीकरणों में x तथा y चर मूल्य है जबकि a तथा b अचर मूल्य है। समीकरण में अचर मूल्य (Constant) 'a' वह बिन्दु है जिस पर प्रतीपगमन रेखा कोटि अक्ष को स्पर्श करती है। अचर मूल्य 'b' प्रतीपगमन रेखा का ढाल (Slope of the line) प्रदर्शित करता है। दूसरे शब्दों 'a' में मूल्य से तात्पर्य रेखाचित्र पर मूल बिन्दु तथा उस बिन्दु के दूरी के माप से हैं जहाँ प्रतीपगमन रेखा कोटि अक्ष का स्पर्श करती है तथा 'b' मूल्य यह बताता है कि x में एक का परिवर्तन होने पर y में कितना परिवर्तन होगा। 'a' का मूल्य धनात्मक होने पर प्रतीपगमन रेखा मूल बिन्दु से ऊपर, इसके विपरीत, ऋणात्मक होने पर मूलबिन्दु से नीचे कोटि अक्ष को स्पर्श करती है।

प्रतीपगमन समीकरण द्वारा गणना

चूँकि प्रतीपगमन रेखाएँ दो होती है इसलिए प्रत्येक रेखा के लिए दो प्रतीपगमन समीकरण के द्वारा गणना कार्य निम्नवत् होगा –

(1) 'x का y पर प्रतीपगमन समीकरण (Regression equation of x on y);

$$(x - \bar{x}) = r\frac{\sigma x}{\sigma y}(y - \bar{y}) \qquad \text{प्रथम समीकरण}$$

(2) 'y का x' पर प्रतीपगमन समीकरण (Regression equation of y on x);

$$(y - \bar{y}) = r\frac{\sigma y}{\sigma x}(x - \bar{x}) \qquad \text{द्वितीय समीकरण}$$

टिप्पणी – यदि हम 'x' का मूल्य ज्ञात करना चाहते हों तो प्रथम समीकरण का और यदि 'y' का मूल्य ज्ञात करना हो तो द्वितीय समीकरण का प्रयोग करेंगे। इन समीकरणों में $\bar{x}$ तथा $\bar{y}$ का आशय x और y श्रेणियों के औसत अर्थात् समान्तर माध्य (Arithmetic

Average) से होता है। उपर्युक्त समीकरणों का प्रयोग तभी करना चाहिए जबकि प्रश्न में $\bar{x}$, $\bar{y}$, σx, σy तथा r के मान दें रखें हों अथवा ज्ञात किये जा सकते हों।

उदाहरण 1

निम्न आँकड़ों से किसी वस्तु की चैन्नई में सम्भाव्य कीमत (x) ज्ञात कीजिए जबकि दिल्ली में उसी वस्तु की कीमत (y) 140 रु. हो।

Find the most likely price in Chennai (x) corresponding to the price of Rs. 140 at Delhi (y) from the following data:

Average price at Delhi	130
Average price at Chennai	134
Standard deviation (Delhi)	2.5
Standard deviation (Chennai)	3.5

दोनों कीमतों में सह सम्बन्ध गुणक (r) = +0.8 है।

Coefficient of Corrleation is +0.8, between the two prices of the commodity in the two towns.

हल

दिया हूआ है : $y = 140, \bar{y} = 130, \bar{x} = 134$

$\sigma y = 2.5, x = 3.5, 4 = +0.8, x = ?$

सूत्र

$$(x - \bar{x}) = r\frac{\sigma x}{\sigma y}(y - \bar{y})$$

मूल्य प्रतिस्थापित करने पर,

$$x - 134 = 0.8\frac{3.5}{2.5}(140-130)$$

या $x - 134 = 1.12\ (10)$

या $x - 134 = 11.2$

या $x = 11.2 + 134$

या $x = 145.2$

अत: दिल्ली में 140 रु. कीमत होने पर मद्रास में उसी वस्तु की सम्भाव्य कीमत 145.20 रु. होगी।

उदाहरण 2

निम्नलिखित समंकों से 'Y' के सम्भावित मूल्य की गणना कीजिए, जबकि X का मूल्य 12 हो।

Given the following data, calculate the expected value of Y when the value of X is 12:

	X	Y
Arithmetic Average	8	15
Standard deviation	4	3
Coefficient of Correlation between X and Y = +0.99		

हल

प्रदत्त सूचनाओं के आधार पर y का x पर प्रतीपगमन समीकरण का हल करना होगा।

$$(y-\bar{y}) = r\frac{\sigma y}{\sigma x}(x-\bar{x})$$

मूल्य प्रतिस्थापित करने पर,

y - 15 = 0.99\f(3,4(12-8)

या y- 15 = 0.7425(4)

या y-15 = 2.97

या y = 2.97 + 15

या y = 17.97

इस प्रकार x = 12 मूल्य होन पर y का सम्भावित मूल्य 17.97 होगा।

प्रतीपगमन गुणक (Coefficient of Regression)

प्रतीपगमन समीकरण दो सम्बन्धित पद श्रेणियों के माध्य पर आधारित रहते हैं। इनके द्वारा यह प्रकट होता है कि एक पद श्रेणी में उसके माध्य से होने वाले विचलन की तुलना में दूसरी पद श्रेणी में उसके माध्य से कितना विचलन होता है। जबकि प्रतीपगमन गुणक यह बतलाता है कि एक पद श्रेणी में एक एकक (Unit) के परिवर्तन से दूसरी पद

श्रेणी में कितना परिवर्तन होगा। जिस प्रकार प्रतीपगमन समीकरण दो होते हैं उसी प्रकार दो प्रतीपगमन गुणक (Coefficient of Regression) भी कहते हैं। इनकी गणना के सूत्र निम्नलिखित प्रकार से हैं–

(1) 'x' का 'y' पर प्रतीपगमन गुणक (Regression Coefficient of x on y);

$$b_{xy} = r\frac{\sigma x}{\sigma y}$$ प्रथम स्थिति

(2) 'y का x' पर प्रतीपगमन गुणक (Regression Coefficient of y on x);

$$b_{yx} = r\frac{\sigma y}{\sigma x}$$ द्वितीय स्थिति

टिप्पणी – (1) प्रतीपगमन को प्रथम स्थिति तथा द्वितीय स्थिति में क्रमश: b_{xy} तथा b_{yx} इंगित किया गया है।

(2) यदि इन दोनों प्रतीपगमन गुणकों का गणनफल करके उसका वर्गमूल ज्ञात किया जाये तो सह सम्बन्ध गुणक (Coeffi. of Correlation) प्राप्त हो जायेगा। अर्थात्

सूत्र रूप में

$$r = \sqrt{r\frac{\sigma x}{\sigma y}.r\frac{\sigma y}{\sigma x}}$$

अथवा $r = \sqrt{b_{xy}.b_{yx}}$

(3) ध्यान से देखने पर पता चलता है कि प्रतीपगमन गुणक उपर्युक्त ज्ञात प्रतीपगमन समीकरण का ही एक हिस्सा (Part) है। उदाहरण 2 में प्रतीपगमन समीकरण $(y-\bar{y}) = r\frac{\sigma y}{\sigma x}(x-\bar{x})$ है। इस समीकरण में $r\frac{\sigma y}{\sigma x}$ प्रतीपगमन गुणक (b_{yx}) ही है। क्यों कि b_{yx} का सूत्र $r\frac{\sigma y}{\sigma x}$ है। अत: उदाहरण संख्या 2 में प्रतीपगमन गुणक का मूल्य b_{yx} = 0.99\f(3,4)=0.7425 है। ठीक इसी उदाहरण संख्या 1 में प्रतीपगमन गुणक अर्थात $b_{xy} = 0.8\frac{3.5}{2.5} = 1.12$ है।

उदाहरण 3

निम्नलिखित समंकों की सहायता से 'x का y' पर तथा 'y का x' पर प्रतीपगमन गुणक ज्ञात कीजिए।

With the help of following data, find out Regression Coefficient of x on y and y on x:

	x	y
Average	16	30
Standard Deviation	4	3

Coefficient of Correlation

between x and y = + 0.85

Solution

Computation of Coefficient of Regression

x on y

$$b_{xy} = r\frac{\sigma x}{\sigma y}$$

$$= 0.85\frac{4}{3}$$

$$= 0.85 \times 1.333$$

$$= 1.134$$

y on x :

$$b_{yx} = r\frac{\sigma y}{\sigma x}$$

$$= 0.85\frac{3}{4}$$

$$= 0.85 \times .75$$

$$= 0.6375$$

टिप्पणी - (1) इसका अर्थ यह हुआ कि 'y' में 1 का परिवर्तन होने से 'x' में 1.134 का और 'x' में 1 का परिवर्तन होने पर 'y' में 0.6375 का परिवर्तन होगा।

(2) इन गुणकों की सहायता से सह सम्बन्ध गुणक का मूल्य निम्न प्रकार से ज्ञात किया जा सकता है अथवा प्रश्न में प्रदत्त सह सम्बन्ध गुणक के आधार पर प्रतीपगमन गुणक का मूल्य सही ज्ञात हुआ है अथवा नहीं इसकी सत्यता की जाँच की जा सकती है-

$$r = \sqrt{b_{xy}.b_{yx}} = \sqrt{1.134 \times 0.6375}$$

r = \f(0.7222875)

$$= 0.85$$

अत: सिद्ध होता है कि प्रतीपगमन गुणक की गणना सही हुई है।

विशेषता

यह बात ध्यान रहे कि दोनों प्रतीपगमन गुणकों का गुणनफल 1 से अधिक नहीं आना चाहिए। यदि यह 1 से अधिक हुआ तो सह सम्बन्ध गुणक भी 1 से अधिक होगा, जो कि गलत है।

सह सम्बन्ध की अनुपस्थिति में प्रतीपगमन गुणक

जब सह सम्बन्ध गुणन नहीं दे रखा हो अथवा उसे ज्ञात करने की आवश्यकता नहीं हो तब ऐसी स्थिति में प्रतीपगमन गुणक की गणना प्रत्यक्ष विधि या लघु रीति के द्वारा की जा सकती है।

प्रत्यक्ष विधि - समान्तर माध्य से विचलन ज्ञात करने पर ही प्रत्यक्ष विधि का प्रयोग करें। सूत्र निम्न प्रकार है-

'x का y' पर प्रतीपगमन गुणक

$$b_{xy} = \frac{\sum xy}{\sum y^2}$$

'y का x' पर प्रतीपगमन गुणक

$$b_{yx} = \frac{\sum xy}{\sum x^2}$$

यहाँ $\sum xy$ = x और y पद श्रेणियों की समान्तर माध्य से प्राप्त विचलनों के गुणनफलों का योग।

$\sum y^2$ = 'y' पद श्रेणी के समान्तर माध्य से ज्ञात विचलनों के वर्गों का योग

$\sum x^2$= 'x' पद श्रेणी के समान्तर माध्य से ज्ञात विचलनों के वर्गों का योग

उदाहरण 4

निम्नलिखित समंकों की सहायता से प्रतीपगमन गुणक की गणना कीजिए।

Calculate Regression coefficient from the following data:

x:	3	6	9	12	15
y :	3	12	27	48	75

Solution

Computation of Regression Coefficient

X Series			**Y Series**			
Values X	$\bar{x}$ **= 9 Deviation (x)**	x^2	**Values Y**	$\bar{y}$ **= 33 Deviation (y)**	y^2	**xy**
3	- 6	36	3	-30	900	+180
6	- 3	9	12	-21	441	+63
9	0	0	27	-6	36	0
12	+3	9	48	+15	225	+45
15	+6	36	75	+42	1764	+252
N = 05	$\sum x = 0$	$\sum x^2$ = 90	N = 05	$\sum y = 0$	$\sum y^2$ = 3366	$\sum xy$=540

Regression coefficient of x on y:

$$b_{xy} = \frac{\Sigma xy}{\Sigma y^2} = \frac{540}{336} = 0.16$$

Regression coefficient of y on x:

$$b_{yx} = \frac{\Sigma xy}{\Sigma x^2} = \frac{540}{90} = 6$$

लघु रीति - उपर्युक्त उदाहरण में माध्य संख्या पूर्णांक होने से प्रतीपगमन गुणक सरलता से ज्ञात कर लिये गये हैं। लेकिन माध्य संख्या पूर्णांक में नहीं आये तो प्रत्यक्ष रीति से गुणक ज्ञात करने में कठिनाई होगी। अत: ऐसी स्थिति में लघु रीति का प्रयोग ही सर्वोत्तम रहेगा। लघु रीति में निम्न सूत्र का प्रयोग होता है-

'x का y' पर प्रतीपगमन गुणक

$$b_{xy} = \frac{\Sigma dxdy.N - (\Sigma dx.\Sigma dy)}{\Sigma d^2y.N - (\Sigma dy)^2}$$

'y का x' पर प्रतीपगमन गुणक

$$b_{yx} = \frac{\Sigma dxdy.N - (\Sigma dx.\Sigma dy)}{\Sigma d^2x.N - (\Sigma dx)^2}$$

नोट - x तथा y पर श्रेणियों में से किसी भी पद मूल्य को कल्पित माध्य (Assumed mean) मानकर x श्रेणी तथा y श्रेणी के पद मूल्यों से विचलन अर्थात् (dx) व (dy) ज्ञात करके भिन्न भिन्न मूल्य ज्ञात कर लें। तत्पश्चात उपर्युक्त सूत्र का प्रयोग करें।

उदाहरण 5.

निम्न समंकों से प्रतीपगमन गुणक की गणना करके दो प्रतीपगमन समीकरणों की रचना कीजिए:

Calculate Regression coefficient from the following data and thereafter frame the two Regression Equations:

X :	65	66	67	67	68	69	71	73
Y :	67	68	64	68	72	70	69	70

Solution

Cofficient of Regression (by Short-cut Method)

X Series			Y Series			
Values X	**A = 67 dx**	**dx²**	**Values Y**	**A= 68 dy**	**dy²**	**dxdy**
65	-2	4	67	-1	1	+2
66	-1	1	68	0	0	0
67	0	0	64	-4	16	0
67	0	0	68	0	0	0
68	+1	1	72	+4	16	+4
69	+2	4	70	+2	4	+4
71	+4	16	69	+1	1	+4
73	+6	36	7-	+2	4	+12
N = 8	Σdx = +10	Σd^2x = 62		Σdy = +4	Σd^2y = 42	$\Sigma dxdy$ = 26

x का y पर प्रतीपगमन गुणक

$$b_{xy} = \frac{\Sigma dxdy.N - (\Sigma dx.\Sigma dy)}{\Sigma d^2y.N - (\Sigma dy)^2}$$

$$= \frac{26 \times 8 - (10 \times 4)}{42 \times 8 - (4)2}$$

$$= \frac{208 - 40}{336 - 16} = \frac{168}{320} = 0.525$$

y का x पर प्रतीपगमन गुणक

$$b_{yx} = \frac{\Sigma dxdy.N - (\Sigma dx.\Sigma dy)}{\Sigma d^2x.N - (\Sigma dx)^2}$$

$$= \frac{26 \times 8 - (10 \times 4)}{62 \times 8 - (10)2}$$

$$= \frac{208 - 40}{496 - 100} = \frac{168}{396} = 0.424$$

समान्तर माध्य

$$\bar{x} = Ax + \frac{\Sigma dx}{N}$$

$$= 67 + \frac{10}{8}$$

$$= 67 + 1.25 = 68.25$$

समान्तर माध्य

$$\bar{y} = Ay + \frac{\Sigma dy}{N}$$

$$= 68 + \frac{4}{8}$$

$$= 68 + .5 = 68.5$$

प्रतीपगमन समीकरण

$(x - \bar{x}) = bxy\,(y - \bar{y})$ $(y - \bar{y}) = byx\,(x - \bar{x})$

$(x - 68.25) = 0.525(y - 68.5)$ $(y - 68.5) = 0.424(x - 68.25)$

$(x - 68.25) = 0.525y - 35.963$ $(y - 68.5) = 0.424x - 28.938$

$x = 0.525y - 35.963 + 68.25$ $y = 0.424x - 28.938 + 68.5$

$x = 0.525y + 32.287$ $y = 0.424x + 39.562$

इस प्रकार प्रतीपगमन समीकरण

'x का y' पर $x = 0.525y + 32.287$

'y का x' पर $y = 0.424x + 39.562$

प्रतीपगमन रेखाओं की रचना

(Drawing of Regression Lines)

प्रतीपगमन समीकरणों की सहायता से सम्बन्धित रेखाओं की रचना निम्न विधि द्वारा की जा सकती है –

(1) x की y पर प्रतीपगमन रेखा – x के y पर समीकरण में y के दिये हुए मूल्यों (Given values of y) को बारी-बारी से आदिष्ट करके x के सर्वोत्तम संगणित मूल्य (Computed values of x or x_c) निकाल लिये जाते हैं। फिर x के सर्वोत्तम मूल्य और y के दिये हुए तत्संवादी मूल्यों को रेखाचित्र पर प्रांकित करके विभिन्न बिन्दुओं को मिला दिया जाता है, इस प्रकार x की y पर प्रतीपगमन रेखा प्राप्त हो जाती है। इस रेखा की सहायता से y के किसी दिये हुए मूल्य से सम्बद्ध x का मूल्य अनुमानित किया जा सकता हैं। इसके लिए Y-Axis पर दिये हुए मूल्य के बिन्दु से प्रतीपगमन रेखा पर लम्ब (Perpendicular) खींचा जाता है तथा इस लम्ब की रेखा पर स्पर्श बिन्दु से X - axis पर लम्ब डाला जाता है और दूसरे लम्ब के X-axis पर स्पर्श बिन्दु का मूल्य पढ़ लिया जाता है। यही x का सर्वोत्तम औसत मूल्य है।

(2) y की x पर प्रतीपगमन रेखा – y के x पर समीकरण में x के दिये हुए मूल्यों (given values of x) को आदिष्ट करके y के सर्वोत्तम मूल्य (Computed values of y or y_c) ज्ञात किये जाते हैं तथा इन पद युग्मों को रेखापत्र पर अंकित करके y की x पर प्रतीपगमन रेखा खींच ली जाती है। उपर्युक्त विधि के अनुसार इस रेखा से x के तत्संवादी y का सर्वोत्तम मूल्य अनुमानित कर लिया जाता है। यहाँ, पहले X-Axis पर दिये हुए मूल्य के बिन्दु से रेखा पर लम्ब खींचा जाता हैं। फिर, लम्ब के स्पर्श बिन्दु से Y-axis पर लम्ब खींचकर y का मूल्य ज्ञात कर लिया जाता है।

दोनों प्रतीपगमन रेखाएँ जहाँ एक दूसरे को काटती है वह दोनों श्रेणियों के समान्तर माध्यों ($\bar{x}$ - $\bar{y}$) से प्राप्त बिन्दु है।

टिप्पणी - ध्यान रहे कि वास्तव में सरल रेखा खींचने के लिए सम्बन्धित समीकरण (जैसे x का y पर) के लिए किन्हीं दो संगणित (x_c)मूल्यों की आवश्यकता होती है। इन दो बिन्दुओं के आधार पर ग्राफ पर सीधी रेखा (Straight Line) खींचे। आप देखें कि अन्य (x_c) के सभी मूल्य इस सीधी रेखा पर ही आदिष्ट होंगे। ठीक इस प्रकार y का x पर समीकरण के लिए भी सीधी रेखा की रचना की जानी चाहिए।

उदाहरण 6.

निम्न समंको से प्रतीपगमन रेखाओं की रचना कर उन्हें ग्राफ पर प्रदर्शित कीजिए तथा बताइये कि सहसम्बन्ध किस स्तर का है?

Draw regression lines from the following data and plot them on graph and point out the degree of correlation with the help of graph:

X	5	7	9	11	13
Y	10	30	20	40	50

Solution

प्रतीपगमन समीकरण की गणना

X	$\bar{x}$=9 x	x^2	Y	$\bar{y}$=30 y	y^2	xy
5	- 4	16	10	- 20	400	+ 80
7	- 2	4	30	0	0	0
9	0	0	20	- 10	100	0
11	+ 2	4	40	+10	100	+20
13	+ 4	16	50	+ 20	400	+ 80
45	0	40	150	0	1000	+ 180

$\bar{x} = \frac{\Sigma x}{N} = \frac{45}{5} = 9$ $\bar{y} = \frac{\Sigma y}{N} = \frac{150}{5} = 30$

$b_{xy} = \frac{\Sigma xy}{\Sigma y^2} = \frac{180}{1000} = +0.18$ $b^{yx} = \frac{\Sigma xy}{\Sigma x^2} = \frac{180}{40} = +4.5$

Regression Equation x on y:

$(x - \bar{x}) = b_{xy} (y - \bar{y})$

(x - 9) = 0.18 (y-30)

(x - 9) = 0.18y 0 5.4

x = 0.18y - 5.4 + 9

x = 0.18y + 3.6

Regression Equation y on x

$(y - \bar{y}) = b_{yx} (x - \bar{x})$

(y - 30) = 4.5 (x - 9)

(y - 30) = 4.5 x - 40.5

y = 4.5x - 40.5 + 30

y = 4.5x - 10.5

x का y पर प्रतीपगमन के लिए संगणित मूल्य

x = 0.18y + 3.6

प्रदत्त y	समीकरण	संगणित (x_c)
10	(0.18 x 10) + 3.6	5.4
30	(0.18 x 30) + 3.6	7.2
20	(0.18 x 20) + 3.6	9.0
40	(0.18 x 40) + 3.6	10.8
50	(0.18 x 50) + 3.6	12.6

y का x पर प्रतीपगमन के लिए संगणित मूल्य

y = 4.5x - 10.5

प्रदत्त y	समीकरण	संगणित (x_c)
5	4.5 x 5 - 10.5	12
7	4.5 x 7 - 10.5	21
9	4.5 x 9 - 10.5	30
11	4.5 x 11 - 10.5	39
13	4.5 x 13 - 10.5	48

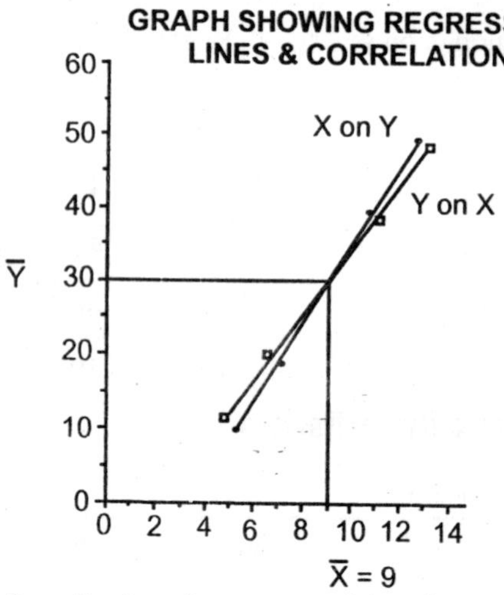

टिप्पणी – प्रतीपगमन रेखाओं की समीपता उच्च स्तरीय पूर्ण धनात्मक सह सम्बन्ध को प्रदर्शित करती है।

उदाहरण 7.

दिया हुआ है (Given)

	x Series	y Series
Mean	18	100
Standard Deviation	14	20

Coefficient of Correlation

between x and y = 0.8

ज्ञात कीजिए जबकि (1) x = 70 हो तो y का उपयुक्त अनुमानित मूल्य

(2) y = 90 हो तो x का उपयुक्त अनुमानित मूल्य।

Find out when (i) x = 70 then most probable value of 'y'

(ii) y =90 then most probable value of 'x'

Solution

प्रश्नानुसार प्रदत्त मूल्य निम्न प्रकार हैं

$\sigma x = 14$, $\sigma y = 20$, $\bar{x} = 18$, $\bar{y} = 100$ (x = 70, y = ?)

(y = 90, x = ?), r = 0.8

x का y पर प्रतीपगमन	y का x पर प्रतीपगमन
$(x - \bar{x}) = r \frac{\sigma x}{\sigma y}(y - \bar{y})$	$(y - \bar{y}) = r \frac{\sigma y}{\sigma x}(x - \bar{x})$
$(x - 18) = 0.8 \frac{14}{20}(y - 100)$	$(y - 100) = 0.8 \frac{20}{14}(x - 18)$
या (x - 18) = 0.56 (90 - 100)	या (y- 100) = 1.143 (x - 18)
या (x - 18) = .56 x (-10)	या (y - 100) = 1.143 (70 - 18)
x = -5.6 + 18	या (y - 100) = 1.143 x 52
x = 12.4	या y = 59.436 + 100
	y = 159.436

इस प्रकार x = 70 होने पर y का अनुमानित मूल्य = 156.436

y = 90 होने पर का अनुमानित मूल्य = 12.4

उदाहरण 8.

(1) यदि दो प्रतीपगमन गुणक + 0.8 तथा +0.9 हों तो सह सम्बन्ध गुणक का मूल्य क्या होगा?

If two regression coefficient are +0.8 and +0.9, what would be the value of the coefficient of correlation?

(2) सांख्यिकी (x) तथा अर्थशास्त्र (y) की परीक्षा में 450 छात्रों द्वारा प्रासांकों से सम्बन्धित सूचना निम्न प्रकार है:

Given below is information relating to marks obtained by 450 students in an examination in Statistics (x) and Economics (y) :

	Statistics (x)	Economics (y)
Mean marks	40	48
Standard Deviation	12	16

Σxy = sum of products of the deviations from their respective means = 42075.

दोनों प्रतीपगमन समीकरण ज्ञात कीजिए तथा उस विद्यार्थी के अर्थशास्त्र में अंकों का सर्वोत्तम अनुमान कीजिए जिसके सांख्यिकी में 50 अंक है।

Obtain the two regression equations and estimate the expected marks in Economics of a students who has secured 50 marks in Statistics.

Solution

(1) प्रश्नानुसार, मान लिया $b_{xy} = 0.8$ तब $b_{yx} = 0.9$ है तथा सह सम्बन्ध गुणक (r) का मूल्य निम्नलिखित होगा।

r = \r($b_{xy}.b_{yx}$) = \f(0.8 x 0.9)

$= \sqrt{0.72} = 0.848$ or 0.85 Approx.

(2) दोनों प्रतीपगमन समीकरणों को ज्ञात करने से पूर्व सह सम्बन्ध गुणक का मूल्य ज्ञात करना होगा। प्रदत्त सूचनाओं के आधार पर सह सम्बन्ध गुणक का मूल्य ज्ञात करने के लिए सूत्र निम्न प्रकार हैं

$$r \frac{\Sigma xy}{Nx.y} = \frac{42075}{450 \times 12 \times 16}$$

$$= \frac{42075}{86400} = 0.487 \text{ or } 0.49$$

दोनों समीकरण हेतु सूत्र

x का y पर प्रतीपगमन

$$(x - \bar{x}) = r \frac{\sigma x}{\sigma y} (y - \bar{y})$$

$$(x - 40) = 0.49 \frac{12}{16} (y - 48)$$

या $(x - 40) = 0.3675(y - 48)$

या $(x - 40) = 0.3675y - 17.64$

या $x = 0.3675y - 17.64 + 40$

$x = 0.3675y + 22.36$

y का x पर प्रतीपगमन

$$(y - \bar{y}) = r \frac{\sigma y}{\sigma x} (x - \bar{x})$$

$$(y - 48) = 0.49 \frac{16}{12} (x - 40)$$

या $(y - 48) = 0.653 (x - 40)$

या $(y - 48) = 0.653x - 26.133$

या $(y - 48) = 0.653x - 26.133 + 48$

या $y = 0.653x + 21.867$

उस छात्र के सांख्यिकी (x) में 50 प्राप्तांक हैं तो अर्थशास्त्र (y) में सर्वोत्तम प्राप्तांक निम्नलिखित होंगे –

समीकरण $y = 0.653x + 21.867$

$y = (0.653 \times 50) + 21.867$

$= 32.65 + 21.867$

$y = 54.517$ अर्थात 55 प्राप्तांक होंगे।

उदाहरण 9

निम्न चरों के मूल्यों से दोनों प्रतीपगमन समीकरणों को ज्ञात कीजिए, दोनों प्रतीपगमन गुणक निकालिए और उनमें सह सम्बन्ध भी ज्ञात कीजिए।

From the following variables, calculate both regression equations of 'x on y' and 'y on x'. Also find out both the coefficients of regression and Coefficient of Correlation in between x and y:

x:	23	27	28	28	29	30	31	33	35	36
y :	18	20	22	27	21	29	27	29	28	29

Solution

Computation Table

X Series			Y Series			
Values X	$\bar{x}$ **= 30 Deviation (x)**	x^2	**Values Y**	$\bar{y}$ **= 25 Deviation (y)**	y^2	**xy**
23	- 7	49	18	= 7	49	+ 49
27	- 3	9	20	- 5	25	+ 15
28	- 2	4	22	- 3	9	+ 6
28	- 2	4	27	+ 2	4	- 4
29	- 1	1	21	- 4	16	+ 4
30	0	0	29	+ 4	16	0
31	+ 1	1	27	+ 2	4	+ 2
33	+ 3	9	29	+ 4	16	+ 12
35	+ 5	25	28	+ 3	9	+ 15
36	+ 6	36	29	+ 4	16	+ 24
ΣX = 300 N = 10	$\Sigma x = 0$	138	ΣY = 250	$\Sigma y = 0$	164	123

Arithmetic Mean:

$\bar{x} = \frac{\Sigma x}{N} = \frac{300}{10}$

$\bar{x} = 30$

$\bar{y} = \frac{\Sigma y}{N} = \frac{250}{10}$

$\bar{y} = 25$

Regression Coefficient of x on y or (b^{xy})

$b^{xy} = \frac{\Sigma xy}{\Sigma y2}$

$= \frac{123}{164} = 0.75$

Regression Coefficient of y on x or (b^{yx})

$b^{yx} = \frac{\Sigma xy}{\Sigma x2}$

$= \frac{123}{138} = 0.891$

Coefficient of Correlation

$$r = \sqrt{b^{xy}.b^{yx}}$$

$$= \sqrt{.75 \text{ x } .891} = \sqrt{0.66825} = 0.817 \text{ or } 0.82$$

Regression Equation of x on y:

$(x - \bar{x}) = b_{xy}(y - \bar{y})$

$(x - 30) = 0.75\ (y - 25)$

या $(x - 30) = 0.75\ y - 18.75$

या $x = 0.75\ y\ 18.75 + 30$

$x = 0.75\ y + 11.25$

Regression Equation of y on x:

$(y - \bar{y}) = b_{yx}\ (x - \bar{x})$

$(y - 25) = 0.891\ (x - 30)$

या $(y - 25) = 0.891\ x - 26.73$

या $y = 0.891\ x - 26.73 + 25$

$y = 0.891\ x - 1.73$

उदाहरण 10

निम्न समंकों से कार्ल पियर्सन सह सम्बन्ध गुणक तथा प्रतीपगमन समीकरण की गणना कीजिए:

Calculate Karl Pearson's Coefficient of Correlation and the regression equations from the following data:

Age of Husband	Age of Wife	Age of Husband	Age of Wife
18	17	23	19
19	17	24	19
20	18	25	20
21	18	26	21
22	18	27	21

Solution

Computation Table

Age of Husband (x)	A = 22 dx	d ^{2}x	Age of Wife	A= 18 dy	d ^{2}y	dxdy
18	- 4	16	17	- 1	1	+ 4
19	- 3	9	17	- 1	1	+ 3
20	- 2	4	18	0	0	0
21	- 1	1	18	0	0	0
22	0	0	18	0	0	0
23	+ 1	1	19	1	1	+ 1
24	+ 2	4	19	1	1	+ 2
25	+ 3	9	20	4	4	+ 6
26	+ 4	16	21	9	9	+ 12
27	+ 5	25	21	9	9	+ 15
N = 10	+ 5	85		+ 8	26	43

समान्तर माध्य

$$\bar{X} = A + \frac{\Sigma dx}{N}$$

$\bar{X}$= 22 + \f(5,10) = 22.5

प्रमाप विचलन

$$\sigma x = \frac{1}{N}\sqrt{\Sigma d^2 x.N - (\Sigma dx)^2}$$

$$= \frac{1}{10}\sqrt{85 \text{ x } 10 - (5)^2}$$

$$= \frac{1}{10}\sqrt{850 - 25}$$

= \f(1,10) \f(825) = 2.87

समान्तर माध्य

$$\bar{Y} = A + \frac{\Sigma dy}{N}$$

$$\bar{Y} = 18 + \frac{8}{10} = 18.8$$

प्रमाप विचलन

$$\sigma y = \frac{1}{N}\sqrt{\Sigma d^2 y.N - (\Sigma dy)^2}$$

$$= \frac{1}{10}\sqrt{26 \text{ x } 20 - (8)^2}$$

$$= \frac{1}{10}\sqrt{260 - 64}$$

$$= \frac{1}{10}\sqrt{169} = 1.4$$

सह सम्बन्ध गुणक

$$r = \frac{\Sigma dxdy.N - (\Sigma dx.\Sigma dy)}{\sqrt{\Sigma d^2 x.N-(\Sigma dx)^2}\sqrt{\Sigma d^2 y.N - (\Sigma dy)^2}}$$

$$= \frac{43 \text{ x } 10 - (5 \text{ x } 8)}{\sqrt{85 \text{ x } 10 - (5)^2}\sqrt{26 \text{ x } 10 - (8)^2}}$$

$$= \frac{430 - 40}{\sqrt{825 \text{ x } 196}}$$

$$= \frac{390}{28.72 \text{ x } 14} = \frac{390}{402.08} = 0.9699$$

अतः सह–सम्बन्ध गुणक $r = 0.97$

x का y पर प्रतीपगमन गुणक

$bxy = r\frac{\sigma x}{\sigma y}$

$= 0.97\frac{2.87}{1.4}$

$= 1.99$

y का x पर प्रतीपगमन गुणक

$bxy = r\frac{\sigma y}{\sigma x}$

$= 0.97\frac{1.4}{2.87}$

$= 0.47$

प्रतीपगमन समीकरण

$(x - \bar{x})\ b_{xy}\ (y - \bar{y})$

$(x - 22.5) = 1.99\ (y - 18.8)$

$(x - 22.5) = 1.99\ y - 37.41$

$x = 1.99\ y - 37.41 + 22.5$

$x = 1.99\ y - 14.91$

$(y - \bar{y}) = b_{xy}\ (x - \bar{x})$

$(y - 18.8) = 0.47\ (x - 22.5)$

$(y - 18.8) = 0.47\ x - 10.58$

$y = 0.47\ x - 10.58 + 18.8$

$y = 0.47x + 8.22$

न्यूनतम वर्ग रीति द्वारा प्रतीपगमन समीकरण

(Regression Equations Method of Least Squares)

न्यूनतम वर्ग रीति द्वारा न्यूनतम वर्ग मान्यता (Least Squares Assumption) के आधार पर प्रदत्त समंकमाला के लिए सर्वाधिक उपयुक्त रेखा (Line of Best Fit) खींची जाती है तो जो सरल रेखा (Straight Line) अथवा परवलयिक वक्र (Parabolic Curve) के रूप में हो सकती है। इस रेखा को खींचने के लिए गणितीय समीकरणों की सहायता ली जाती है। यह रेखा दो शर्तों पर आधारित होती है–

(1) $\Sigma(y - y_c) = 0$अर्थात् आश्रित चर के प्रदत्त मूल्यों (y_c) और उसके अनुमानित मूल्यों (y) के विचलनों का योग शून्य होता है।

(2) $\Sigma(y - y_c)^2$ **न्यूनतम** : अर्थात् इस रेखा से विभिन्न पद मूल्यों के विचलनों के वर्गों का योग अन्य किसी भी रेखा से लिये गये विचलन वर्गों के योग की तुलना में न्यूनतम होता है।

न्यूनतम वर्ग रीति द्वारा सरल रेखीय अनुमानित मूल्यों को ज्ञात करने के लिए निम्नलिखित आधारभूत समीकरणों का प्रयोग किया जाता है।

x का y पर

$x = a + by$

y का x पर

$y = a + bx$

उक्त समीकरण में a एवं b अचर मूल्यों (constants) हैं जिनका परिकलन निम्नलिखित प्रसामान्य समीकरणों (Normal Equations) की सहायता से किया जाता है:

x on y	y on x
$\Sigma x = Na + b\Sigma y$	$\Sigma y = Na + b\Sigma x$
$\Sigma xy = a\Sigma y + b\Sigma y^2$	$\Sigma xy = a\Sigma x + b\Sigma x^2$

यहाँ Σy = y के प्रदत्त मूल्यों का योग,

Σx = x के प्रदत्त मूल्यों का योग,

Σx^2 = x के प्रदत्त मूल्यों के वर्गों का योग,

Σy^2 = y के प्रदत्त मूल्यों के वर्गों का योग,

Σxy = x के प्रदत्त मूल्यों और y के प्रदत्त मूल्यों के गुणनफल का योग,

N = x और y के युग्मों की संख्या

इस प्रकार उपर्युक्त समीकरणों से a एवं b अचर मूल्य ज्ञात करने के पश्चात् आधारभूत समीकरण की सहायता से x चर के विभिन्न मूल्यों के लिए y चर के अनुमानित मूल्यों तथा y के विभिन्न मूल्यों के लिए x के अनुमानित मूल्यों को ज्ञात किया जाता है।

उदाहरण 11

निम्न समंकों से न्यूनतम वर्ग रीति द्वारा दोनों प्रतीपगमन समीकरणों का परिकलन कीजिए और प्रतीपगमन गुणक विधि द्वारा परिणाम की जाँच कीजिए:

Calculate both regression equations from the data given below by least squares method and verify the results by coefficient of regression method:

x	1	3	4	6	8	9	11	14
y	1	2	4	4	5	7	8	9

Solution

न्यूनतम वर्ग रीति द्वारा

Computation of Regression Equation by Least Square Method

x	x^2	y	y^2	xy
1	1	1	1	1
3	9	2	4	6
4	16	4	16	16
6	36	4	16	24
8	64	5	25	40
9	81	7	49	63
11	121	8	64	88
14	196	9	81	126
$\Sigma x = 56$	$\Sigma x^2 = 524$	$\Sigma y = 40$	$\Sigma y^2 = 256$	$\Sigma xy = 364$

x का y पर प्रतीपगमन समीकरण : $x_c = a + by$

y का x पर प्रतीपगमन समीकरण : $y_c = a + bx$

यहाँ a तथा b अचर मूल्य हैं जिन्हें ज्ञात करने हेतु न्यूनतम वर्ग रीति की सामान्य समीकरण को आधार बनाया जायेगा।

x का y पर प्रतीपगमन

$\Sigma x = Na + b\Sigma y$ (i)

$\Sigma xy\ a\Sigma y + b\Sigma y^2$ (ii)

मूल्य प्रतिस्थापित करने पर,

$56 = 8a + 40b$ (i)

$364 = 40a + 256b$ (ii)

समीकरण (1) को 5 से गुणा करके (2) को घटाने पर,

$280 = 40a + 200b$

$364 = 40a + 256b$

\- - -

$-86 = -56$

$b = \frac{84}{56} = 1.5$

b का मान प्रतिस्थापित करने पर,

$56 = 8a + 40 \times 1.5$

$56 = 8a + 60$

$-8a = 60-56$

$a = \frac{4}{-8} = 0.5$

अतः प्रतीपगमन समीकरण,

$x = a + by$

$x = -0.5 + 1.5y$

y का x पर प्रतीपगमन

$\Sigma y = Na + b\Sigma x$ (i)

$\Sigma xy = a\Sigma x + b\Sigma x^2$ (ii)

मूल्य प्रतिस्थापित करने पर

$40 = 8a + 56b$ (i)

$364 = 56a + 524b$ (ii)

समीकरण (1) को 7 से गुणा करके (2) को घटाने पर,

$280 = 56a + 392b$

$364 = 56a + 524b$

\- - -

$-84 = -132b$

$b = \frac{84}{132} = 0.636$ or 0.64

b का मान प्रतिस्थापित करने पर,

$40 = 8a + 56 \times 0.64$

$40 = 8a + 35.84$

$-8a = 35.84 - 40$

$-8a = -4.16$

$a = \frac{4.16}{8} = 0.52$

अतः प्रतीपगमन समीकरण

$y = a + bx$

$y = 0.52 + 0.64x$

प्रतीपगमन गुणक विधि द्वारा हल

न्यूनतम वर्ग रीति द्वारा ज्ञात प्रतीपगमन समीकरण की जाँच प्रतीपगमन गुणक रीति के द्वारा अग्र प्रकार से की जा रही है।

Computation of Regression Equations by Coefficient of Regression Method

X Series			Y Series			
Values X	$\bar{X} = 7$ Deviation (x)	x^2	Values Y	$\bar{Y} = 5$ Deviation (y)	y^2	xy
1	- 6	36	1	- 4	16	24
3	- 3	16	2	- 3	9	12
4	- 4	9	4	- 1	1	3
6	- 1	1	4	- 1	1	1
8	+ 1	1	5	0	0	0
9	+ 2	4	7	+ 2	4	4
11	+ 4	16	8	+ 3	9	12
14	+ 7	49	9	+ 4	16	28
56	0	132	40	0	56	84

$\bar{X} = \frac{\Sigma x}{N} = \frac{56}{8} = 7$

प्रतीपगमन गुणक x का x पर

$b_{xy} = \frac{\Sigma xy}{\Sigma x^2} = \frac{84}{56} = 1.5$

प्रतीपगमन समीकरण x का y पर

$(x - \bar{x}) = bxy\ (y - \bar{y})$

$(x - 7) = 1.5\ (y-5)$

या $(x-7) = 1.5y - 7.5$

या $x = 1.5y - 7.5 + 7$

$x = 1.5y - 0.5$

अथवा प्रतीपगमन समीकरण

$x = -0.5 + 1.5y$

$\bar{Y} = \frac{\Sigma y}{N} = \frac{40}{8} = 5$

प्रतीपगमन गुणक y का x पर

$b_{yx} = \frac{\Sigma xy}{\Sigma y^2} = \frac{84}{132} = 0.64$

प्रतीपगमन समीकरण y का x पर

$(y - \bar{y}) = byx\ (x - \bar{x})$

$(y-5) = 0.64\ (x-7)$

या $(y-5) = 0.64x - 4.48$

या$y = 0.64x - 4.48 + 5$

$y = 0.64x + 0.52$

अथवा प्रतीपगमन समीकरण

$y = 0.52 + 0.64x$

टिप्पणी – इस प्रकार आप देख रहे हैं कि प्रश्न का हल चाहे न्यूनतम वर्ग रीति द्वारा करे चाहें प्रतीपगमन गुणक विधि द्वारा दोनों ही स्थिति में परिणाम अर्थात् समीकरण एक ही प्रकार से प्राप्त होंगे।

द्विचर सारणी में प्रतीपगमन गुणांक की गणना

(Computation of Regression Coefficient in Bi-Variate Table)

जब समंक द्विचर सारणी के रूप में दे रखें हो तो प्रतीपगमन गुणांक अथवा प्रतीपगमन समीकरण ज्ञात करने हेतु Σfx, Σfx^2, Σfxy तथा इसी प्रकार Σfy, Σfy^2, की गणना की जाती है। इनकी गणना के लिए द्विचर तालिका ठीक उसी प्रकार बनाई जानी चाहिए जैसा कि वर्गीकृत श्रेणी सह सम्बन्ध गुणक (Correlation in Grouped Seires) ज्ञात करने के लिए तालिका तैयार की जाती है।

प्रतीपगमन गुणांक की गणना में प्रयुक्त सूत्र के लिए

$$b_{xy} = \frac{\Sigma fxy.N - (\Sigma fx.\Sigma fy)}{\Sigma fy^2.N - (\Sigma fy)^2} \times \frac{i_x}{i_y}$$

or

$$b_{yx} = \frac{\Sigma fxy.N - (\Sigma fx.\Sigma fy)}{\Sigma fx^2.N - (\Sigma fx)^2} \times \frac{i_y}{i_x}$$

टिप्पणी – यहाँ $i_y = y$ ेणी का वगौन्तर तथा $i_x = x$ श्रेणी का वगौन्तर

उदाहरण 12

बी. काम. पार्ट के अर्थशास्त्र के प्राप्तांक वगै 4-8, 8-12, 12-16 तथा 16-20 एवं लेखाशास्त्र के प्राप्तांक वर्ग 8-14, 14 - 20 तथा 20-26 के तथ्य निम्न प्रकार दिये गये हैं। आप दो प्रतीपगमन रेखाओं का निर्धारण कीजिए।

The following represent the marks groups 4 - 8, 8 - 12, 12 - 16 and 16 - 20 in Economics and marks groups 8 - 14, 14 - 20 and 20 - 26 in Accountancy of B.Com. part I. Find out the equations for the two lines of Regression.

Marks in Accountancy ↓	Marks in → Economics	4 - 8	8 - 12	12 - 16	16 - 20	Total
8 - 14		11	6	2	1	20
14 - 20		5	12	15	8	40
20 - 24		-	2	3	15	20
Total		16	20	20	24	80

Solution

Calculation of Regression Coefficient

Marks in Accountancy ↓	Marks in → Economics	4 - 8 6 -2	8 - 12 10 -1	12-16 14 0	16-20 18 1	Total (f)	fx	fx^2	fxy
8 - 14	11 - 1	22 2 11	6 1 6	0 0 2	-1 -1 1	20	-20	20	27
14 - 20	17 - 0	0 0 5	0 0 12	0 0 15	0 0 8	40	0	0	0

20 - 26	23 + 1	-	-2 -1 2	0 0 3	15 1 15	20	20	20	13
	Total f	16	20	20	24	N= 80	$\Sigma fx = 0$	$\Sigma fx^2 = 40$	$\Sigma fxy = 40$
	fy	-32	-20	0	24	$\Sigma fy = -28$			
	fy^2	64	20	0	24	$\Sigma fy^2 = 108$			
	xy	22	4	0	14	$\Sigma fxy = 40$			

$$\bar{x} = A + \frac{\Sigma fx}{N} \times i = 17 + \frac{0}{80} \times 6 = 17$$

$$\bar{y} = A + \frac{\Sigma fy}{N} \times i = 14 + \frac{-28}{80} \times 4 = 12.6$$

$$b_{xy} = \frac{\Sigma fxy.N - (\Sigma fx.\Sigma fy)}{\Sigma fy^2.N - (\Sigma fy)^2} \times \frac{i_x}{i_y}$$

$$= \frac{40 \times 80 - (0 \times 28)}{108 \times 80 - (-28)^2} \times \frac{6}{4}$$

$$= \frac{3200}{8640 - 7844} \times \frac{6}{4} = \frac{3200}{7856} \times \frac{6}{4} = \frac{2400}{3928} = 0.611$$

$$b_{yx} = \frac{\Sigma fxy.N - (\Sigma fx.\Sigma fy)}{\Sigma fx^2.N - (\Sigma fx)^2} \times \frac{i_y}{i_x}$$

$$= \frac{40 \times 80 - (0 \times 28)}{40 \times 80 - (2)^2} \times \frac{4}{6}$$

$$= \frac{3200}{3200} \times \frac{4}{6} = \frac{2}{3} = 0.67$$

The Two equations are -

x on y

$(x - \bar{x}) = b_{xy} (y - \bar{y})$

or (x - 17) = 0.611(y - 12.6) or x - 17 = 0.611 y - 7.6986

or x = 0.611y - 7.6986 + 17 = 0.611y + 9.3014

$\therefore$ x = 0.611y + 9.3

y on x

$(y - \bar{y}) = b_{yx} (x - \bar{x})$ or (y - 12.6) = 0.67 (x - 17)

or y = 0.67x - 11.39 + 12.9 = 0.67x + 1.21

y = 0.67x + 1.21

अनुमान की प्रमाप त्रुटि

(Standard Error of the Estimate)

जैसा कि आप जानते हैं कि प्रतीपगमन की विधि से आश्रित चर के मूल्य का सर्वोपयुक्त अनुमान ज्ञात किया जा सकता है। हमारा अनुमान यथार्थ के कितना निकट है यह जानने के लिए अनुमान की प्रमाप त्रुटि की गणना की जाती है।

अनुमान की प्रमाप त्रुटि आश्रित चर के वास्तविक मूल्यों व संगणित मूल्यों (Computed Values) के विचलनों का औसत माप ही अनुमान की प्रमाप त्रुटि है। यह अस्पष्ट या व्याख्या रहित विचरण मापांक का वर्गमूल (Square root of unexplained variation) होता है। अनुमान की प्रमाप त्रुटि की गणना विधि ठीक प्रमाप विचलन के परिकलन विधि जैसी है। अन्तर केवल इतना है कि अनुमान की प्रमाप त्रुटि ज्ञात करते समय विचलन समान्तर माध्य से ज्ञात नहीं करते बल्कि संगठित मूल्यों से विचलन ज्ञात करते हैं।

दोनों प्रतीपगमन रेखाओं के अनुमान की प्रमाप त्रुटि निम्नांकित सूत्रों में से किसी भी सूत्र के माध्यम से ज्ञात की जा सकती है। (उपयुक्त सूत्र का चुनाव प्रश्न में दी गयी सूचनाओं के आधार पर ही करनी चाहिए।)

प्रतीपगमन समीकरण

(1) (प्रथम) x का y पर

S_{xy} = \r(\f(Σx - x_c)^2,N))

यहाँ x_c = x का संगणित मूल्य

y का x पर

$$S_{yx} = \sqrt{\frac{(\Sigma y - y_c)^2}{N}}$$

यहाँ y_c = y का संगणित मूल्य

वैकल्पिक सूत्र (**द्वितीय**)

(ii) $S_{xy} = \sqrt{\dfrac{\Sigma x^2 - a\Sigma x - b\Sigma xy}{N}}$

S_{yx} = \r(\f(Σy^2 - ayΣ - bΣxy,N)

वैकल्पिक सूत्र (तृतीय)

(iii) $S_{xy} = \sigma x \sqrt{1 = r^2}$

$S_{yx} = \sigma y \sqrt{1 - r^2}$

टिप्पणी - अनुमान के प्रमाप विभ्रम का प्रतीपगमन रेखा से वही सम्बन्ध है जो प्रमाप विचलन का समान्तर माध्य से है। उसका निर्वचन भी प्रमाप विचलन के निर्वचन के समान ही किया जाता है। यदि प्रतीपगमन विश्लेषण के आधार पर लगाये गये सर्वोपयुक्त अनुमान में एक बार 3 S.E. जोड़ दें और एक बार 3.S.E. घटा दें तो वे दो सीमाएँ प्राप्त हो जायेंगी जिनमें वास्तविक मूल्य के पाये जाने की 99.73 प्रतिशत (लगभग पूरी) सम्भावना होती है। परन्तु ऐसा तभी होगा जबकि वितरण प्रसामान्य (Normal) हो और विश्लेषण दैव प्रतिचयन पर आधारित हो।

उदाहरण 13.

उदाहरण 11 में प्रदत्त सूचनाओं से प्रतीपगमन रेखाओं के अनुमान की प्रमाप त्रुटि (Standard Error of the estimates) ज्ञात कीजिए।

Solution

उदाहरण संख्या 11 से निम्नलिखित सूचनाएँ प्राप्त होती हैं-

x = 1	3	4	6	8	9	11	14
y = 1	2	4	4	5	7	8	9

$N = 8, \Sigma x = 56, \Sigma x^2 = 524, \Sigma y = 40, \Sigma y^2 = 256, \Sigma xy = 364$

x का y पर प्रतीपगमन समीकरण में, $a = -0.5, b = 1.5$

y का x पर प्रतीपगमन समीकरण में, $a = 0.52, b = 0.64$

उपर्युक्त सूचनाओं के आधार पर अनुमान प्रमाप त्रुटि की गणना प्रक्रिया निम्न प्रकार हैं-

मूल सारणी के आधार पर सूत्र (द्वितीय)

x का y पर प्रतीपगमन

$$S_{xy} = \sqrt{\frac{\sum x^2 - a\sum x - b\sum xy}{N}}$$

$$= \sqrt{\frac{524 - (.5 \times 56) - (1.5 \times 364)}{8}}$$

$$\text{या } S_{xy} = \sqrt{\frac{524 + 28 - 546}{8}}$$

$$= \sqrt{\frac{552 - 546}{8}}$$

$$= \sqrt{\frac{6}{8}} = \sqrt{0.75}$$

अतः अनुमान की प्रमाप त्रुटि $S_{xy} = 0.87$

y का x पर प्रतीपगमन

$$S_{yx} = \sqrt{\frac{\sum y^2 - a\sum y - b\sum xy}{N}}$$

$$= \sqrt{\frac{256 - (.52 \times 40) - (.64 \times 364)}{8}}$$

$$\text{या } S_{yx} = \sqrt{\frac{256 - 20.8 - 232.6}{8}}$$

$$= \sqrt{\frac{256 - 253.76}{8}}$$

$$= \sqrt{\frac{2.24}{8}} = \sqrt{0.28}$$

अतः अनुमान की प्रमाप त्रुटि $S_{yx} = 0.53$

प्रदत्त समीकरणों से माध्य व प्रतीपगमन गुणक का परिकलन

जब दोनों प्रतीपगमन समीकरण ज्ञात हों तो उनको हल करके x व y के समान्तर माध्य ($\bar{x}$ व $\bar{y}$) ज्ञात किये जा सकते हैं। इसी प्रकार दोनों प्रदत्त समीकरणों के आधार पर प्रतीपगमन गुणक (b_{xy} व b_{yx}) ज्ञात किये जा सकते हैं। परन्तु कभी–कभी समीकरण इस प्रकार दिये हुए होते हैं कि उनके अवलोकन से यह विदित ही नहीं होता कि कौनसा प्रतीपगमन समीकरण x का y पर तथा y का x पर है। ऐसी स्थिति में किसी भी एक को x का y पर प्रतीपगमन समीकरण मानकर b_{xy} की गणना करें तथा अन्य बचे समीकरण के आधार पर b_{yx} की गणना कर लें। इन दोनों गुणकों को ज्ञात करने के बाद इन्हें गुणा करके (अर्थात् $b_{xy} \cdot b_{yx}$) जो गुणनफल प्राप्त हो वह यदि 1 से कम है तो हमारी मान्यता सही है। यदि b_{xy} तथा b_{yx} का गुणनफल 1 से अधिक प्राप्त हो तो यह सिद्ध होगा कि हमारी मान्यता गलत है क्योंकि $r^2 = 1$ यदि ऐसा हो तो प्रश्न को फिर से हल करें अर्थात् इस बार उस समीकरण को y का x पर प्रतीपगमन समीकरण मानें जिसे कि पूर्व में x का y पर प्रतीपगमन समीकरण माना था। ध्यान रहे कि ($b_{xy} \times b_{yx}$) का गुणनफल कभी भी 1 से अधिक नहीं हो।

उदाहरण 14.

एक आंशिक ध्वस्त प्रयोगशाला के रेकार्ड से सह सम्बन्ध समंक विश्लेषण के निम्न परिणाम उपलब्ध है।

In a partialy destroyed laboratory record of an analysis of correlation data the following results only are available.

Regression Equations (प्रतीपगमन समीकरण)

$8x - 10y = -66$

$40x - 18y = 214$

Variance of (x का प्रसारण) x = 9

x और y के औसत माध्य, x और y के बीच सह सम्बन्ध गुणक और y का प्रमाप विचलन ज्ञात कीजिए।

Calculation the mean values of x and y, the coefficient of correlation between x and y and the standard deviation of y.

Solution

x व y के औसत माध्य मूल्य ज्ञात करने के लिए दोनों समीकरणों को हल करेंगे:

$8x - 10y = -66$ (i)

$40x - 18y = 214$ (ii)

प्रथम समीकरण को 5 से गुणा करके (ii) में से घाटने पर,

$40x - 18y = 214$

$40x - 50y = - 330$

$- \quad + \quad +$

$32y = 544$

$$y = \frac{544}{32} = 17$$

y = 17 को समीकरण (i) में रखने पर,

$8x - 10 \times 17 = - 66$

$8x = 0\ 66 + 170$

$8x = 104$

$$x = \frac{104}{8} = 13$$

इस प्रकार x = 13, y = 17 होंगे।

सह सम्बन्ध गुणक - इसे ज्ञात करने के लिए सर्वप्रथम दोनों प्रतीपगमन गुणक अर्थात् (b_{xy}) तथा (b_{yx}) ज्ञात करने होंगे। इसलिए दिये गये समीकरणों में से किसी एक को x का y पर तथा दूसरे को y का x पर प्रतीपगमन समीकरण मानना होगा।

हम प्रथम दिये गये समीकरण को y का x पर और द्वितीय को x का y प्रतीपगमन समीकरण मानकर क्रमश: b_{yx} तथा b_{xy} ज्ञात कर रहें हैं। यह ध्यान रहे कि ($b_{yx}.b_{xy}$) का गुणनफल 1 से अधिक कभी नहीं हो। यदि गुणनफल 1 से अधिक आवे तो मान्यताओं को विपरीत मानकर पुन: प्रतीपगमन गुणक ज्ञात करें क्योंकि सह सम्बन्ध गुणक का मूल्य सदैव 1 या उसे कम ही होता है।

x का y पर (द्वितीय समीकरण)	y का x पर (प्रथम समीकरण)
प्रदत्त समी:करण	प्रदत्त समीकरण
$40x - 18y = 214$	$x8x - 10y = -66$
या $40x = 18y + 214$	या $-10y = -8x - 66$
या $x = \frac{18}{40}y + \frac{214}{40}$	या $y = \frac{-8}{-10}x - \frac{66}{10}$
$x = 0.45y + \frac{214}{40}$	$y = 0.8x - \frac{66}{10}$
अत: $b_{xy} = 0.45$	अत: $b_{yx} = 0.8$
(जैसा कि आप जानते हैं।)	(जैसा कि आप जानते हैं।)

(x के y पर समीकरण में +214/40 तथा y के x पर समीकरण में - 66/10 दोनों रेखाओं के अन्त:खण्ड (intercept) के माप a होते हैं अत: इन्हें छोड़ दिया जायेगा। हमें केवल रेखाओं के ढाल (Slope or 'b') ज्ञात करने हैं। वस्तुत: इन ढालों के माप ही प्रतीपगमन गुणक हैं।)

$$r = \sqrt{b_{xy}.b_{yx}} = \sqrt{0.45 \text{ x } 0.8}$$

$$= \sqrt{0.36} = 0.6$$

नोट - हमारी मान्यता ठीक सिद्ध होती है क्योंकि ($b_{yx}.\ b_{xy}$) का गुणनफल अर्थात. 0.45 x 0.8 = 0.36, 1 से अधिक नहीं है। ध्यान रहे कि यदि प्रथम समीकरण को x का y पर तथा दूसरे को y का x पर माना जाता है तो $b_{xy} = \frac{10}{8} = 1.25$ तथा $b_{yx} = \frac{40}{18} = 2.22$ होता जिनका गुणनफल 2.78 होता जो कि पूर्णतया गलत है।

(3) y का प्रमाप विचलन

x का प्रसरण 9 है तो का प्रमाप विचलन = $\sqrt{9} = 3$

$$b_{yx} = r\frac{y}{x}$$

$$0.8 = 0.6\frac{y}{3}$$

या $0.8 \times 3 = 0.6y$

या $2.4 = 0.6y$

$$\therefore \sigma y = \frac{2.4}{0.6} = 4$$

उदाहरण 15.

यदि दो प्रतीपगमन रेखाओं के समीकरण निम्न हों :

If two lines of regression are given by following equations:

$4x - 5y + 30 = 0$ (i)

and $20x - 9y - 107 = 0$ (ii)

तो इनमें से कौनसी y पर x की प्रतीपगमन रेखा है और क्यों?

Which of these is the line of regression of x on y and why?

Solution

दिये गये समीकरणों में से किसी एक को y पर x का अर्थात् दूसरे शब्दों में x का y पर (x on y) (माना जावे यह ध्यान रखते हुए कि जब प्रतीपगमन गुणक अर्थात् (b_{xy} व b_{yx}) का गुणा करें तो प्राप्त गुणनफल 1 से अधिक नहीं हो।

मानाकि प्रश्न में दिये गये द्वितीय समीकरण को x का y पर तथा प्रथम समीकरण को y का x पर समीकरण मानकर प्रतीपगमन गुणक ज्ञात करते हैं तथा उनकी जाँच करते हैं कि दोनों गुणकों का गुणनफल 1 से अधिक तो नहीं है।

x का y (x on y)	y का x पर (y on x)
प्रदत्त समीकरण	प्रदत्त समीकरण
$20x - 9y - 107 = 0$	$4x - 5y + 30 = 0$
या $20x = 9y + 107$	या $-5y = -4x - 30$
या $x = \frac{9}{20}y + \frac{107}{20}$	या $y = \frac{-4}{-5}x - \frac{30}{-5}$
$x = 0.45y + \frac{107}{20}$	$y = 0.8x - \frac{30}{(-5)}$

जैसा कि आप जानते हैं कि प्रतीपगमन गुणक

$b_{xy} = -.45$ | $b_{yx} = 0.8$

इन दोनों गुणकों का गुणपनफल 1 से कम होना चाहिए क्योंकि सह सम्बन्ध गुणक का मूल्य 1 से अधिक नहीं हो सकता। आप यह भी जानते हैं कि सह सम्बन्ध गुणक $= \sqrt{b_{xy}.b_{yx}}$ होता है। यदि दोनों प्रतीपगमन गुणक का गुणनफल 1 से अधिक होगा तो उसका वर्गमूल भी 1 से अधिक प्राप्त होगा जो कि सह सम्बन्ध गुणांक का मूल्य नहीं हो सकता। प्रतीपगमन गुणक का गुणा करने पर,

$b_{xy} \text{ x } b_{yx} = 0.45 \text{ x } 0.8$

$= 0.36$ (1 से कम है)

सिद्ध होता है कि हमारी मान्यता सही है। इस प्रकार x का y पर (x on y)

प्रतीपगमन समीकरण निम्न होगा:

$20x - 9y - 107 = 0$

या$20x = 9y + 107$

टिप्पणी – सुविधा के दृष्टिकोण से छात्रों को चाहिए कि किस समीकरण को x का y पर समीकरण मानें। इसके लिए ध्यान रहे कि प्रश्न में प्रदत्त दोनों समीकरणों में से जिस समीकरण में भी x का गुणक अधिक हो उसे 'x का y' पर समीकरण मान लें तथा अन्य दूसरे को 'y का x' पर समीकरण मानें। जैसे : $4x - 5y + 30 = 0$ तथा $20x - 9y - 107 = 0$ में (20 x) ज्यादा है तो द्वितीय समीकरण को x का y पर प्रतीपगमन समीकरण मानें। फिर भी यह ध्यान अवश्य रखें कि b_{yx} तथा b_{xy} का गुणा 1 से अधिक न हों। क्योंकि r का मूल्य 1 से अधिक नहीं हो सकता।

उदाहरण 16

निम्न समंक 1,000 व्यावसायिक अधिकारियों की लम्बाई (X) तथा (Y) भार से सम्बन्धित हैं। अनुमानित कीजिये:

(1) उस अधिकारी की लम्बाई जिसका भार 200 पौण्ड हैं

(2) उस अधिकारी का भार जिसकी लम्बाई 5 फीट हैं

The following data relates to the height (X) and weight (Y) of 1,000 business executive. Estimate :

(i) The height of an executive whose weight is 200 lb.

(ii) The weight of an executive whose height is 5 ft.

Relevant Informations (सम्बन्धित सूचनाएँ)

Mean Height = 68"

Standaerd Deviation (height) = 2.5"

Mean Weight = 150 lb

Standard Deviation (weight) = 20lb.

$r = 0.6$

Solution

लम्बाई (X) का अनुमार

$$(X - \bar{X}) = r\frac{\sigma x}{\sigma y}(Y - \bar{Y})$$

$$(X - 68) = \frac{0.6 \times 2.5}{20}(Y - 150)$$

$$(X - 68) = 0.75\,(Y - 150)$$

$$(X - 68) = 0.75\,Y - 11.25$$

$$X = 68 - 11.25 + 0.75\,Y$$

$$\therefore X = 56.75 + 0.75Y$$

Y = 200 lbs. रखने पर

$$X = 56.75 + 0.75 \times 200$$

$$X = 56.75 + 15 = 71.75''$$

अतः 200 पौण्ड भार वाले सिपाही की लम्बाई 7..75 इंच होगी।

भार (Y) का अनुमान

$$(Y - \bar{Y}) = r\frac{\sigma y}{\sigma x}(X - \bar{X})$$

$$(Y - 150) = \frac{0.6 \times 20}{2.5}(X - 68)$$

$$(Y - 150) = 4.8\,(X - 68)$$

$$(Y - 150) = 4.8X - 326.4$$

$$Y = 150 - 326.4 + 48X$$

$$\therefore Y = 176.4 + 4.8X$$

X = 60" रखने पर

$$Y = 176.4 + 4.8 \times 60$$

$$Y = 176.4 + 288 = 111.6 \text{ lbs}$$

पाँच फीट लम्बाई वाले सिपाही का भार 111.6 पौण्ड होगा।

उदाहरण 17

निम्न दिए गए समंकों से परिकलन कीजिए

(1) X = 60 के लिए Y का सर्वोत्तम अनुमान

(2) सहसम्बन्ध गुणांक

माध्य ($\bar{X}$) = 53.2, माध्य ($\bar{Y}$) = 27.9

X का Y पर प्रतीपगमन गुणांक = 0.2

Y का Y पर प्रतीपगमन गुणंक = 1.5

Given the following data, calculate

(i) Most likely value of Y when X = 60

(ii) The coefficient of correlation:

Mean $(\bar{X}) = 53.2$, Mean $(\bar{Y}) = 27.9$

Regression coefficient of X on Y = 0.2

Regression coefficient of Y on X = 1.5

Solution

दिया गया है $\bar{X} = 53.2, \bar{Y} = 27.9$

bxy = 0.2, byx = 1.5

जब X = 60 है तो Y सर्वोत्तम अनुमान होगा-

(i) Regression Equalious Y on X

$(Y - \bar{Y}) = byx\,(X - \bar{X})$

$(Y - 27.9) = 1.5\,(60 - 43.2)$

$Y - 27.9 = 1.5 \times 6.8$

$Y = 10.2 + 27.9$

$Y = 38.1$

(ii) Coefficient of Corrleation

$r = \sqrt{bxy.byx}$

$r = \sqrt{0.2 \times 1.5}$

$r = \sqrt{0.3}$

$r = 0.548$

उदाहरण 18.

निम्नलिखित समंकों से प्रतीपगमन रेखाएं ज्ञात कीजिए-

Calculate two regression equation from the following data:

X :	1	2	3	4	5	6	7	8	9
Y :	9	8	10	12	11	13	14	16	15

Solution

Computation of Regression Equations

X	(X - A) Let A be 5 (dx)	(dx^2)	Y	(Y - A) Let A be 11 (dy)	(dy^2)	(dxdy)
1	- 4	16	9	- 2	4	+ 8
2	- 3	9	8	- 3	9	+ 9
3	- 2	4	10	- 1	1	+ 2
4	- 1	1	12	1	1	- 1
5	0	0	11	0	0	0
6	1	1	13	2	4	2
7	2	4	14	3	9	6
8	3	9	16	5	25	15
9	4	16	15	4	16	16
N = 9	0	60		9	69	57

Arithmetic mean-

$\bar{X} = A + \frac{\Sigma dx}{n}$

$= 5 + \frac{0}{9}$

5

$\bar{Y} = A + \frac{\Sigma dy}{N}$

$= 11 + \frac{9}{9}$

$= 11 + 1 = 12$

Regression Coefficient

X on Y

$b_{xy} = \frac{N\Sigma dxdy - (\Sigma dx)(\Sigma dy)}{N\Sigma dy^2 - (\Sigma dy)^2}$

$= \frac{9 \times 57 - (0)(9)}{9 \times 69 - (9)^2}$

$= \frac{513 - 0}{621 - 81} = \frac{513}{540}$

$= 0.95$

Y on X -

$b_{yx} = \frac{N\Sigma dxdy - (\Sigma dx)(\Sigma dy)}{N\Sigma dx^2 - (\Sigma dx)^2}$

$= \frac{9 \times 57 - (0)(9)}{9 \times 60 - (0)^2}$

$= \frac{513 - 0}{540} = \frac{513}{540}$

$= 0.95$

Regression Equation

X on Y

$(X - \bar{X}) = b_{xy} (Y - \bar{Y})$

$X - 5 = 0.95 (Y - 12)$

$X = 0.95Y - 11.4 + 5$

$X = 0.954Y - 6.4$

Y on X

$(Y - \bar{Y}) = b_{yx} (X - \bar{X})$

$Y - 12 = 0.95 (X - 5)$

$Y = 0.95X - 4.75 + 12$

$Y = 0.95X + 7.25.$

प्रश्न

1. प्रतीपगमन की परिभाषा दीजिए। प्रतीपगमन रेखाएँ दो क्यों होती है? किन परिस्थितियों में केवल एक ही प्रतीपगमन रेखा हो सकती है?

   Define 'regression'. Why are there two regression lines? Under what conditions can there be only one regression line?

2. रेखीय प्रतीपगमन से आप क्या समझते हैं?

   What do you understand by linear regression?

3. प्रतीपगमन का क्या अर्थ है? सह-सम्बन्ध एवं प्रतीपगमन में भेद कीजिए। प्रतीपगमन मापने की विभिन्न विधियों की विवेचना भी कीजिए।

   What is meant by regression? Distinguish between correlation and regression. Also discuss the various methods of measuring regression.

4. प्रतीपगमन अवधारणा की व्याख्या कीजिए। आपके विचारानुसार दो चर-मूल्यों का सह-सम्बन्ध गुणक कितना होना चाहिए, यदि दोनों प्रतिपगमन रेखाएँ एक-दूसरे को समकोण पर काटे तथा यदि वे दोनों एक-दूसरे को ढक लें।

   Explain the concept of regression. What do you think the coefficient of correlation between the two variables would be if two regression lines cut at right angles, and what if they coincide?

5. प्रतीपगमन धारणा को स्पष्ट कीजिए और उसकी उपयोगिता की विवचेना कीजिए।

   Explain the concept of regression and comment on its utility.

6. सह-सम्बन्ध गुणक और प्रतीपगमन गुणक का अर्थ समझाइए। प्रतीपगमन समीकरण दो क्यों होने चाहिए?

   Explain the terms 'coefficient of correlation' and 'coefficient of regression'. Why should there be two regression equations.

□□□

10

कोष प्रवाह विश्लेषण
[Funds Flow Analysis]

किसी व्यावसायिक संस्था की लाभार्जन शक्ति, वित्तीय स्थिति एवं कार्यक्षमता के विषय में लाभ-हानि खाता या आय विवरण तथा आर्थिक चिट्ठा या स्थिति विवरण मौलिक रूप से पूर्ण एवं महत्वपूर्ण सूचनाएँ प्रदान करते हैं, किन्तु वित्तीय विवरणों से सम्पत्तियों, देयताओं तथा स्वामियों की समता में परिवर्तन, जोकि दो लेखांकन अवधियों के मध्य घटित हुए हैं, का स्पष्ट ज्ञान नहीं हो पाता। अतः इन परिवर्तनों की व्याख्या करने के लिए कोष प्रवाह विवरण का प्रयोग किया जाता है।

कोष प्रवाह विवरण का अर्थ एवं परिभाषा

कोष प्रवाह विवरण से आशय ऐसे विवरण से है, जो दो अवधियों के आर्थिक चिट्ठों के मध्य विभिन्न सम्पत्तियों एवं देयताओं में हुए परिवर्तनों को प्रदर्शित करता है, दूसरे शब्दों में, कोष प्रवाह विवरण सारांश रूप में तैयार किया गया एक ऐसा विवरण हैं, जो दो तिथियों पर तैयार किए गए आर्थिक चिट्ठों को वित्तीय मदों में हुए परिवर्तनों को प्रकट करता है। प्रसिद्ध विद्वान फाउल्के के अनुसार, ''कोष की प्राप्ति एवं प्रयोग का विवरण एक तकनीकी साधन है, जो दो तिथियों के बीच किसी व्यावसायिक उपक्रम की वित्तीय स्थिति में हुए परिवर्तनों का विश्लेषण करने के लिए तैयार किया जाता है।'' इसी प्रकार एन्थौनी के अनुसार, ''कोष प्रवाह विवरण उन स्रोतों का वर्णन करता है, जिनसे अतिरिक्त कोष प्राप्त किए गए थे और जिनमें इन कोषों का प्रयोग किया गया।'' इस प्रकार स्पष्ट है कि कोष प्रवाह विवरण दो तिथियों के आर्थिक चिट्ठों में वर्णित सम्पत्तियों एवं देयताओं में हुए परिवर्तनों अथवा व्यवसाय की वित्तीय स्थिति में हुए परिवर्तनों का विश्लेषण हेतु तैयार किया जाता है।

कोष प्रवाह विवरण को अन्य नामों से भी पुकारा जाता है, जैसे – कोषों के स्रोतों एवं प्रयोगों का विवरण, कोष विवरण, कोषों की पूर्ति एवं प्रयोग का विवरण, कहाँ से आया और कहाँ गया विवरण आदि।

कोष प्रवाह विवरण द्वारा प्रबन्ध एवं बाह्य पक्षकारों (जैसे – अंशधारी, ऋणदाता, बैंकर्स आदि) को कम्पनी की कार्यशील पूँजी का अनुमान, कार्यशील पूँजी में परिवर्तन, वित्तीय नीतियों एवं वित्तीय सुदृढ़ता की पूर्ण एवं उपयोगी जानकारी प्राप्त होती है। वास्तव में कोष प्रवाह विवरणों से नही प्राप्त की जा सकती हैं।

क्योंकि कोष प्रवाह विवरण व्यवसाय की स्थिर-स्थिति को न दिखलाकर व्यवसाय की गतिशील को दर्शाता है। व्यवसाय के प्रबन्धक भी व्यवसाय की गतिशील स्थिति को अधिक महत्व प्रदान करते हैं।

कोष क्या है ?

विस्तृत अर्थ में, कोष या निधि का आशय समस्त आर्थिक स्रोतों से है तथा संकुचित अर्थ में कोष या निधि का आशय रोकड़ से लगाया जाता है। जबकि कोष प्रवाह विवरण तैयार करने के उद्देश्य से 'कोष' शब्द का मान्य अर्थ शुद्ध चालू सम्पत्तियाँ या ''शुद्ध कार्यशील पूँजी'' से है, अतः कुल चालू सम्पत्तियों एवं कुल चालू दायित्वों का अन्तर ही 'कोष' कहलाता है।

कोष शब्द को भली प्रकार समझने के लिए चालू सम्पत्ति, चालू दायित्व, गैर-चालू सम्पत्तियों एवं कुल चालू दायित्वों को जानना अनिवार्य है।

(अ) चालू सम्पत्तियाँ – चालू सम्पत्तियों से आशय रोकड़ एवं अन्य सम्पत्ति अथवा संसाधनों से है, जिन्हें अल्पकाल में नकद धन में परिवर्तित किया जा सकता है, अन्य शब्दों में, चालू सम्पत्तियों से तात्पर्य ऐसी सम्पत्तियों से है जिन्हें नकद धन से प्राप्त किया गया है और जिन्हें पुनः एक वर्ष की अवधि में नकद धन में परिवर्तित किया जा सकता है। इस प्रकार चालू सम्पत्तियाँ वे सम्पत्तियाँ हैं, जिन्हें व्यवसाय के सामान्य क्रिया चक्र में रोकड़ में वसूल किए जाने, बेचेजाने अथवा वसूल किए जाने की यथोचित रूप से सम्भावना होती है। चालू सम्पत्तियों के अन्तर्गत निम्नलिखित सम्पत्तियों को शामिल किया जाता है।

(1) रोकड़ एवं बैंक शैष

(2) पूर्वदत्त व्यय या अग्रिम भुगतान, जैसे-पूर्वदत्त किराया, बीमा के प्रीमियम का अग्रिम भुगतान आदि।

(3) पुस्तकीय ऋण या विविध देनदार

(4) प्राप्य विपत्र

(5) अर्जित आय, जो बकाया है।

(6) अल्पकालीन या अस्थायी विनियोग या विक्रय योग्य प्रतिभूतियाँ

(7) व्यापारिक स्कन्ध

(ब) चालू दायित्व – चालू दायित्व से आशय ऐसे ऋणों या अनुग्रह से है जो माँग पर अथवा एक वर्ष के अन्दर देय हों और जिनका भुगतान वर्तमान चालू सम्पत्तियों में से अथवा नये चालू दायित्वों के सृजन से किया जाता है। सामान्यतया, चालू दायित्वों के अन्तर्गत निम्नलिखित को शामिल किया जाता है –

(1) व्यापारिक लेनदार,

(2) देय बिल या विपत्र,

(3) बैंक अधिविकर्ष,

(4) न माँगा गया लाभांश,

(5) करों के लिए आयोजन,

(6) अदत्त व्यय जैसे अदत्त वेतन, अदत्त मजदूरी आदि,

(7) पेशगी प्राप्त आय

(8) सहायक कम्पनी को देय रकम,

(9) अल्पकालीन ऋण,

(10) अशोध्य एवं संदिग्ध ऋण प्रावधान,

(11) देनदारों पर बट्टे के लिए प्रावधान।

(स) गैर-चालू सम्पत्तियाँ – गैर चालू सम्पत्तियों या स्थायी सम्पत्तियों से आशय उन सभी सम्पत्तियों से है, जो चालू सम्पत्तियाँ नहीं हैं, इन सम्पत्तियों के अन्तर्गत निम्नलिखित सम्पत्तियों को शामिल करते हैं –

(1) ख्याति या साख,

(2) भूमि एवं भवन,

(3) संयंत्र एवं मशीने,

(4) फर्नीचर एवं फिक्चर्स,

(5) पेटेण्ट्स अधिकार,

(6) व्यापारिक चिन्ह

(7) दीर्घकालीन विनियोग,

(8) मुद्रणाधिकार,

(9) सूत्र एवं लाइसेंस,

(10) लाभ-हानि खाते का डेबिट शेष,

(11) अंशों एवं ऋणपत्रों पर दी गई कटौती,

(12) प्रारम्भिक व्यय।

(द) गैर-चालू दायित्व - गैर-चालू दायित्वों से आशय ऐसे दायित्वों से है, जिनका भुगतान प्राय: एक वर्ष के बाद करना होता है, इन दायित्वों के अन्तर्गत निम्नलिखित दायित्वों को शामिल करते हैं -

(1) अंश पूँजी,

(2) ऋण पत्र या बॉण्डस,

(3) बन्धक पर ऋण,

(4) आरक्षित पूँजी,

(5) दीर्घकालीन बैंक ऋण,

(6) वित्तीय संस्थाओं से दीर्घकालीन ऋण,

(7) अंश प्रीमियम,

(8) लाभ-हानि खाता का क्रेडिट शेष,

(9) आगम एवं पूँजी संचितियाँ,

(10) प्रस्तावित लाभांश।

कोष प्रवाह क्या हैं?

'प्रवाह' शब्द का आशय 'परिवर्तन' से है। अत: कोष के सम्बन्ध में प्रवाह से आशय कोष में परिवर्तन से हैं। चूँकि कोष शब्द का आशय शुद्ध कार्यशील पूँजी से लगाया जाता है अत: शुद्ध कार्यशील पूँजी में परिवर्तन ही कोष प्रवाह कहलाता है। जब लेन देन के फलस्वरूप कोष में वृद्धि होती है, तो उसे कोष का स्रोत तथा जब लेनदेन के फलस्वरूप कोष में कमी होती है, तो उसे कोष का प्रयोग माना जाता है, इस प्रकार कोष प्रवाह द्वारा कार्यशील पूँजी में परिवर्तन ऐसे लेनदेनों से हो सकता है जो चालू सम्पत्तियों में तो वृद्धि लाते हैं, किन्तु चालू दायित्वों में कोई वृद्धि नहीं लाते हैं अथवा चालू सम्पत्तियों में कमी को प्रभावित करते हैं, किन्तु चालू दायित्वों में कोई कमी नहीं लाते हैं, यदि चालू सम्पत्तियों एवं चालू दायित्वों में समान दिशा एवं समान मात्रा में परिवर्तन होता है तो केवल चालू सम्पत्तियों एवं चालू दायित्वों के योग में ही परिवर्तन होता है और उनके अन्तर अर्थात् कार्यशील पूँजी पर कोई प्रभाव नहीं पड़ता है, तो इस स्थिति में कोष का प्रवाह नहीं होगा, जैसे - यदि देयबिल या लेनदारों का भुगतान किया जाय तो चालू सम्पत्ति एवं चालू दायित्व दोनों में कमी आ जाएगी। इसी प्रकार देनदारों से वसूली की जाती है तो देनदारों में कमी एवं रोकड़ शेष में वृद्धि का चालू सम्पत्ति के योग पर कोई प्रभाव नहीं पड़ेगा।

इस प्रकार यह कहा जा सकता है कि कोष प्रवाह केवल निम्नलिखित दशाओं में ही होगा -

(1) ऐसे लेनदेन जो चालू सम्पत्तियों एवं गैर चालू सम्पत्तियों के मध्य हों।

(2) ऐसे लेनदेन जो चालू सम्पत्तियों एवं गैर चालू दायित्वों के मध्य हों।

(3) ऐसे लेनदेन जो चालू दायित्वों एवं गैर चालू सम्पत्तियों के मध्य हो।

(4) ऐसे लेनदेन जो चालू दायित्वों एवं गैर चालू दायित्वों के मध्य हो।

यह भी स्पमरणीय है कि निम्नलिखित लेनदेनों से कोष प्रवाह नहीं होता -

(1) चालू सम्पत्तियों एवं चालू दायित्वों के मध्य लेनदेन।

(2) गैर चालू सम्पत्तियों एवं गैर चालू दायित्वों के मध्य लेनदेन।

वे लेनदेन निम्नलिखित हैं, जिनसे कोष प्रवाह होगा अथवा नहीं होगा -

(अ) कोष प्रवाह होने वाले उदाहरण -

(1) भूमि, भवन, मशीनरी, फर्नीचर का नकद क्रय।

(2) भूमि, भवन, मशीनरी, फर्नीचर का उधार क्रय।

(3) भूमि, भवन, मशीनरी, फर्नीचर का नकद विक्रय।

(4) भूमि, भवन, मशीनरी, फर्नीचर का उधार विक्रय।

(5) अंशों एवं ऋणों पत्रों का रोकड़ के लिए निर्गमन।

(6) अंशों एवं ऋण पत्रों का स्टॉक क्रय के लिए निर्गमन।

(7) लाभ का अर्जन।

(8) संदिग्ध ऋणों के लिए आयोजन।

(9) लाभांश का नकद भुगतान।

(10) ऋण पत्रों एवं पूर्वाधिकार अंशों का नकद शोधन।

(ब) कोष प्रवाह न होने वाले उदाहरण

(1) लेनदारों एवं देय विपत्रों का नकद भुगतान,

(2) देनदारों एवं प्राप्त विपत्रों से प्राप्त रोकड़,

(3) सम्पत्तियों पर मूल्य ह्रास,

(4) स्थायी सम्पत्तियों को क्रय करने अंशों का निर्गमन,

(5) ख्याति का अपलेखन,

(6) लाभों में से संचिति का सृजन,

(7) शोधन कोष में हस्तान्तरण,

(8) ऋण पत्रों का अंशों में परिवर्तन,

(9) शोध्य पूर्वाधिकार अंशों को समता अंशों को समता अंशों में परिवर्तन।

कार्यशील पूँजी का विवरण पत्र
(Statement of Working Capital)

अभी तक कोष प्रवाह विवरण (Funds Flow Statement) से सम्पत्तियों एवं दायित्वों की व्यक्तिगत मदों में हुई वृद्धि अथवा कमी को दिखलायें जाने की प्रथा रही है। लेकिन अब कुछ वित्तीय विशेषज्ञों का यह मत है कि सम्पूर्ण चल सम्पत्तियों एवं चालू दायित्वों (Current Assets and Current Liabilities) के परिवर्तन को कोष प्रवाह विवरण में ही न दिखा कर अलग से कार्यशील पूँजी में परिवर्तन के विवरण पत्र (Statement of Changes in Working Capital) में दिखाना चाहिये। इस विवरण पत्र का शुद्ध परिणाम कोष प्रवाह विवरण में ले जाया जाय। कार्यशील पूँजी में परिवर्तन के विवरण पत्र को अलग से तैयार करके कार्यशील पूँजी में होने वाले शुद्ध परिवर्तनों को ज्ञात किया जा सकता है। इस विवरण पत्र में आयी कार्यशील पूँजी की शुद्ध वृद्धि (Net Increase in Working Capital) कोष का प्रयोग है और कार्यशील पूँजी में शुद्ध कमी (Net decrease in Working Capital) कोष का साधन है। इस विवरण पत्र को नीचे दिये गये प्रारूप में बनाया जा सकता है।

कार्यशील पूँजी में परिवर्तन का विवरण पत्र

	31 दिसम्बर		कार्यशील पूँजी में परिवर्तन	
	1967	1966	वृद्धि	कमी
	रू.			
चालू सम्पत्तियाँ				
(i) स्कन्ध शेष	....	....	....	
(ii) प्राप्य विपत्र	....	....	....	
(iii) देनदार	....	....	....	
(iv) हस्तथ्थ रोकड़	....	....		
(v) बैंक में रोकड़	....	....		....
(vi) पूर्वदत्त व्यय	....	....	....	....
	....	....		
चालू दायित्वः				
(i) अल्पकालीन ऋण	....	....	....	
(ii) देय विपत्र	....	....	....	
(iii) ऋणदाता (लेनदार)	....	....		
(iv) अदत्त व्यय	....	....		....
				....
	....	....		
कार्यशील पूँजी	....	....		
कार्यशील पूँजी में शुद्ध वृद्धि/कमी			....	

ऊपर दिये गये प्रारूप के आधार पर कार्यशील पूँजी के सम्बन्ध में निम्न मान्यतायें बनाई जा सकती है:

(i) चालू सम्पत्तियों में वृद्धि कार्यशील पूँजी की मात्रा में वृद्धि कर देती है।

(ii) चालू सम्पत्तियों की कमी कार्यशील पूँजी की मात्रा में कमी कर देती है।

(iii) चालू दायित्वों में वृद्धि कार्यशील पूँजी की मात्रा में कमी कर देती है।

(iv) चालू दायित्वों में कमी कार्यशील पूँजी की मात्रा में वृद्धि कर देती है।

कोष प्रवाह विवरण

कोष-प्रवाह (Fund Flow) का आशय किसी व्यवसाय में धन के उस प्रवाह से होता है जो विभिन्न व्यावसायिक क्रियाओं के माध्यम से निरन्तर अन्दर से बाहर की ओर अथवा बाहर से अन्दर की और होता रहता है। जैसे कच्चा माल क्रय करने से नकद धन कम होता है मगर स्कन्ध बढ़ जाता है, माल की बिक्री हो जाने पर स्टाक घट जाता है मगर नकदी अथवा देनदार बढ़ जाते हैं। इस प्रकार व्यवसाय में नकदी का यह आवागमन का चक्र चलता ही रहता है। इस चक्र का अध्ययन और नियन्त्रण करना वित्तीय प्रबन्ध का एक मुख्य कार्य है। उपक्रम की शोधन क्षमता एवं लाभोत्पादकता बनाये रखने के लिये तथा साथ ही साथ महत्वपूर्ण वित्तीय समंकों का उपयोगी विश्लेषण करने के लिये इस प्रवाह चक्र का समुचित अध्ययन आवश्यक है।

कोष-प्रवाह का आधुनिक अर्थ : आधुनिक वित्तीय प्रबन्धक कोष प्रवाह को केवल नकद स्रोतों से ही सम्बद्ध नहीं करते अपितु वे कोष को कार्यशील पूँजी के अर्थ में प्रयोग करते हैं और कोष प्रवाह को कोषों के निर्माण का पर्यायवाची मानते हैं। उनके मतानुसार, कोष की प्राप्ति या प्रयोग की दशा में यह आवश्यक नहीं है कि नकदी का ही प्रयोग किया जाय। यह भी सम्भव है कि माल उधार खरीद लिया जाय। इस प्रकार उधार खाता भी एक प्रकार का कोष ही है जोकि नकदी मा काम देता है। इस प्रकार आजकल कोष प्रवाह का समुचित अर्थ कार्यशील पूँजी को प्रभावित करने वाले सभी व्यावसायिक व्यवहारों से है चाहे उनके परिमणामस्वरूप कार्यशील पूँजी में वृद्धि होती हो चाहे कमी होती हो।

कोष प्रवाह विवरण
(Funds Flow Statement)

यह एक ऐसा विवरण है जो किसी व्यवसाय के लेखा विधिकाल में रोकड़ स्रोतों की वृद्धि तथा उन स्रोतों के उपयोग को प्रदर्शित करने के हेतु बनाया जाता है। इस प्रकार यह एक ऐतिहासिक (बीते हुये समय का) विवरण है जो उपक्रम द्वारा पिछले समय में प्रयोग किये गये धन स्रोतों तथा धन उपयोगों (Sources & Application of Funds) पर प्रकाश डालता है। श्री फाउल्के के शब्दो में, कोष प्रवाह विवरण एक ऐसा तकनीकी साधन है जो दो तिथियों के बीच किसी व्यवसाय की वित्तीय दशा में हुए परिवर्तनों का विश्लेषण करने के लिये तैयार किया जाता है।

उद्देश्य (Objects) : कोष प्रवाह विवरण कार्यशील पूँजी के नियन्त्रण एवं नियोजन में एक महत्वपूर्ण प्रबन्धकीय औजार है। इसको बनाकर प्रबन्ध गति निश्चित समय में

कार्यशील पूँजी में हुए परिवर्तनों का सच्चा चित्र प्राप्त कर सकता है। इसे प्रायः निम्न उद्देश्यों की पूर्ति के लिये बनाया जाता हैः

(1) वित्तीय स्थिति का विश्लेषण (Analysis of Financial Position): इसे तैयार करने में प्रबन्ध का मुख्य उद्देश्य व्यवसाय की वित्तीय स्थिति का विश्लेषण करना होता है। वह इसकी सहायता से यह जान सकता है कि भूतकाल में उपक्रम में पूँजी का उपयोग कैसे कैसे हुआ और वह किन किन स्रोतों से प्राप्त की गई।

(2) भावी मार्ग दर्शन (Future Guidance) : यदि पिछले कई वर्षों के आधार पर कोष प्रवाह विवरण तैयार किया जाय तो उससे ऐसी कई महत्वपूर्ण सूचनायें प्राप्त हो सकती है जो पुराने वित्तीय प्रपत्रों (चिट्ठों आदि) से प्राप्त नहीं होती। उन सूचनाओं के आधार पर प्रबन्ध अपनी भावी वित्तीय रीति नीतियों का निर्माण कर सकता है।

(3) तुलनात्मक अध्ययन में सहायक (Aid in Comparative Study) : यह विवरण स्थिति विवरण तथा लाभ-हानि विवरण की तुलना करने में भी सहायक है।

(4) बाहरी पक्षकारों के लिये उपयोगी (Useful to Outsiders): इस विवरण की सहायता से बैंक, ऋणदाताओं तथा अन्य पक्षकारों को कुछ ऐसी महत्वपूर्ण सूचनायें प्राप्त हो जाती हैं कि उन्हें ज्ञात करने के लिये उन्हें प्रबन्धकों को तंग नहीं करना पड़ता । वास्तव में यह विवरण कम्पनी की वित्तीय नीतियों का बाह्य जगत के लिये अच्छा संवहनकर्त्ता है।

आर्थिक चिट्ठे एवं कोष प्रवाह विवरण में अन्तर (Difference between a B/s and Funds Flow Statement) : आर्थिक चिट्ठा उन सब खातों के शेषों का संग्रह है जो अवास्तविक खातों को व्यापार तथा लाभ हानि खाते में ले जाकर बन्द करने के उपरान्त शेष रह जाते हैं। इसका उद्देश्य एक निश्चित तिथि को व्यवसाय की आर्थिक स्थिति को बतलाना है। वह सम्पत्तियों की प्रकृति, उनके मूल्य, दायित्वों व ऋणों की प्रकृति एवं मात्रा तथा उसकी कार्यशील पूँजी की स्थिति बताता है। इस प्रकार यह एक चालू संस्था (Going Concern) की वित्तीय स्थिति का दर्पण है। लेकिन इसकी प्रकृति ऐतिहासिक होने के कारण इसकी उपयोगिता सीमित हो गई है। इसकी सहायता से यह तो ज्ञात किया जा सकता है कि व्यवसाय की अमुक तिथि को क्या आर्थिक स्थिति है लेकिन उससे यह पता नहीं चल सकता कि भावी स्थिति क्या होगी अथवा भविष्य में कार्यशील पूँजी की क्या स्थिति होगी। इस प्रकार चिट्ठे की प्रकृति स्थैतिक (Static) है जो व्यवसाय की गतिशील एवं प्रावैगिक (Dynamic) आवश्यकताओं की पूर्ति नहीं करती। यही कारण है कि आधुनिक वित्तीय प्रबन्धक व्यवसाय की आर्थिक स्थिति, लाभोत्पादकता तथा भावी पूँजी प्रवाह को ज्ञात करने के लिये अन्य तकनीकें काम में लाते हैं जैसे अनुपात अध्ययन आदि। कोष प्रवाह विवरण भी कार्यशील पूँजी के आवागमन को प्रदर्शित करने के लिये एक आधुनिक तकनीक है। वित्तीय प्रबन्ध इसकी सहायता से आन्तरिक कोष प्रवाह चक्र का अध्ययन कर सकते हैँ और उपक्रम की अल्पकालीन एवं दीर्घकालीन शोधनक्षमता निश्चित कर सकते हैं।

एक उपक्रम की वित्तीय स्थिति के दो तत्त्व होते हैं : दीर्घकालीन और अल्पकालीन। अल्पकालीन वित्तीय स्थिति का आशय व्यवसाय की निकट भविष्य में ही

तकनीकी शोधनक्षमता से है जबकि दीर्घकालीन वित्तीय स्थिति का आशय व्यवसाय के भावी वित्तीय संगठन (Financial Structure) से है। दोनों ही बातें परस्पर एक दूसरे पर निर्भर रहती है लेकिन दोनों के विश्लेषण का साधन एक नहीं है। अल्पकालीन वित्तीय स्थिति चिट्ठे से प्रदर्शित नहीं होती वह तो सम्पत्ति के केवल चालू संस्था मूल्य (Going Concern Value) को ही प्रदर्शित कर सकता है। इसके विपरीत कोष प्रवाह विवरण भावी वित्त प्रबन्धन के लिये कई उपयोगी मार्गदर्शन प्रदान करता है। यही कारण है कि इसे विभिन्न नामों से सम्बोधित किया जाता है, जैसे : Summary of Financial Operation, Statement of Changes in Financial Position, Financial Expansion and Replacement। वास्तवम में कोष प्रवाह विवरण कम्पनी की वित्तीय स्थिति का वर्णन नहीं है अपितु यह तो वित्तीय क्रियाओं, परिवर्तनों, प्रवाहों तथा गतिविधियों का एक प्रतिवेदन मात्र है।

कोष प्रवाह विवरण बनाने की विधि

कोष प्रवाह विश्लेषण की अवधि सामान्यत: एक वर्ष की होती है, यद्यपि यह दो, तीन या अधिक वर्षों के लिये भी किया जा सकता है। इस विवरण के लिये आवश्यक समंक दोनों चिट्ठों (प्रारम्भिक व अन्तिम) से प्राप्त किये जाते हैं। कुछ पूरक सूचनायें अन्य खातों से भी ली जा सकती है। कोष प्रवाह विश्लेषण को आधुनिक तकनीक के अन्तर्गत दो विवरण तैयार किये जाते हैं: (1) कार्यशील पूँजी में परिवर्तन की अनुसूची और (2) कोष प्रवाह विवरण

कार्यशील पूँजी में परिवर्तन की अनुसूची (Schedule of Changes in Working Capital) :

कोष प्रवाह विवरण (Funds Flow Statement) : कोष प्रवाह विवरण के दो भाग होते हैं (1) कोषों के स्रोत (Sources of Funds), और (2) कोषों के प्रयोग। (Application of Funds) इन दोनों भागों का अन्तर शुद्ध कार्यशील पूँजी में परिवर्तन प्रदर्शित करता है। जब कोषों के स्रोत कोषों के प्रयोग में अधिक हो तो अन्तर कायशील पूँजी में वृद्धि तथा जब कोषों प्रयोग कोषों के स्रोत से अधिक हो तो अन्तर कार्यशील पूँजी में कमी कहालात है।

कोष प्रवाह विवरण में शुद्ध कार्यशील पूँजी को प्रभावित करने वाली मदं ही दिखलायी जाती है। जिन व्यावसायिक लेनदेनों के कारण शुद्ध कार्यशील पूँजी बढ़ जाती है। (जैसे भवन का नकद विक्रय, अंश पूँजी या ऋण पत्रों का जनता में निर्गमन आदि), उन्हें कोषों के स्रोत तथा जिन लेनदेनों के करण शुद्ध कार्यशील पूँजी कम हो जाती है। (जैसे भवन का नकद क्रय, अंश पूँजी या ऋणपत्रों का शोधन आदि) उन्हें कोषों के प्रयोग कहते हैं लेकिन यदि किसी लेनदेन से शुद्ध कार्यशील पूँजी में कोई परिवर्तन नहीं होता (जैसे लेनदारों को भुगतान, ऋणपत्रों का अंशों में परिवर्तन, बोनस अंशों का निर्गमन, अंश या ऋण पत्र निर्गमित करके भवन क्रय करना आदि) तो उसे कोष प्रवाह विवरण में नहीं दिखलाया जाता है। शुद्ध कार्यशील पूँजी में परिवर्तन केवल उन्हीं लेनदेनों द्वारा ही होते हैं जो कि एक और तो चालू सम्पत्ति/दायित्व को प्रभावित करते हैं और दूसरी ओर स्थायी सम्पत्ति/दायित्व/पूँजी को प्रभावित करते हैं। यह ध्यान रखना चाहिये कि वे मदें जो कि कार्यशील पूँजी की अनुसूची में

सम्मिलित कर ली जाती है (अर्थात चालू सम्पत्तियों और चालू दायित्व) उन्हें कोष प्रवाह विवरण में नहीं दिखलाया जाता।

कोषों के स्रोत (Sources of Funds): जिन लेनदेनों के कारण कार्यशील पूँजी बढ़ जाती है, वे कोषों के स्रोत होते हैं। एक व्यावसायिक संस्था में कोषों के स्रोत निम्नलिखित हो सकते हैं:

(1) व्यवसाय संचालन से (From Operation): कोष प्राप्ति का यह सबसे महत्वपूर्ण स्रोत है। व्यावसायिक लाभों से सम्पत्तियों में वृद्धि या दायित्वों में कमी अथवा आंशिक रूप में सम्पत्तियों में वृद्धि और आंशिक रूप में दायित्वों में कमी होती है। कुल विक्रय आगम में से बेचे गये माल की लागत तथा अन्य व्यय घटाकर संचालन से शुद्ध आय या शुद्ध लाभ ज्ञात किया जाता है, किन्तु यह शुद्ध लाभ की राशि शायद ही कभी संचालन से कोष के बराबर होती है। इसका कारण यह है कि शुद्ध लाभ की गणना से लाभ हानि खाते में ऐसे बहुत से लेखे किये जाते हैं जो कि कार्यशील पूँजी को प्रभावित नहीं करते। अत: संचालन के कोष की गणना के लिये लाभ हानि खाते द्वारा दिखलाये गये शुद्ध लाभ में निम्नलिखित समायोजन किये जाते हैं:

(अ) शुद्ध लाभ में जोड़े जोने वाली मदें (Items to be Added Back to Net Profit): लाभ हानि खाते द्वारा प्रदर्शित शुद्ध लाभ की राशि में इन आगम कटौतियों (Revenue Deduction) को पुन: जोड़ देना चाहिये : (i) जिनसे कोषों का बहिर्वाह (Outflow of Funds) नही होता अर्थात् जिनसे चालू सम्पत्तियों में कमी या चालू दायित्वों में वृद्धि नहीं होती। इन्हें गैर कोष मदें (Non Funds Items) कह सकते हैं, अथवा (ii) जो व्यापारिक प्रभार (Trading Charge) या व्यापारिक हानि (Trading Loss) नहीं है। इन्हें गैर व्यापारिक प्रभार/हानि (Non-Trading Charges/Losses) कह सकते हैं।

(i) **गैर कोष मदें** (Non-Fund Item) : ऐसी मदें निम्नलिखित हो सकती हैं :

(क) ह्रास एवं नि:शेषण (Depreciation and Depletion) : वर्ष के ह्रास एवं नि:शेषण के लिये पुस्तकों में ह्रास खाता नाम तथा सम्बन्धित स्थायी सम्पत्ति का खाता अथवा ह्रास आयोजन खाता जमा किया जाता है। ये व्यय व्यापारिक प्रभार तो अवश्य है लेकिन इनसे व्यवसाय की चालू सम्पत्ति या चालू दायित्व प्रभावित नहीं होते (अर्थात कोषों का बहिर्वाह नही होता)। अत: संचालन से कोष की गणना में इन्हें शुद्ध लाभ में जोड़ दिया जाता है।

(ख) कृत्रिम एवं अमूर्त सम्पत्तियों की समाप्ति (Amortization of Fictious and Intangible Assets) : कृत्रिम सम्पत्तियों जैसे स्थगित व्यय (Deferred Expenses), प्रारम्भिक व्यय (Preliminary Expenses), विज्ञापन उचन्त खाता (Advertising Suspense Account), अंशों या ऋण पत्रों के निर्गमन पर कटौती (Discount on Issue of Shares or Debentures), शोध्य अंशों या ऋणपत्रों के शोधन पर प्रब्याज (Premium or Redemption of Redeemable Shares or Debentures) आदि तथा अमूत सम्पत्तियों जैसे ख्याति, पेटेन्ट अधिकार ट्रेड मार्क आदि के अपलेखन (Write Off) पर लाभ हानि खाता नाम तथा इन सम्पत्तियों के खाते जमा किये जाते हैं लेकिन इससे

व्यवसाय की चालू सम्पत्तियाँ या चालू दायित्व प्रभावित नहीं होते। अतः संचालन से कोष की गणना के लिये इन्हें शुद्ध लाभ में जोड़ दिया जाता है।

(ग) भावी वर्षों में देय आय-करों के लिये भत्ता (Allowances for Income Taxes Payable in Future Years) : इससे कार्यशील पूँजी प्रभावित नहीं होती तथा व्यवसाय से कोषों का बर्हिवाह नहीं होता। अतः इसे शुद्ध लाभ में जोड़कर संचालन से कोष ज्ञात किये जायेंगे।

(ii) **गैर-व्यापारिक प्रभार/हानियाँ** (Non-Trading Charges/Losses): ये निम्नलिखित हो सकते हैं :

(क) प्रतिधृत अर्जनों के नियोजन (Appropriations of Retained Earnings) : लाभों से विभिन्न कोषों (जैसे सामान्य कोष, लाभांश समानीकरण कोष, सम्भाव्यताओं के लिये कोष, सिंकिंग फण्ड आदि) के लिये किये गये हस्तांतरण पर लाभ-हानि नियोजन खाता नाम तथा सम्बन्धित कोष खाता जमा होता है। इस लेखे से शुद्ध लाभ तो कम हो जाता है लेकिन ये नियोजन व्यापारिक प्रभार नहीं है। इसके अतिरिक्त इसका व्यवसाय की चालू सम्पत्तियों या चालू दायित्वों पर भी कुछ भी प्रभाव नहीं पड़ता। अतः इन्हें शुद्ध लाभ में पुनः जोड़कर संचालन से कोष ज्ञात किया जाता है।

(ख) अंशों पर लाभांश (Dividend on Shares): लाभांश घोषित करने पर लाभ हानि नियोजन खाते को नाम तथा लाभांश खाते को जमा किया जाता है। यह लाभांश लाभों का नियोजन है, व्यापारिक प्रभार नहीं। अतः संचालन से कोष की गणना में इसे शुद्ध लाभ में जोड़ा जायेगा।

(ग) स्थायी सम्पत्तियों के विक्रय से हानि (Loss on Sale of Non-Current Assets) : स्थायी सम्पत्तियों जैसे भूमि, भवन, मशीन, दीर्घकालीन विनियोग आदि के विक्रय से हुई हानि को सामान्यतया लाभ हानि खाते से अपलिखित कर दिया जाता है लेकिन यह हानि एक व्यापारिक हानि नहीं है और इससे व्यवसाय से कोषों का बर्हिवाह भी नहीं होता। अतः यदि ऐसी हानियों को लाभ-हानि खाते से अपलिखित कर दिया गया है तो संचालन से कोष की गणना में इन्हें शुद्ध लाभ में पुनः जोड़ा जायेगा।

(ब) शुद्ध लाभ से घटायी जाने वाली मदें (Items to be Deducted from Net Profit) : संचालन से कोष की गणना में शुद्ध लाभ की राशि में से उन आगम या अन्य आय की मदों को घटा देना चाहिये: (i) जिनसे कोष उत्पन्न नहीं होते अर्थात् जिनसे चालू सम्पत्तियों में वृद्धि या चालू दायित्वों में कमी नहीं होती अथवा (ii) जो व्यापारिक आय/लाभ नहीं है। ऐसी मदें निम्नलिखित हो सकती हैं:

(क) प्राप्त या प्राप्यनीय लाभांश (Dividends Received or Receivable): यद्यपि इससे चालू सम्पत्ति (रोकड़ या देनदार) बढ़ती है लेकिन यह आय एक व्यापारिक आय नहीं है। अतः संचालन से कोष की गणना से इसे शुद्ध लाभ से घटा देना चाहिये, किन्तु प्राप्त लाभांश को कोष प्रवाह विवरण में कोष के स्रोत के रूप में दिखलाया जायेगा तथा प्राप्यनीय लाभांश को चालू सम्पत्तियों के अन्तर्गत दिखलाया जायेगा।

(ख) आधिक्य आयोजनों का पुनः हस्तांतरण (Retransfer of Excess Provisions) : कर, ह्रास, संदिग्ध ऋण आदि के लिये किये गये आयोजन यदि आवश्यकता से अधिक है तो इन्हें पुनः लाभ हानि खाते में हस्तांतरिक कर दिया जाता है। यह हस्तांतरण केवल एक लेखांकन लेखा (Accounting Entry) है: इससे व्यवसाय की चालू सम्पत्तियों या चालू दायित्वों में कोई परिवर्तन नहीं होता और साथ ही यह कोई व्यापारिक आय भी नहीं है। अतः संचालन से आय की गणना में इसे शुद्ध लाभ से घटा दिया जाता है।

(ग) स्थायी सम्पत्तियों के विक्रय से लाभ (Profit on Sale of Non Current Assets) ऐसे लाभ को यदि लाभ हानि खाते में हस्तान्तरिक कर दिया गया है तो संचालन से आय की गणना में इसे शुद्ध लाभ से घटा दिया जाता है क्योंकि यह एक व्यापारिक लाभ नहीं हैं।

(घ) स्थायी सम्पत्तियों में मूल्य वृद्धि (Appreciation in Fixed Assets):: स्थायी सम्पत्तियों के पुनर्मूल्यांकन पर हुई वृद्धि को शुद्ध लाभ से घटा दिया जायेगा, यदि वृद्धि की राशि लाभ हानि खाते में हस्तान्तरित की गई है।

संचालन के कोष की गणना (Calculating Funds from Operations): संचालन से कोष की गणना निम्न दो रूपों में की जा सकती है:

(अ) विवरण रूप (Statement Form): इनमें एक विवरण तैयार किया जाता है।

प्रारूप:

Net Profit for the current year

Add Non-fund Items and Non-trading Charges

already debited to P. &. L. a/c:

Depreciation

Preliminary Expenses written off

Goodwill, Patents etc. written off

Discount on Issue written off

Premium on Redemption written off

Proposed Dividend

Transfer to Reserves

Loss on sale of Buildings written off ______________

Less Non-fund Items and Non-trading Income

already credited to P. &. L. a/c:

Dividends Received

Excess Provision for Taxation written back ______________

Trading Profit or Funds from Operations ______________

(ब) खाता रूप (Account Form)**:** इसमें एक समायोजित लाभ हानि खाता (Adjusted Profit and Loss Account) तैयार किया जाता है जिसका शेष अंक संचालन से आय प्रदर्शित करता है।

प्रारूप:

Adjusted Profit and Loss a/c

	Rs		Rs
To Depreciation		By Opening Balance of P. & L. Appropriation a/c	
To Preliminary Exp.written off		By Dividends Received	
To Goodwill written off		By Over-provision for taxation	
To Premium on Redemption		By Trading Profit or Funds from Operations (being balancing figure)	
To Transfer to Sinking Fund			
To Loss on Sale of Buildings			
To Closing Balance of P.& L.			

(2) दीर्घकालीन ऋणों से (From Long Term Loans)**:** दीर्घकालीन ऋण, सार्वजनिक जमायें, रोकड़ में निर्गमित ऋण पत्र आदि से कार्यशील पूँजी में वृद्धि होती है क्योंकि इनसे चालू दायित्व प्रभावित नहीं होते। अत: ये कोष के स्रोत माने जायेगें। यह ध्यान रहे कि ऋण पत्रों से प्राप्त शुद्ध राशि (अर्थात सममूल्य से कटौती घटाकर तथा प्रब्याज जोड़कर प्राप्त राशि) ही कोष का स्रोत कहलायेगी। नकदी के अतिरिक्त किसी अन्य प्रतिफल में (जैसे स्थायी सम्पत्ति के बदले में) निर्गमित ऋण पत्रों से कोषों की प्राप्ति नहीं होती।

(3) अंश पूँजी में वृद्धि से (From Increase in Share Capital) **:** अंश पूँजी के निर्गमन से प्राप्त शुद्ध राशि (कटौती घटाकर तथा प्रब्याजि जोड़कर) कोषों का स्रोत होती है क्योंकि इससे बिना चालू दायित्वों में परिवर्तन हुए चालू सम्पत्तियों में वृद्धि होती है अर्थात् कार्यशील पूँजी बढ़ जाती है। लेकिन किसी स्थायी सम्पत्ति के क्रय के लिये निर्गमित अंश पूँजी में वृद्धि कोषों का स्रोत नही होगी।

(4) स्थायी सम्पत्तियों के विक्रय से (From Sale of Non-Current Assets)**:** यदि किसी स्थायी सम्पत्ति जैसे भूमि, भवन, संयन्त्र, दीर्घकालीन विनियोग (जैसे व्यापारिक विनियोग आदि) को बेचा जाता है तो इससे स्थायी सम्पत्तियों में कमी तथा बिना चालू दायित्वों में वृद्धि हुए चालू सम्पत्तियों (रोकड़ या देनदारों में वृद्धि होती है। अत: इनके

विक्रय से प्राप्त राशि (विक्रय पर शुद्ध लाभ व शुद्ध हानि को सम्मिलित करते हुए) कोषों के स्रोत के रूप में दिखलायी जायेगी।

(5) गैर-व्यापारिक प्राप्तियों से (From Non-Trading Receipts): गैर-व्यापारिक क्रियाओं से प्राप्त राशि जैसे विनियोगों से आय, प्राप्त लाभांश, दान, उपहार, मुकदमें में प्राप्त हर्जाना आदि कोषों के स्रोत के रूप में दिखलायी जाती है।

(6) निर्माण कार्य अथवा ऋण निवृत्ति के लिये रखी नकदी (Cash set aside for building purposes and debt retirement): इसे कभी कभी स्थायी सम्पत्ति के रूप में दिखलाया जाता है। ऐसी स्थिति में निर्दिष्ट कार्य के पूरा हो जाने पर बकाया नकदी कोषों के स्रोत के रूप में दिखलायी जायेगी।

(7) कार्यशील पूँजी में कमी Decrease in Working Capital): यदि कोषों के प्रयोग कोषों के स्रोतों से अधिक है तो अन्तर कार्यशील पूँजी में कमी कहलाता है। इसे कोषों के स्रोत वाले भाग में दिखलाकर दोनों भागों का योग मिला दिया जाता है।

संक्षेप में, अंशधारियों की समताओं [दीर्घकालीन ऋण, अंश पूंजी, प्रतिघृत अंर्जने (Retained Earnings)] में वृद्धि तथा सम्पत्तियों में कमी कोषों के स्रोत होते हैँ। (Sources of Funds are indicated by increases in equities and decreases in assets).

कोषों के प्रयोग (Applications or Uses of Funds): जिन लेन देनों के कारण शुद्ध कार्यशील पूँजी कम हो जाती है, उन्हें कोषों के प्रयोग कहते हैं। ये निम्नलिखित हो सकते हैं :

(1) व्यवसाय संचालन से हानि (Loss from Operations): संचालन से हुई हानि से सम्पत्तियों में कमी या दायित्वों में वृद्धि होती है। दूसरे शब्दों में, व्यापारिक हानि के कारण कोषों की मात्रा में कमी आती है। अत: इसे या तो कोषों के प्रयोग के अन्तर्गत दिखलाया जाये या कोषों के स्रोत के योग में से घटा दिया जाय।

(2) स्थायी सम्पत्तियों का क्रय (Purchase of Non-Current Assets): भूमि, भवन, सयन्त्र, दीर्घकालीन विनियोग आदि स्थायी सम्पत्तियों के क्रय से चालू दायित्वों में कमी आये बिना चालू सम्पत्तियों में कमी आती है अर्थात् इससे कार्यशील पूँजी कम हो जाती है। अत: ऐसा प्रत्येक क्रय कोषों का प्रयोग कहलायेगी।

(3) स्थायी दायित्वों का भुगतान (Repayment of Non-Current Labilities): स्थायी ऋण व ऋण पत्रों के भुगतान से चालू सम्पत्तियों में कमी आती है। इन भुगतानों में भुगतान की गयी वास्तविक राशि (शोधन पर प्रब्याज सम्मिलित करके) ही कोषों का प्रयोग होगी।

(4) अंश पूँजी का शोधन (Redemption of Share Capital) : शोध्य अंश पूँजी के शोधन से चालू सम्पत्तियों में कमी आती है। इसमें शोधन पर प्रब्याजि सहित भुगतान की वास्तविक राशि ही कोषों का प्रयोग होगी।

(5) लाभाँश का भुगतान (Payment of Dividend): इससे कार्यशील पूँजी में कमी आती है। अत: यह कोषों का प्रयोग माना जायेगा। यह ध्यान रखना चाहिये कि लाभांश का भुगतान (न की लाभांश की घोषणा) कोषों का प्रयोग होता हैं। केवल नकद लाभांश ही कोषों का प्रयोग कहलायेगा।

(6) अन्य प्रयोग (Other Applications): गबन के कारण हानि, मुकदमें में व्यय अथवा मुकदमा हारने पर दिया गया हर्जाना, दान आदि से कार्यशील पूँजी में कमी (चालू सम्पत्तियों में कमी के कारण) आती है। अत: ये कोषों के प्रयोग के रूप में दिखलाये जायेंगे।

(7) कार्यशील पूँजी में वृद्धि (Increase in Working Capital): कार्यशील पूँजी की अनुसूची से ज्ञात कार्यशील पूँजी में वृद्धि को कोषों के प्रयोग में ही दिखलाया जाता है क्योंकि यह कोषों के स्रोत के योग का कोषों के प्रयोग के योग पर आधिक्य होता है।

संक्षेप में, सम्पत्तियों में वृद्धि तथा अंशधारियों की समताओं में कमी कोषों के प्रयोग होते हैं। (Uses of Funds are indicated by increases in assets and decreases in equities).

कोष प्रवाह विवरण का प्रारूप (Form of Funds Flow Statement): कोष प्रवाह विवरण का कोई एक सर्वमान्य प्रारूप नहीं है। व्यवहार में इसके लिये कोई भी ऐसा प्रारूप प्रयोग किया जा सकता है जिसमें आवश्यक सूचनायें स्पष्ट रूप से दिखलायी गई हों। सामान्यत: यह विवरण दो रूपों में तैयार किया जाता है: प्रतिवदेन के रूप में (Report Form) और खातों के रूप में (Account Form)। ये दोनों ही विधियाँ व्यवहार में पर्याप्त प्रचलित है। प्रतिवेदन रूप में पहले कोषों के सभी स्रोतों को दिखलाया जाता है और उसके नीचे कोषों के प्रयोग दिखलाये जाते हैं जबकि खाता रूप में कोषों के स्रोतों को बायीं और तथा कोषों के प्रयोगों को दायीं और दिखलाया जाता है।

कोष प्रवाह विवरण का प्रारूप – (प्रतिवदेन रूप में)

Funds Flow Statement

Sources of Funds: (i) From Operations (Trading Profits) (ii) Issue of Share Capital (iii) Issue of Debentures (iv) Long Term Loans (v) Sale of Non-Current Assets (vi) Non-trading Receipts, e.g., dividends received, donations received etc.	
Total	

Application of Funds (i) Trading Loss (ii) Redemption of Preference Share Capital and Debentures (iii) Repayment of Long Term Loans (iv) Purchase of Non-Current Assets (v) Non-trading Payments e.g, dividend paid.	
Total	
Increase/Decrease in Working Capital (as per Schedule of Changes in Working Capital)	

कोष प्रवाह विवरण का प्रारूप – (लेखे के रूप में)

Funds Flow Statement

Sources of Funds	Rs	Application of Funds	Rs
(1) From Operations (2) Issue of Share Capital (3) Issue of Debentures (4) Long term Loans (5) Sale of Non-Current Assets (6) Non-Trading Receipts (7) Decreate in Working Capital (if any)		(1) Trading Loss (2) Redemption of preference Share Cap. (3) Repayment of Loans (4) Purchase of Non-Current Assets (5) Non-trading Payments (6) Increase in Working Capital	

रोक प्रवाह विवरण

(Cash Flow Statement)

कोष प्रवाह विवरण की तरह रोक प्रवाह विवरण भी एक विवरण होता है। इसे वार्षिक, मासिक, सात्ताहिक या किसी अन्य निश्चित समय के अन्तर से तैयार किया जा सकता है। यह किन्हीं दो अवधियों के बीच व्यवसाय के रोकड़ शेष में हुए परिवर्तन के कारणों की व्याख्या करता है।

रोक-प्रवाह विवरण तैयार करना (Preparing a Cash Flow Statement: यह विवरण आर्थिक चिट्ठा, आय विवरण तथा दी गयी अन्य सूचनाओं की सहायता से तैयार किया जाता है। इस विवरण के तैयार करने में ध्यान देने योग्य मुख्य बात यह है कि इसके लिए आय विवरण में दिखलायी गई मदों की रोकड़ आधार (Cash Basis) पर गणना करनी होगी जो कि अब तक उपार्जन आधार (Accrual Basis) पर दिखलायी गई होती है।

जिन लेन देनों से संस्था के रोकड़ शेष में वृद्धि होती है, उन्हें रोकड़ के स्रोत (Sources of Cash) अथवा रोकड़ अन्तर्वाह (Cash Inflows) के अन्तर्गत तथा जिन लेन देनों से संस्था के रोकड़ शेष में कमी आती है, उन्हें रोकड़ के प्रयोग (Applications of Cash) अथवा रोकड़ बर्हिर्वाह के अन्तर्गत दिखलाया जाता है।

रोकड़ के स्रोत या रोकड़ अन्तर्वाह (Sources of Cash or Cash Inflows) : रोकड़ के प्रमुख स्रोत निम्नलिखित होते हैं–

(1) संचालन से रोकड़ (Cash from Operations) : संचालन से रोकड़ की गणना दो भिन्न प्रकारों से की जाती है:

(अ) संचालन से रोकड़ की गणना की सर्वोत्तम विधि यह है कि नकद विक्रय से नकद क्रय तथा अन्य सभी नकद कार्यकरण व्ययों को घटा देना चाहिये अर्थात –

Cash from Operations = Cash Sales —(Cash Purchases + Cash Operating Expenses)

नकद विक्रय की राशि ज्ञात करने के लिये कुल विक्रय में से उधार विक्रय (देनदारों और प्राप्य बिलों की राशियों में हुई वृद्धि) को घटा दिया जाता है किन्तु देनदारों या प्राप्य बिलों की राशियों में हुई कमी को कुल विक्रय में जोड़कर इन्हें देनदारों/प्राप्य बिलों से उगाही (Collections from Debtors/Bills Receivable)के नाम से रोकड़ के स्रोतों के अन्तर्गत पृथक दिखलाना चाहिये।

नकद क्रय की राशि ज्ञात करने के लिये कुल क्रयों में से उधार क्रय (लेनदारों और देय बिलों में हुई वृद्धि) को घटा दिया जाता है किन्तु लेनदारों और देय बिलों में हुई कमी को लेनदारों/देय बिलों का भुगतान (Payments to Creditors/Bills Payable)के नाम से राकड़ के प्रयोगों के अन्तर्गत दिखलाना चाहिये। यदि आय विवरण में कुल क्रय के स्थान पर बेचे गये माल की लागत दी गई हो तो इसमें वर्ष में स्कन्ध में हुई वृद्धि को जोड़कर या स्कन्ध में हुई कमी को घटाकर कुल क्रय की राशि ज्ञात की जा सकती है।

विक्रय से केवल रोकड़ कार्यकरण व्ययों को ही घटाया जाता है, अपलिखित ह्रास, ख्याति, ट्रेडमार्क, स्थगित व्यय आदि गैर रोकड़ मदों को नहीं घटाया जाता है। जब तक इसके विपरीत स्पष्ट प्रमाण न हो, आय विवरण मं दिये गये व्ययों को रोकड़ी व्यय ही मानना चाहिये। यदि चिट्ठे में अदत्त व्यय (Outstanding or Accured Expenses) अथवा पूर्वदत्त व्यय (Prepaid Expenses) दिये हो तो सम्बन्धित व्यय में अदत्त व्यय में हुई कमी तथा पूर्वदत्त व्यय में हुई वृद्धि को जोड़ देना चाहिये तथा अदत्त व्यय में हुई वृद्धि तथा पूर्वदत्त व्यय में हुई कमी को घटा देना चाहिये।

संचालन से रोकड़ की गणना का नमूना :

Sales	XXXX
Less-Increase in Accounts Receivables	XXX
Cash Sales	XXXX

Less: Purchases	X X X	
Less Increase in Accts. Payable	X X	
Cash Paid to Creditors	X X X	
Cash Operating Expenses (After adjusting accruals and prepayments)	X X X	X X X
Cash from Operations		X X X

लाभ की राशि से भी संचालन से रोकड़ ज्ञात की जा सकती है। विशेषकर यदि प्रश्न में विक्रय की राशि न दी हो तो इस विधि का प्रयोग किया जाता है। इसके लिये शुद्ध लाभ की राशि में अपलिखित ह्रास, स्थायी सम्पत्ति के विक्रय पर हानि, अमूर्त सम्पत्ति, स्थगित व्यय, लाभाँश आदि गैर-रोकड़ तथा गैर व्यापारिक व्ययों व हानियों और लेनदार देय बिल, अदत्त व्यय आदि में वृद्धि तथा पूर्वदत्त व्ययों व अदत्त आय में कमी को जोड़ देना चाहिये, तथा सभी गैर रोकड़ एवं गैर व्यापारिक आयों व लाभों और देनदारों, प्राप्य बिलों, स्कन्ध, अदत्त आय, पूर्वदत्त व्ययों में हुई वृद्धि तथा अदत्त व्ययों में हुई कमी को घटा देना चाहिये।

नमूना :

Net Profit (as per Income Statement)			X X X
Add :	Depreciation	X X	
	Loss on sale of machinery written off	X X	
	Goodwill written off	X X	
	Advertising Suspense a/c Written off	X X	
	Dividend Paid	X X	
	Increase in Accounts Payables	X X	
	Increase in Outstanding Exp.	X X	X X X
			X X X X
Less:	Income from Investments	X X	
	Increase in Accounts Receivables	X X	
	Increase in Inventory	X X	
	Increase in Prepaid Expenses	X X	
	Decrease in Outstanding Expenses	X X	X X X
Cash from Operations			X X X

(ब) कुछ लोग संचालन से रोकड़ के स्थान पर कोष प्रवाह विवरण की भाँति ज्ञात किये गये संचालन से लाभ (Operating Profit) को दिखलाते हैं। यह माना जाता है कि लाभों से रोकड़ शेश में ही वृद्धि होती है। इस स्थिति में संचालन से लाभ ज्ञात करते समय चालू सम्पत्तियों या चालू दायित्वों में हुए परिवर्तनों का समायोजन शुद्ध लाभ में नहीं किया जाता है बल्कि स्कन्ध, देनदारों व प्राप्य बिलों में हुई वृद्धि और लेनदारों व देय बिलों में हुई कमी को रोकड़ के प्रयोगों में तथा लेनदारों व देय बिलों में वृद्धि और स्कन्ध, देनदारों व प्राप्य बिलों में कमी को रोकड के स्रोतों में दिखलाया जायेगा। इस विधि के अपनाने से रोक प्रवाह विवरण के योग में पहली विधि से अन्तर आयेगा।

(2) अंश पूँजी, ऋण पत्र तथा स्थायी व चालू दायित्वों में वृद्धि (Increase in Share Capital, Debentures and Fixed and Current Liabilities): इनके निर्गमन से प्राप्त वास्तविक राशियाँ रोकड़ के स्रोतों में दिखलायी जायेगी। यदि इन्हें किसी स्थायी सम्पत्ति के क्रय में या दायित्व के भुगतान में निर्गमित किया जाता है तो इससे रोकड़ अन्तर्वाह न होने के कारण ये रोकड़ के स्रोत नहीं कहलायेगी।

(3) सम्पत्तियों में कमी या सम्पत्तियों की बिक्री (Reduction in or Sale of Assets): स्थायी सम्पत्तियों के विक्रय से प्राप्त वास्तविक रोकड़, रोकड़ का स्रोत माना जायेगा। इनके आधार विक्रय से रोकड़ अन्तर्वाह नहीं होता। इसी तरह देनदारों, प्राप्य बिलों आदि की राशियों में हुई कमी भी रोकड़ का स्रोत मानी जायेगी।

रोकड़ के प्रयोग या रोकड़ बहिर्वाह (Applications of Cash or Cash Outflows): इसके अन्तर्गत निम्न मदें दिखलायी जाती है:

(1) संचालन से हानि (Opeating Loss): व्यापारिक हानि को व्यवसाय में उतनी ही राशि से रोकड़ का कम हो जाना या रोकड़ का प्रयोग माना जाता है।

(2) स्थायी सम्पत्तियों में वृद्धि या क्रय (Increase in or Purchase of Fixed Assets) : स्थायी सम्पत्तियों में वृद्धि को स्थायी सम्पत्तियों का नकद क्रय माना जायेगा लेकिन यदि किसी स्थायी सम्पत्ति को उधार क्रय किया जाता है या इसके भुगतान में अंश या ऋण पत्र निर्गमित किये जाते हैं तो इस लेन देन से रोकड़ बहिर्वाह नहीं होता।

(3) शोध्य अंशों या ऋण पत्रों का शोधन (Redemption of Redeemable Shares or Debentures) : इनके शोधन में दी गई वास्तविक रोकड़ की राशि को रोकड़ का प्रयोग माना जायेगा लेकिन यदि किसी पूर्वाधिकार अंश या ऋण पत्र का शोधन साधारण अंशों के निर्गमन द्वारा होता है तो इससे रोकड़ बहिर्वाह नहीं होता है।

(4) ऋणों में कमी या भुगतान (Decrease in or Repayment of Loans): व्यवसाय में ऋणों (दीर्घकालीन व अल्पकालीन दोनों) के भुगतान से रोकड़ बहिर्वाह होता है।

(5) अन्य भुगतान (Other Payments): लाभांश, आय-कर आदि के भुगतान में दी गयी राशियों को रोकड़ के प्रयोग में दिखलाया जायेगा।

रोक-प्रवाह विवरण का प्रारूप (Form of Cash Flow Statement): रोक प्रवाह विवरण के प्रारूप के सम्बन्ध में बहुत भिन्नतायें पाई जाती हैं। कोष प्रवाह विवरण की भाँति इस विवरण के लिय भी रिपोर्ट प्रारूप अथवा खाता प्रारूप का प्रयोग किया जा सकता है। दोनों ही प्रारूपों में से कोई भी विधि अपनायी जा सकती है। दोनों की संक्षिप्त प्रारूप रेखा निम्न प्रकार से हैं :

Cash Flow Statement
(Report Form)

Cash Balance in the begining		X X X
Add: Sources of Cash (Or cash inflows):		
Cash from Operations	X X	
Collection from debtors or Decrease in Debtors	X X	
Sale of Investments	X X	
Issuance of Share Capital	X X	
Loan	X X	X X X
Total Cash Available		X X X
Less: Applications of Cash (Or cash outflows):		
Purchase of Machinery	X X	
Dividend Paid	X X	
Decrease in Accounts Payables	X X	
Repayment of Bank Loan	X X	
Redemption of Debentures	X X	
Total Cash Payments		X X X
Cash Balance at the end		X X X

Cash Flow Statement
(Account Form)

	Rs		Rs
Cash Balance in the beginning	XX	Applications of Cash (or Cash Outflows):	
Sources of Cash (or Cash Inflows):		Decrease in Accounts Payables	XX
From Operations	XX	Purchase of Machinery	XX
Sale of Investments	XX	Repayment of Bank Loan	XX
Issue of Shares	XX	Redemptio of Debentures	XX
Loan	XX	Cash Balance at the end	XX
Collection from debtors	XX		
	XXX		XXX

रोक-प्रवाह विवरण के उपयोग (Uses of Cash Flow Analysis) : रोक प्रवाह विवरण संस्था के अल्पकालीन वित्तीय परिवर्तनों की जाँच की एक महत्वपूर्ण युक्ति हैं। इसके प्रमुख लाभ निम्नलिखित हैं:

(1) यह संस्था की वित्तीय नीतियों और वर्तमान रोकड़ स्थिति के मूल्यांकन में सहायक होता है। यदि अगली लेखा अवधि के अनुमानों के आधार पर रोक प्रवाह विवरण तैयार किया जाता है तो यह विवरण प्रबन्ध को संस्था के वित्तीय कार्यकलापों के नियोजन और समन्वय में भी उपयोगी होगा। इस विवरण की सहायता से संस्था का रोकड़ बजट भी तैयार किया जा सकता है। इसमें रोकड़ के प्रयोग रोकड़ भुगतान तथा अतिरिक्त वित्तीय व्यवस्था को छोड़कर रोकड़ के स्रोत की अन्य सर्वें रोकड़ प्राप्तियाँ कहलायेगी। दोनों पक्षों का अन्तर रोकड़ की आवश्यकता अथवा आधिक्य प्रदर्शित करेगा।

(2) यह प्रबन्ध के लिये एक नियन्त्रण युक्ति भी है। रोक प्रवाह विवरण की रोकड़ बजट से तुलना करके बजट के मौलिक पूर्वानुमानों का विवरण के वास्तविक परिणामों से अन्तर ज्ञात किया जा सकता है। अर्थात इस तुलना से प्रबन्ध यह निश्चित कर सकता है कि संस्था के वित्तीय साधनों को किस सीमा तक योजनानुसार उत्पन्न तथा प्रयुक्त किया गया है।

(3) इस विवरण से संचालन से रोकड़ की राशि ज्ञात करके आन्तरिक वित्तीय प्रबन्धक दीर्घकालीन दायित्वों के चुकता करने और स्थायी सम्पत्तियों के विस्तार या पुनर्स्थापन की सम्भावनाओं पर विचार कर सकता है।

(4) यह विवरण प्रबन्ध को उन तथ्यों से अवगत कराता है जिनके कारण व्यवसाय में लाभ होने पर भी रोकड़ शेष में कमी हुई है अथवा हानि होने पर भी रोकड़ शेष में वृद्धि हुई है।

(5) इस विवरण का अल्पकालीन वित्तीय निर्णयों में विशेष महत्व है जैसे यदि प्रबन्ध संस्था की एक माह बाद दायित्व शोधन क्षमता का पता लगाना चाहता है तो ऐसा रोक प्रवाह विवरण की सहायता से ही हो सकता है, कोष प्रवाह विवरण की सहायता से नहीं। संस्था का मासिक रोक-विवरण तैयार करके इसकी दायित्व शोधन क्षमता का अनुमान लगाया जा सकता है। वस्तुतः वित्तीय विश्लेषण का समय जितना अल्प होता है, इस विवरण का उतना ही अधिक महत्व बढ़ जाता है।

प्रश्न

1. कोष प्रवाह विश्लेषण से आपका क्या आशय है? इसके बनाने के क्या उद्देश्य है? आर्थिक चिट्ठे एवं इसमें अन्तर स्पष्ट कीजिये।

   What is funds flow statement? What are its objects? Distinguish it from Balance Sheet.

2. फण्ड प्रवाह विश्लेषण से आप क्या समझते हैं? इसके उद्देश्य एवं तकनकों की व्याख्या कीजिये।

   What do you understand by 'Fund Flow Analysis'? Discuss its objectives and techniques.

3. कोष प्रवाह विवरण का कार्यशील पूँजी पर प्रभाव बताइये तथा इसकी व्यावहारिक उपयोगिता का वर्णन कीजिये।

   State the effect of funds flow statement on working capital and discuss the practical utility of it.

□□□